경북방언 문법연구

경북방언 문법연구

이상규

도서
출판 박이정

머 리 말

국어 문법사에 대한 연구는 일찍부터 음운변화나 형태변화에 대한 연구만큼의 관심을 끌지 못했다. 전통적인 문법연구에서 오늘에 이르기까지 문법형태소가 어떤 의미와 기능을 갖고 있는가라는 관점에서 이들을 체계화하는데 많은 시간을 할애해 왔지만 문법형태소의 통시적 변화에 대해서는 큰 관심을 두지 않았기 때문에 음운 사에 비해 문법사 연구는 그만큼 소홀할 수밖에 없었다. 나아가서 통시론적 관점의 연구에서 형태론적 측면과 통사론적 측면이 구분되지 않았던 것도 사실이다.

필자가 그동안 방언문법에 대한 관심을 두고 방언 문법형태의 차이를 통시적인 지역분화의 흔적일 수 있다는 관점에서 방언분화와 통시적인 관련성을 해명하고자 몇 편의 논문을 발표하였다.

통사론이나 형태론에서 통시적 연구를 위해서는 문헌자료의 정밀한 분석이 일 차적인 연구과정이라고 할 수 있다. 그 다음으로는 방언 문법의 차이를 활용하는 방법이 일반적인 순서이다. 예를 들면 중부방언에서는 '죽겠다', '가겠다'라는 표현 을 사용하는데 비해 경북방언에서는 '죽을따', '갈따'라는 표현이 사용되고 있다. 따 라서 중부방언에서 실현되는 미확정 서법소 '-겠-'은 신형(new form)이고 경북방 언에서 실현되는 '-읋-'은 구형(old form)이라는 사실이 확인된다. 그러면 이들 경 쟁 관계(competition relationship)에 있던 문법형태소들이 형태소 통합 제약을 거쳐 그들의 통사·의미론적 기능인 미확정성을 획득해나갔는지 문헌자료의 비교를 통 해서는 설명되지 않는다. 그러나 방언의 대비를 통해 19세기 이전에 '-읋-', '-(으) 리-', '-올라'가 점차적으로 쇠퇴하면서 개신형인 '-겟-'이 나타나게 된 이유를 형 태소의 통사적 기능변화 내지는 다른 형태소와의 분포통합상의 제약에 기인하는 것으로 보고 미확정서법소로서 구형인 '-읋-'과 신형 '-겟-'이 방언에서 공존하는 이유를 밝히고자 했으며, 미확정서법소와 다른 시상서법소와의 통합상 순위는 완결

v

법>미확정법>회상법>직설법의 차례로 배열되는 곧, 직설법이나 회상법은 미확정서법소에 선행하여 통합이 될 수 있다는 사실을 확인할 수 있었다.

이처럼 방언에서 미확정서법소 '-겟-'이나 '-읋-'은 존대의 등급에 따라 통합이 다르게 실현되고 있다. 해라체와 하게체 어미와의 통합은 공히 수의적이어서 자유교체형으로 실현될 수 있다. 그러나 하소체를 나타내는 어말어미와의 통합은 미확정서법소 '-겟-'과는 통합이 가능하지만 '-읋-'과의 통합은 불가능하다. 의문형을 나타내는 어말어미와의 통합은 존대의 등급과 무관하게 미확정서법소 '-겟-'이나 '-읋-'이 공히 수의적으로 통합이 가능하다.

이와같은 관점에서 경북방언의 문법, 구체적으로 말하자면 경북방언의 문법형태의 분포와 통합상에 나타나는 특징이나 그 기능을 확인하는 작업에 주안점을 둔 논문 9편을 한데 모아 〈제 1편, 경북방언의 문법형태〉로, 이와 아울러 방언 일반론에 관한 논문 8편을 〈제 2편, 방언에 관한 연구〉로 묶어 보았다. 그동안 발표한 논문을 다시 정리하면서 틀린 부분을 대폭 수정하여 새롭게 책의 체재로 전면 개편하였으나 발표 당시의 내용과의 대조를 위해 원래 발표했던 게재논문명을 각 장별 하단에 밝혀 놓았다. 논문의 내용을 다시 고치면서 부끄러운 마음 한이 없었지만 이렇게 한번 정리하고 다시 출발한다는 마음과 자세로 이 책을 출판하기로 결정하였다.

그동안 이 책의 출판을 위해 옆에서 윤독해 준 李 濯선생과 金德鎬 선생에게 고마움을 잊지 않을 것이며, 또한 출판을 맡은 도서출판 박이정의 朴贊益 사장과 편집에 고생이 많았던 최문주씨에게도 감사한다.

1999년 봄날
필자 李 相 揆

경북방언 문법연구

이·상·규·지·음

◇ 차례
◇ 머리말

제 1 편 경북방언의 문법형태

제 2 편   방언에 관한 연구

제 1 편 경북방언의 문법형태

제1장 경북방언의 격조사 형태구성과 기능

1. 격범주와 격조사

방언에서 형태나 문법적인 차이는 음운 현상의 차이보다 훨씬 적다는 판단에서 그동안 방언의 문법형태에 대한 관심은 상대적으로 적을 수밖에 없었다. 문장을 구성하는 성분의 격범주를 실현하는 격형태는 방언간에 차이를 보여주지만 격범주는 방언간에 큰 차이를 보여주지 않는다.

방언에서 격조사의 형태는 주로 개별방언의 내적인 요인이나 혹은 다른 방언의 영향에 의해 변해 온 결과이다. 따라서 방언 자료에 나타나는 문법 형태소를 확인하여 그 기능을 면밀하게 검증함으로써 공통어에 대한 문법 형태소의 역사적인 구성 과정을 밝히는 데 기여할 수도 있다고 판단된다.[1] 특히 방언 분화형의 비교를 통하여 공통어의 역사적 변화를 추론할 수 있다는 가정 위에서 경북방언의 격조사에 대한 형태소 확인과 그 통사적 기능을 규명하고자 한다.

지금까지 방언의 격조사에 대한 연구는 형태소를 확인하는 작업이나 목록을 작성하는(천시권:1973, 최학근:1978, 김형규:1980) 단계에서 격조사 기능과 분포 확인 및 역사적인 형태소 구성에 대한 논의(홍윤표:1978, 최명옥:1980, 이상규:1982, 1983, 이태영:1983, 김영태:1985, 강정희:1988)로 발전되었다. 이러한 선행 연구 결과를 토대로 하여 경북방언[2]에 나타나는 격조사의 형태 구성의

---

[1] 문법 형태소의 역사적 변화는 그 형식과 내용 두 가지 측면에서 확인될 수 있다. 그 형식의 변화는 주로 형태소 경계나 단어 경계에서의 변화 및 축약 등의 음운변화이고 그 내용의 변화는 분포 및 통사론적 기능이나 의미 변화이다(Langacker:1977,58).
[2] "경북방언"이라는 용어는 사실 전국적인 방언 연구가 선행되지 않은 상황에 있기 때문에 정립된 용어가 아니다. 뿐만 아니라 이러한 용어를 사용하는 것은 하위 방언의 다양성 자체를 무시하는 결과를 초래할 수 있는 위험성을 안고 있다. 그러한 점을 충분히 고려하여 본고에서는 잠정적으로 연구 대상 지역의 행정권을 기준으로 한 개념으로 사용하고자 한다. 곧 전국방언권의 하위 방언이라는 의미를 지닌 용어가 아니라 단순하게 연구 대상 지역을 고려한 행정구획상의 의미를 지닌 것

과정을 확인하고 그 통사론적 기능을 밝히는 것이 본 장의 목적이다.

격체계 내에서 격범주는 중부방언이나 여타 방언 간에 큰 차이가 없다. 그러나 격범주를 문법형태소로 실현시키는 격표지(case marker)인 격조사의 형태소 구성은 방언과 방언간에 상당한 차이가 발견된다. 예를 들면 중부방언에서의 주격조사는 선행 체언 어말의 음운론적 환경에 의해 지배되지만 경북방언에서는 이와 달리 개음절 아래에서도 '-이'가 실현되거나(코(鼻)-이) 폐음절 아래에서 '-(이)가'가 실현되어(말(言)-이가, 말-가) 차이를 보인다. 이러한 방언간의 격형태 구성의 차이는 격조사 구성의 역사적 차이를 의미하는 것으로 파악할 수 있다.

> (1)　ㄱ. <u>밥으느</u> 묵었다.(=밥은 먹었다.)
> 　　　ㄴ. 나아 <u>물으를</u> 너무 많이 묵어노이….(=나는 물을 너무 많이 먹어서….)
> 　　　ㄷ. 논에 <u>모이가</u> 좋이 자란데이.(=논에 모가 잘 자란다.)
> 　　　ㄹ. 여거 <u>말이가</u> 지일 뭇지지.(=여기 말이 제일 거칠지.)

(1) ㄱ, ㄴ처럼 주제격 '-은'이 이 방언에서는 '-으느, -으는'으로, 대격 '-을'이 '-으르, -으를'로 실현되고 있다. 주격조사가 선행 체언의 말음이 개음절인 환경에서는 '-이'로, 폐음절 환경에서는 '-가'로 실현되는 중부방언과 달리 (1) ㄷ, ㄹ에서처럼 개음절이나 폐음절 아래에서도, 곧 선행음절의 말음 환경과 관계없이 '-이', '-이가'가 실현되고 있기 때문에 주격조사 '-이'와 '-가'가 이 방언에서는 중부방언과 같은 음운론적 조건에 의한 변이형이라고 할 수 없다.

이와 같은 격형태의 방언적 차이는 역사적으로 격조사의 형태소 구성 과정과 밀접한 관련성이 있다. 한편, '-이, -에, -으'가 주격이나 처격 또는 속격으로 실현되기도 하는데, 이러한 현상은 이들 형태소가 가지고 있는 본래의 문법적 범주 차이를 보여 주는 것이 아니라, 형태적 유사성에 기인된 차이로 역사적으로는 동일 격범주에서 분화된 것으로 파악해야 할 것이다.

한국어의 격조사에 대한 연구는 지금까지 많은 연구 업적이 있으나 격범주에 대해서는 아직 뚜렷한 한계와 근거가 밝혀지지 않았다. 그 이유는 한국어에서는 동일한 형태소로 구성된 격조사가 다양한 격범주에서 실현될 수 있기 때문에 격의

이라고 할 수 있다.

형태 중심이나 또는 격형태의 통사의미론적인 관점에서 격범주를 구분하는 경우처럼 관점에 따라 다양해 질 수 있다는데 있다.

1. 주격조사 : -이, -가, -이가, -에서, -(이)란
2. 속격조사 : -에, -으, -오/우, -ㅅ, -이
3. 처격조사 : -에, -이, -아, -에서/이서, -으, -여
4. 여격조사 : -께, -에게, -한테, -인데, -자테, -더러/떠러, -대고, -보고, -를
5. 대격조사 : -ㄹ, -으를, -을/를, -(으)로, -오
6. 조격조사 : -(으/이)로
7. 공동격조사 : -하고, -캐/캉
8. 호격조사 : -아/야, -요, -예

본장에서는 격범주를 격형태를 중심으로 구분하는 종래의 방법에 따라 위와 같이 8가지 격범주로 구분하여 이들 격형태의 형태소 확인과 이들의 통사·의미론적인 기능을 밝혀 보고자 한다.

2. 격조사의 형태구성과 기능

1) 주격조사

공통어에서 주격조사 '-이/가'는 음운론적 조건에 의한 변이형으로서 선행 체언의 음운환경에 따라 선택되며, 무정물 자질을 갖는 선행 체언이 〔집단〕의 의미 자질을 갖는 경우 주격조사로 '-에서'가 실현된다. 경북방언에서는 주격조사로 '-이, -가, -이가, -에서, -(이)란' 등이 사용되는데, 공통어와 달리 존칭 주격 '-께서'가 이 방언에서는 '-이/가'로 실현되며, 주격조사 '-이/가'는 음운론적 조건에 의한 변이형태가 아니어서 중부방언과 상이한 모습을 보여준다. 이러한 양상은 이 방언에서 주격조사 '-이'의 실현 환경을 고려해 볼 때, 주격조사 '-이/-ㅣ/-∅'가 실현되던 음운론적 조건이 무너진 단계가 이 방언에 반영된 것으로 추정된다. 또한 이러한 과정이 서북방언이나 제주도 방언에도 반영됨으로써 주격조사 '-래/리/라'가 나타나게 된 것이다.

아래에서는 이 방언에 나타나는 여러 주격조사들의 통사적 기능과 더불어서 선행체언이 개음절이라도 '-이'나 '-이가'가 실현되는 이유도 함께 살펴보고자 한다.

(1) -이/가

이 방언에서는 주격조사 '-이/가'가 중부방언과 달리 선행 체언의 음절 말음이 개음절이거나 폐음절인 경우에도 '-이'나 '-(이)가'이 실현되고 있어, 이 방언에서 주격조사는 선행 체언의 음절말의 음운 조건과 무관하게 실현된 시기가 있었던 것으로 추정된다. 이러한 사실은 주격조사 '-가'의 생성 배경과 밀접한 관련성이 있다는 것을 의미한다.

(2) ㄱ. 모판에 <u>모이</u> 좋이 자란데이.(=모판에 모가 잘 자란다.)
    ㄴ. <u>코이</u> 아파가아 빙원에 갔다 오는 길이다.(=코가 아파서 병원에 갔다가 오는 길이다.)
    ㄷ. 모오한 <u>기이</u> 더 났데이.(=못한 것이 더 났다.)
    ㄹ. 니 <u>나이</u> 및 살이고?(=너 나이가 몇 살이고?)
(3) ㄱ. 그사람 <u>말가</u> 많애 모실다.(=그사람 말이 많아서 못쓰겠다.)
    ㄴ. 내 <u>정신가</u> 맑아양 밥으로 묵어도⋯.(=내정신이 맑아야 밥을 먹어도⋯.)
    ㄷ. <u>알가</u> 오래디마 <u>벌이가</u> 생기가⋯.(=알이 오래 되면 벌이 생겨서⋯.)
    ㄹ. 여거 <u>말가</u> 지일 뭇지지.(=여기 말이 제일 거칠지.)

경북 방언의 일상적 말투(casual style)에서 주격조사 실현 환경은 중부방언과 차이를 보여주고 있다. 곧 (2), (3)에서처럼 '모(苗), 코(鼻), 것(형식명사), 나(年齡), 말(言), 알(卵)'이 곡용체계(declensional paradigm)에서 기저형임이 확인된다. 그러나 (2)는 선행 체언이 개음절인데도 주격조사 '-이'가 실현되고 있다. (3)은 선행 체언의 말음이 폐음절인데 주격조사 '-가'가 실현되고 있다. 그러나 형식적 말투(formal style)에서는 선행 체언의 말음이 개음절이면 '-가', 폐음절이면 '-이'로 실현되어 중부방언과 동일하다.

이러한 사실은 이 방언의 이전 단계에서는 주격조사 '-이', '-가'가 선행 체언 말음의 음운론적 조건에 의한 상보적 분포를 보여주지 못했음을 의미한다. 이러한 사실에 대해 이병근(1975:18)은 지나치게 선행 체언 말음의 음운 환경을 중시한 결과라는 비판과 함께 사적 형태론과 관련되어 있음을 시사한 바 있다.3) 이러한 사실을 토대로 하면, 주격조사 '-가'의 생성 배경을 규명될 수 있을 것이다.

이와 유사한 예로 함경·황해방언과 제주방언에 나타나는 주격조사 '-래/라/리'의 형태소 구성을 들 수 있다.

  (4) ㄱ. 갈 새래 있잤나?(=갈 사이가 있겠나?)<함경도>
      ㄴ. 누구라 갔다 왔시까?(=누구가 갔다 왔습니까?)<황해도>
      ㄷ. 흐루리 영 지느냐?(=하루가 이렇게 기냐?)<제주도>

함경방언에 나타나는 주격조사 '래'는 어말어미 '-라'가 대상적 성격을 띠면서 주격조사로 사용된 예이다. 곧 주격조사 '-래'는 /-라(설명형어미)-/+/-이(주격조사)/=/-래(주격조사)/로 형태소가 재구조화된 이루어진 것이다. 마치 의문형 어말어미 '-가'에 주격조사 '-가'가 연결되어 주격조사로 실현되는 '누군가가 찾아 왔다'의 예와 같이, 주격조사 '-이'의 음운론적 조건에 의한 변이형인 '-ㅣ', '-zero'형의 대립이 무너지는 과정에서 함경방언이나 제주방언에서는 어말어미 '-라'에 기원을 두고 발달한 주격조사 '-래'형이 나타나게 되었고, 남부 일부 방언에서는 '-이가'가 잔존하게 된 것이다. 주격조사 '-가'는 16세기 후반부터 문헌에 나타나기 시작하여 17세기 중기부터 단독으로 쓰이며, 18-19세기에는 '-이가, -이, -가' 등이 공존하는 양상을 보여준다.

이 방언에서 주격조사 '-이/가'와 그 변이형들의 실현 환경은 다음과 같다.

<표 1>

체 언 말 음 조 건		-이	-ㅣ	-가	-이가	-zero
모 음	i-	-	-	+	±	+
	비i-	+	+	+	+	+
자 음		+	+	-	+	+

---

3) 이병근(1975), 「음운규칙과 비음운론적 제약」, p. 18, 『국어학』 3.

앞의 〈표 1〉과 같이 이 방언에서 주격조사 '-이/가'는 선행 체언 말음의 음운론
적 조건에 의한 상보적 분포(complementary distribution)를 보여주지 못하고
있음을 알 수 있다. 물론 국어의 다른 음운현상에서도 '-이/가'과 같은 음운론적
교체형이 발견되지 않으며, 중부 방언에서도 19세기까지 이러한 현상이 유지되었
음을 알 수 있다.4)

주격조사 '-이'가 실현되는 환경은 선행 체언의 말음이 폐음절인 경우는 물론이
고 개음절인 경우, 주로 '아, 어, 오, 우'로 끝날 때이다. 이러한 현상은 경북방언
뿐만아니라, 황해·함경방언 및 전라 일부 방언에서도 나타난다. 선행 체언 말음
의 개음절 '아, 어, 오, 우'인 환경에서 주격조사 '-이'가 실현되는 현상은 중세어
에서도 나타나는데, 이 가운데 일부는 어간재구조화를 경험하게 된다. 곧 이 방
언에서 개음절로 끝나는 체언의 주격형이 음절재편성된 예들 '케(鼻), 이매(頂),
테(집터), 어매(母)'와 같은 어형은 중세어의 잔존형식으로 볼 수 있다.

어간 재편성 과정은 〈표 2〉와 같이 '코(鼻)-+-이(주격조사) 〉 쾨 〉 케'와 같이 어
간 재구성이 이루어짐에 따라서 형태소 경계가 재편성되자 격조사의 공백(vacuum)
이 생겨나기 때문에 새로운 격조사 '-가'이 출현된 것이다.

〈표 2〉

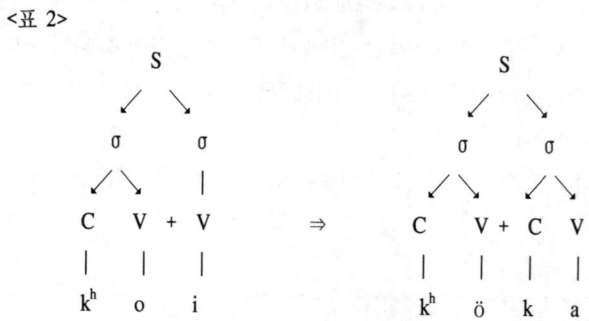

한편 폐음절로 끝난 '털(毛), 벌(蜂), 별(星), 샘(泉), 뱀(巳)' 등은 〈표 2〉와

---

4) 독립신문(1896)에서 체언 말음이 개음절인데 주격조사 '-이'가 실현되는 예들이 있다.
  ㄱ. 죠션 전국이 태평ᄒᆞ야 <u>나라이</u> 강호고(독립신문, 1)
  ㄴ. <u>두나라이</u> 서로 싸홀 때에(독립신문, 1)

같은 과정을 거쳐 기저형이 '터리, 버리, 벼리, 새미, 배미' 등으로 어간 재편성이 이루어졌다. 곧 '뱀(巳)-+-이(주격조사)=#배:미#-'로 어간 재구조화(reconstruction)가 이루어진 것이다. 이 방언에서는 '뱀(巳)'의 곡용이 '배:미-+-가', '배:미-+-로', '배:미-+-에'로 이루어지므로 어간 재편성이 이루어졌다는 사실을 확인할 수 있다.

이렇게 문법형태소인 주격조사 '-이'가 어간으로 재편성되던 단계에서는 주격조사 '-이/-ㅣ/-∅'의 대립이 붕괴되었음을 의미하며, 이에 따라 주격형태의 공백으로 새로운 주격형태가 필요하게 되었던 것이다. 곧 주격형태가 어간으로 재편성된 이후 격조사의 빈자리를 메꾸기 위해 새로운 주격조사 '-가'가 생성된 것이다.5) 따라서 개음절 아래에서 실현되는 주격조사 '-이'는 중세어의 흔적(trace)인 동시에 일부는 어간 재구조화가 성립된 이후 주격조사의 흔적이라고 할 수 있다. 한편 (3)의 예에서처럼 폐음절 아래에서 실현되는 주격조사 '-(이)가'는 주격조사 '-이/-ㅣ/-∅'이 형태음운론적 대립이 붕괴되기 시작한 시기에 생성된 것으로 판단된다. 16세기 후반의 〈인선왕후어필〉(1550), 〈松江慈堂內簡〉(1572)에서 주격조사 '-가'가 발견되므로 '-이/-ㅣ/-∅'의 대립이 붕괴된 시기는 이보다 빨랐을 가능성이 높다.6)

(2) -이가

이 방언에서 주격조사 '-이가'는 경북 북부지역 가운데 특히 울진지역에서 매우 생산적으로 사용되고 있다.7) 주격조사 '-이가'는 함경방언에서와 일부 전라방언에서도 실현되고 있는데, 특히 전라방언에서는 폐음절로 끝나는 무정물 체언에서만 실현된다.8) 한편 최명옥(1980)은 경북동해안 방언에서는 선행체언의 의미자질과

---

5) 이상규(1983), 「경북지역어의 주격 '-이가'」, 『어문론총』 17. 경북대.
6) 박병채(1989), 『국어발달사』, p. 187. 세영사. 참조.
　주격조사 '-가'의 생성 배경에 대해서는 이상규(1983)가 설명한 바 있다. 주격조사 '-이/-ㅣ/-zero'의 상보적 분포 대립이 붕괴된 이유는 주격형태가 어간말음에 유착되어 어간말음으로 재편되어 문법의식이 약화되므로 새로운 격형태의 필요성에 의해 주격조사 '-가'가 생성된 것이다.
7) 경북방언에서 주격어미 '-이가'의 실현지역은 울진, 영풍, 안동, 봉화, 예천, 의성, 영천, 청송, 경주, 달성 등지이다.
8) 홍윤표(1978), 「전주방언의 격연구」, 『어학』 5. p. 45. 전북대.

무관하게 폐음절로 끝나는 경우에도 자유롭게 '-이가'가 실현된다고 보고 있다. 아울러 '-이가'를 "복합격조사"로 규정하고 있으나, 이 용어에 대해서는 앞으로 새로운 해석이 요구된다.9)

(5) ㄱ. <u>배이가</u> 아파서 빙원에 갔다.(=배가 아파서 병원에 갔다.)

ㄴ. <u>나이가</u> 오십이 다 됐어.(=나이가 오십이 다 됐어.)

ㄷ. 들에 <u>모이가</u> 조이 큰다.(=들에 모가 잘 큰다.)

ㄹ. 임신한 <u>기가</u> 몇달이 되노?(=임신한 것이 몇 달이 되니?)

(6) ㄱ. 기왕 <u>말이가</u> 났으니 그러지.(=기왕 말이 났으니 그러지.)

ㄴ. 그 <u>사람들이가</u> 우굴우굴 모애서…(=그 사람들이 와글와글 모여서…)

ㄷ. 오래 걸어서 <u>발빠댁이가</u> 아파가주…(=오래 걸어서 발바닥이 아파서…)

ㄹ. <u>밑이가</u> 깍 땡기서…(=밑이 꽉 당겨서…)

(7) ㄱ. <u>케가</u> 아파여…(=코가 아파서…)

ㄴ. <u>의매가</u> 짝 잡아 째졌어…(=이마가 쫙 잡아 찢어졌어…)

ㄷ. 빨간 <u>치매가</u> 더 잘 어울릴다.(=빨간 치마가 더 잘 어울리겠다.)

ㄹ. 큰집 <u>집테가</u> 좋아노이 큰자석이 난다고(=큰집 집터가 좋아서 큰자식이 난다고)

(8) ㄱ. <u>털이가</u> 짝 서던구만애…(=털이 쫙 서던구만…)

ㄴ. 하늘에 <u>벌이가</u> 웅웅커민서 날아댕기…(=하늘에 벌이 웅웅거리며 날아다녀…)

ㄷ. 저 앞에 <u>샘이가</u> 너무 짚어…(=저 앞에 샘이 너무 깊어…)

ㄹ. 이눔으 <u>뱀이가</u> 칭칭 감아…(=이 놈에 뱀이 칭칭 감아…)

이 방언에서는 위의 예들처럼 주격조사 '-이가'는 전라방언(홍윤표:1978, 45)과 달리 선행 체언의 의미자질과는 무관하게 실현되며, 폐음절 뿐만 아니라 개음절에서도 자유롭게 실현된다. 특히 선행 체언의 말음이 개음절인 '아, 어, 오, 우'의 환

---

9) 주격조사 '-이가'의 실현 유형은 다음과 같다.

1) /-이(주격조사)/+/-가(주격조사)/=/-이가/

2) /-이(어간재편성에 의한 쌍형어간)/+/-가(주격조사)/=/-이가/

(2)의 유형을 고려한다면 "복합격어미"로 규정할 수 없다.

경에서 '-이가'이 실현되며, 폐음절인 경우에도 자유롭게 '-이가'이 실현된다. '-이가'의 실현 환경 유형을 요약하면 다음과 같다.

유형 I : /-이(주격조사)/+/-가(주격조사)/=/-이가/
유형 II : /-이(주격조사가 어간에 재편성된 쌍형어간)/+/-가(주격어미)/=/-(이)가/

(5), (6)은 유형 I로서 주격형태 '-이'와 '-가'의 중복형이며, (7), (8)은 유형 II인데 주격형태 '-이'가 어간말음으로 재편되어 쌍형어간(코, 케(鼻))을 가진 예들이다. 통시적으로 대명사 '내'와 '네', '뉘'도 '/나(我)-/+/-ㅣ(주격조사)/=/내(我)/'로 구성되어 주격조사가 어간에 유착된 결과로 '나(我)'의 주격형이 '내' 또는 '내가'로 실현되는데, 이와 같은 관점에서 보면 유형 II는 유형 I과 같은 주격형태의 중복과정을 설명할 수 있는 근거가 된다.

(3) -에서

주격조사 '-에서'는 선행 체언이 〔집단〕 표시의 자질을 갖는 경우에만 실현된다. 주격조사 '-에서'의 이형태로는 '-어서/아서'와 '-이서'가 있다. '-어(아)서'은 선행 체언의 말음이 개음절로 끝나거나 'ㅇ'으로 끝나는 경우 선행음절에 동화되어 실현되고, '-이서'는 (9) ㄹ, ㅁ의 예에서 처럼 선행 체언이 '집(宅)'이거나 복수 개념의 사람을 나타내는 체언 아래에서만 실현된다.

(9) ㄱ. 경찰서어서 출두하라고 그래여.(=경찰서에서 출두하라고 그래요.)
　　ㄴ. 학교어서 시방 나오라 칸다.(=학교에서 지금 나오라고 한다.)
　　ㄷ. 시청어서 오물세 거둔는다.(=시청에서 오물세를 거둔다.)
　　ㄹ. 그 집이서 아들 낳았서….(=그 집 사람이 아들 낳았어….)
　　ㅁ. 너이서, 서이서 한분 해봐라.(=넷이서, 셋이서 한 번 해봐라.)

(9)의 예문에서처럼 국어에서 'X가…Y에서…V'와 같은 문형 구조에서는 일반적으로 X는 행위자(agent), Y는 집단명사이어야 하므로 '-에서'는 주격범주라고 보기는 힘든다. 그러므로 국어의 주격조사 '-에서, -이서, -아(어)서'는 행위자 주어

가 생략되고 처격범주의 '-에서'가 무정물 체언을 행위자로 재현시키는 과정을 반영해 주고 있는 예가 된다.

이런한 주격조사들은 서술어가 동작동사이고 행위([+agent])의 기능을 갖는 경우에만 실현 가능하고, 서술어가 상태동사([+stative])인 경우에는 실현되지 못한다. 원래 격조사 '-에서'는 장소([+place])의 자질을 갖는 체언 아래에서 실현되기 때문에 그 기저격은 처격임을 알 수 있다. 따라서 주격조사 '-에서'가 통합되는 집단명사의 행위 자질은 집단명사가 가지는 것이 아니라, 집단을 이루는 구성원이 가지는 것이다.

동작동사의 주어는 [행위자] 자질을 가져야 한다는 기저격의 자질제약에 따라 이들 집단명사의 구성 성원은 행위자 자질을 공통적으로 갖고 있다.

> (10) ㄱ. *그 <u>학교어서</u> 억시기 <u>크더라</u>.
> ㄴ. *<u>둘이서</u> 참 <u>빠르다</u>.

(10)의 예에서처럼 서술어가 상태동사의 경우 비문이 된다.

(4) -이란

이 방언에서 나타나는 주격조사 '-이란'은 어떤 판정의 설명이 요구되는 'X(이란) 무엇인가(하느냐)?' 또는 설명에 대한 판정을 나타내는 'X(이란) Y이다(하다)'라는 구문에 한정되어 실현된다.

> (11) ㄱ. <u>사램이란</u> 동물과 다리다.(=사람이란 동물과 다르다.)
> ㄴ. <u>인생이란</u> 나그네길이야.

주격조사 '-이란'은 '/이(계사)-/+/-라(설명형어미)/+/-ㄴ(주제격)/'의 구성으로 '-이라는 것은'의 축약형이다. '-이란'은 15세기에 이미 주어 자리에만 실현될 수 있는 특수조사로 자리를 잡았다. '-이란'의 형태론적인 기원을 이승욱(1977:53)과 홍윤표(1975:81)는 설명형어미 '-이라'에 두고 있다.

홍윤표(1994:394)에서는 '-이라'를 주격조사 '-이' 보다 더욱 서술성이 강한 주어표지 형태로 보고 있다. '-이란'을 이러한 논의의 연장선상에서 보면 '-이라(주격조사) + -ㄴ(주제격)'으로 분석되는 구조를 가지게 될 것이다. 그러나 이 방언에서 실현되는 주격어미 '-이란'의 통사·의미기능은 중세국어의 '-(으)란'과 일치하는 바, '-(으)란'에 주격조사 '-이'가 결합한 형태로 파악하고자 한다.

(12)ㄱ. 됴흔 고주란 푸디 말오(월석, 1-9)

　　ㄴ. 느믜란 분별 아니코 제 몸쑨 됴히 츄미라(석보, 13-36)

　　ㄷ. 글란 스랑티 아니코(월석, 7-17)

　　ㄹ. 죵으란 힌 바볼 주고(두시, 8-23)

'-(으)란'은 주어 자리에서 '설명의 대상'이나 '대조'의 강의적 의미를 지닌 특수조사이며, 주격조사 '-이'와의 결합이 이루어진 시기는 정확하게 추정되지 않지만 '지적'의 의미를 지닌 '-이란'과 비교될 수 있다. '지적'의 의미를 지닌 '-이란'은 '-이라'에 '-는'이 통합된 것인데, 역시 그 통합 시기는 분명치 않다. 하지만 15세기 국어에서 '-이라'는 '-는', '-도'와 그리고 '-야'와의 통합이 자유롭게 실현되었다.

2) 속격조사

속격조사는 체언과 체언의 관계를 연결시키는 기능을 하며 격조사 통합상 특수조사의 결합을 허용하지 않는다(홍사만:1983).

이 방언에서 실현되는 속격조사는 '-에'와 그 변형태로 '-으', '-이'가 있으며, 화석형으로는 '-오', '-우'가 있다.

(1) -에/-으

이 방언에서 속격은 중세어 '-이/의'의 변화형인 '-에'와 '-으'가 있으며, 이 가운데 주로 변이형 '-으'형이 실현된다.

(13) ㄱ. 인간으 행실이 발라야…(=인간의 행실이 발라야…)

ㄴ. 살아가믄서 <u>자석으</u> 도리로 해야지.(=살아가면서 자식의 도리를 해야지.)

ㄷ. <u>남우</u> 꺼로 훔치만 디나?(=남의 것을 훔치면 되느냐?)

ㄹ. <u>나에</u> 살던 고향은….(=나의 살던 고향은….)

'-으'는 '-이/의'의 변이형인데, 이 방언에서는 어휘부 형태소 내부에서는 '-의〉-이'로(예, 의사〉이사, 의자〉이자) 주로 변화하지만 문법 형태소인 속격조사로는 '-의〉-으'로 주로 실현된다. 그리고 '-으'의 변이형 '-우'는 선행말음이 순자음으로 끝나는 '남(他人)'의 경우에만 실현된다. 곧 선행 체언의 말음이 순자음일지라도 필수적으로 '-우'로 변동되지는 않는다.

(2) -오/우

한편 합성어에서 화석형으로 잔존해 있는 속격조사로 '-오', '-우'가 있다.

(14) ㄱ. 닭구통, 닭구장, 닭구비실, 닭구똥

ㄴ. 꽁오터리(=꿩털)

속격조사 '-에', '-으'와 결합하는 선행 체언이 〔유정물〕 자질을 갖는 경우에는 후속 체언과 '대:소(macro-micro)' 관계를 보이며, 후속 체언의 소유주임을 표시한다. 선행 체언이 〔무정물〕 자질을 갖는 체언인 경우 선행 체언은 〔-concrete〕 자질을 가져야 한다.

속격조사는 NP_1 {-으/-에/-우} NP_2의 구조에서 NP_1〉NP_2의 소유의 관계인 '대:소'의 대응이나 또는 전체와 부분의 대응을 보이는 경우, (15)의 예에서처럼 NP_1{Ø} NP_2와 같이 속격조사의 생략이 가능하다.

(15) ㄱ. <u>사람</u> 행실이 발라야….(=사람의 행실이 발라야….)

ㄴ. <u>할애비</u> 상토(=할아버지의 상투)

ㄷ. <u>소</u> 대가리(=소의 머리)

ㄹ. <u>눈엣</u> 티는 안비인다.(=눈에의 티는 안보인다.)

ㅁ. <u>동넷</u> 끼이 더 낳았다.(=동네의 것이 더 나았다.)

ㅂ. <u>가운뎃</u> 지둥이 더 굵어…(=가운데 기둥이 더 굵어…)

ㅅ. <u>반장네</u> 집이…

그밖에 속격의 기능을 보이는 변이형으로 '-엣', '-ㅅ', '-네'가 있다.10)

속격기능을 보이는 격조사 '-엣'은 '-에(처격조사)+-ㅅ(속격조사)'='-엣'의 구성으로 되어 있다. 이들은 선행 체언이 유정물 자질이면서 처소를 나타내는 경우에 실현이 가능하다. 한편 '-ㅅ'은 처소를 나타내는 선행 체언의 말음이 개음절로 끝나는 경우에 실현 가능하다. 관형적 구성인 {N_1+ㅅ+N_2}구성이 합성어를 형성하기도 한다. '-네'는 복수접사의 기능과 함께 속격의 기능을 보여준다.

3) 처격조사

처격은 서술어에 대한 행위나 상태에 대한 처소를 표시하는 점에서 다른 격과 차이를 보인다. 처격은 부사적 성격이 강하므로 특수조사와의 결합이 자유로우며 (홍사만:1983), 부가어적 성격 때문에 생략되는 경우가 많다.

이 방언의 처격조사로는 '-에'와 그 변이형인 '-이', '-아'가 있다. 처격조사 '-이', '-아'가 실현되는 음운론적 조건은 없으나, 선행 체언의 음절이 '집(宅)'이나 '밖 (外)'인 경우에는 '-이'가 실현되고, 선행 체언의 말음이 비음 'ㅇ'로 끝나는 경우 '-아'가 실현된다.

(16) ㄱ. <u>집이</u> 퍼떡 가거라.(=집에 빨리 가거라.)

ㄴ. 날로 <u>집이</u> 못간다고….(=내가 집에 못간다고….)

ㄷ. 저 <u>빽이</u> 던져라.(저 밖에 던져라.)

(17) ㄱ. <u>장아</u> 내캉 같이 가자.(=장에 나와 함께 가자.)

ㄴ. <u>마당아서</u> 노지 말래이.(=마당에서 놀지 마라.)

ㄷ. <u>방아서</u> 놀아라.(=방에서 놀아라.)

---

10) '-ㅅ'은 중세국어에서 격기능의 표지로 사용되다가 17세기 초에 와서 그 기능이 약화되다가 17세기 중엽에 와서는 그 격기능이 거의 상실되어 대개 합성어 표지 기능으로만 사용되었다. 그나마도 18세기 중엽에 와서는 몇몇 합성어 표지에 화석화되어 남아 있고 모두 '-으다가'로 대치되어 가고 있다(홍윤표:1980,730).

ㄹ. 땅아 딩굴고 행패 부리노?(=땅에 뒹굴고 행패 부리느냐?)
(18) ㄱ. *괴기이 벌갱이가 있다.(=고기에 벌레가 있다.)
ㄴ. *괴기아 벌갱이가 있다.

그러나 (18)에서처럼 선행 음절 말음이 모음으로 끝나는 경우에는 처격조사
'-이'와 '-아'가 실현될 수 없다.

(1) -에

처격조사 '-에'는 서술어의 상태나 행위의 장소나 공간 및 방향을 나타내며, 시
간이나 공간, 방향 등의 의미 자질을 갖는다. 그리고 처격조사는 반드시 〔-유정
물〕 자질을 갖는 체언 아래에서 실현되는 제약이 있다.

(19) ㄱ. 설에 온내이.(=설에 오너라.)
ㄴ. 밥 묵고 퍼뜩 들에 나온나.(=밥 먹고 빨리 들에 나오너라.)

이 방언에서 어휘내부에서 e>i 고모음화는 경험(에미>이미, 게우다>기우다)하였
으나, 문법형태소(gramma-tical morpheme)에서는 e>i 고모음화를 경험하지 않
고 〔E〕로 중화되어 처격조사 '-에'는 〔E〕로 실현되었다.

(2) -이

처격조사 '-에'의 형태론적 변이형으로 선행 체언이 '집', '밖'과 같은 명사인 경
우에만 '-이'로 실현된다.

(20) ㄱ. 집이 퍼떡 가거래이.(=집에 빨리 가거라.)
ㄴ. 날로 베끼이 못 나간다고.(=나를 밖에 못 나간다고.)
ㄷ. 저녁에 내 집이 온나.(=저녁에 내 집에 오너라.)

(3) -아

선행 체언 말음이 비자음 'ㅇ'이고 체언말 음절이 '아'인 경우 처격조사 '-아'가 실현되는데, '-아'는 앞음절의 모음동화에 기인된 음운론적인 변이형이다.

(21) ㄱ. 장아 내캉 가재이.(=장에 나와 가자.)
    ㄴ. 저 마당아서 놀아래이.(=저 마당에서 놀아라.)
    ㄷ. 방아서 뭐 하노?(=방에서 뭐 하니?)
    ㄹ. 땅아 딩굴고 행패 부리노?(=땅에 뒹굴고 행패부리느냐?)

처격조사 '-아'는 특수조사 '-다가', '-서', '-나', '-도' 등과 결합하여 '장소, 시간, 향진, 원인' 등의 의미기능을 한다. 특히 '-나', '-도'가 결합되면 '장소, 시간, 향진, 원인'의 의미 기능을 보이며, '-서', '-다가'가 결합되면 '장소'의 의미 기능을 보인다.

(22) ㄱ. 방아(-도, -나, -서) 실어라.(=방에도 쓸어라.)
    ㄴ. 해선 장아도 가고….(=해선 장에도 가고….)
    ㄷ. 신문지로 정낭아다가 갔다나라.(=신문지를 변소에다가 갖다놔라.)

(23) ㄱ. 정낭아다가 돌밍이로 넣었다.(=변소에다가 돌을 넣었다.)
    ㄴ. 아직 묵고 장아다가 갔다.(=아침 먹고 장에다가 갔다.)

특히 '-아+-다가'의 결합구조는 서술어가 타동사인 경우에만 가능하며 '-다가'에서 '가'가 생략되기도 한다.

(4) -에서/이서

처격조사 '-에'에서 '-서(첨사)'가 결합한 '-에서'는 재격(addressive)의 의미기능을 갖기도 하고, 출발점(source)을 나타내는 탈격(ablative)의 의미를 갖기도 한다.

(24) ㄱ. <u>동내에서</u> 마캉 모여 출발하자.(=동네에서 함께 모여 출발하자.)
　　 ㄴ. <u>산에서</u> 기다린다.

한편 처격 자리에 '-을/를'이 실현되기도 한다.11)

(25) ㄱ. <u>학교를</u> 간대이.(=학교를 간다.)
　　 ㄴ. <u>산을</u> 소풍 간다.(=산에 소풍 간다.)

(25)의 예처럼 서술어가 자동사이기 때문에 대격이 실현될 수 없다. 곧, 이 방
언에서는 이들의 기저격이 처격일 때에도 이동이나 공간적 방향이나 목표를 나타
내는 처격 자리에서는 대격조사가 실현된다.

(26) ㄱ. <u>잇날에</u> 어린 <u>시절에</u> 사이가 디기 좋았다.(=옛날 어린 시절에 사이가 매우
　　　　좋았다)
　　 ㄴ. <u>산골짝에</u> 옹당아 가가지고….(=산골짝에 웅덩이에 가서…)
　　 ㄷ. <u>두시에</u> <u>정자아</u> 온나.(=두시에 정자에 오너라.)
　　 ㄹ. *<u>어린 시절에</u> <u>잇날에</u> 사이가….(=어린시절에 옛날에 사이가…)
　　 ㅁ. *<u>옹당아</u> <u>산골짝에</u> 가가지고….(=웅덩이에 산골짝에 가서…)
　　 ㅂ. <u>정자아</u> <u>두시에</u> 온나.(=정자에 두시에 오너라.)

한편 (26)의 예에서처럼 처격이 중복되어 실현되면 시간이나 공간 영역이 빠르
거나 넓은 의미를 지닌 체언이 선행해서 나타난다. 그리고 (26) ㅂ에서처럼 시간
을 나타내는 처격이 공간을 나타내는 처격과 함께 실현되는 경우, 그 순위는 제약
이 없다. 곧 시간성 처격과 공간성 처격의 배열 순위는 자유롭다.

4) 여격조사

여격은 서술어의 행위나 상태에 대한 직접적인 수혜자를 나타내므로 선행 체언
은 반드시 〔+유정물〕 자질이어야 한다는 제약이 있다. 이 방언에서는 중부 방언

---

11) 이상규(1979), 「'-을/를'의 범주와 의미분석」, 『문학과 언어』 1, 문학과 언어연구회.

에서 실현되는 '-께/에게' 대신에 '-한테, -인데/인테, -자테, -더러, -보고, -손에, -를'이 실현된다.12)

(27) ㄱ. 나는 <u>동생에게</u> 과자를 주었다.
　　　ㄴ. 나아 <u>동상{-한테, -인데, -자테, -떠러, *-보고, *-대고, *-손에}</u> 까자를 좋다.

(27)의 예는 중부 방언의 '-에게'가 이 방언에서는 {-한테, -인데, -자테, -떠러}로 대응됨을 보여주고 있다. 중세어에서 실현되는 '-드려, -한테, -손디'가 문법화 과정에 있었던 것이라면, 이들의 방언 반사형이라고 할 수 있다. 지금까지 이들에 대해 최현배(1937)는 '-에게, -한테, -더러'를 '부사격조사'로, 김민수(1971)는 '-에게'는 '여격'으로, '-한테, -더러'는 '특수조사'로 처리하고 있다. 성광수(1981)는 '-에게, -한테'를 자유변이의 관계에 있는 '여격' 등으로 처리하고, '-더러'는 동반적 상대 의미를 지닌 '특수조사'로 처리하고 있다. 홍윤표(1978)는 이들을 '후치사'로, 최명옥(1981)은 '여격표시 후치사'로 처리하고 있다.

이 방언에 나타나는 여격조사 '-한테, -인데, -자테, -더러, -대고, -보고, -손에' 등은 실질형태소와 형식형태소의 축약에 의한 기능의 동요를 보이는 것들이기 때문에 엄격하게 여격조사라고 규정할 수는 없는 것이다. 이들의 가의적인 기능과 특수조사와의 결합상의 특질을 고려하면 이들 무리를 여격 기능을 나타내는 특수조사로 처리하는 것이 바람직하다.

(1) -한테, -인데, -자테

먼저 '-한테' 등의 여격조사의 실현 환경과 이들의 통사·의미적인 기능에 대해 살펴보자.

(28)ㄱ. 그 사람{-한테, -인데, -자테, -떠러, *-손에, *-대고, -보고} 떡 준다.
　　　ㄴ. 나아 아부지{-한테, -인데, -자테, *-떠러, *-손에, *-대고, *-보고} 간다.
　　　ㄷ. 소{-한테, -인데, -자테, -떠러, *-손에, *-대고, -보고} 물로 준다.
　　　ㄹ. 니{-한테, -인데, -자테, -떠러, *-손에, *-대고, -보고} 가라 카더라.

---

12) 이상규(1979), 「동남방언의 여격(1)」, 『한국방언학』 2, 한국방언학회.

ㅁ. 그기이 니{-한데, -인데, -자테, -떠러, *-손에, *-대고, *-보고} 가면 가미이
　　안둔다.
ㅂ. 누가 친구{-한데, -인데, -자테, -떠러, *-손에, *-대고, -보고} 욕하노?
ㅅ. 니{-한데, -인데, -자테, -떠러, *-손에, *-대고, *-보고} 밥 얻어 먹어 묵을라?.
ㅇ. 엇따{*-한데, *-인데, *-자테, *-떠러, *-손에, -대고, -보고} 반발하나?

　(28)의 예에서 '-한데, -인데, -자테, -떠러, -손에, -대고, -보고'는 〔유정물〕
자질인 체언아래에서 실현되고 있어 중부 방언의 '-께/-에게'와 교체가 가능하다.
곧 이들은 〔+유정물〕 자질의 체언 아래에서 서술어에 대한 〔+처소〕, 〔+대상〕의
관계 의미자질을 갖는다.
　이들과 달리 특수한 의미 기능을 보이며, 선행 체언과 통합상의 제약이 큰 '-손
에, -대고, -더러, -보고'는 다음과 같은 제약적인 환경에서만 여격의 기능을 갖게
된다. 곧 '-손에'는 인칭대명사나 의문대명사와만 결합되며, 서술어로는 '얻다'와 공
기될 수 있고, '-대고'는 의문부사 '엇다'(어디에다가)와 결합될 수 있다. '-더러'는
〔-인간〕, 〔+존대〕의 의미자질을 갖는 선행 체언이 올 수 없다는 제약을 갖는다.
'-보고'는 여격 기능 이외에 선행 체언의 지위나 체면 등을 고려해야 하는 의미적
기능을 갖고 있어 통합상 제약이 크다.
　'-한데'는 중세국어 '한(同)-+드-(형식명사)+-이(처격)'가 허사화 한 것이며,
'-인데'는 '있(在)-+-는(관형형어미)+-드-(형식명사)+-이(처격)'의 축약형에서
허사화한 것이다.

　(29)　ㄱ. 엄마(-한테/-인데) 가 바라.(=엄마에게 가 보아라.)
　　　　ㄴ. 아들(-한테/-인테) 머 그카노.(=아들에게 뭐 그렇게 하나.)
　(30)　ㄱ. 엄마 있는 데 가 바라.
　　　　ㄴ. 아들 있는 데 머 그카노.

　(29)의 예문을 (30)으로 곧 '-한테/-인데'를 '-있는 데'로 교체가 가능하기 때문
에 '-인데'의 형태구성이 '있-+-는+데-'의 축약형임을 알 수 있다.
　'-자테'는 '곁(傍)-+-에(처격)' 구성의 축약형으로 이는 자립어로 실현되기도
한다.

   (31) ㄱ. 자가 할매자테 간데이.(=저 애가 할머니에게 간다.)
       ㄴ. 책상 짤에 나낳다.(=책상 곁에 놓아두었다.)

 '-자테'가 실질형태소인가 형식형태소인가를 판별하는 기준은 선행 체언의 의미 자질에 의해 판별된다. 〔+유정물〕 체언 아래에서는 실질형태소로서나 형식형태소로서나 의미적인 차이를 보여 주지 못한다. 그 이유는 여격이란 서술어의 행위나 상태의 수혜자를 나타내기 때문이다.

(2) -더러, -대고, -보고, -손에

 '-더러'는 중세어 '드리(與)-+-어' 구성이 허사화한 것이며, 선행 체언이 〔-존대〕 자질일 경우에 실현된다. 김승곤(1979)은 '-드려'가 17세기에는 선행 체언이 무정물 자질인 경우에도 실현되었음을 지적하였으나, 이는 비유적 표현에서만 가능한 것으로 보인다.

   (32) ㄱ. 달더러 물어바라 소원이 풀릴끼다.(=달에게 물어 보아라 소원이 풀릴 것이다.)

   (32)의 예와 같이 '-더러'가 비유적인 표현에서는 〔-유정물〕 자질을 갖는 체언에서도 비유적인 표현 방식으로 실현된다.
 '-손에'는 중세어 '-(의)손더'의 대응형으로 형태구성은 '손(手)-+드-(형식명사)+-의(처격)'이다. '-손에'는 〔유정물〕 체언 아래에서 사용되며, 자립어로도 사용되고 있다.

   (33) ㄱ. 운제 니 손에 밥얻어 묵을라?(=언제 너에게 밥을 얻어 먹겠느냐?)
       ㄴ. 학생 손에 들어있다.(=학생 손에 들어있다.)

   (33)ㄱ은 여격조사로 ㄴ은 자립어휘로 사용된 예인데, '-손에'가 여격조사로 사용될 수 있는 환경은 한정되어 있다. 곧 선행 체언이 인칭대명사나 의문대명사의 경우에만 실현 가능하다.
 '-대고'는 '닿(接)-+-이(접사)+-고(어미)'에서, '-보고'는 '보(視)-+-고(어미)'

에서 축약되어 허사화한 것이다. '-대고'는 의문부사 '엇다' 아래에서만 실현될 수 있으며, '-대고'는 수혜자와 수수자가 표면구조에 나타나지 않으면 실질의미로 사용되어 여격기능을 하지 못한다. 곧 'X가… Y대고…V' 구조에서 X성분이 생략되면 여격기능을 하지 못한다.

이상에서 여격조사의 형태구성을 요약하면 다음과 같다.

    ① -자테 = {곁(傍)-}+{-에}
    ② -한테 = {한(同)-}+{ᄃ-(형식명사)}+{-에}
    ③ -인데 = {잇(在)-}+{-는-}+{ᄃ-(형식명사)}+{-에}
    ④ -손에 = {손(手)-}+{ᄃ-(형식명사)}+{-이}
    ⑤ -대고 = {닳(接)-}+{-이-(접사)}+{-고}
    ⑥ -보고 = {보(視)-}+{-고}
    ⑦ -더러 = {ᄃ리(與)-}+{-어}

5) 대격조사

대격은 서술행위의 대상이나 목적을 나타내며, 대격조사는 타동사문에만 실현되는 것으로 알려졌지만 자동사문에서도 실현된다(이상규:1979). 이 방언에서 대격조사는 '-ㄹ, -을, -를, -(으)르, -(으)를, -(으)로, -오'가 실현된다. 이들은 선행체언의 말음이 개음절이면 '-ㄹ, -(으)로, -를'이 실현되고, 폐음절이면 '-을, -(으)르, -(으)로'가 실현된다.

'-ㄹ'은 대격조사의 기원적인 것으로 '-(으)ㄹ' 형태의 중과에 의해 '-을/를'이 생성되었다. 중부 방언에서는 대명사 '나(我)'의 대격형이 '/나-/+/-ㄹ/=/날/'과 '/나-/+/-ㄹ-/+/-을/=/나를/'이 공존되고 있다. 이와 같은 대격형태의 중과현상이 이 방언에서는 개음절로 끝나는 체언 아래에서 뿐만 아니라, 폐음절로 끝나는 체언 아래에서도 실현되고 있다. 곧 이 방언에서 나타나는 대격조사 '-으를'은 '-을을)*-으를)-를'의 변화의 중간 단계로 추정되는 반사형이다.

'-을/-를'은 중부 방언과 마찬가지로 선행 음절의 음운 환경에 따라 결정되는 음운론적 조건의 변이형으로 실현된다. 그러나 변이형인 '-(으)르, -(으)로, -오'의 실현 환경은 음운론적으로 조건지어진 것이 아니어서 '-을/-를'과 자유롭게 교체된다.

(1) -(으)르, -(으)로, -오

대격조사 '-(으)로'는 경북방언 가운데 동해안 및 경주, 영천 지역에서 실현된다. '-(으)로'의 실현 환경에 대해 천시권(1973)은 선행 체언이 '-ㄹ'로 끝나는 경우라고 보고 있고, 최명옥(1980)은 선행 체언이 개음절이거나 폐음절인 경우 'ㄹ' 일 때에 실현된다고 보고 있다.

(34) ㄱ. 일로 열심히 해래이.(=일을 열심히 해라.)

　　ㄴ. 쌀로 가지고 밥으로 하미서…(=쌀을 가지고 밥을 하면서…)

　　ㄷ. 나로 보고 가라꼬…(=나를 보고 가라고…)

　　ㄹ. 시로 땅땅 뚜디래서…(=쇠로 땅땅 두드려서…)

　　ㅁ. 코로 풀어가아…(=코를 풀어서…)

　　ㅂ. 소로 몰고 댕기머…(=소를 몰고 다니며…)

(35) ㄱ. 날 잡아 무우라.(=날 잡아 먹어라.)

　　ㄴ. 나를 잡아 무우라.(=나를 잡아 먹어라.)

　　ㄷ. 니 밥으를 많이 무우래이.(=너는 밥을 많이 먹어라.)

　　ㄹ, 지삿날 떡으를 묵어나았띠이…(=제삿날 떡을 먹어 놓았더니…)

(36) ㄱ. 니 밥으로 많이 무우라.(=너는 밥을 많이 먹어라.)

　　ㄴ. 큰장아 가가 물견으로 많이 사가 왔는데…(=큰장에 가서 물건을 많이 사 왔는데…)

　　ㄷ. 쌀밥으로 묵었더니…(=쌀밥을 먹었더니…)

　　ㄹ. 책으로 내 가지고…(=책을 내 가지고…)

이 방언에서 대격조사 '-로'는 (34)의 예에서처럼 선행 체언의 말음이 'ㄹ'로 끝나거나 또는 개음절로 끝나는 선행 체언 아래에서 공히 실현되고 있다. (35) ㄷ, ㄹ과 같이 대격의 중과 현상은 선행 체언의 음절이 개음절이거나 또는 폐음절에서 모두 가능하다는 사실을 알 수 있다. 곧 '/나+-ㄹ/=/나-/+/-을/)/날/'이나 '/나-/+/-을을/=/나를/'이 다 가능한 것이다. (36)의 예에서처럼 선행 체언의 말음이 폐음절인 경우, 대격조사 '-으로'가 사용되며, (35)의 '-으를'의 예처럼 자유롭게 교체 가능하다. 대격조사 '-으를'과 '-으로'가 이 방언에서 공존되고 있는 이유를 고려해 볼 때, 대격과 조격의 격범주가 어떤 시기에는 분화되지 않았던 시기가 있었던 것으로 추정된다. 조격조사 '-(으)로'와 대격조사 '-(으)로'가 형태상 일치를 보이는 이유는 'X-으로(조격) …Y-으를(대격) …Vt' 문장 구성에서 X성분이 생략되는 경우, Y성분이 조격의 범주로 유추되기 때문일 것이다.

  (37) ㄱ. 쌀로 떡을 만든다 = (X) 떡으로 만든다
      ㄴ. 물로 얼음을 만든다 = (X) 얼음으로 만든다

  (37)의 예에서처럼 조격 성분 생략이 이루어지면, 대격 표지는 조격 형태 '-(으)로'나 대격 형태 '-을/-를'을 자유로이 취할 수 있다. 이 때의 대격조사 '-(으)로'의 형태구성은 '-으를〉-으르'와 형태 유사성에 기인한 유추의 결과이다.
  대격조사 '-을/-를'은 자동사와는 공기할 수 없어야 한다. 그러나 이 방언에서는 자동사문에서 대격조사가 실현된다. 그러나 NP₁ 곧, 주어는 반드시 〔+유정물〕 자질의 체언이 오고, NP₂는 반드시 〔+처소성〕 자질의 체언이 오며, 서술어는 동작동사이어야 한다는 제약이 있다.

  (38) ㄱ. 우리 손주가 <u>서울르(을)</u> 갈라고 대구로 갔다.(=우리 손자가 서울 가려고 대
         구로 갔다.)
      ㄴ. 고모내 <u>집이르(를)</u> 두 번이나 갔데이.(=고모 집에 두 번이나 갔다.)

  NP₂에 실현되는 대격조사는 기저격이 처격이며 '-을/-를'의 의미를 강화하는 강의적인 기능 때문에 실제로는 '-에+-을/-를'과 같은 부착변형(attachment transformation)과 처격 '-에'의 무표화 과정에 의해 '-을/-를'로 실현된 것이다(이상규:1979). 그리고 (39)의 예에서처럼 이 방언에서 대격조사는 부사어에도 실현되는 예들이 있다.

  (39) 철이는 영희를 <u>미워를</u> 한다.

  (38), (39)의 예를 통해 대격조사 '-을/-를'은 순수한 격조사 기능에서 가의적인 기능을 갖고 통합상 분포가 확대되어 가고 있는 특수조사적 성격을 띤 동요상

을 반영하고 있음을 알 수 있다. 그리고 이 방언에서 대격조사는 수의적으로 생략이 가능하다.

6) 조격조사

조격은 서술어의 동작이나 상태가 이루어지도록 도구나 재료의 의미적 기능을 나타내며, 조격조사는 표면에서 생략이 불가능하다. 그리고 특수조사와의 통합관계도 개방적인 특징을 갖고 있다. 이 방언에서 조격조사는 '-(으)로'와 그 변이형인 '-(이)로'가 있다. 이 조격조사는 서술어의 동작이나 상태에 대한 도구, 자질, 수단 등의 의미적 기능이 보인다.

(1) -(으)로, -(이)로

조격조사 '-(으)로'가 기구([+instrument])나 재료([+material])의 의미자질을 갖는 경우, 선행 체언은 반드시 [+구상물], [+보통명사]의 자질을 갖는다. 조격조사 '-(이/으)로'가 실현되는 문장 구조는 'NP$_1$이…NP$_2$-(이/-으)로…V$_{stm}$'이겠는데, 이 때에는 NP$_1$의 의미자질과 NP$_2$의 의미자질이 서로 호응하는 관계에 있어야 한다.

(40) ㄱ. 깽이로 파지 말고 호맹이로 파래이.(=괭이로 파지말고 호미로 파라.)
     ㄴ. 짚으로 지붕으로 이이냐?(=짚으로 지붕을 이냐?)

'-(으)로'는 선행 체언 말음의 음운 환경에 따라 '-으로'나 '-로'가 실현된다. 조격조사가 '자격'이나 '자질'의 의미자질을 갖는 경우, 선행 체언은 '지위', '신분', '자격' 중의 어느 한 가지의 의미 자질을 갖는다.

(41) ㄱ. 니 애비가 영천 군수로 발령이 났지.(=너 아버님이 영천 군수로 발령이
     났지.)
     ㄴ. 그 사램이 군인으로 있다매?(=그 사람이 군인으로 있다며?)

'-(으)로'가 '방편'이나 '원인'의 의미 기능을 보일 때, 선행 체언은 〔+구상성〕 자질을 갖는다.

7) 공동격조사

공동격은 체언 성분이나 명사구절과 문장을 연결해 주는 기능을 하며, 특수조사와의 결합관계도 개방적이다. 이 방언에서 공동격조사는 '-하고, -카/캉'이 상용된다.

(1) -하고, -카/캉

중부 방언에서 실현되는 '-와/과'에 대응하는 공동격은 '-하고, -카/캉'이다.

> (42) ㄱ. 행님요, <u>행수하고</u> 같이 가까요?(=형님 형수와 함께 갈까요?)
> ㄴ. 니느 <u>친구하고</u> 놀다가꼬 늦어쩨.(=너는 친구와 놀다가 늦었지.)
> ㄷ. 니는 <u>내(카, 캉)</u> 같이 놀재이.(=너는 나와 같이 놀자.)
> ㄹ. <u>일분사람(카, 캉)</u> 사긴다.(=일본 사람과 사귄다.)

이 방언에서 공동격조사는 '-하고, -카/캉'이 있는데, '-카/캉'은 'ㅎ' 종성체언의 'ㅎ'과 공동격조사 '-과'가 축약된 형태 '-콰'가 모든 체언에 확대된 것으로 보인다 (나진석:1963).13) 이렇게 해서 생성된 '-카'에 소리를 고르게 해 주는 'ㅇ'이 덧붙은 형태가 '-캉'이 아닌가 추정된다.

8) 호격조사

호격은 문장에서 독립적인 성분으로 호칭의 자리를 나타내준다. 이 방언에서 호격조사는 '-아/야, -애이, -요, -애'가 실현되며, 특수조사와의 분포는 폐쇄적

---

13) '-카/캉'의 형태구성의 기원에 대해 최명옥(1980)은 동남방언에서 '-고+하-'가 '-카'로 축약되므로 공동격조사 '-하고'가 '-고 하-'로 도치된 이후에 축약된 것으로 보고 있으나 국어에서 이러한 형태구성과 평행을 보이는 예가 없으므로 납득하기가 어렵다. 나진석(1972:104)은 중세어에서 ㅎ-종성체언 어형과 '-과'와의 결합된 것으로 보고 있다. '하날콰, 따콰'에서 기원된 것으로 추정하고 있다.

이다. 이들은 각기 선행체언의 의미자질에 제약을 받는다. '-아/야'는 선행 체언
이 〔-존대〕, 〔+유정물〕이어야 하며, '-요', '-애'는 선행 체언이 〔+존대〕, 〔+유
정물〕이어야 한다. 그리고 비존대 호격조사인 '-아/야'는 각기 선행 체언 말음의
음절 환경에 따라 결정되며, 존대를 나타내는 존칭 호격조사인 '-요', '-애'의 실
현은 수의적이다.

'-애이'는 '-아(호격조사)+-이(접사)〉-애이'로 구성되었다. 이 방언에서는 호격
'-애이'가는 '애원'의 의미 기능을 보이며, 반드시 청자가 화자보다 손아랫 사람인
경우에만 실현된다.

(43) ㄱ. <u>철아</u>, 어서 산에 가거라.(=철아, 어서 산에 가라.)

ㄴ. <u>영수야</u>, 이이 오너래이.(=영수야, 이리 오너라.)

ㄷ. <u>영수애이</u>, 이이 오너래이.(=영수야, 이리 오너라.)

ㄹ. *<u>아부지애이</u>, 이리 오이소

호격조사 '-아/야, -애이'는 반드시 손아랫사람에게 부를 때만 사용되며, 손
윗사람에게는 존칭호격 '-요, -예'가 사용된다. 손아랫사람이나 서로 격의 없
는 동등한 관계에서는 '이사람, 자네' 따위를 보충하여서 친분이 가깝거나 친
밀함을 나타내 주기도 한다. 아낙을 부르는 경우, 택호(宅號)에 접미사 '-이'
가 붙거나 다시 호격조사 '-아'가 첨가되기도 한다.

(44) ㄱ. <u>영수(자네, 이사람)</u> 머 하는가?

ㄴ. <u>입암댁이(야)</u> 보고 싶더래이.

이 방언에서 호격조사는 수의적으로 생략이 가능하다.

호격조사가 실현된 성분이 문미에 나타나면 '애원, 부탁, 기도' 등 강의적인 의
미를 지니게 된다.

(45) ㄱ. 어서 집이 가거래이, <u>철아</u>.

ㄴ. 이리 지발 온내이, <u>철아</u>.(=이리 제발 오너라 철아.)

ㄷ. 이거 좀 해주이소, <u>아부지예</u>.

ㄹ. 이거 좀 보이소, 샘얘.(=이것 좀 보십시요, 선생님.)

호격 성분이 나열되는 경우, (46) ㄷ에서처럼 호격조사는 가장 뒤에 위치하는 체언에서만 실현된다.

(46)ㄱ. *아배요, 할배, 형님 이거 좀 해주이소.
 ㄴ. *아배, 할배요, 형님 이거 좀 해주이소.
 ㄷ. 아배, 할배, 형님요 이거 좀 해주이소.

이상에서 경북방언에 나타나는 격조사에 대한 변이형 분석을 통하여 국어문법 형태소의 역사적 변화과정을 추적해 보았다. 방언간에 나타나는 문법 형태소의 구성상의 차이란 곧 문법형태소의 역사적 변화를 함의한다는 측면에서 앞으로 굴곡어미 전반에 걸친 연구의 일환으로 8개 격범주에 대응되는 격형태에 대한 형태 재분석과 그 통사적인 제약관계를 정리해 본 것이다.

참 고 문 헌

강정희(1988), 『제주방언연구』, 한남대출판부.
김민수(1971), 『국어문법론』, 일조각.
김승곤(1978), 『한국어 조사의 통시적 연구』, 대제각.
김영태(1985), 『창원지역어 연구』, 경남대출판부.
김형규(1980), 『한국방언학』, 서울대출판부.
나진석(1972), 『우리말의 때매김연구』, 과학사.
박병채(1989), 『국어발달사』, 세영사.
서태룡(1987), 「국어활용어미의 형태와 의미」, 서울대 박사 학위 논문.
성광수(1981), 「국어조사에 대한 연구」, 형설출판사.
이병근(1975), 「음운규칙과 음운론적 제약」, 국어학 3.
이상규(1979), 「'-을/를'의 통사·의미 분석」, 『문학과언어』 1. 문학과언어연구회.
_____(1980), 「동남방언의 여격(1)」, 『한국방언학』 2.
_____(1983), 「경북지역어의 주격 '-이가」, 경북대 어문론총 16.
이승욱(1977), 『국어형태사 연구』, 태학사.

이태영(1983), 「전북방언의 격조사 연구」, 전북대석사학위논문.

천시권(1973), 「경북방언의 형태론적 연구」, 청계김사엽박사송수기념논문집.

최명옥(1980), 『경북 동해안 방언 연구』, 영남대출판부.

최학근(1978), 『국어방언사전』, 현문사.

홍사만(1983), 『특수조사의 연구』, 학문사.

홍윤표(1978), 「전주방언의 격연구』, 어학 5. 전북대.

_____(1983), 『국어사문헌자료연구』, 태학사.

小倉進平(1944), 『朝鮮語方言硏究』, 岩波書店.

河野六郎(1945), 『朝鮮語方言學試攷』, 東都書籍.

Lightfoot, D. W. (1979), 『Principles of Diachronic Syntax』, Cambridge Univ, Press.

Ramsey, S.R.(1978), 『Accent and Morphology in Korean Dialect』, 탑출판사, 서울.

Langacker, R. W. (1977), 『Syntatic Reanalysis, in Mechanisms of Syntactic Change』, ed. by Li, C. Univ. of Texas Press.

제 2 장 경북방언의 주격 '-이가'

1. 경북방언의 주격

개별 방언은 독자적인 언어 체계를 가지고 있으며, 방언간의 체계적인 차이를 비교함으로써 한정된 문헌 자료들을 보완해 줄 수 있는 실증적이고 구체적인 역사적 변화에 관한 정보를 얻어낼 수 있을 것이다. 지역적인 변이형은 때로는 시간적 변화의 결과를 반영할 수도 있기 때문이다.

최근까지 음운사적인 연구를 위하여 방언 분화형들을 유용한 증거 자료로 이용해 왔으나, 문법사적인 해명을 위한 자료로서는 비교적 소홀히 생각해 왔다. 그것은 음운변화보다 문법변화가 더 보수적이라는 생각 때문일 것이다.

그동안 주격 '-이'와 '-가'에 대해서는 김방한(1957), 남광우(1957), 이숭녕 (1958), 이기백(1958)과 그리고 정광(1968), 서재극(1969), 홍윤표(1975), 이병선(1976) 등의 연구가 있었는데, 대개가 그 기원에 관한 논의를 집중적으로 하고 있다. 또 '-이/가'를 체언 말음의 환경조건에 의해 교체되는 음운론적 변이형으로 처리함으로써 '-이'와 '-가'의 관련성, 또는 역사적인 형태 구성의 변화에 대한 관심을 보이지 않았던 것 같다.

남부방언 및 함경도 일부 지역에서는 모음으로 끝나는 체언 아래 실현되는 주격 '-이'와 '-이가'가 방언형으로 남아 있다. 본 장에서는 주격 '-이'와 '-이가'가 체언 어간말음으로 재구조화되어 융합한 자료들의 검토를 통해 주격조사 '-가'의 실현 과정과 역형태음운화(demorpho-phonologicalization)에 의한 '-이가'의 형태 구성의 과정에 대해 살펴보고자 한다.

국어의 격은 대체로 격조사(case marker)와 기능상 일대 일의 대응을 보여 주기 때문에 격에 대한 연구는 일차적으로 형태표지와 대응시켜서 그 기능이 탐색되어야 한다. 무표지나 일부 전치사(preposition)에 의해 격이 실현되는 인구어의 격연구와 국어의 격연구는 본질적으로 방향을 달리 해야 할 것이며, 형태·분포·의미라는 상이한 층위의 분류기준을 선정하여, 그 중 어느 한 층위만을 중심으로 연구할 경우, 자칫 오류를 범할 우려가 있는 것이다.

국어의 격조사는 역사적으로 기능상의 변화를 입었던 것으로 예상되지만 형태론적인 변화를 입었을 가능성은 그다지 크지 않을 것이라는 판단에서 사적인 형태구성에 대한 연구는 소홀히 생각해 왔다. '-이/가, -은/는, -을/를'이 단순하게 체언말음의 음운론적 조건에 의한 교체형이라는 해석에 대한 새로운 비판의 가능성을 형태구성의 역사적인 사실에서 찾을 수 있을 것이다. '-은/는, -을/를'에 대해서 이미 김완진(1975)은 'ㄴ+으', 'ㄹ+으'의 형태중과로 처리한 바 있다. '-이가'의 '-이'는 접사와도 형태가 동일하므로 형태론적 재분절(morphological recutting)이 되어 어근으로 굳어졌거나 또는 그대로 주격기능을 보이는 자료가 이 지역 방언에서 발견된다. 본 장에서는 방언자료를 토대로 하여 '-이/가' 형태표지와 관련된 '-이가'에 대한 형태구성의 변화 양상과 그 해명을 시도하려고 한다.

1) 경북방언에서 주격 실현 환경

경북 방언에서 주격조사는 '-이, -가, -이가, -이란, -에서'가 실현된다. 중부방언에서 보이는 '-께/께서'는 이 방언에서는 발견되지 않는다.

(1) ㄱ. 그 사래미가 오만 마카 싫어한다. 아이가.(=그 사람이 오면 모두가 싫어한다.)
    ㄴ. 등떠리에 서리가 보:하이 와가 있거든….(=등에 서리가 보얗게 와 있거든….)
    ㄷ. 산이 너무 높아가 모오 올라갈따.(=산이 너무 높아 못 올라가겠다.)
    ㄹ. 주재소서 그놈을 잡아갔다.(=주재소에서 그놈을 잡아갔다.)
    ㅁ. 이 논배미에 모이 더 좋더라.(=이 논에 모가 더 좋더라.)
    ㅂ. 너어들 밥이 묵었나?(=너희들 밥을 먹었느냐?)
    ㅅ. 너어들 집이 빨이 가거라.(=너희들 집에 빨리 가거라.)

(1)의 예에서 '-이, -가, -이가, -에서'와 같은 격조사는 문장에서 서술어에 대한 동작이나 상태에 대한 주체로서 행위격(agent), 처격(locative), 구격(instrument), 목적격(object)과 같은 심층격(deep case) 구실을 하고 있다.

(1) ㄱ은 체언 말음이 자음인 경우, 접사 '-이'에 '-가'가 통합되는 현상으로 체언의 말음이 자음으로 끝나는 Nc에 '-이가'가 실현되고 있다.14) (1) ㄷ처럼 '-이'는 체언의 말음이 자음인 경우에 실현되며, (1) ㄴ처럼 '-가'는 체언 말음이 모음인 Nv인 경우에 실현되지만 일상적 발화(casual speech)에서는 체언 말음이 모음인 경우에도 (1) ㅁ처럼 '-이'가 실현되기도 한다. (1) ㄹ의 '-에서'는 체언이 〔+집단〕 자질을 갖는 경우에만 실현되고, (1) ㅂ, ㅅ에서처럼 대격이나 처격의 자리에 주격조사 '-이'가 나타나기도 한다.

이 방언에서는 주어성분과 함께 주격조사의 생략이 매우 자유롭다(천시권:1973, 153). 이들의 생략은 문장의 주어와 화자가 일치하거나 화자나 청자가 주어를 알고 있는 상황일 때, 즉 전체가 묵시적 정보(implicational information)일 때 이루어진다. 이 방언에서 주격조사는 아래의 〈표 1〉과 같이 실현된다.

현대 국어의 주격 '-이/가'는 체언말음의 음운론적 조건에 의해 결정된다고 설명하고 있다. 곧 체언의 말음이 모음인 경우에는 '-가'가 선택되고, 자음인 경우에는 '-이'가 선택되는, 음운론적으로 조건지워진 변이형태(phonologically conditioned allomorph)로서 상보적인 분포를 보여준다고 설명되어 왔다. 이러한 논의에 대하여 이병근(1975:18)은 지나치게 선행 체언말음의 환경을 중시한 결과라는 비판과 함께 사적 형태론적인 해결의 가능성을 시사한 바가 있다.15) 우리는 흔히 공시적 시각에서 주격조사의 변이형 '-이/가'를 음운론적 교체형으로만 설명하고 있으나, 이를 통시적인 시각에서 보면 '-이〉-이가〉-가'의 변천으로 설명할 수 있는 것이다.

예문 (1)에서처럼 이 지역에서 실현되는 주격형태들은 음운론적 조건에 의한 교체형으로만 볼 수 없다. 그러한 근거는 첫째, '-이/가'와 같은 음운론적인 조건

---

14) 본고에서 관심의 대상인 체언 말음이 모음인 경우에 실현되는 '-이', '-이가'나 체언 말음이 자음인 경우에 실현되는 '-이가'는 모두 계층적으로 하위계층(lower class)에 속하는 농부들의 일상적 발화(causal speech)에서 발견되는 자료를 대상으로 한 것이다.

15) 이병근(1975), 「음운규칙과 비음운론적 제약」, p. 18, 『국어학』 3.
"교체형 '-이/가'를 음운론적으로 설명할 수 있는 가능성은 국어의 음운규칙들 속에서 찾아지지 않는 것이었다. 이는 역사적인 사실을 고려해야 할 가능성을 지니고 있는 것으로서, 주격형태에 대해서만은 어느 역사적 단계에서 음운론적으로 설명될 수 있었던 것이 시간적 선상에서 변화하였다는 가능성을 다시 안고 있는 것이다."

에 의한 교체형을 국어의 음운현상에서 찾아 볼 수 없다.

둘째, 〈표 1〉에서처럼 체언 말음이 모음인 경우에도 '-이'가 실현된다.

<표 1>

체언말음조건		-이	(- ㅣ)	-가	-이가	-zero
모음	i	-	-	+	±	+
	비i	+	+	+	+	+
자 음		+	+	-	+	+

중부방언에서도 이러한 현상이 19세기까지 남아 있었음이 확인된다. 곧 (2)는 〈독립신문〉(1896)의 용례인데, 체언 말음이 모음인데도 '-이' 주격조사가 나타나고 있다.

(2) ㄱ. 죠션 전국이 태평흐야 <u>나라이</u> 강흐고(독립신문, 1)
ㄴ. 두 <u>나라이</u> 서로 싸홀 째에(독립신문, 1)

셋째, '쾨(鼻)+가', '이매(頂)+가', '테(집터)+가', '치매(裳)+가', '어매(母)+가'에서나 '틸(毛)/터리+가', '벌(蜂)/버리+가', '별(星)/비리+가', '샘(泉)/새미+가'의 예들에서 보듯이, 격조사 '-ㅣ'가 어간말음 i와 대칭기능의 상실(a loss of contrast)로 인하여 어간말음 i로 굳어진 형에서만 '-이가'가 실현된다.

이러한 점들을 고려할 때에 '-이'와 '-가'가 단순하게 체언말음의 음운조건에 의해 결정된다는 일반적인 해석은 이 방언에서는 적용되지 않는다.

2) 주격 '-이가'의 방언 분포

경북방언에서 선행 체언이 모음으로 끝나는 환경에서의 주격조사 '-이, -이가'가 실현되는 지역적인 분포는 〈지도 1〉과 같다.

<지도 1>

□ : [kʰE-ga]
△ : [kʰE-i]
○ : [kʰE-iga]

〈지도 1〉은 비 i모음 아래에서 주격조사 '-ㅣ'가 실현되는 지역과, '-이가'가 실현되는 지역을 언어지도(linguistic atlas)로 나타낸 것이다. [A]지역은 □, △형이 나타나지 않으며, [B]지역은 ○, □, △형이 모두 나타나는데 '-어는', '-으를'과 같은 형태중복의 실현지역과 일치를 보이고 있다. [C]지역은 □, △형만 나타나고 있다. [A]지역은 중부방언의 영향이 큰 접촉지역이므로 [kʰwE-i], [kʰwE-iga]형이 모두 나타나고 있다.

　홍윤표(1978b), 이태영(1983)의 보고에 따르면 전라도 지역에서도 '-이가'가 실현되고 있으며, 이익섭(1982)과 김병제(1978)의 보고에 따르면, 강원도(영동)와 함경도 일부 지역에도 '-이가'가 나타나고 있다. 최명옥(1979:1)은 경북 동해안방언권 설정의 기준으로 '-이가' 실현을 들고 있지만 필자가 조사한 바로는 경북 지역 일대 외에도 경남 일부 지역에 이르기까지 광범위한 지역적 분포를 보여주고 있었다.

2. 주격 '-이가'에 대한 견해

1) 주격 '-이가'의 제견해에 대한 검토

　중세국어에서는 주격조사 '-이, -ㅣ, -zero'가 실현되다가 근대국어에 이르러 '-ㅣ, -zero' 주격표시가 잉여적인 것이 되고, 새로운 주격조사 '-가'가 출현하게 되었는데, 주격조사 '-이가'의 방언 잔존형은 이러한 사실을 방증할 수 있는 자료이다. 먼저 지금까지의 '-이가'에 대한 제 견해들을 검토해 볼 필요가 있다.

(가) 람스테트(1939:45-47)는 많은 어휘에서 발견되는 음절말음 '-i'(final -i)에 대하여 해석상의 어려운 점이 있음을 지적한 바 있다. '호랑(虎)/호랑이', '말(言)/말이'와 같은 예들의 주격형이 '호랑이/호랑이가', '말이/말이가'로 각각 실현되는 현상을 바탕으로, 그는 언중들이 'i'를 본래 체언의 일부인 것으로 잘못 이해하였으며, 이러한 관점에서 그는 '-i'를 신형 모음적 어간(new vocalic stem)을 형성하는 요소로 파악했다.16)

(나) 小倉進平(1944:312-315)은 체언에 '-i'가 부가되는 현상은 함경도와 황해도 일부 방언에서 두드러지게 나타나고 있음을 밝히면서, Pučillo(1874)의 〈로한ᄌ뎐〉의 예들을 근거로 하여 '-i'를 주격조사로 보지 않고 있다.17)

(다) 河野六郎(1945:210)은 함경북도 방언에서 체언의 단독형을 주격형으로 대신하려는 경향이 있음을 지적하면서 '노리(獐)/놀기', '낭기(木)/냉기'는 주격형이 첨부된 체언 단독형으로 처리하였고, '가마(釜)/가매', '이마(頂)/이매'와 같은 어형들에서의 '-i'는 주격조사로 처리하였으며, '버미(虎), 마리(馬)'와 같은 어형은 단독형으로 굳어진 주격형으로 처리하고 있다.18)

(라) 천시권(1973:153-4)은 동해안 지역과 대구지역 방언에서 '-이가'가 일반적으로 실현되고 있음을 밝히고, '-이가'의 기원을 '-가'의 출현으로 약화된 '-이'를 보완해 주려는 것에서 찾고 있다. '-이' 주격조사가 선행 체언말음에 융합된 것은 '개미(蟻), 매미(蟬)'와 같은 어형에 유추된 것으로 보고 있다.19)

(마) 이익섭(1981:104)은 삼척지역에서 '-이가'가 실현됨을 밝히면서 이 '-이가'는 주격조사 '-이' 다음에 '-가'가 다시 결합되는 주격조사 중복현상으로 파악하고 있다.20)

(바) 홍윤표(1978:45)는 전주 지역에서 NP의 고유자질이 [-animate]이어야

---

16) G. J. Ramstedt(1939), 『Korean Grammar』, pp. 45-47. Helsinki.

17) 小倉進平(1944), 『朝鮮方言の研究』(下), pp. 312~315, 岩波文庫.

18) 河野六郎(1979), 『朝鮮方言學試考』, p. 210, 平凡社.
   Ramsey(1978:40)도 함경도 지역에서 실현되는 N+i형의 방언형 어말 i모음을 기원적인 주격으로 인식하고 있다.

19) 천시권(1973), 『경북방언의 형태론적 고찰』, pp. 153~154. 국어교육 6.

20) 이익섭(1981), 『영동영서의 언어분화』, p. 104, 서울대출판부.

'-이가'가 통합될 수 있다고 보고, '-이가'를 주격조사의 중복 현상으로 처리하고 있다. 그리고 '-이가'의 현상을 형태론적인 구성상의 문제가 아니라고 보며, 이때의 '-가'는 통사론적으로 볼 때, 첨사(particle) '-가'에서 주격조사화한 것으로 간주하고 있다.21)

(사) 최명옥(1980:37)은 경북 동해안 지역에서 '-이가'가 매우 생산적으로 실현됨을 밝히면서 그 실현 환경은 전주방언과 달리 〔±animate〕 체언 자질과 무관한 것으로 보고 '복합격'으로 처리하고 있다.22)

(아) 김병제(1988:63-65)는 주격조사 '-이가'가 동북방언 및 동남방언(주로 경상북도)의 일부 지역에서 실현되며, 폐음절 아래에서 주격조사 '-이'에 다시 주격조사 '-가'가 덧붙은 현상이라고 설명하고 있다.23)

이상에서 '-이가'와 관련 있는 여러 견해에 대하여 살펴보았다. 이들 견해의 공통적인 문제점은 방언형에서 체언의 단독형이 체언(N)+i/체언(N)+∅가 공존하고 있다는 사실을 지적한 것이다. 곧 이들의 주격형이 'N+i+ka/ N+∅+i'로 나타나기 때문에 체언(N)+i에서 'i'가 무엇인가라는 문제로 귀결된다.

그런데 '개똥/개똥이(人名)'의 변화는 '명사어간+ i접미사'로 새로운 어형 형성이 가능하다. 곧 〔-animate〕 자질을 갖는 체언 '개똥'을 〔+animate〕 자질을 갖는 체언인 '개똥이'로 바꾸는 가의적인 기능을 i가 수행하고 있다. 그리고 '개똥이{-가, -에, -를}'처럼 곡용이 가능하기 때문에 i는 접사로 볼 수 있다. 그러나 '얼굴이'는 '얼굴이{-가, *-에, *-를}'처럼 '얼굴이가'로는 곡용 가능하지만 '얼굴이에', '얼굴이를'과 같은 곡용은 불가능하다. 따라서 구체명사 아래에 실현되는 i는 분명히 기원적으로 주격조사와 관련이 있을 것이다.

2) 'N+i/N+∅' 쌍형어간의 유형

람스테트(1939)나 小倉進平(1944)은 대체로 'i'를 접사로 처리하고 있으며, 河野六郎(1945)은 주격형으로 파악하고 있다. 그리고 일부 선행 연구에서는 접

---

21) 홍윤표(1978), 「전주방언의 격연구」, p. 45, 『어학』 5, 전북대.
22) 최명옥(1980), 『경북동해안방언연구』, p. 37, 영남대출판부.
23) 김병제(1988), 『조선언어지리학시고』, 과학백과사전종합출판사, 평양. 참조.

사인 경우와 주격조사인 경우를 구분코자 했으나, '접사{-i-}+주격조사{-가}'의 구
성의 예들을 복합격으로 처리하기도 했다. 따라서 '-이가'에 대한 논의에서 선결되
어야 할 문제는 공시적인 방언형에 잔존하는 단독형 N+i/N+∅형의 어형에서 'i'
의 기능을 밝혀내는 것이다.

다음의 예문 (3)은 이 방언에서 N+i/N+∅형이 공존하는 예들이다. 단독형이
N+i/N+∅으로 쌍형어간으로 존재하는 어형들은 통시론적 형태론과 밀접한 관
계를 맺고 있다. 격조사 '-이'를 어간의 일부로 간주하는, 곧 형태론으로 재구조
화(restructuring)된 N+i형과 그런 변화를 입지 않은 N+∅형이 공존하고 있다.

(3) ㄱ. 말이(言)/말, 발이(足)/발, 꿈이(夢)/꿈
　　ㄴ. 쾨(鼻)/코, 모이/모
　　ㄷ. 벌이(蜂)/벌, 배미(蛇)/뱀, 범이(虎)/범
　　ㄹ. 가리(分)/가루, 하리(一日)/하루, 마리(宗)/마루
　　ㅁ. 이매(頂)/이마, 치매(裳)/치마, 허패(肺)/허파, 도매(槽)/도마
　　ㅂ. 개똥이(人名)/개똥, 삐땍이/삐딱, 홀쭉이/홀쭉
　　ㅅ. 영석이/영석, 순덕이/순덕, 대한이/대한

N+i형에서 'i'가 파생접사일 경우와 굴곡접사일 경우를 예상할 수 있다. 'i'가
파생접사일 경우에는 '-이가'를 주격조사라고 할 수 없음은 명백하다. 'i'가 파생접
사(derivational suffix)일 경우, 어간 대치가 한정이 되고 새로운 단어를 파생시
키든가 가의적(加意的)인 기능을 보이거나 또는 가의적이 아닐 경우 구체명사에
서만 실현된다. 그러나 굴곡접사일 경우에는 어근(語根)대치가 광범위하며, 새로
운 단어 형성이 불가능하다. 그리고 문법적 의미만 바꾸는 기능을 하게 된다. 그
리고 파생접사는 굴곡접사보다 보수적인 음운현상을 보여줄 뿐만 아니라, 굴곡접
사가 보여주는 음운론적 기제와도 다르다.

N+i/N+∅형이 방언형에서 공존하지만 (3)ㄱ은 단독형이 N+∅임은 쉽게 알
수 있다. '말이{-가, *-에, *-로, *-를}'의 곡용체계에서 '-이'는 쉽게 굴곡접사인
격조사임을 알 수 있다.

(3) ㄴ은 N+i/N+∅형이 공존하고 있는데, N+i형이 신형(new form)이며

N+∅형은 구형(old form)이다. 그런데 N+i형인 '쾨'에서 '-ㅣ'는 '쾨〉케'의 음운론적 과정을 거쳐 어간이 재구조화된 곧, 격조사가 어간화하는 형태소 재분절(morphological recutting)이 일어난 예이다. '케{-가, -에, -로, -를}'과 같은 곡용체계를 이루지만 어간으로 재편성된 '*-i'는 기원적으로 굴곡접사로 보지 않을 수 없다. 곧 역사적으로 '쾨{-∅, *-에, *-로, *-를}'로 곡용의 제약이 있던 것이 '-*i'가 어간으로 화석화되면서 '케{-가, -에, -로, -를}'과 같은 곡용이 가능했을 것이다.

(3) ㄷ은 ㄴ과 달리 N+i/N+∅형이 쌍형으로 방언에 공존하는 예인데 N+i형의 'i'가 기원적인 격조사에서 어간화한 어형인 것으로 보아야 할 것이다. 그 이유는 '벌이(蜂)', '뱀이(蛇)'과 같은 어형의 곡용체계가 '벌이-가, 벌이-로, 벌이-에', '뱀이-가, 뱀이-로, 뱀이-에'로 실현되기 때문이다.

말음 u와 i 또는 a(*ʌ)와 ɛ의 대응을 보여주는 (3) ㄹ, ㅁ과 같은 예들에서 '-u+주격조사 i', '-a(ʌ)+주격조사 i'의 형태론적 구성에서 주격조사가 어간으로 재구조화한 것으로 볼 수 있다. 'haru(一日)+i'는 '*haru+y〉*harü〉hari', 'kama(釜)+i'는 '*kama+y〉*kamä〉kamɛ'처럼 'i'는 어간말음 'y'로 재편성되었다가 하향이중모음(off-glide) 'y'가 소거되면서 '-가'가 보충되었을 개연성이 큰 것이다.

(3) ㅂ의 N+i형은 N+∅형과 공존하지 않는다. N+i형에서 인칭접사 'i'가 N에 첨가되면서 생긴 새로운 어형이다. 따라서 ㅂ의 어간말 'i'는 위의 다른 예들과 달리 파생접사로 처리되어야 한다.

(3) ㅅ과 ㅂ은 매우 유사하지만 실제로는 상이한 성격을 띠고 있다. (3) ㅅ은 N+i/N+∅형이 변이형으로 공존하고 있는데, N+i형은 구어적(colloguial)인 것이나 N+∅형은 문어적(literary)인 것이다. N+∅〉N+i 형으로 교체되는 과정을 살펴보기 전에는 'i'를 일괄해서 접미사로 보기에는 문제가 있다. (3) ㅅ은 [-animate] 자질을 갖는 어형에 'i'가 첨가되어 [+animate] 자질을 갖는 어형으로 바뀌는 (3) ㅂ과는 성격이 다르다. (3) ㅅ은 'i'가 인명인 N+∅ 단독형에 첨가되어 가의적(加意的)인 기능을 보인다는 점과 곡용체계상 어간적인 요소로 남아 있는 점 등으로 미루어 접사로 일단 처리해 두고 다음장에서 상세하게 살펴보도록 하겠다.

3. '-이가'의 실현 환경

1) 주격 '-이가'의 실현 유형

여기서는 격조사 중복으로서의 '-이가' 뿐만 아니라 '-이(접사)+-가'(주격조사)
및 체언 어간이 쌍형인 N+i/N+∅형에 나타나는 '-가'를 포함하여 그 실현 환경
을 공시적인 측면에서 살펴보려 한다. 왜냐하면 접사 '-이' 다음에 주격조사 '-가'
가 실현되는 것이나 체언 어간이 쌍형일 때 '-가'가 실현되는 것은 모두 주격조사
'-이가'가 실현되는 것과 상호 관련성이 있기 때문이다.

'-이가'의 방언 잔존형에 대한 해명은 결국 주격조사 '-가'가 생성된 원인을 해
명하는 근거가 될 것이다. 또 '-가'의 출현이 격체계상의 변화가 아니라 격조사의
구조상의 변화임을 입증하려는 데 있는 것이다. 그리고 이들 주격조사의 구조상
의 변화는 음성변화에 의한 문법형상의 변화(R.Anttila, 1972:77, A sound
change leads to new grammatical configuration)의 결과로 볼 수 있는, 형
태소 재분절(morphological recutting)에 의한 설명이 가능하다.

〈표 4〉의 주격항에 나타나는 '-이가'는 모두가 동일한 기능을 수행하는 형태소
가 아니다. 아래 도표의 가)-라)에서 '-이가'는 주격조사가 복합된 것으로 사적인
과정을 경험한 것들이다. 그 반면에 마)-아)에서는 N+i/N+∅ 형이 각각 단독형
인 변이항으로 공존하고 있는데, 이러한 예는 역사적인 사실을 고려해야 할 것들
로 주격조사 '-이가'의 생성과 매우 밀접히 관련되어 있다.

〈표 4〉

	주격	속격	대격	처격	조격
가)	말(言)-이가 말이-가	말-의 *말이-의	말-로(을) 말이-로	말-에 *말이-에	말-로 말이-로
나)	돌(石)-이가 돌이(키)-가	돌-의 *돌키-의	돌-로(을) 돌키-로	돌-에 *돌키-에	돌-로 *돌키-로
다)	코(鼻)-이가 코ㅣ-가(케가)	코-의 케-의	코-로(를) *케-를	코-에 *케-에	코-로 *케-로

라) 나(我)-이가	나-의	나-로(를)	나-에	나-로
마) 벌(蜂)-이가	벌-의	벌-로(을)	벌-에	벌-로
버리-가	버리-의	버리-로	버리-에	버리-로
바) 치마(裳)-가	치마-의	치마-를	치마-에	치마-로
치매-가	치매-의	치매-를	치매-에	치매-로
사) 순덕-이가	*순덕-의	*순덕-을	*순덕-에	*순덕-으로
순덕이-가	순덕이-의	순덕이-를	순덕이-에	순덕이-로
아) 개똥-이가	*개똥-의	*개똥-을	*개똥-에	*개똥-으로
개똥이-가	개똥이-의	개똥이-를	개똥이-에	개똥이-로
자) 가루-가	가루-의	가루-를	가루-에	가루-로
가리-가	가리-의	가리-를	가리-에	가리-로

가)-라)의 예들은 어간이 N+i/N+∅형으로 공존하는 예이다. N+∅형이 문어적인데 비하여 N+i형은 구어적(colloquial)인 형식이다. 어간이 N+∅형인 예들은 중부방언과 동일하다. 가)에서 '말(言)/말이'가 하위 층위의 방언화자들의 일상적 발화에서는 '*말이-의, *말이-로, *말이-에'와 같이 실현되지 않는다는 사실이 곡용체계에서 확인되며, 그 주격조사가 '-이/이가'로도 실현된다. 따라서 '-이가'는 주격 형태가 중복된 복합격으로 볼 수 있다.

나)에서 '돌(石)/돌히'도 마찬가지로 어간이 N+i/N+∅형으로 공존되지 않음을 알 수 있다. 경북지역 내에서도 '돌이(石), 돌키, 독키'와 같은 교체형을 가지고 있는 이들은 주격조사로 '-이/이가'가 나타나며, 이때 '-이가'도 주격조사의 중복인 복합격으로 볼 수 있다.

다), 라)는 체언 말음이 모음인 경우, 주격 '-이'에 의한 어간 재구조화를 거쳐 'i'가 어간적인 요소로 굳어진 것이다. '케가'는 '코(鼻)-+-ㅣ(주격)+-가(주격)'로 분석될 수 있는데, 이것은 '*kʰo+y〉*kʰö)kʰE(-ka)'로 변화되었음은 곡용체계를 통해 입증이 가능하다. '내가'도 '나(我)-+-ㅣ(주격)+-가(주격)'으로 분석될 수 있으며 '*na+y〉*nE〉nE(-ka)'로 변화과정을 밟았다.

마)는 '벌(蜂)/버리'가 공존되고 있는데, N+i형이 보다 구형(old form)이다.

이때의 i는 곡용 체계상 어간말음으로 완전히 굳어진 것임을 알 수 있다. 따라서 이때의 '-이가'는 복합격으로 처리될 수 없는 것이다. 이 'i'가 N+∅에 첨가되어 어떤 가의적인 기능이나 문법적인 기능을 보여 주지도 않는 것임을 알 수 있다. 어형의 변천사를 고려할 때, 본래 어근에서 'i'가 탈락하여 새로운 어간을 형성한 것인데, 이러한 i를 막연하게 접사로 처리해서는 곤란하다.

바), 자)에서 체언 말음이 모음인 경우, N+∅형과 N+i형이 방언형에서 공존하고 있음은 매우 흥미있는 것이다. 중부방언의 체언말음 'u, o, ʌ'와 'a(ʌ)'와 대응되는 방언형의 체언말음이 'i'로도 실현되고 있다. '치마(裳)/치매', '가루(粉)〉가루〉가리'로 교체되는 현상에서 규칙적으로 a/ɛ, u/i의 대응현상을 발견할 수 있다. 이러한 체언말 모음의 교체는 'a+i)*ay)*ä)ᴇ'나 'u+i)*uy)*ü)i'의 과정을 겪은 것임을 알 수 있다. 그런데 이때의 'i'를 체언말음에 붙는 접사(이돈주:1972, 최전승:1982)로 볼 수는 없을 것이다. 이때의 'i'는 주격이라는 형태소 환경에서의 어간구조가 재편되었기 때문에 나타난 것으로 보아야 한다. 즉, 'cʰima(裳)+i)*cʰima+y)cʰimᴇ'와 그리고 '*karʌ(粉)+i)*karu+y)*karü)kari'의 사적변화 과정에서 주격조사 '-i'는 이중모음화 과정에서 하향적 이중모음으로 어간말음화되고 'y'의 탈락으로 주격 '-가'가 생성된 것으로 볼 수 있다.

사), 아)에서 N+∅형과 N+i형은 공존 변이항을 이루지 못한다. 그리고 N+i형은 곡용체계에서 'i'가 필수적으로 어간말에 개입되며, 'i'는 가의적인 기능을 하고 있다. 따라서 사), 아)의 N+i형에서 'i'는 당연히 접사로 처리되어야 한다.

2) 주격 '-이가'의 실현 환경

'-이가'의 구성은 복합격 '-이가'인 경우와 '-이(접사)+ -가(주격)'인 두 가지 경우로 생각해 볼 수 있는데, 이들 형태구성의 실현 환경을 요약하면 다음과 같다.

(유형-1) 단독형이 하나며, 체언 말음이 자음인 어형의 주격형에 '-이가'가 나타나는 경우
(유형-2) 단독형이 두 개며, 체언 말음이 자음으로 끝나는 어형과, 그 어형의 체언말 자음에 어간말음화한 i가 나타나 쌍형으로 공존하는 경우
(유형-3) 단독형이 두 개며, 체언말음이 비 i모음인 어형과 그 어형의 체언말 모음

의 교체형이 'i'인 어형과 공존하는 경우

(유형-4) 단독형이 두 개며, 체언말 자음에 접사 'i'가 개입되어 그 어형과 함께 공
존하는 경우

(유형-5) 단독형이 하나며 어기에 접사 'i'가 개입됨으로써 단독형으로 존재하는
경우

(유형-1)은 〈표 4〉의 가)의 유형에 해당되는 것들이다.

(4) ㄱ. 눈(雪){-이가, *-이를, *-이에, *-이로}
　　　사람(人){-이가, *-이를, *-이에, *-이로}
　　　바람(風){-이가, *-이를, *-이에, *-이로}
　　　산(山){-이가, *-이를, *-이에, *-이로}

　　ㄴ. 돌(石){-키가, *-키를, *-키에, *-이로}
　　　들(野){-이가, *-이를, *-이에, *-이로}
　　　날(日){-이가, *-이를, *-이에, *-이로}
　　　길(道){-이가, *-이를, *-이에, *-이로}

(4) ㄱ에서 '눈(雪), 사람(人), 바람(風), 산(山)' 등의 어형이 단독형임이 확
인되는데, 이때 실현되는 '-이가'는 '-이(주격조사)'+'-가(주격조사)'의 구성인 격조
사가 중복된 현상이다. 동일한 범주의 격조사가 중복되는 것은 기능상의 문제가
아니라, 주격 '-이'나 접사 '-이'가 형태소 재분할에 의해서 어기(語基)에 융합된
어형에 유추된 결과로 볼 수 있다.

(4) ㄴ은 ㅎ-곡용 어형들인데, 주격의 경우에만 '-이가'가 실현된다. 돌(石)의
경우, 방언에 따라 '돌키', '독키', '돌이' 등의 변이형들의 공존을 보여주고 있다.

유형-2)의 경우는 〈표 4〉의 마)의 경우이다. 이 방언에는 이러한 유형에 속하
는 상당수의 어형들이 발견된다.

(5) ㄱ. 뱀(蛇){-이가, -에, -을, -으로}
　　　범(虎){-이가, -에, -을, -으로}
　　　벌(蜂){-이가, -에, -을, -으로}

    샘(泉){-이가, -에, -을, -으로}
  ㄴ. 뱀이(蛇){-가, -에, -을, -로}
    범이(虎){-가, -에, -를, -로}
    벌이(蜂){-가, -에, -를, -로}
    샘이(泉){-가, -에, -를, -로}

   (5) ㄱ, ㄴ에서 단독형이 쌍형으로 공존하고 있음을 알 수 있다. 체언 말자음 과 그 어형에 i가 첨가된 어형이 공존하고 있다. (5) ㄴ의 예에서 N+i의 i를 접 미사로 처리하는 경우가 있지만(이돈주:1972, 602, 최전승:1983,161) 주격이 첨가되어 어간말음으로 굳어진 것으로 봐야 할 것이다.

   (6) ㄱ. 나ㅎ(年齡){-가, -를, -에, -로}
     ㄴ. 나이(나ㅎ -+-이(주격조사)→나히>나이)(年齡){-가, -를, -에, -로}
   (7) ㄱ. 내(我){-가, *-를, *-에, *-로}

   (6), (7)에서 '나/나이(年齡), 나(我)+ㅣ(주격)'에서 주격 '-i'가 어간말음으로 인식되는 예들을 참조할 때 (5)의 N+i형에서 i는 기원적으로 주격 -i였던 것인데 어간말음으로 굳어진 것임이 입증된다. 그외에 '가마/가매(釜), 치마/치매(裳), 이 마/이매(頂)'와 같은 어형들이 공존하는 것으로 미루어 보아도 (5) ㄴ의 단독어형 말모음 i를 기원적인 주격형태로 보아야 될 것이다.
   이렇게 보면, (5) ㄱ, ㄴ의 주격형이 모두 '말(言)-+-이가(주격조사)'인데 ㄱ의 경우는 주격중복으로 처리되고, ㄴ은 '말이(言)+-가(주격조사)'의 구성으로 처리 되는 모순이 뒤따르지만 전자와 후자는 구어적이냐 문어적이냐라는 문제와 관련되 어 있는 것이어서 다른 차원에서 논의될 것이다.
   (유형-3)에 속하는 것은 〈표 4〉에 다), 라), 마), 자)에 해당하는 것이다.

   (8) ㄱ. 코(鼻){-이가, *-이로, *-이에, *-이를}
     터(집터){-이가, *-이에, *-이를, *-이로}
     모(墓){-이가, *-이에, *-이를, *-이로}
    ㄴ. 게(蟹){-가, -에, -를, -로}

테(집터){-가, -에, -를, -로}

메(墓){-가, -에, -를, -로}

(9) ㄱ. 나(我){*-이가, *-이에, *-이를, *-이로}

너(汝){*-이가, *-이에, *-이를, *-이로}

누(雖){*-가, *-이에, *-이를, *-이로}

ㄴ. 내(我){-가, *-한테, *-를, *-로}

니(汝){-가, -한테, -를, -로}

누(雖){-가, -한테, -를, -로}

(8) ㄱ, ㄴ에서와 (9) ㄱ, ㄴ에서 단독형이 쌍형으로 공존하고 있음을 알 수 있다. (8)ㄴ, (9)ㄴ은 개신형으로 주격 '-ㅣ'가 어간화하여 어간이 재구조화된 화석형들이다. 이들 주격 '-ㅣ'가 근대국어 단계에서 어간적인 요소로 인식되었기 때문에 그 분포 위치를 보충시키려는 문법의식으로 '-가'가 대치되었을 것이다.

(유형-4)는 〈표 4〉의 바), 자)에 해당되는 유형이다. 주격 '-이가'의 형성과 긴밀한 관련성을 가지고 있다. 곧 체언의 말모음이 'ʌ, o, u'로 소급될 수 있는 어형들이 '-ㅣ'로 끝나는 방언형 변이형들과 공존되고 있다. 'ʌ, o, u'로 소급될 수 있는 체언의 말음을 가진 어형의 주격형이 'i〉y'로 교체되는 형태사적인 현상은 '-가'가 주격조사로 활발하게 사용되던 시기와 일치를 보이는 점에서 상호 긴밀한 관련성을 맺고 있는 것으로 볼 수 있다.

(10) ㄱ. 치매(裳)/치마, 이매(頂)/이마, 허패(肺)/허파, 가매(釜)/가마, 가리매/가리마, 도매/도마, 다시매/다시마, 감재/감자, 가매(頭頂)/가마

ㄴ. 시리/시루, 윤디/인두, 골미/ 골무, 자리(袋)/자루, 빗자리/빗자루, 자리(袋)/자루, 가리(粉)/가루, 국시/국수, 상치/상추, 녹디/녹두, 무시/무우(<무수), 벼리/벼루(<벼로), 고치/고추(<고초), 화리/화루(<화로), 마리(宗)/마루(<마ᄅ), 노리/노루(<노ᄅ), 시리/시루(<시ᄅ), 하리/하루(<ᄒᄅ), 여시/여수(<여ᅀ, 아시/여수(<아ᅀ)

(10) ㄱ의 a/ɛ 대응형이 방언에 잔존해 있는 예들이며, ㄴ의 'u, o, ʌ/i' 대응형이 방언형으로 잔존해 있는 예들이다. 이들의 모음교체형들은 규칙성을 보여주

면서 방언차를 보여주고 있는데, 이들을 형태론의 개입없이 순수한 음운론적 과정에 의한 것으로만 볼 수는 없는 것이다.

ㄱ은 a/ɛ의 대응에서 '어간말음 + 주격(-i) 〉ɛ'의 과정을 거치면서 주격조사가 어간말음화된 뒤에 새로운 주격조사를 요구하게 되었고, '-가'가 그 자리를 보충한 것이다. 어간말 모음 a나 ə가 ɛ, e/i로 교체되는 현상은 a, ə+i(접사)에 의한 형태론적 과정을 밟은 것으로 설명되던 것인데(小倉進平:1944,312), i를 접사로 처리할 수 있는 근거가 거의 없다. a, ə+i(주격)의 형태구성에서 i가 어간말음으로 인식되므로 ay, əi가 되어 다시 단모음화 과정을 밟아 ɛ, e로 된 어형에 '-가' 격조사가 보충되었을 것이다. ㄴ은 u, o, ʌ로 끝나는 어형이 이 방언에서 'i'로 대응되는 어형들이다.

중부 방언의 어말음이 U형의 기원은 중세국어의 어간말음이 'ᄋ̆'인 어형들인데, 이들이 남부 방언에서 'i'로 대응되는 것은 형태구성의 사적인 변화의 결과로 보여진다. 'ᄀᆞ른〉가루/가리', '노른〉노루/노리', 'ᄌᆞ른〉자루/자리'의 과정에서 'ᄋ̆〉ᅳ', 'ᄋ̆〉ᅮ'의 과정은 모음체계상의 지배를 받는 변화의 결과임은 분명하지만 '오, 우〉이' 과정은 '오, 우+i(주격)'에 의해 'wi'의 변화의 과정을 겪은 것이다. 이러한 과정을 반영하는 예는 Pucillo(1874)의 〈로한ᄌᆞ뎐〉에서도 발견된다. '공뷔(187), 윤뒤(675), 녹뒤(117), 화뢰(165)' 등의 어휘에서 '위'가 나타난다. 이러한 음변화가 어간내의 음운론적 조건에 의해서만 결정되는 것만이 아니고, 형태론적 동인도 고려해야 한다는 것을 의미한다. 어간말음의 변화는 격조사와의 형태론적 구성이라는 전제하에서 소급될 필요가 있다.

결국 (유형-4)는 주격조사 '-가'가 활발하게 사용되게 되었던 중요한 요인으로 볼 수 있으며, 이러한 어형에 주격 '-가'가 실현되는 예들에 유추되어 이 지역에서는 '-이가'가 잔존해 있는 것으로 여겨진다.

(유형-5)는 〈표 4〉의 사)와 아)에 해당한다. 사)의 유형은 단독형으로는 '순덕/순덕이'로 공존할 수 있으나 전자는 발화에서 나타나고 후자는 일상발화에서 나타난다. 아)는 단독형으로 쌍형이 존재하지 않는 경우이다. '삐딱/삐때기'와 같이 (11)ㄴ의 경우는 단독형이 N+i형뿐이다.

(11) ㄱ. 끝순/끝순이, 영필/영필이, 순덕/순덕이, 대한/대한이, 두필/두필이, 정
환/정환이
ㄴ. 곰배팔/곰배팔이, 뻐딱/뻐때기, 쩔뚝발/쩔뚝발이

(11) ㄱ은 단독형으로 N+∅/N+i(접사)가 쌍형으로 공존하고 있다. N+∅형
은 '끝순(인명){-이(가), *-에, *-을, *-한테}'와 같이 주격의 환경에서만 곡용이
가능하지만 단독형으로는 '끝순'과 '끝순이'와 공존하고 있다. N+i형에서 접사 i는
명사화 파생접사로서 구어적(colloquial)성질을 가지고 있으며, 〔-유정물〕을
〔+유정물〕 자질 체언의 기능을 갖도록 해 준다. 그리고 이 유형에 속하는 어형들
가운데 〔+금기적〕인 인명에 속하는 '끝막이'의 경우, '끝막'과 같은 어형은 N+∅
형이 단독형이 될 수 없는 경우도 있다. (11) ㄴ의 '-앙이, -발이, -땍이, -백이'
등은 접사의 기능과 관계가 있다. (마)의 유형은 '-앙이'계 접사가 연결되어 새로
운 어형들을 형성하는데, 이들 접사 i는 (유형-4)와 아울러 〔+유정물〕 자질의 체
언화의 기능 뿐만 아니라, 음절 구성상의 특징도 보여주고 있다.
이상에서 살펴본 ① '-이(주격조사)+-가(주격조사)' 구성과 ② '-이(체언 어간
말음화한 주격)+-가(주격조사)' 구성, ③ '-이(접사)+-가(주격조사)' 구성은 주격
구성에 있어서 형태사적인 관련성을 가지고 있다. 다음 장에서는 그 사적구성에
대해서 살펴보기로 한다.

4. 주격의 역사적인 형태구성

'-이가'의 구성은 공시적으로 (1) '-이(주격조사)+-가(주격조사)', (2) '-이(체
언 어간말음화한 주격조사)+-가(주격조사)', (3) '-이(접사)+-가(주격조사)'의 구
성으로 구분된다. 이러한 형태구성을 별개로 처리할 것이 아니라, 그 관련성을 역
사적인 형태구성의 변천을 통해 파악할 필요가 있다. 이 장에서는 체언과 문법형
태소들 간에 나타나는 음변화가 새로운 문법적인 형태소를 구성하게 한다는 관점
에서(R.Anttila:1972,77) 주격의 형태변화 과정에 대하여 살펴보려고 한다.

1) 주격의 형태 변화

주격조사 '-이'는 15세기 국어에서와 마찬가지로 자음으로 끝나는 체언 아래에서 사용된다. 그리고 15세기에는 비-i 모음 아래에서는 '-이'와 축약되어 한 음절을 구성한다. 이러한 축약형이 17-8세기에 이르러 주격 i가 하향 이중모음(off glide)를 형성하게 되는데, 19세기까지도 독립 음절로 나타나는 예들도 볼 수가 있다. 그러므로 자음으로 끝나는 체언 아래에 실현되는 '-이'가 주격조사인지 접사 '-이'인지 구분이 명확하지 않은 경우가 있다.

> (12) ㄱ. 목련이ㄷ려(석보, 6-1), 목련이롤(석보, 6-6), 아난이롤(월석, 7-8), 실달이와
>   (월석, 10-4), 안국이ᄂ(월석, 8-87), 실달이와 난타와(월석, 10-4), 목련일 맛
>   디시고(석보, 6-8), 아난일(석보, 6-9),
>   ㄴ. 부엉(鵂鶹)(훈용), 그력(雁)(월석, 2-40)(훈용), 굼벙(蠐螬)(훈용), 올창(蝌蚪)
>   (훈용)
>   ㄷ. 부횡이(鵂鶹)(훈몽, 상-15, 사해, 하-70), 긔려기(雁)(훈몽, 상-15), 그려기(구급,
>   하-23), 굼벙이(蠐)(훈몽, 상-31), 돌팡이(蝸)(유합, 상-11)

(12)ㄱ은 인명이 자음으로 끝나는 경우 인칭접사 '-이'가 개재된 것임을 알 수 있다. '목련이+{-∅, -롤, -와, -ᄂ,- ㄷ려}' 등의 곡용체계에서 확인할 수가 있다.

또한 체언이 평성이면 축약된 음절은 상성(:)이 된다. 그리고 체언이 거성(·)이거나 상성이면 거성인 주격 '-이'와 축약되어 거성이나 상성으로 실현된다.

> (13) ㄱ. 목련 · 일 맛 · 디시고 :울 · 며(석보, 6-8)
>   목련 · 이 · 롤 블러 · 참횡 · ᄒ시고(석보, 6-9)
>   부:톄 아난 · 일 시기샤 (석보, 6-9)
>   ㄴ. 부:톄 나운 · 이ㄷ려 니ᄅ샤 · 딘(석보, 6-10)
>   세존 · 이 아난 · 이ㄷ려 니ᄅ · 샤 · 되(석보, 6-27)

(13)ㄱ의 대격 환경에서나 ㄴ의 여격 환경에서도 접사 '-이'는 거성으로 실현된다. 그리고 주격의 자리에 올 때에도 '목련 · 이'처럼 실현되는데, 이러한 경우

접사 '-이'가 거성으로 실현된다는 이유로 주격으로 처리하여, N+{-이롤, -이와, -이논}와 같이 복합격으로 보는 것은 잘못된 생각이다. '목련·이'에서 격조사는 zero이며, 대격이나 공동격에서 나타나는 '-이'도 모두 접미사로 처리되어야 할 것이다.

(12)ㄴ의 예들은 〈訓民正音〉 용자해에 나오는 어형들인데, ㄷ처럼 〈訓蒙字會〉 (1527) 이후에 체언말음 'ŋ, l, k'와 접사 '-i'가 결합한 '-앙이, -발이, -떽이, -백이'와 같은 접사들이 활발하게 나타난다. 이 접사 '-i'는 [-유정물] 자질의 체언을 [+유정물] 자질의 체언으로 바꾸어 행위자(agent)의 기능을 가능케 하고 있다. 〈訓民正音〉 용자해의 자료들을 문헌어로 추정할 수도 있지만, 구어에서 '-i' 접사가 실현되는 어형들과 수의적으로 공존하였다면 이들 어형에 주격 i와 zero 주격의 격조사가 실현되었을 것이다.

<표 5>

[+colloquial]	[-colloquial]
굼벙·이(접사)∅(주격)	굼벙+·이(주격)

〈표 5〉과 같이 문어와 구어의 차이에 의해 격조사가 서로 달리 실현될 수밖에 없었던 것이 16세기에 이르러서는 N+i형으로 통합되는 과정을 거치게 되고 (12)ㄱ의 예들에서 보듯이, 성조가 식별 기능이 소실되면서 N+i형의 'i'가 접사인지 주격인지 그 구분이 불분명 해졌을 가능성이 있는 것이다. 다시 말하면 16세기에 zero주격과 '-이'주격조사의 형태론적 균형이 깨어졌다고 볼 수 있다.

(14) ㄱ. 두텁(爲蟾), 벌(爲蜂), 풀(爲蠅), ᄇᆞ얌(爲蛇), 특(爲身), 범(爲虎), 별(爲星), 심(爲泉)(훈용)

ㄴ. 갖(枝)(용가, 7)>가지(두초, 10-10, 훈몽, 하-4), 낛(釣)(두초, 7-7)>낙시(왜어, 하-5)

ㄷ. 두터비(蟾)(훈몽, 상-24), 터리(毛)(훈몽, 상-11), 버리도 ᄆᆞᄎᆞ매 모디로몰며 겟ᄂᆞ니(두해, 5-9), ᄑᆞ리(蠅)(훈몽, 상-21, 유합, 상-6), ᄀᆞ숧 후에 ᄀᆞ장 ᄑᆞ리 ᄒᆞ도다(두해, 10-28)

ㄹ. 두꺼비/두터비(蟾), 버리(蜂), 파리(蠅), 배미(蛇), 기러기(雁), 비리(星), 버미(虎), 새미(泉)

(14) ㄱ은 〈訓民正音〉 용자해의 자료들인데, N+∅형이 단독형이 ㄷ의 〈訓蒙字會〉(1526,예산본)를 기점으로 하여 N+i형이 단독형으로 교체되면서 어간이 쌍형인 어형으로 잔존된 것이다. ㄴ, ㄷ의 예들을 통해서 N+∅〉N+i형으로 교체되었음을 확인할 수 있다. 이러한 교체된 어형들이 ㄹ의 방언자료에 나타나는데, 국어사적인 맥락에서 N+∅/N+i형이 수의적으로 쌍형 체언으로 공존한다고 볼 수 있다.

    (15) ㄱ. 내 바랫 혼 <u>터리롤</u> 몬 무으리니(석보, 6-27)
        <u>버리로</u> ᄆᆞᄎᆞ매 모디로몰 며겟ᄂᆞ니(두해, 5-9)
        정월에 <u>버리롤</u> 서르 보노니(두해, 13-49)

    (15)의 예들을 통해 N+i가 단독형으로 인식되고 있음은 확인되며, 〈論語諺解〉(1631)에 와서는 '내ㅣ', '내의'와 같은 주격형이 나타나기 시작한다.

    (16) ㄱ. 子ㅣ 굴ᄋᆞ샤디 내ㅣ 위로브터 노애 도라온 후애(논해, 2-44)
        ㄴ. 천리에 옹을 견홈은 이 내의 욕ᄒᆞ는 배니(맹해, 4-31)
        아ᄉᆞᆷ과 ᄆᆞᄉᆞᆷ돌히 내의 ᄌᆞ라 글비화 벼슬ᄒᆞ거든(이륜, 29)

    15세기에 한자어에서 비 i모음으로 끝나는 환경에서 실현되던 '-ㅣ'가 17세기 초부터 (16)과 같이 실현되기도 한다. ㄱ을 '나(我)+-ㅣ(주격조사)'+'-ㅣ(주격조사)'의 구성으로 볼 수 없음은 ㄴ의 자료를 통해서 입증된다. 곧 '내(我)+-의(속격조사)'가 실현되는 것으로 보아 '나(我)+-ㅣ(주격조사)'가 이미 1631년 경에는 단독형 '내(我)'로 굳어졌음을 알 수 있다. 따라서 (15) N+i형도 '체언+-ㅣ(주격조사)'가 어간의 단독형으로 굳어진 것으로 볼 수 있다. (16) ㄱ에서 'i'모음으로 끝나는 체언 아래에서 주격조사 '-ㅣ'가 실현되는 점으로 보아서 이미 zero주격이 소멸되어 가고, 주격이었던 단독형 체언 말음의 'i'가 어간음절로 굳어져 형태소 구성이 재배열되었다는 사실을 알 수 있다.

    통시적으로 접사 '-이'로 소급되는 '목련+-이'나 '개똥+-이'가 여타 격조사와 결합되는 점에서 '내+-ㅣ' 구성이나 '버리+-롤' 구성과 동일하다. 그러나 접사 '-이'

인 경우는 생략이 될 때 의미가 달라지거나 곡용이 불가능하나 어간말음화한 '내 (我)', '버리(蜂)'는 체언말음을 생략하여도 의미가 달라지거나 곡용이 불가능한 것이 아닌 점에서 접사와 어간말음 'i'는 분명한 차이를 보인다.

2) 주격 '-가'의 출현 배경

주격조사 '-가'는 i모음 아래에서 주격조사 '-ㅣ' 대신에 출현된 것이다. 16, 17세기에 나타난 '-가'는 18세기에 들면서 i이외의 다른 모음으로 끝나는 체언에도 나타나기 시작한다.

> (17) ㄱ. 츤 구두리 자니 <u>비가</u> 세 니러셔 주로 둔니니(정철자당내간)
> <u>비가</u> 올 거시니 원견의 무러 보옵소(첩해, 1-87)
> <u>동래가</u> 요ᄉ이 편티 아냐ᄒ시더니(첩해, 1-26)
> 그 <u>내가</u> 병긔운을 헤티ᄂ니(벽신, 15)

〈辟瘟新方〉(1653)이후 '-가'의 출현이 빈번해지는데, (17)의 예문을 통해서 '-ㅣ', zero 주격의 자리에 실현됨을 알 수 있다. 15세기에 '-이-', '-ㅣ', '-ø 주격조사'가 비교적 정연하게 사용되어 오다가 인칭접사와 체언의 주격형이 단독형 말음으로 굳어진 예들이 많이 발견되는 16세기에 이르러 '-ㅣ', '-ø'는 'i'모음으로 끝나는 체언 아래에서 그 대립적인 기능이 무너지게 되었다.[24]

> (18) ㄱ. 오직 <u>내가</u> 덕되지 못ᄒ야(함경윤, 3)
> <u>내가</u> 밀쳐 굴항에 너흔 듯 흔지라(호남윤, 5)
> <u>뉘가</u> 오늘날 이러흔 흉념을 만나(함경윤, 4)
> ㄴ. 청음은 더리 <u>늘그신늬가</u> 드러와(효종언간)
> 니 광해가 통례 막혀 압희 인도 ᄒ올제(숙종언간)
> 츤 ᄇ롬을 쇠여 <u>두드럭이가</u> 봉의에 도다(인선왕후언간)
> 시방 보야흐로 잇는 <u>뉘가</u> 만타 ᄒ눈듸도(경기윤, 4)

---

24) 홍윤표(1980:245)는 〈御製諭咸鏡道南關北大小士民綸音〉(1783), 〈御製諭湖南民人等綸音〉(1783), 〈御製諭原春道嶺東嶺西大小士民綸音〉(1783)을 들고 있다. 이들 자료를 재인용함을 밝혀 둔다.

여러 희가 서로 가장 알외야(호남윤, 3)
대져 농신가 연희가 그릇되면(호남윤, 3)
인귀가 십만여구에 느리지 아니ᄒ눈듸(원영, 2)

인칭대명사 '나, 너, 누'의 주격이 15세기에는 'ㆍ내, :네, ㆍ뉘'로 성조에 의해
식별되었으나 16, 7세기에는 '내ㅣ, 네ㅣ, 뉘ㅣ'과 같은 주격형이 발견된다. 그런
데 18세기에 들어와 (18)ㄱ과 같은 '나, 너, 누'에 격조사 '-이가'가 실현됨을 보
여준다. 그리고 비 i모음 아래에서도 '-가'가 실현되고 있음을 (18) ㄴ의 자료를
통해서 알 수 있다. 따라서 18세기에 들어와서는 주격조사 '-이'와 대응을 보이던
'-ㅣ', '-∅'가 체계적 대응 기능이 상실됨에 따라서 '-가'가 실현됨을 알 수 있다.

방언형에 잔존되어 있는 '-이가'는 비- i 모음 아래에 나타나던 '-ㅣ'가 그 형태
론적인 체계적 대응 기능을 상실하고 '-가'가 출현함으로 '-이가'가 화석형으로 잔
존되어 왔음을 알 수 있다. 한편 'N+-∅+-이'와 'N+-i+-∅'와 공존되다가 '-이'
와 '-∅'의 대립적인 기능이 무너짐에 따라 'N+-∅+-이'가 'N+-i+-∅'로 인식되
어 '-가'가 첨가됨으로써 '-이가'가 방언형으로 잔존하게 된 것으로 판단된다.

참 고 문 헌

곽충구(1982), 「파생어 및 복합어를 통한 방언사 연구」, 이응백박사회갑기념논집.
김종택(1982), 『국어화용론』, 형설출판사.
김민수(1970), 「국어의 격에 대하여」, 『국어국문학』 49. 50.
김완진(1975), 「음운론적 유인에 의한 형태중과에 대하여」, 『국어학』 3.
남광우(1957), 「주격토 '-가'에 대한 소고」, 『최현배선생 환갑기념논집』.
백두현(1983), 「국어성조의 문법적 식별기능」, 『언어연구』 3, 대구언학회.
서보월(1982), 「동남방언의 모음체계에 대하여」, 『문학과 언어』 3, 문학과 언어연
            구회.
서재극(1969), 「주격 '-가'의 생성기반에 대한 연구」, 『신태식박사 송수기념논총』.
이기백(1975), 「국어조사의 사적연구」, 『어문논총』, 9 · 10호.
이병근(1975), 「음운규칙과 비음운론적 제약」, 『국어학』 3.
이병선(1976), 「주격조사연구」, 『국어국문학』 72. 73.

이상규(1982), 「동남방언의 여격조사 연구(1)」, 『한국방언학』 2.

이숭녕(1958), 「주격조사 '-가'의 발달과 그 해석」, 『국어국문학』 10.

이승재(1983), 「혼효형 형성에 대한 문법론적 고찰」, 『어학연구』, 19-1.

이익섭(1981), 『영동영서의 언어분화』, 서울대출판부.

이태영(1983), 「전북방언의 격조사연구」, 『어학』5. 전북대.

전재호(1970), 「현대어 조사의 조사분석(1)」, 『어문학』 26.

홍윤표(1975), 「주격조사 〔-가〕에 대하여」, 『국어학』 3.

_____(1975), 「전주방언의 격연구」, 전북대 『어학』 5.

_____(1980), 「근대국어의 격연구(1)」, 『김준영선생 화갑기념논집』.

홍사만(1983), 『특수조사론』, 학문사.

천시권(1973), 「경북방언의 형태론적 고찰」, 『김사엽박사 송수기념논총』.

최명옥(1980), 『경북 동해안 방언 연구』, 영남대출판부.

小倉進平(1944), 『朝鮮語の方言硏究』, 岩波文店.

河野六郎(1945), 『朝鮮方言學試攷』, 東都書籍.

Ramsey, S.R.(1978), 「*Accent and Morphology in Korean Dialects*」, 『국어학연구총서』 9. 탑출판사.

Ramstedt, G.J.(1939), 『Korean Grammar』. Helsinky.

Anttila, R.(1973), 『An introduction to historical & comparative Linguisties』., Macmillan, New York.

Sol Saporto(1965), 「*Ordered Rules. Dialect Differences, and Historical processes*」, 『Lanaguage』 Vol. 41.

제 3 장 경북방언의 여격

1. 경북방언에서의 여격조사

방언 문법에 대한 연구의 필연성과 당위성에 대해서는 이숭녕(1967), 나진석 (1963), 천시권(1973) 등에 의해 부분적으로 언급된 바 있고, 전면적으로 이익 섭(1972), 최명옥(1981) 등에서 개별지역 방언 문법의 체계적인 접근을 위한 방 법론이 제시되었다.[25]

본장에서는 경북방언의 격조사 체계의 전반을 살펴보기 위한 전단계 작업의 일 환으로서 다른 방언과 특징적 차이를 보여주는 여격 범주의 문법형태 실현 양상에 대해 살펴보고자 한다. 본고에서는 특히 첫째, 여격 범주를 인정하느냐. 둘째, 여 격 범주를 실현하는 격형태의 지역적 차이는 어떠한가라는 두 가지 문제점에 대해 중점적으로 살펴보고자 한다.

1) 여격의 범주 설정

서술어가 수여(benefit) 자질을 갖는 서술어의 경우, 문장 형식이 4형식 곧 'S+IO+DO+V'인 환경에서 간접목적어(IO)의 자리를 여격(dative)범주라 하 며, 이 때 서술어는 반드시 '주-, 받-, 보내-, 전달하-' 등과 같은 수여동사이어야 한다. 따라서 서술어의 행위나 동작에 영향이 미치는 문의 성분자리가 곧 여격범 주라고 할 수 있다. 그런데 한국어에서는 영어처럼 문의 형식이 엄격하지 않으며, 서술어가 수여동사가 아닌 환경에서도 '-에게', '-께'가 실현된다.

따라서 지금까지 여격을 범주를 인정하지 않고 부사격의 범주로 다루는 것이 일반적인 방법이었다. 지금까지 '-에게', '-께'를 어떻게 규정하고 있는지 살펴보자.

---

25) 단순한 형태소의 대응에만 끝나는 것이 아니라 격자질(case feature)과 격관계자질(case-related features)을 고려한 접근 태도를 뜻한다.

전통문법에서는 주로 '부사격'(최현배:1937, 정열모:1946), 구조문법에서는 '여격'(김민수:1971, 이기백:1975)으로 규정하였던 '-께, -에(게)'가 이 방언에서는 실현되지 않는다. 단지 공통어에서 실현되는 '-께, -에(게)' 대신에 '-한테, -인데(-인테), -자테, -더러(-떠러), -대고, -보고'와 같은 특수조사에 의해 여격 기능이 충당되고 있다.

(1) ㄱ. 나는 동생{에게} 과자를 주었다.
    ㄴ. 나아 동생{한테, 인데, 자테, 떠러, 보고} 까자를 조오따.(=나는 동생에게 과자를 주었다.)
    ㄷ. 그 사람{손에} 밥 얻어 멀 생각은 하지마라.(=그 사람에게 밥을 얻어 먹을 생각은 하지마라.

(1) ㄴ의 '-한테, -인데, -자테, -떠러, -보고'는 ㄱ의 예와 같이 중부 방언의 여격 기능에 대응된다. 물론 이것의 통사·의미의 지역적 차이는 있지만, 잠정적으로 여격이라고 묶을 수 있다.[26]
'-한테, -인데'에 대해서는 이미 다른 문법서에서 언급되어 왔지만 '-자테, -떠러, -보고, -손에, -대고'는 연구 대상의 관심이 되지는 못했다. 그리고 '-한테, -인데'에 대해서는 학자들에 따라서 서로 다른 격범주에 넣어 분류해 왔다. 그러므로 경북방언에서 실현되는 '-한테, -인데, -자테, -떠러, -보고'에 대한 문법적 지위에 대한 논의와 이들의 실현환경 등에 대해 좀더 미세한 관찰이 필요하다고 판단된다. 또한 (1) ㄷ의 '-손에'는 실사로서의 의미 기능과 허사로서의 여격의 양면적인 기능을 하고 있는 예이다.
특수조사 '-한테, -인데, -자테, -떠러, -보고'는 '-끠, -게(쎄), -이게, -드려, -흔디, -손디'와 어떤 관계를 맺고 있으며, 역사적으로 중부방언과 어떤 관계를 맺고 분화되었는가, 또 지역적으로 어떤 차이를 보이고 있는가라는 문제를 중심으로 살펴보고자 한다.

---

26) '-한테, -인데'와 '-자테, -더러, -손에, -대고, -보고'는 그 기능면에서 구분된다. 〔+처소〕·〔+대상성〕을 나타내는 부사격이라는 공통성 때문에 묶어 보았다. 물론 여기서 사용하는 여격이라는 명칭은 전통적 개념에 얽매이지 않고 사용하였음을 먼저 밝혀 둔다.

2. 여격조사 실현 환경

이들 격조사에 대한 성격을 먼저 밝히기 위해 선·후행하는 체언과 용언과의 관계 의미자질의 파악과 차이점이 논의되어야 되겠다.

최현배(1937)는 '-한테, -더러'를 '-에게'와 함께 부사격조사 가운데 '처소격'으로 처리하고 있으나, 김민수(1971)는 '-더러, -한테'를 '두루토'로 '-에게'만 '여격'으로 처리하고 있다. 성광수(1980)는 격문법의 입장에서 '-에게'와 '-한테'를 자유변이의 관계에 있는 '여격, 위격, 원격'으로 '-더러'는 '동반적 상대'의 의미를 지닌 '한정조사'로 처리하고 있다. 최명옥(1981)은 경북동해안 방언에서 '-한테, -인데, -보고'를 '여격표시후치사'로 보고 그 기능상의 차이를 제기한 바 있다.27)

1) 여격조사의 실현 환경

먼저 이 방언의 여격조사의 실현 환경을 살펴 보자.

(2) 나아 그 여자{㉠한테 ㉡인테 ㉢자테 ㉣떠러 ㉤*손에 ㉥*대고 ㉦보고} 떡 준다.

(3) 나아 할배{㉠한테 ㉡인테 ㉢자테 ㉣*떠러 ㉤*손에 ㉥*대고 ㉦?보고} 간다.

(4) 말{㉠한테 ㉡인테 ㉢자테 ㉣*떠러 ㉤*손에 ㉥*대고 ㉦보고} 물로 미긴다.

(5) 누가 니{㉠한테 ㉡인테 ㉢자테 ㉣떠러 ㉤*손에 ㉥*대고 ㉦보고} 조오라 카더라.

(6) 그기이 니{㉠한테 ㉡인테 ㉢자테 ㉣*떠러 ㉤손에 ㉥*대고 ㉦*보고} 가면 남지 모오한다.

(7) 누가 니{㉠한테 ㉡인테 ㉢자테 ㉣떠러 *㉤손에 ㉥대고 ㉦보고} 욕 하더노?

유정물 체언 아래에서 실현되는 '-한테, -인데, -자테, -더러, -손에, -대고, -보고'는 중부방언에서 '-에게'와 마찬가지로 의미적인 차이를 보이지 않고 자유로운 교체가 가능하다.

(2), (5) ㉤, ㉥, (3), (4) ㉣, ㉤, ㉥, (6) ㉣, ㉥, ㉦, (7) ㉤이 비문이 되는

---

27) 최명옥(1981:55~56) '-한테, -인데, -인테'와 '-보고'는 여격 표지의 기능을 가진다는 점에서는 일치하지만 '-보고'는 내포문 앞에서 위치해야 한다는 제약조건을 갖는데 비하여 '-한테, -인데, -인테'는 그런 제약조건을 갖지 않는다는 점에서 구별된다.

환경을 검증해 보면 이와 같은 특성은 더욱 분명해질 수 있을 것이다. (2)~(7)
은 모두 〔+유정물〕 체언 아래에서 실현되며, 용언의 〔+처소〕, 〔+대상〕의 관계의
미 자질을 갖는 여격28)의 환경이다. 그런데 (2)~(5) ㉣ '손에'는 어휘의미(lexical
meaning)로써의 기능을 하는 어휘므로 통사적 기능을 보이지 않는다.

(3)~(5)의 '-떠러'는 〔-유정물〕, 〔+존대〕 선행체언이 올 수 없는 제약 때문에
비문이 된다. 곧 '-떠러'는 〔-유정물〕, 〔+존대〕 자질을 갖는 체언 아래에서는 실
현될 수 없는 제약이 있다.

(3), (6)의 '-보고'는 여격 이외에 선행 체언의 '지위'니 '체면' 등을 고려한다는
어휘적 기능을 보인다. (2)~(5) '-손에'와 '-대고'는 격조사라고 보기 힘든다. 아
마 '-손에'는 '손(手)-+-에'가, '-대고'는 '닿(接, 代)-+-이-+-고'의 문법화 과정에
서의 동요(osilliation) 과정을 고려한다면 (6) ㉣ '-손에'나 (7) '-대고'은 여격
특수조사로 파악할 수도 있을 것이다. (2)~(7)을 통해 일단 '-한테, -인데, -자
테, -떠러, -손에, -대고, -보고' 등이 격조사임을 확실히 알 수 있다.

2) 여격조사의 문법화 과정

(1) -한테

'-한테'는 중세국어의 '호디(同處)'에서 허사화하였을 개연성이 매우 크다.29) 이
방언에서 '-한테'에 공동격 '-와/과', '-하고'를 (8)과 같이 넣어도 의미 차이를 보
이지 않는다.

(8) ㄱ. 할배{-와, -하고}한테 있다.
    ㄴ. 할배와 한테 있다.
    ㄷ. 할배-에게 있다.

(8) ㄱ와 같이 '{-와/-과, 하고} +-한테'는 '{-와/-과, 하고}'가 무표지화되어

---

28) C.J. Fillmore(1968a:24) "Dative, the case of the animate being affectd by the state
    on action identified by the verb."
29) 성광수(1981:43)는 처소부사에서 전용되었을 가능성을 시사한 바도 있다.

'-한테'로 실현되었을 가능성이 크다. 그 이유는 (8) ㄱ과 ㄴ 그리고 ㄷ은 동의
적이기 때문이다.

(9) ㄱ. 各各 主 <u>흐디</u> 잇ᄂᆞ니(능엄, 4-52)
   ㄴ. 내가 <u>아부지한테</u> 음악을 비호겠단 말을 편지로도 안하였다.
   ㄷ. <u>신선생한데</u> 영어도 배우고

(9) ㄱ에서 보이는 '흐디'는 선행 체언이 공동격 표지를 무표화시켰다고 본다면
실사(實辭)로 처리될 수밖에 없다. 중부방언에서도 아마 (9) ㄷ, ㄹ처럼 20세기
에 들어와서 '-한테'가 나타난 것으로 보인다.

(2) -인데

'-인데'는 '-한테'와 통사·의미에는 큰 차이 없이 여격표시로 사용되며 변이형으
로 '-인테'가 있다.30) 이들은 유정물 체언 아래에서 '있(在)+는+데(處)'의 구성
에서 허사화한 것이다.

(3) -자테

'-자테'는 '곁(傍)+에'에서 구개음화를 거쳐 허사화한 것이다.31) '-자테'는 여격
조사로는 유정물 체언 아래에서만 실현되며, 자립 어휘로도 사용된다.

(4) -더러

'-더러'는 중세국어의 '-ᄃᆞ려'와 같이 〔-존대〕 체언 아래에서만 실현된다. 중부방
언에서도 19세기에 '-더러'로 실현되는데, 이 방언에서는 〔+인간〕, 〔-존대〕의 자
질을 가진 선행 체언 아래에서만 실현되고 있다. 김승곤(1987)은 '-ᄃᆞ려'가 17세
기에 〔-유정물〕 자질을 가진 체언 아래에서도 실현되었음을 지적하였는데, 이것
은 문체의 문제로 은유적 표현의 경우이다.32) 이 방언에서도 '-더러'뿐만 아니라

---

30) 최명옥(1980:55)은 '-인테'는 '-한테'의 '-테'에 유추되어 '-인데'에서 변화한 것이라 보고 있다.
31) 이상규(1982), 「동남방언어미 '-어(가아)」, 『조규설교수 화갑기념 논문집』.

(10)처럼 〔-유정물〕 자질을 가진 체언 아래에서도 여격조사가 실현되는데, 모두 은유적인 표현이다.

(10) 저기 하늘에 떠 있는 달님{-한테, -인데, -자테, -떠러, -보고} 물어 바아라.(= 저 기 하늘에 떠 있는 달님에게 물어보아라.)

(5) -손에

'-손에'는 중세국어 '-이손디'와 관련성에 대해서는 분명하지는 않지만 결코 무관한 것으로 보기는 어렵다. '-손디'는 '-의 + -손에'와 같은 구성, 곧 선행 체언과 '손(手)에' 사이에 관형격조사 '-의'가 생략된 것이다. 그 이유는 (11) ㄱ-ㄷ에서 보듯이, 의미의 동질성 때문이다.

(11)ㄱ. 너에게 맞아 죽겠는가?
　　ㄴ. 너의 손에 맞아 죽겠는가?
　　ㄷ. 니손에 맞아 죽겠는가?
　　ㄹ. 중국 사람{-손에, -한테, -자테, -인테} 글 배운다.
　　ㅁ. 학생 손에 쥐여 조오라.

(11) ㄹ, ㅁ의 '손에'는 전혀 다르다. ㄹ은 격조사로써, ㅁ은 자립 어휘로써 사용되고 있다. 이런 점을 미루어 보아서 '-이손디'는 〔〔NP+의〕D〔손+디〕NP〕VP로 '손+디'가 선행체언이 〔+유정물〕 자질일 경우, 허사화하여 전용된 것으로 보인다.

(6) -대고, -보고

'-대고', '-보고'는 '닿(接)-', '보(視)-'에서 허사화하여 특수조사로 전용된 것이다. '-대고, -보고'도 역시 여격조사 기능만 하는 것이 아니라, 어휘의미의 기능도 보인다.

---

32) 김승곤(1987), 『한국어 조사의 통시적 연구』, p. 148. 대제각. 에서 인용된 예문은 "뉴하주 ㄱ 득 부어 드리 무른 말이 〈관동별곡〉"이다.

이상에서 '-한테, -인데, -자테, -더러, -손에, -대고, -보고'에서 여격조사라는 면에서 동일하나 그 외에 통사 의미적 기능 곧 통사적 기능은 조금씩 차이가 있다는 것을 살펴보았다.

이들의 변동상을 요약하면 〈표 1〉과 같다.

<표 1>
    ㄱ. -인데 : /있(在)-/+/-는/+/ㄷ(處)-/+/-이/ ⇒ /-인데/
    ㄴ. -자테 : /곁(傍)-/+/-에/ ⇒ /-곁에/, /-자테/
    ㄷ. -손에 : /손(手)-/+/-에/ ⇒ /-손에/
    ㄹ. -대고 : /닿(接)-/+/-이-/+/-고/ ⇒ /-대고/
    ㅁ. -보고 : /보(視)-/+/-고/ ⇒ /-보고/
    ㅂ. -한테 : /흔(同)-/+/ㄷ(處)-/+/-이/ ⇒ /-한테/
    ㅅ. -더러 : /ㄷ리(與)- /+/-어/ ⇒ /-더러/

이들은 여격조사 이외의 독자적인 어휘의미 자질을 갖고 있는가에 따라 구분된다. 곧 여격조사로서 일정한 의미를 갖지 못하는 '-한테', '-인데'와 일정한 어휘의미를 갖고 [+유정물] 자질을 가진 선행 체언 아래에서 의미 한정의 기능을 하는 특수조사로서 '-자테, -더러, -손에, -대고, -보고'로 나눌 수 있다. 전자는 여격조사이고 후자는 여격조사의 기능을 하는 특수조사라고 규정한다. 다음장에서는 '-자테, -더러, -손에, -대고, -보고'가 어떤 제약 속에서 특수조사로 실현되는가 그 관계의미 제약조건을 찾아 보는데 중점을 두었다.

3. 여격조사 실현의 의미자질 제약조건

1) 여격조사의 의미자질

(1) -한테, -인데

중부방언에서 '-에(게)'와 '-께'는 선행체언의 [+유정물], [±존대] 자질에 의한 대조를 보이는데 비해 이 지역의 '-한테, -인데'는 선행 체언의 [±존대]자질과 관계없이 자유(contextfree)롭게 실현된다.

(12) ㄱ. 선생님께 갖다 드려라.

ㄴ. 선샘{-한테, -인데} 갖다 디레라.

ㄷ. 동생에게 물어 보아라.

ㄹ. 동생{-한테, -인데} 물어 바아라.

ㅁ. 할아버지님께 가라.

ㅂ. 할배{-한테, -인데} 가라.

이 방언에서는 (12) ㄴ, ㄹ에서처럼 〔+유정물〕 자질을 갖는 체언 아래에서 선행 체언이 〔±존대〕 자질을 갖더라도 실현된다. 그리고 서술어는 반드시 〔-상태성〕이어야 한다는 제약이 따른다. (12) ㄷ, ㄹ에서처럼 서술어가 〔+타동성〕일때는 '-한테, -인데'는 〔+대상성〕 자질을 나타낸다. (12) ㅁ, ㅂ에서처럼 서술어가 〔-타동성〕일때는 '-한테, -인데'는 선행 체언에 대해 〔+처소성〕의 의미자질을 나타낸다. 형식적인 발화에서는 (12) ㄴ, ㅂ에서처럼 '-인데'는 〔+인간〕, 〔-존대〕 자질을 갖는 선행 체언 아래에서만 실현된다. 그러나 일상발화에서는 (12) ㄴ, ㅂ 과같은 문장도 통용이 된다.

(13) ㄱ. 나아 그 따라아{-한테, -인데} 떡으로 준다.

ㄴ. 말{-한테, -인데} 물 준다.

ㄷ. 나아 할배{-한테, -인데} 간다.

ㄹ. 그기이 니{-한테, -인데} 가마아 남지 모오한다.

(13) ㄱ, ㄴ처럼 서술어가 〔+타동성〕 자질을 갖는 경우, 여격조사 '-한테, -인데'는 선행 체언에 대해 서술어의 행위나 상태에 대한 〔+대상성〕을 지시해 주고 있다.

한편 이들은 다른 특수조사와 결합이 자유로우나 조격 '-으로'나 '-서'가 결합되는 조건은 예문 ㄷ, ㄹ에서처럼 서술어가 〔-타동성〕인 경우에만 통합 가능하다. 다시 말하면 〔+처소성〕의 의미자질을 갖는 여격조사에서만 '-으러, -서'의 결합이 가능하다. 이때 '-으로'가 결합되면 '지향점'33), '-서'가 결합되면 '출발점'을 나타낸다. 따라서 이 방언에서 '-한테, -인데'를 "처소대상격" 표지라 부르는 것이 더 합당할 것이다.

―――――
33) 최명옥(1981:51)은 '목적'이라고 분석하고 있음.

(2) -자테

'-자테'는 '-한테, -인데'보다 제약을 받지 않는 여격조사이다. 곧 〔+유정물〕 자질을 가진 체언 아래에서 실현되며, 서술어는 반드시 〔-상태성〕 자질이어야 한다. 그리고 '-자테'는 서술어가 〔-타동성〕인 문에서 실현되면 〔+처소성〕을 나타낸다.

(14) ㄱ. *나아 그 따라서 {-한테, -인데, -자테}+{-으로, -서} 떡 준다.
　　ㄴ. *말{-한테, -인데, -자테}+{-으로, -서} 여물 준다.
　　ㄷ. 나아 할베{-한테, -인데, -자테}+{-으로, -서} 간다.
　　ㄹ. 그기이 니{-한테, -인데, -자테} + {-으로, *-서} 가마이 남지 모오한다.

'-자테'도 '-한테', '-인데'와 같이 조격 '-으로'와 '-서'와의 결합되려면 서술어가 〔-타동성〕이어야 한다는 제약이 있다. 따라서 (14) ㄱ, ㄴ는 비문이 되지만 ㄷ, ㄹ의 예와 같이 조격 '-으로', '-서'와 결합이 되면 〈표 2〉와 같이 지향점과 출발점을 나타내게 된다.

〈표 2〉

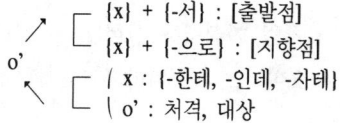

```
      ┌ {x} + {-서} : [출발점]
 ↗    │ {x} + {-으로} : [지향점]
o'    ├  x : {-한테, -인데, -자테}
 ↘    └  o' : 처격, 대상
```

(15) ㄱ. 내 자테 바짝 땡기 안자아라.(= 내 곁에 바짝 당겨앉아라.)
　　ㄴ. 너거들 우째 한테 그래 앉았노?(= 너희들 어떻게 한 곳에 그렇게 앉았니?)
　　ㄷ. 니 동상 인데 가바라.(= 너의 동생이 있는데 가보아라.)

(15)의 예문에서 '-자테'는 앞에서도 언급한 바와같이 '-한테, -인데'와 함께 어휘적 의미를 갖기 때문에 실사가 허사로 변화되는 과정에 있음을 알 수 있다.

(3) -더러

'-더러'는 〔+인간〕, 〔-존대〕 자질을 갖는 선행 체언 아래에서만 실현된다. 중세

국어의 '-드려'가 〔+유정물〕 체언 아래에서 실현되었는데, 이 방언에서는 〔+인
간〕 자질의 체언 아래에서만 실현되는 제약이 따른다. 중부방언에서 17세기이후
〔-유정물〕 체언 아래에서도 '-드려'의 사용 빈도가 확대된 이유는 앞으로 밝혀져야
할 과제이다. '드리-'에서 허사화한 -더러'는 서술어가 〔+타동성〕인 경우, 선행 체
언이 〔대상성〕 자질을 갖는 환경에서만 실현되는 제약이 있다.34)

   (16)ㄱ. 나아 동생[-떠러] 떡을 준다.
      ㄴ. *나아 동생[-떠러] 간다.
      ㄷ. *나아 아부지[-떠러] 일을 도운다.
      ㄹ. *개[-떠러] 물로 미기인다.

   예문 (16)은 '-더러'의 성격을 뚜렷하게 보여주고 있다. ㄴ은 서술어가 〔-타동
성〕이므로 비문이 되며, ㄷ은 선행 체언이 〔+존대〕 대상이기 때문에 비문이 된
다. 그러나 '-한테, -자테'가 실현되는 것은 가능하다. ㄹ은 선행 체언이 〔-인간〕의
자질을 갖기 때문에 비문이 된다.

   (4) -손에

   '-손에'는 〔+인간〕, 〔존대〕자질을 갖는 체언 아래에서 실현될 수 있다. (17)
과 같이 후행용언이 〔±타동성〕이 올 수 있으며, 그것에 따라 〔처소성〕, 〔대상성〕
을 나타낸다.

   (17)ㄱ. 니[-손에, -인데, -자테, -한테]가마아 남지 모오한다.
      ㄴ. 니[-손에, -한테, -인데, -자테] 밥 얻어 먹기 뒤이다.

   (17) ㄱ처럼 서술어가 〔-타동성〕 자질을 갖는 경우에 '-손에'는 선행 체언에
〔+처소성〕의 의미자질을, (17) ㄴ처럼 서술어가 〔+타동성〕 자질을 갖는 경우에
'-손에'는 선행 체언에 〔+대상성〕의 의미자질을 갖게 한다. '-손에'는 실사인 '손
(手)-+-에(처격)'형이 허사화한 특수조사이다.

---

34) 성광수(1981:212)는 "동반적 대상"의 의미를 가진 특수조사로 처리하고 있다. 이 잠에 대해서는
   제고가 필요하리라 본다.

(5) -대고, -보고

'-대고'는 '-손에'와 같은 제약을 가진다. 또 선행 체언이 대명사인 경우가 많다.

(18) ㄱ. 동생{-보고, -한테, -인데, -자테} 조오라.

ㄴ. 동생{-보고}(체면을 생각하여) 조오라.

이때의 '-보고'는 (18) ㄴ와 같이 여격 기능 외에 '체면' 등의 의미기능을 갖기
도 한다. '-보고'가 '-한테, -인데, -보고'와 함께 여격기능을 가진다는 점에서는 일
치하나 내포문 앞에서만 여격표시 기능을 보인다는 차이가 있다.35)

참 고 문 헌

고영근(1976), 「특수조사의 의미분석」, 『문법연구』 3.

김승곤(1978), 『한국어 조사의 통시적 연구』, 대제각.

성광수(1981), 『국어 조사에 대한 연구』, 형설출판사.

이기백(1976), 「국어조사의 사적 연구」 『어문총론』 9.10, 경북대.

이상규(1981), 「동남방방언의 사동법」, 『문학과 언어』 2., 문학과 언어연구회.

_____ (1982), 「동남방방언의 어미 '-어(가아)'」, 『조규설교수화갑기념논집』.

이상태(1975), 「자리토 연구(1)」, 『어문학』 36. 한국어문학회.

정 철(1980), 「경북지방의 언어제약현상」 어문총론』13 · 14.경북대.

최명옥(1981), 『경북 동해안 방언연구』, 영남대출판부.

홍사만(1976), 「국어 postposition의 하위분류」, 『동양문화연구』 3, 경북대.

---

35) 최명옥(1981:56)이 이미 그 제약조건을 제시한 바 있다.

제4장 경북방언에서의 미확정서법(1)

1. 경북방언에서의 서법 특징

1) 문제 제기

국어에서 시상(tense-aspect)을 나타내는 형태소 '-었-', '-더-', '-겠-', '-리-' 가운데, '-겠-', '-리-'는 시제나 시상을 나타내는 형태소가 아니라 화자의 심적 태도(The speaker's commitment with respect to the factual status of he is saying, Lyons:1969,307)를 드러내는 서법소(modality)이라는 사실은 김석득(1984), 신창순(1972), 장경희(1985), 김태상(1985,1986)에 의하여 충분히 논의된 바 있다.36)

이러한 서법소가 방언에 따라 통사·의미론적 기능이나 문법범주의 통합에서 체계적인 차이가 있다는 점을 고려해 본다면, 방언에서의 서법체계를 밝혀내는 작업은 공통어 서법체계의 역사적인 변화과정을 기술하는 데 이바지 할 수 있을 것으로 기대된다. 그러므로 먼저 개별 하위방언의 서법체계에 대한 충실한 논의가 선행되어야 할 필요가 있다.

이러한 시각에서 경북방언에서의 서법체계의 특징들, 다시 말하자면 공통어와 서법표현 및 시상체계가 다른 몇 가지 사실을 개괄하여 살펴 보도록 한다.

  (1) ㄱ. 나는 그 일로 <u>다할따</u>.(=나는 그일을 다 <u>하겠다</u>.)
     ㄴ. 너는 공부도 잘 <u>할따</u>.(=너는 공부를 잘 <u>하겠다</u>.)
     ㄷ. 오늘 밤에는 비가 <u>올따</u>.(=오늘 밤에는 비가 <u>오겠다</u>.)

---

36) Reichenbach(1947)의 'Point of Refrence' 개념을 도입하여 시제(tense) 설정이 가능하다는 주장과 시상(tense-aspect)으로 처리하려는 주장(남기심:1972)도 있으나 본고에서는 이들과의 관련성에 대한 고찰은 생략하고자 한다.

(2) ㄱ. 내가 어제 떠났으면 벌써 그곳에 <u>도착했겠습니다</u>.

　　　(=*내가 어지 떠났으마 하마 거게 <u>도착했읋습니다</u>.)

　　　(=내가 어지 떠났으마 하마 거게 <u>도착했읋니이더</u>.)

　　ㄴ. 댁도 어릴적엔 <u>망난이었겠습니다</u>.

　　　(=*댁도 어릴적엔 <u>망난이었읋습니다</u>.)

　　　(=댁도 어릴적엔 <u>망난이었읋니이더</u>.)

　　ㄷ. 그 사람은 <u>군인이었겠습니다</u>.

　　　(=*그 사람은 <u>군인이었읋습니다</u>.)

　　　(=그 사람은 <u>군인이었읋니이더</u>.)

(3) ㄱ. 서울로 <u>갔는</u> 사람들이 디 돌아왔다.(=서울로 <u>간</u> 사람들이 되돌아 왔다.)

　　ㄴ. 나아 이전에도 떡 <u>묵었다</u>.(=나는 이전에 떡을 <u>먹었었다</u>.)

　　ㄷ. 도둑놈이 순경한테 <u>잽힌는다</u>.(=도둑놈이 순경한테 <u>잡힌다</u>.)

　　미확정법이 공통어에서는 개신 형태소인 '-겠-'으로 실현되는데 비하여 경북방언에서는 형태적 보수주의 경향 때문에 '-읋-'37)로 실현된다는 사실을 예문 (1)이 보여주고 있다. 물론 경북방언에서는 미확정법을 나타내는 형태소 가운데 구형(old form)인 '-읋-'과 신형(new form)인 '-겠-'이 공존하며 비교적 자유롭게 교체가 가능하다.

　　(2)의 예문은 '-읋-'과 '-겠-'의 교체가 자유롭지 않음을 보여주고 있어서 공통어에서의 '-겠-'과 경북방언에서 '-읋-'이 단순히 대응되는 미확정서법 형태소로 파악되어서는 안된다는 사실을 알 수 있다.38) 다시 말하자면 '-겠-'과 '-읋-'의 형태론적 통합상의 분포 제약이 각기 다른데, 이를 방언간의 형태소 통합상 제약의 차이는 '-읋-'에 의해 충당되었던 미확정법의 실현 범위가 축소되고 '-겠-'이라는 새로운 형태소가 생성되어 그 분포범주가 확산되어 가는 과정과 관련되어 있다. 이러한 점은 경북방언에서 서법체계상의 특징으로 들 수 있다.

---

37) {-라러}, {-리다}, {-리까}, {-리오}, {-랴}, {-리}, {-ㄹ까}, {-ㄹ꼬}, {-ㄹ라}, {-ㄹ께}를 단일한 음성의미요소(나진석:1970,40)로 처리할 것이 아니라 {-ㄹ}, {-리-}, {-ㄹ라}가 각기 형태소 통합상 차이를 보여 주기 때문에 이들을 {-읋-}, {-리-}, {-올라-}을 구분하여 대표적인 변이형태로 처리한다.

38) 최명옥(1979), 『경북동해안방언연구』, p. 96, 영남대출판부.

(3)의 ㄱ에서는 직설법 양태소 '-ㄴ'이 완결법 양태소 '-았-'과 '-ㄴ(직설법 양태소)'과의 복합형식으로 실현되어 있어 공통어와 차이를 보여주고 있다. (3) ㄴ은 '대과거'(이익섭:1970) 또는 '단속상'(남기심:1972)을 나타내는 '-았었-'이 경북방언에서는 완결법 양태소 '-았-'으로만 실현되고 있다. 따라서 아예 경북방언에서는 '대과거' 또는 '단속상'이라는 문법범주를 나타내는 '-았었-', '-었었-'이 형태소로 실현되지 않고, 완결법 양태소 '-앗/엇-'에 의해 실현되고 있다. (3) ㄷ은 경북동해안 일부 방언(울진방언)에서 실현되는 예들인데, 사·피동형 단독형이 '-ㄴ-+-은/-는+-다'로 실현되고 있다.

이러한 서법 및 시상 형태소의 실현형식의 차이는 서법체계의 차이로 귀결되며, 체계상의 방언 차이는 방언구획을 하는 데 이용되는 기준이 될 수 있을 뿐만 아니라, 공통어 서법체계의 역사적 변화 과정을 기술하는 데도 도움을 줄 수 있다.

본장에서는 형태소 통합 분포차를 근거로 하여 경북방언에서 공통어의 미확정 서법소인 '-겠-'에 대응하여 경북방언의 '-읋-'이 실현되는 이유를 밝혀 내려고 한다. 19세기 이전 문헌기록에 나타나지 않던 '-겠-'이 공통어에서는 '-읋-', '-리-'. '-을라-' 등과 교체형으로 나타날 수 있는 그 이유와 또 자유롭게 교체될 수 없는 이유를 방언을 비교함으로써 그 원인을 밝히고자 한다.

2) '-겠-'의 출현 시기 문제

하나의 형태소가 역사적인 변화과정에서 다른 형태소로 교체되는 이유는 문법체계 내부의 체계적인 변화에 기인되는 것이다. 공통어에서 미확정서법소 '-읋-', '-리-', '-을라-'가 쇠퇴하면서 19세기경부터 '-겠-'이 생성되어 방언에서는 개신형으로 침투해 들어온 것이라고 본다면, 그 교체 이유를 통사적인 기능의 변화 내지는 다른 형태소들과 분포통합상 제약(Ivan Kalmàr:1981,98, a sequency of modal suffixes on the verb of each consecutives clause)에서 찾아내어야 할 것이다.

지금까지 '-겠-'이나 '-읋-', '-리-', '-을라-'에 대하여 원자론적인 입장에서 그 통사적 제약과 의미 측정을 하여 왔기 때문에 어느 정도 통사·의미론적인 특징은 밝혀진 셈이다. 그러나 왜 '-겠-'이 '-읋-'의 기능을 대신하게 되었는가에 대한 논의는 활발하게 이루어지지 않았다.

본장에서는 방언에서의 문법적 차이가 이전 단계의 공통어의 문법적인 특징의 잔재가 남아 있기 때문이라는 전제 아래서 방언형의 비교를 통하여 그 역사적인 변화 과정과 이유를 규명하고자 한다.

지금까지 논의되어 온 '-겠-'의 실현 시기와 형태구성에 대한 논의를 살펴 보면 다음과 같다.

(가) 나진석(1978)은 '-겠-'의 실현 시기와 형태 구성과정을 "'-겠-'의 용례는 19세기 초에는 궁중용어로 쓰이었으나 궁중용어가 대중말보다 보수적이라는 점과 '-게엿-'의 형성 시기를 아울러 생각하면 18세기 후반기에 형성되었을 것으로 보는 것이 옳을 것 같다."39)라고하여 '-겠-'의 형성 시기는 18세기말로 잡고 있으며, 그 형태구성은 '-게-+-엿-'에서 모음충돌로 '-여-'가 탈락되어 '-겠-'이 생성된 것으로 보고 있다.

(나) 허 웅(1983)은 "'-겠-'의 등장은 18세기 끝에서 19세기 처음의 일로서 이 어형은 지금까지 '-으리-'와 공존한다."40)라고 하여 그 실현 시기를 19세기 초로 잡고 있으며, "'-겠-'은 본디 하임을 나타내는 '-게＋ᄒᆞ-'의 완결형인 '-게＋ᄒᆞ엿-'에서 온 것이다"라고 규정하고 있다.

(다) 이기문(1985)은 "'-겠-'(미래)은 근대에 발달되었으며, 보통 부동사어미 '-게-'와 의존사의 동사 '잇-'의 결합으로 보는 것이 통설로 되어 있으나 이것을 설명하기에 충분한 자료의 밑받침이 필요하다"41)라며 '-겠-'의 실현 시기와 형태구성 과정을 추정하고 있다.

이상에서 '-겠-'의 실현 시기나 형태구성에 관한 논의를 종합해 보면, 19세기 초기에 미확정서법소 '-겠-'이 나타나게 되었으며, 그 형태구성 과정에 대해서는 의견 일치가 되지 않는다는 것이다.

하나의 형태소가 소멸되고 그 기능을 대치하는 또 다른 형태소가 나타나거나 문법형태소의 개신(grammatical morpheme innovation)이 일어나는 이유는 기존의 형태소가 다른 문법 형태소와 통합상 분포제약이 증대되었거나 또는 의미·통사

---

39) 나진석(1978), 『우리말 때매김 연구』, p. 305, 과학사.
40) 허 웅(1985), 『국어학』, p. 459, 과학사.
41) 이기문(1985), 『국어학개설』, p. 212, 탑출판사.

적인 기능의 기능분담량이 축소 또는 증대되었기 때문이다.(Givon:1979)

'-읋-', '-으리-', '-올라'가 '-겠-'으로 문법형태소의 개신이 일어난 이유도 '-읋-'이 공기될 수 없는 형태소의 환경, 곧 접속어미나 전성어미와 통합될 수 있는 가능성이 줄어들게 됨에 따라서 '-읋-'의 형태통합 기능 분담량도 따라서 줄어든 것으로 판단된다. 본고에서는 19세기에 들어서서 왜 문법 형태소의 교체가 본격적으로 실현되게 되었는가라는 사실에 초점을 두고 개신형 '-겠-'과 구형 '-읋-'이 공존하고 있는 이유를 규명하고자 한다. 다시 말하면 '-읋-'이 다른 서법소나 어말어미 및 접속어미와의 통합상 제약이 크기 때문에 그 기능을 대신할 '-겠-'이 실현된 것으로 보고, 서법소의 체계적인 기능과 분포상 제약 관계를 밝히고자 하며, 이러한 작업은 미확정법의 역사적 변화과정을 규명하는 선행 작업으로서 그 의미를 찾을 수 있을 것이다.

2. '-읋-'과 '-겟-'의 형태론적 분포제약

1) 미확정서법소와 다른 시상서법소와의 통합

경북방언에서는 미확정서법소가 주로 '-읋-'에 의하여 실현되고 있으나 공통어의 개신형인 '-겟-'도 아울러 공존하고 있다. 공통어에서 '-읋-'계열은 구어에서 의고적인 표현형식으로만 나타나고, 일반적으로 개신형 '-겟-'이 주로 실현되고 있다.

(4) ㄱ. 나는 앞으로 그 일로 다 할따.(=나는 앞으로 그 일을 다 하겠다.)

ㄴ. 너는 장래에 공부도 잘 할따.(=너는 장래에 공부를 잘 하겠다.)

ㄷ. 오늘 밤에는 비가 올따.(=오늘 밤에는 비가 오겠다.)

(5) ㄱ. 나는 지금 모오 전딜따.(=나는 지금 못견디겠다.)

ㄴ. 그이가 있으나 지금 나아 행복할따.(=그이가 있으면 나는 지금 행복하겠다.)

ㄷ. 너는 노래는 잘 할따.(=너는 노래는 잘 하겠다.)

ㄹ. 그 여자는 지금 고민할따.(=그 여자는 지금 고민하겠다.)

(6) ㄱ. 내가 어지 갔으마 하마 그기 도착했을따.(=내가 어제 갔으면 이미 그곳에 도착했겠다.)

ㄴ. 옛날이라면 니는 벌써 시집 갔을따.(=옛날이라면 너는 벌써 시집 갔겠다.)

ㄷ. 그이는 벌써 그기 <u>도착했을따</u>.(=그이는 벌써 그 곳에 <u>도착했겠다</u>.)

위 예문 (4)~(6)에서 처럼 '-욹-'과 '-겠-'은 경북방언에서는 자유롭게 교체된다. 최명옥(1979)는 '-겠-'과 '-욹-'을 자유교체형으로,[42] 김차균(1981)은 형태론적으로 조건 지워진 변이형태로[43] 처리하고 있으나 예문 (7)~(9)에서와 같이 경북방언에서는 공통어에서 실현되는 '-겠-' 자리에 방언형 '-욹-'이 무조건 교체되지 않기 때문에 자유교체형으로는 볼 수 없을 것 같다.

(7) ㄱ. 내일쯤 <u>도착하겠습니다</u>.(=*내일쯤 <u>도착핤습니다</u>.)
    ㄴ. 댁은 나의 <u>인연이겠습니다</u>.(=*댁은 나의 <u>인연읐습니다</u>.)
    ㄷ. 오늘 밤에 비가 <u>오겠습니다</u>.(=*오늘 밤에 비가 <u>옰습니다</u>.)
(8) ㄱ. 예, 잘 <u>알겠습니다</u>.(=*예 잘 <u>앐습니다</u>.)
    ㄴ. 골치가 <u>아프시겠습니다</u>.(=*골치가 <u>아픐습니다</u>.)
    ㄷ. 그 분은 막 식사를 <u>하시겠습니다</u>.(=*그 분은 막 식사를 <u>하싥습니다</u>.)
(9) ㄱ. 내가 어제 떠났으면 벌써 거기에 <u>도착했겠습니다</u>.
       (=*내가 어지 떠났으마 하마 거기에 <u>도착했욹습니다</u>.)
    ㄴ. 댁도 어릴적에 망난이었겠습니다.(=*댁도 어릴적엔 <u>망난이었욹습니다</u>.)
    ㄷ. 그 사람은 <u>군인이었겠습니다</u>.(=*그 사람은 <u>군인이었욹습니다</u>.)

위 예문 (7)~(9)는 공통어의 '-겠-'과 방언형 '-욹-'의 교체가 가능하지 않는 예들이다. 그러므로 공통어에서의 '-겠-'과 경북방언에 실현되는 '-욹-'은 단순한 교체형이 아니라, 그 기능이 상호 배타적인 관계에 있음을 알 수가 있다. '-겠-'과 '-욹-'은 '미확정'이라는 상적 기능은 공유하지만 자유교체형이 아니고 각기 통합될 수 있는 형태론적 조건이 다르다고 판단된다. 통사적으로 보아도 '-욹-'이 미확정 서법소의 기능을 다 담당할 수 있었다면 '-겠-'이 19세기 경에 나타날 필요가 없었을 것이다.

문의 내용에 대한 화자의 심리적 태도와 청자에 대한 화자의 의향을 나타내는 문법범주인 서법은 국어에서는 문법형태소, 곧 서법소에 의하여 표현되고 있

---

42) 최명옥(1979), 『경북동해안방언연구』, p. 96, 영남대출판부.
43) 김차균(1981), 「「-을」과 「-겠」의 의미」, p. 82, 『한글』 173, 174호.

다.44) 서법소가 실현되는 국어의 활용어미는 형태소 통합관계에 따라 개방굴곡어미와 폐쇄굴곡어미로 구분되며, 개방굴곡어미는 종결굴곡어미와 자격굴곡어미로 구분된다.

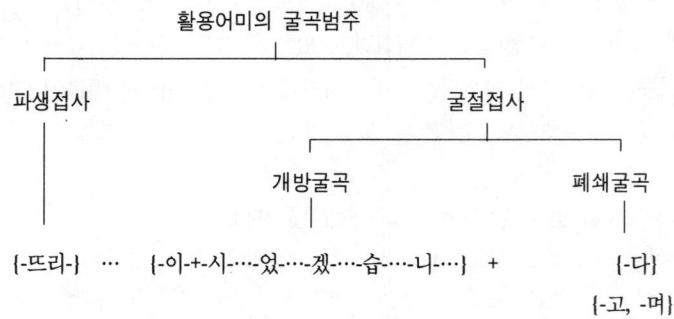

활용어미의 굴곡범주

파생접사　　　　　　　　　　　굴절접사

개방굴곡　　　　　　폐쇄굴곡

{-뜨리-}　…　{-이-+-시-····-었-····-겠-····-습-····-니-···}　+　{-다}
{-고, -며}

　파생접사는 어간을 형성하며 전접통합은 단어형성 규칙에 지배되는 통사적 조건에 의해 결정된다. 굴곡접사 가운데 개방굴곡어미는 전·후접 통합이 다 가능하다는 점에 있어서 전접 통합만 가능한 폐쇄굴곡어미와 다르다. 그리고 개방굴곡어미는 문의 내용에 대한 화자의 심리적 태도를 반영하는 데 참여하지만 폐쇄굴곡어미는 문의 유형을 결정짓는 데 관여하거나 문의 접속기능을 보여 준다는 점에서 차이를 갖고 있다.

　경북방언에서 시상 양태소(aspect modality)들의 형태소들은 다음과 같이 실현되고 있다. 완결 양태소(completion modality)로는 '-엇-', '-앗-', '-ㅆ-', '-엿-'이 있으며, '-엇-'과 '-앗-'은 음운론적인 변이형으로서 선행음절의 환경에 따라 지배된다. 그리고 선행음절이 모음인 경우, 축약형인 '-ㅆ-'이 실현되며, '-엿-'은 '하-'동사에서만 실현된다.

　경북방언에서 미확정서법소(presumption mood)로는 '-겟-', '-ㅀ-', '-(으)리-', '-(으)ㄹ라-'가 있으며, 공통어에서는 '-겠-'과 '-리-'가 실현되는데, '-리-'는 구어에서 주로 사용된다. 그리고 '-겠-'과 '-리-'는 음운론적으로나 형태론적 조건에 의해 실현되는 것이 아니라, 형태소 통합상 제약에 따라 실현된다.

　경북방언에서 회상 양태소(reflection modality)는 '-더-', '-다-'가 있는데, '-다-'

44) 김태상(1986), 「국어서법의 개념 재고」, 『국어학논총』, p 262, 백민전재호박사회갑기념논문집.

는 '-더'+'-아'의 결합형이고, 서술형이나 의문형에 한정되어 실현되는 제약이 있다.

이상의 시상서법소들은 어말어미에 의해 실현되는 문의 유형과도 관계가 있다. 직설법을 제외한 완결법, 미확정법, 회상법은 서술문이나 의문문에만 실현되는 공통적인 특성을 갖고 있다.

아울러 이들 시상서법소들 간에 통합상제약을 통하여 방언차를 기술할 수도 있으며, 그런 차이를 통하여 서법소 통합의 역사적 변화과정을 소급해 낼 수 있을 것이다. 완결법과 미확정법, 회상법 및 직설법 양태소들이 상호 어떤 통합상 제약이 있는지 살펴 봄으로써, 새로운 서법소 '-겠-'이 생성된 요인을 밝혀 내는 데 의미있는 설명력을 얻어 낼 수 있을 것으로 기대한다.

시상 양태소는 단일하게 실현되는 단순서법(einfache modalfornan)과 이들이 둘 이상 통합되어 실현되는 복합서법(zysammengestyte modalforman)형식이 있다.

〈단순서법〉

 1) 직설법 : -∅-, -ㄴ-, -앗ㄴ-45)
 2) 회상법 : -더-, -다
 3) 미확정법 : -겟-, -옰-, -(으)리-, -(으)ㄹ라
 4) 완결법 : -엇-, -앗-, -엿-

〈복합서법〉

 1) 미확정회상법 : -겟더-, -옰더-, -을라더-, -(으)리더-
 2) 완결회상법 : -앗더-
 3) 완결미확정법 : -엇겟-, -엇옰-, -엇(으)리-, -엇을라
 4) 완결미확정회상법 : -엇겟더-, -엇옰더-, -엇(으)리더-, -엇을라더-

시상 양태소들의 통합상 특징은 먼저 직설서법소 '-ㄴ→-앗-+-ㄴ'의 형식이 경

북방언에서 실현되고 있으며, 소위 '대과거'(이익섭:1970) 또는 '단속상'(남기심: 1972)을 나타내는 '-았/었-'이 이 방언에서는 완결 양태소인 '-앗-'으로 실현되어 있다. 복합서법에서 서법소간의 통합관계에서 알 수 있는 것은 직설법 양태소나 회상법 양태소가 미확정 서법소보다 선행할 수 없다는 점인데, 이는 공통어와 일치한다. 그러므로 이 방언에서 시상 양태소간의 통합순위는 완결법>미확정법>회상법>직설법의 차례로 통합배열된다.

완결법과 직설법은 서술어가 동작동사(stative verb)인 경우, 상호 배타적으로 수의적으로 실현된다. 그리고 미확정법과 완결법이 통합될 때에 '-겟-+-엇-'과 같이 미확정서법소는 완결 양태소보다 선행하여 통합될 수 없다. 그리고 미확정 서법소와 회상서법소의 통합도 수의적으로 실현되나, 회상서법소가 미확정서법소보다 선행하여 실현될 수 없다.

그러면 미확정서법소를 중심으로 미확정서법소인 '-겟-', '-읆-', '-(으)리-', '-을라'와 다른 시상서법인 직설법, 회상법, 완결법, 서법소들과의 전·후 통합상 어떤 제약이 있는지 살펴보도록 하겠다.

<표 1> <미확정서법소와의 전접 통합관계>

	[-겟-]	[-읆-]	[-(으)리-]	[-을라]
직설법[-∅-]	-	-	-	-
직설법[-ㄴ-]	-	-	-	-
직설법[-앗ㄴ-]	-	-	-	-
회상법[-더-]	-	-	-	-
회상법[-다-]	-	-	-	-
완결법[-앗/엇-]	+	+	+	+
완결법[-엿-]	+	+	+	+

이 방언에서 직설법, 회상법, 완결법 서법소가 미확정서법소에 전접될 가능성을 나타낸 것이다. 직설법이나 회상법은 미확정서법 앞에서는 통합되지 못하지만, 완결법은 전접 통합이 가능하다. 물론 완결서법소가 미확정서법소에 전접이 가능하지

만, 존대를 나타내는 어말어미와 결합되는 경우에는 '-옰-'의 실현은 불가능하다.

다음은 미확정서법소를 중심으로 여타 시상서법소와 후접 통합관계에 대하여 살펴보도록 하겠다.

<표 2> <미확정서법소와의 후접 통합관계>

	{-겠-}	{-옰-}	{-(으)리-}	{-을라-}
직설법{-∅-}	+	+	+	+
직설법{-ㄴ-}	-	-	-	-
직설법{-앗ㄴ-}	-	-	-	-
회상법{-더-}	+	+	-	-
회상법{-다-}	-	-	-	-
완결법{-앗/엇-}	-	-	-	-
완결법{-엇-}	-	-	-	-

이 방언에서 직설법, 회상법, 완결법 서법소가 미확정서법소에 후접될 가능성을 나타낸 것이다. 직설법의 '-∅-'와 회상법의 '-더-'가 미확정서법소'-겠-', '-옰-'에 후접통합이 가능하며, 완결법은 미확정서법소와 후접 통합은 전혀 불가능하다.

이상에서 이 방언에서 실현되는 미확정서법소와 여타 시상서법소간의 통합관계에서 나타나는 제약을 살펴 보았다. 미확정서법소 가운데 구형에 속하는 '-옰-', '-(으)리-'. '-을라-'와 개신형 '-겠-'이 여타 서법소와 통합제약이 있다는 사실은 적어도 개신형 '-겠-'이 통합될 수 있는 형태구성에 문법체계상의 공백(vacus)이 있었다고 전제할 수 있으며, 이러한 공백을 채우고자 하는 욕구에 의해 '-겠-'이라는 새로운 서법소가 생성되었다고 보는 것이 온당할 것이다. 물론 미확정서법소와 여타 시상 서법소와의 전후 통합관계에 있어서는 '-옰-'과 '-겠-'의 평행을 이루고 있으나, 어느 시기에 가서는 개신형 '-겠-'이 '-옰-'이 담당하고 있는 서법소 통합 기능을 지배할 것으로 기대된다.

지금까지 논의된 결과를 요약하여 시상 서법소의 통합순위를 나타내면 다음과 같다.

```
어간 + (완결법) + (미확정법) + (회상법) + (직설법) + 어말어미
```

공통어에서는 '어간+(완결단속)+(미확정법)+(회상법)+(직설법)+어말어미'순
으로 배열되는데, 이 방언에서는 단속법 '-았었-'이 실현되지 않고, 완결법 '-앗-'에
의해 실현되고 있다.

2) 미확정서법소와 어말어미와의 통합제약

미확정서법소는 어말어미 가운데 높임법을 나타내는 등급체계와 통합상 매우
밀접한 관계가 있다. 미확정법을 나타내는 서법소 가운데 구형인 '-읋-'과 개신형
인 '-겠-'은 각기 어말어미와 통합될 수 있는 범주가 구분되어 있다. 곧 서술문이
나 의문문에서만 예사낮춤을 나타내는 어말어미에 '-겠-'이나 '-읋-'이 다 같이 통
합될 수 있으나, 높임을 나타내는 어말어미는 '-겠-'과 통합이 가능하지만 '-읋-'과
는 통합이 불가능하다.

이미 잘 알려진 사실이지만 미확정서법소가 실현되는 경우, 문형과도 밀접한 제
약 관계가 있다.

    (10) ㄱ. 그는 내일 서울로 가겠다.(서술)

       ㄴ. 그는 내일 서울로 가겠느냐?(의문)

       ㄷ. *그는 내일 서울로 가자.(청유)

       ㄹ. *그는 내일 서울로 가라.(명령)

(10)의 예와 같이 미확정법은 서술문이나 의문문에서만 실현되기 때문에 각기
구분하여 어말어미와의 통합상 제약을 검토해 보고자 한다.

<표 3> <서술문에서 미확정 서법소 통합관계>

		{-겠-}	{-읈-}	{-(으)리-}	{-올라}
해 라 체	{-다/더}	+	+	+	-
	{-라/래}	-	-	-	+
	{-(구)마(매이)}	+	+	-	-
	{-느(나)니라/니이라}	-	-	-	-
	{-노라}	+	-	-	+
	{-지/지러}	+	-	-	-
	{-구나}	+	+	-	-
	{-도다}	+	+	-	-
	{-지러/지}	+	+	-	-
	{-거든/거등}	+	+	-	-
하 게 체	{-네}	+	+	-	-
	{-세}	-	+	-	-
	{-이}	-	-	-	-
하 소 체	{-구려}	+	-	-	-
	{-이소}	+	-	-	-
	{-지요}	+	-	-	-
	{-아요}	+	-	-	-
	{-거든(등)요}	+	-	-	-
	{-니(이)더}	+	-	-	-
	{-(으)이더}	-	-	-	-
	{-시더}	+	-	-	+

경북방언에서는 하위방언(subdialect)에 따라 어말어미에 의해 결정되는 경어 체계는 달리 실현되지만 '해라체'와 '하게체' 및 '하소체'인 3단 체계로 파악된다.

어말어미에 의해 결정되는 청자존대 어미들과 미확정서법소간의 통합상제약이 있음을 위 <표-3>을 통하여 알 수가 있다. '해라체'의 경우에는 미확정서법소 '-겠-' 이나 '-읈-' 모두 다 자유롭게 통합될 수 있다. 그러나 '하게체'에서나 '하소체'에서 는 미확정서법소 가운데 '-겠-'과의 통합은 자유롭지만 '-읈-'과의 통합은 자유롭지 않다. 그러므로 개신형 '-겠-'이 실현되지 않았던 역사적 단계에서는 '-읈-'이 통합되기 위해서는 '하소체'를 나타내는 어말어미가 달랐거나, 혹은 '하소체'에서 미확정서법은 존재하지 않았다고 볼 수 있다. 그런데 '하소체'에서의 미확정법이 존재하지 않았을 가능성은 방언자료를 통해 보더라도 그 가능성은 희박하므로 '하소체'를 나타내는 어말어미가 방언에서는 달랐을 가능성이 매우 크다.

(11) ㄱ. 잡+겠+다   ㄴ. 잡+읧+다
　　　 잡+겠+구마   　 잡+을+구마
　　　 잡+겠+느니라   　 잡+을+느니라
　　　 잡+겠+구나   　 잡+을+구나
　　　 잡+겠+도다   　 잡+읧+도다
　　　 잡+겠+지러   　 잡+읧+지러
　　　 잡+겠+거등   　 잡+읧+거등

(12) ㄱ. 가+겟+네   ㄴ. *가+읧+네
　　　 *가+겟+세   　 가+읧+세
　　　 *가+겟+으이   　 *가+읧+이

(13) ㄱ. 보+겟+구려   ㄴ. *보+읧+구려
　　　 보+겟+소   　 *보+읧+소
　　　 보+겟+지요   　 *보+읧+지요
　　　 보+겟+어요   　 *보+읧+어요
　　　 보+겟+거든요   　 *보+읧+거든요

(14) ㄱ. 묵+겟+니이더   ㄴ. *묵+읧+니이더
　　　 *묵+겟+시더   　 묵+읧+시더

　　(11)의 예는 아주낮춤을 나타내는 어말어미에 미확정서법소 '-겟-'과 '-읧-'이 통합되는 경우인데, '-겟-'이나 '-읧-'이 모두 자유롭게 통합될 수 있음을 보여준다. 그러나 예사낮춤을 나타내는 어말어미가 통합되는 (12)의 예에서는 '-겟-'은 '-네'와 통합이 가능하나 '-읧-'은 '-세'와 통합이 되는데, 이것은 경북방언에서는 예사낮춤법이 독자적인 체계로 정착되지 못하고 공통어의 체계를 차용했기 때문일 것이다. 특히 '-읧-+-세'는 '-ㅁ-+-세'로 통합되어져 '가+-ㅁ-+-세'로 실현되는 경우도 있다. '내가 먼저 감세.' '자네가 먼저 떠남세'처럼 '-ㅁ-+-세'의 통합은 서술

문이나 청유문에서 실현되고 있다. (13), (14)의 예들은 높임법을 나타내는 어말
어미들인데 '-겟-'과는 자유롭게 통합되지만 '-읆-'과는 전혀 통합이 될 수 없다.
이러한 사실은 적어도 개신형 '-겟-'이 실현되기 이전에 '-(으)리-', '-읆-'에 의해
미확정법이 실현되던 시기가 있었다는 것을 의미하며, 또 '-겟-'이 나타나게 된 이
유를 짐작하게 해 주는 하나의 근거가 되리라 생각된다. 곧 높임법에서의 미확정
법 실현이 불가능했기 때문에 '-겟-'이 나타나게 된 것으로 볼 수 있다.

(15) ㄱ. 가+시+읆+니이더(=가+시+겟+니이더)

　　　가+시+읆+시더(=가+시+겟+시더)

(15)의 예처럼 선어말어미 '-시-'에 의한 높임법에서는 '-겟-', '-읆-'의 통합이
허용되고 있는 점으로 보아, 선어말어미에 의해 실현되는 높임법을 제외한 경우의
미확정법 실현을 위하여 개신형 '-겟-'이 나타나게 된 것이다.

경북방언에서 의문형어미는 하위방언권에 따라 달리 실현된다.[46] '-는교-', '-는
게', '-ㄴ기오'형은 대구, 영천, 경주, 군위, 청도, 포항 지역에서, '-니껴', '-니꺼'형
은 의성, 영양, 봉화, 영주 지역에서, '-여'형은 상주, 선산 김천 지역에서 사용되
고 있다.

<표 4> 의문문에서 미확정서법소 통합관계

		{-겟-}	{-읆-}	{-(으)리-}	{-을라-}
해라체	-가/고/공/강/-여	+	+	-	-
	-나/노	+	-	-	+
	-제	+	-	-	-
	-(을)래	-	+	+	-
	-(을)까고	-	-	+	+
하게체	-능교/-능겨/-니껴	+	+	-	-
	-지요	+	+	-	-
	-(을)래요	+	+	-	-
	-는가요	+	+	-	-

46) 천시권(1965), 「경북지방의 방언구획」, p. 15. 『어문학』 13. 한국어문학회.

하	-시능교/능겨/니껴	+	+	-	-
소	-시지요	+	+	-	-
체	-실까/꼬	-	-	-	+
	-실래요	-	-	-	+
	-시는가요	+	-	-	-

의문형어미와 미확정서법소와의 통합에서 높임법 등급에 따르는 제약이 발견되지 않는다. 곧 해라체 의문형어미인 '-ㄴ가/고/공/강/-여', '-나/노-', '-제', '-(을)래', '-(을)까/고'는 수의적으로 미확정서법소 '-겠-'과 '-읋-'의 통합이 가능하다. 하게체 의문형어미 '-능교/-능겨/-니껴', '-지요', '-(을)래요', '-는가요'도 수의적으로 미확정서법소 '-겠-'과 '-읋-'의 통합이 가능하다. 하게체 의문형어미 '-시능교/능겨/니껴', '-시지요', '-실까/꼬', '-실래요', '-시는가요'도 수의적으로 미확정서법소 '-겠-'과 '-읋-'의 통합이 가능하다. 왜 서술형어미와의 통합은 높임법의 등급에 따라 제약이 있는지 또 의문형어미와 미확정서법소와의 통합은 왜 제약이 없는지는 앞으로 더 논의가 되어야 될 것 같다.

3) 미확정서법소와 동명사형어미와의 통합제약

미확정서법소와 동명사형어미 '-음-', '-기-'와의 통합상 제약은 공통어에서는 나타나지 않는 것으로 알려져 있다.47) 그러나 경북방언에서는 미확정서법소의 종류에 따라 수의적으로 통합이 불가능하다. 곧 '-음', '-기'와 미확정서법소 '-겠-'과는 통합이 자유로우나 '-읋-', '-(으)리', '-올라-'와의 통합은 불가능하다.

(16) ㄱ. 가+겠+기에   죽+겠+음에도
        가+겠+음에   죽+겠+기에
    ㄴ. *가+읋+기에   *죽+읋+기에
        *가+읋+음에   *죽+읋+음에
    ㄷ. *가+리+기에   *죽+으리+기에
        *가+리+음에   *죽+으리+음에

---

47) 권재일(1985), 「국어의 복합문 구성연구」, p. 66, 집문당.

ㄹ. *가+을라+기에   *죽+을라+기에
     *가+을라+음에   *죽+을라+음에

(16)의 예에서처럼 명사화어미 '-음-', '-기-'는 미확정서법소의 종류에 따라 통합상 제약이 있음을 알 수 있다. 이러한 제약이 생겨나는 이유는 '-겠-'이 나타나기 이전에는 동명사형어미와 미확정서법소 간의 통합이 자유롭지 않았다는 사실을 의미하며, 미확정서법소와의 통합이 가능한 단계에서 구형 '-읋-', '-(으)리-'에 의한 통합은 자유롭지 않으므로 개신형 '-겠-'이라는 새로운 서법소가 생성되지 않을 수 없었을 것이다.

<표 5> 동명사형어미와의 통합관계

	{-음-}	{-기-}
{-겠-}	+	+
{-읋-}	-	-
{-(으)리-}	-	-
{-을라-}	-	-

4) 미확정서법소와 관형사형어미와의 통합제약

미확정서법소와 관형사형어미 '-은/는', '-을-'과의 통합상 어떤 제약이 있는지 살펴보자.

'-은'은 완결법 시상의 기능을 하고 있다. 미확정서법소 '-겠-', '-읋-', '-(으)리-', '-을라-'와의 통합은 불가능한데, 보문에서는 완결법과 미확정법이 공존하지 못하는 제약 때문이다.

(17) ㄱ. *내가 읽+겠+은 책을······
     ㄴ. *내가 읽+읋+은 책을······
     ㄷ. *내가 읽+(으)리+은 책을······
     ㄹ. *내가 읽+을라+은 책을······

'-는'은 '-ㄴ'과 한가지로 직설법의 기능을 가지는 보문소이다. 모문(matrix sentence)의 서술어에서 '-는'은 미확정서법소와의 통합에는 제약이 없는데, 그 이유는 모문의 서술어에서 직설법은 주로 '-∅-'로 실현되기 때문이다. 그러나 보문에서 미확정서법소 '-겠-'과는 통합이 가능하지만 '-욵-', '-(으)리-', '-을라-'와는 통합이 불가능하다.

(18) ㄱ. 철수가 읽+겠+는 책을……
ㄴ. *철수가 읽+욵+는 책을……
ㄷ. *철수가 읽+(으)리+는 책을……
ㄹ. 철수가 읽+을라+는 책을……

(18)의 예에서처럼 '-는'은 미확정서법소 '-겠'과 '-을라-'를 제외한 '-욵-', '-(으)리-'와는 통합이 불가능하다.

(19) ㄱ. *철수가 읽+겠+을 책을……
ㄴ. *철수가 읽+욵+을 책을……
ㄷ. *철수가 읽+(으)리+을 책을……
ㄹ. *철수가 읽+을라+을 책을……

19)의 예와 같은 보문에서는 미확정 서법소와 '-을'의 통합은 불가능하다.

<표 6> 관형사형어미와의 통합관계

	{-은}	{-는}	{-을}
{-겠-}	-	+	-
{-욵-}	-	-	-
{-(으)리-}	-	-	-
{-을라}	-	+	-

윗 〈표 -6〉에서 '-겠-'과 '-욵-'은 관형사형어미와 통합상 제약이 있음을 알 수 있다. 주목되는 것은 '-는'과 '-겠-'이 통합 가능하다는 것이다. 이것은 문헌 기록에

'-겠-'이 나타나지 않던 단계에서는 미확정서법소와 관형화어미 '-는-'과는 통합이 불가능했고, 그 통합상의 공백을 '-겟-'이 메웠을 가능성을 보여준다.

5) 미확정서법소와 부동사형어미와의 통합제약

미확정서법소가 문말이 아닌 내포문에서 보문소인 부동사형어미와 통합되는 경우에 어떤 제약이 따르는가 살펴보자.

(20) ㄱ. *나는 학교에 가+'-겟-, -읈-, -(으)리-, -을라-'+아 있다.
  ㄴ. *나는 학교에 가+'-겟-, -읈-, -(으)리-, -을라-'+게 있다.
  ㄷ. *나는 학교에 가+'-겟-, -읈-, -(으)리-, -을라-'+지 못했다.
  ㄹ. *나는 학교에 가+'-겟-, -읈-, -(으)리-, -을라-'+고 싶다.

미확정서법소와 부동사형어미는 통합되지 않는다. 모문 서술어에 어떠한 시상서법소가 실현되든지 간에 부동사형어미와 미확정서법소는 통합되지 않는다.

(21) ㄱ. *내가 떡을 먹+겟+어 보겠다.
    *내가 떡을 먹+겟+어 보았다.
    *내가 떡을 먹+겟+어 본다.
  ㄴ. *철이가 사과를 먹+읈+어 보겠다.
    *철이가 사과를 먹+읈+어 보았다.
    *철이가 사과를 먹+읈+어 본다..

(21)의 예에서처럼, 모문의 서술어 시상과 관계없이 보문소 '-아', '-게-', '-지-', '-고-'에 미확정서법소가 통합되지 않는다.

<표 7> 부동사형어미와의 통합관계

	{-아-}	{-게-}	{-지-}	{-고-}
{-겟-}	-	-	-	-
{-읋-}	-	-	-	-
{-(으)리-}	-	-	-	-
{-올라}	-	-	-	-

위의 〈표-7〉과 같이 부동사어미와 미확정법 서법소와의 통합 가능성을 요약할 수 있다.

6) 미확정서법소와 접속어미와의 통합제약

접속어미와 미확정서법소 '-겟-', '-읋-', '-(으)리-', '-올라-'가 각기 통합상 제약의 차이를 보여주고 있다. 접속문은 선행문(S1)과 후행문(S2)이 결합되어 실현되는데, 이들 두 하위문이 시간상 선, 후 또는 동시관계가 내재되어 있는 경우가 있다.

(1) 선행문 시간이 후행문에 선행하는 경우 (ST₁〉ST₂)
(2) 선행문 시간이 후행문에 후행하는 경우 (ST₁〈ST₂)
(3) 선행문 시간이 후행문과 동시인 경우 (ST₁=ST₂)

(22) ㄱ. 나는 미국에 가서 공부도 했다. (ST₁>ST₂)
　　 ㄴ. 나는 미국에 갈라고 공부도 했다. (ST₁<ST₂)
　　 ㄷ. 나는 미국에 가면서도 공부를 했다. (ST₁=ST₂)

(22) ㄱ은 '가다>공부하다'에서 선행문의 서술어 '가다'가 후행문의 서술어 '공부하다'보다 시간상 선행하고, ㄴ은 '가다>공부하다'에서 선행문의 서술어 '가다'가 후행문 서술어 '공부하다'보다 시간상 후행하며, ㄷ은 선후행문의 서술어의 행위가 시간상 동시에 이루어진다. 그런데 접속문에서 선·후행문의 시간의 선후와 관계없이 대부분의 접속문에서 선행문의 접속어미와 서법소의 통합은 제약을 받고 있다.

(23) ㄱ. 나는 미국에 가+'*겠, *읆, *리, *올라'+서 공부'한다,했다, 하겠다'

ㄴ. 나는 미국에 가+'*겠, *읆, *리, 올라'+고 공부'한다, 했다, 하겠다'

ㄷ. 그는 미국에 가+'겠, *읆, *리, 올라'+으니 공부'한다, 했다, 하겠다'

(23)의 예처럼 후행문의 시상과 무관하게 미확정서법소가 실현될 수 없는 경우도 있으나, ㄴ처럼 주어의 '의도'를 나타내며, 주어가 〔+유정물〕의 의미자질을 갖는 경우 '-올라-'의 통합은 가능한 경우가 있다. ㄷ의 경우, 추측의 의미를 갖는 미확정서법소 '-겠-'과 '-올라-'의 통합이 가능한 경우가 있다. 물론 선행문에서 미확정법 뿐만 아니라 완결법이나 회상법 양태소가 모두 통합이 불가능한 접속어미들도 있다. 이것은 접속어미 자체의 특성 때문이다. 즉, 접속문에서 선·후행문 사이의 시간관계 정보는 이미 접속어미 자체가 가지고 있기 때문에 선·후행문은 시제일치라는 제약을 받지 않으며, 이 접속어미에 여타 시상서법소의 통합을 꺼리는 것이다. 그러나 선행문 접속어미들 가운데 다른 시상서법소의 통합이 허용되는 어미가 있다.48)

이들 부류 가운데 특히 미확정 서법소와 통합이 가능한 접속어미들은 다음과 같다.

'-고', '-으며', '-는데', '-거니와', '-으나(마)', '-어도', '-지만', '-으되', '-건만', '-느니', '-으니', '-으니까', '-느라고', '-으면', '-거든'

이 장에서는 위의 접속어미를 중심으로 미확정 서법소 '-겠-', '-읆-', '-(으)리-', '-올라-'와의 통합상 어떤 제약이 있는지 살펴보려고 한다.

먼저 접속의 의미기능을 보이며 단기적 행위 표시의 기능을 하는 '-고', '-골랑', '-고서'와 동시적 행위 표시의 기능을 하는 '-으모', '-으몬서'와 설명적인 선행절을 전환 시키는 기능을 보이는 '-은/는데'와 미확정서법소의 통합관계에 대해 살펴보자.

---

48) 권재일(1985:68)은 접속어미와 시상서법소의 통합이 허용되는 어미들을 {-고}, {-으며}, {-는데}, {-거니와}, {-으나(마)}, {-아도}, {-지만}, {-으되}, {-건만}, {-느니}, {-으니}, {-으니까}, {-느라고}, {-으면}, {-거든}, {-은들}, {-다가} 등을 들고 있다.

(24) ㄱ. 나는 집에 가+겟+고 너는 여기 있어라

ㄴ. *나는 집에 가+읈+고 너는 여기 있어라

ㄷ. *나는 집에 가+리+고 너는 여기 있어라

ㄹ. *나는 집에 가+을라+고 너는 여기 있어라

접속어미 '-고'는 '-겟-'을 제외한 미확정서법소와의 통합은 자유롭지 못하다.

(25) ㄱ. 너가 하+겟+으모 한 번 해 바라.

ㄴ. *너가 하+읈+으모 한 번 해 바라.

ㄷ. *너가 하+리+으모 한 번 해 바라.

ㄹ. 너가 하+을라+모 한 번 해 바라.

'-으모'도 '-겟-', '-을라-'만 통합이 자유로우나 '-읈-', '-(으)리-'와의 통합은 자유롭지 않다.

26) ㄱ. 나는 알+겟+는데 너는 우에 모르노?

ㄴ. *나는 알+읈+는데 너는 우에 모르노?

ㄷ. *나는 알+리+는데 너는 우에 모르노?

ㄹ. *나는 알+을라+는데 너는 우에 모르노?

'-는데'도 미확정서법소 '-겟-'을 제외한 '-읈-', '-(으)리-', '-을라-'와의 통합은 자유롭지 않다. 무선택의 의미기능을 보이는 접속어미 '-으나'와 미확정서법소의 통합에 대하여 살펴보도록 한다.

(27) ㄱ. 나는 그것을 알+겟+으나 너는 모르지.

ㄴ. *나는 그것을 알+읈+으나 너는 모르지.

ㄷ. *나는 그것을 알+(으)리+으나 너는 모르지.

ㄹ. *나는 그것을 알+을라+으나 너는 모르지.

'-으나'도 '-겟-'을 제외한 미확정서법소와의 통합은 자유롭지 않다.

(28) ㄱ. 나는 잡+겟+지만 너는 못 잡을 것이다.
　　 ㄴ. *나는 잡+읋+지만 너는 못 잡을 것이다.
　　 ㄷ. *나는 잡+리+지만 너는 못 잡을 것이다.
　　 ㄹ. *나는 잡+올라+지만 너는 못 잡을 것이다.

양보를 표시하며 선후행 문의 상대적 의미 기능을 보이는 접속어미 '-지만'도 미확정서법소 '-겟-'을 제외한 '-읋-', '-(으)리-', '-올라'와의 통합은 자유롭지 않다.

(29) ㄱ. 철수는 떠나 가+겟+건만 나는 우짤고.
　　 ㄴ. 철수는 떠나 가+읋+건만 나는 우짤고.
　　 ㄷ. *철수는 떠나 가+(으)리+건만 나는 우짤고.
　　 ㄹ. 철수는 떠나 가+올라+건만 나는 우짤고.

'-건만'은 비교적 미확정서법소와의 통합범위가 넓다. '-(으)리-'를 제외한 부류와의 통합은 비교적 자유롭다.

(30) ㄱ. 내가 열시에 가+겟+으니 마중 나오너라.
　　 ㄴ. *내가 열시에 가+읋+으니 마중 나오너라.
　　 ㄷ. 내가 열시에 가+리+니 마중 나오너라.
　　 ㄹ. *내가 열시에 가+올라+니 마중 나오너라.

원인·이유를 나타내는 '-으니', '-으니께네'는 '-겟-', '-리-'와의 통합은 자유로우나 '-읋-', '-올라'와의 통합은 불가능하다. 이것은 개신형 '-겟'이 생성되기 이전에는 접속문의 선행문의 미확정 표현은 '-읋-, -올라'가 아닌, 다른 구성 '-ㄹ＋것'이 있었음을 의미하는 것이다. '-리-'와의 통합은 의고적인 표현수단 가운데 하나인 것 같다. 그런데 '-올라'와의 통합은 접속형식으로는 불가능하지만 보문형식으로는 가능하다. 접속문형식의 미확정서법의 통합이 자유롭지 않기 때문에 (31)과 같이 보문으로 문변형에 의해 미확정법이 실현될 수 있었다.

(31) ㄱ. 내가 열시에 가+을라+니 마중 나오너라.

→ 내가 열시에 가+을라+(고 하니) 마중나오너라.

ㄴ. 철수는 떠나 가+을라+건만 나는 우짤고.

→ 철수는 떠나 가+을라+(고 하)건만 나는 우짤꼬.

ㄷ. 나는 알+을라+는데 너는 우에 모르노.

→ 나는 알+을라+(고 하)는데 너는 우에 모르노.

ㄹ. 너가 하+을라+모 한 번 해 바라.

→ 너가 하+을라+(고 하)모 한 번 해 바라.

(31)의 예에서 처럼 완형보문 형식에서 미확정서법소 '-을라'는 비교적 자유롭게 실현됨을 알 수 있다. 이때 '-을라고'를 접속어미로 처리할 수 없음을 확인할 수 있다.

(32) ㄱ. 내가 열시에 가+겟+으니까 내가 준비를 해라.

ㄴ. *내가 열시에 가+읈+으니까 내가 준비를 해라.

ㄷ. *내가 열시에 가+리+니까 내가 준비를 해라.

ㄹ. *내가 열시에 가+을라+니까 내가 준비를 해라.

원인 이유의 의미기능을 하는 '-으니까', '-으니'는 미확정서법소 '-겟-'과는 통합이 가능하나, '-읈-', '-(으)리-', '-을라'와는 불가능하다.

(33) ㄱ. 너가 하+겟+거든 한 번 해 바라.

ㄴ. *너가 하+읈+거든 한 번 해 바라.

ㄷ. *너가 하+리+거든 한 번 해 바라.

ㄹ. 너가 하+을라+거든 한 번 해 바라.

선후행문 간의 상대적 의미기능을 보이며 가상적 조건을 표시하는 '-거든', '-걸랑', '-걸라', '-거들랑' 등은 '-겟-', '-을라'와는 통합이 가능하지만 '-읈-', '-(으)리-'와 통합은 불가능하다.

이상에서 논의한 접속어미와 미확정서법소와의 통합 양상은 다음의 표로 나타낼 수 있다.

<표 8> 접속어미와의 통합 관계

	{-겠-}	{-읋-}	{-(으)리-}	{-을라-}
{-고}	+	-	-	-
{-으머(모)}	+	-	-	+
{-는데}	+	-	-	-
{-으면서}	+	-	-	-
{-고서}	+	-	-	-
{-으나}	+	-	-	-
{-어도}	+	-	-	-
{-지만}	+	-	-	-
{-건만}	+	+	+	-
{-으니}	+	-	+	-
{-으니까}	+	-	+	-
{-어서}	+	-	-	-
{-니리고}	+	-	-	-
{-으몬(면)}	+	-	-	-
{-거든}	+	-	-	-
{-어야}	+	-	-	-
{-은들}	+	-	-	-
{-으러}	+	-	-	-
{-고자}	+	-	-	-
{-두로}	+	-	-	-
{-을나고}	+	-	-	-
{-더가}	+	-	-	-
{-을수록}	+	-	-	-

〈표 -8〉에서 접속어미와 미확정서법소들 간의 통합관계를 살펴 보면 '-겠-'을 제외한 다른 서법소들은 통합이 자유스럽지 않음을 알 수 있다. 여기에서 우리는 방언에서 개신형인 서법소 '-겠-'이 실현되지 않는 단계에서 선후행문 간의 미확정 서법소가 어떻게 실현되었는가를 가정해 볼 필요가 있다. 접속어미와 '-읋-'계의 미확정서법소의 통합이 불가능한 단계에서 이를 가능하게 해 줄 새로운 서법소가 필요했을 것이며, 이를 충족시키기 위해서 '-겠-'이 생성되어 개신형으로 선어말어

미에서 보다 접속어미와의 통합 환경에서 먼저 침투하여 여러 방언에 확산되어 나
간 것으로 볼 수 있다. 아울러 '-겠-'이 나타나기 이전 단계에서는 '-ㄹ+것'형식에
의해 미확정법이 실현되었을 것으로 보인다.

이상의 내용을 요약하면 다음과 같다. 방언에서 서법소들이 통사·의미론적인
기능과 문법범주의 통합상 체계적인 차이가 있다는 점을 고려해 본다면, 방언의
서법체계를 밝혀내는 작업은 공통어 서법체계의 역사적인 변화과정을 기술하는 데
이바지할 수 있을 것으로 기대된다. 이러한 시각에서 경북방언에서의 서법 가운데
미확정서법소 '-겠-'이 출현한 이유를 규명하고자 하였다.

19세기 경부터 '-겠-'이 출현하는데, 미확정서법소인 '-읇-', '-(으)리-', '-올라'
가 점차적으로 쇠퇴하면서 개신형인 '-겠-'이 나타나게 된 이유를 형태의 통사적
기능변화 내지는 다른 형태소와의 분포통합상의 제약에 기인하는 것으로 보고 미
확정서법소로서 구형인 '-읇-'과 '-겠-'이 방언에서 공존하는 이유를 밝히고자 했다.

먼저 미확정서법소와 다른 시상 양태소와의 통합상 순위는 완결법>미확정법>회
상법>직설법의 차례로 배열된다. 직설법이나 회상법은 미확정서법소에 선행하여
통합이 될 수 있다.

다음은 미확정서법소와 어말어미와의 통합에서 서술형어미와 의문형어미를 구
분하여 그 통합상의 제약을 살펴 보았는데 다음과 같다. 먼저 서술형어미와의 통
합에는 존대의 등급에 따라 통합 가능성이 다르게 실현되고 있다. 해라체와 하게
체를 나타내는 어말어미와의 통합은 미확정서법소 '-겠-'이나 '-읇-' 공히 수의적인
통합이 가능하며 자유교체형으로 실현될 수 있다. 그러나 하소체를 나타내는 어말
어미와의 통합은 미확정서법소 '-겠-'과는 통합이 가능하지만 '-읇-'과의 통합은 불
가능하다. 의문형을 나타내는 어말어미와의 통합은 존대의 등급과 무관하게 미확
정서법소 '-겠-'이나 '-읇-'이 모두 수의적으로 통합이 가능하다.

다음은 미확정서법소와 동명사형어미와의 통합은 '-겠-'을 제외한 '-읇-', '-(으)
리-', '-올라'와의 통합은 불가능하다.

미확정서법소와 관형사형어미와의 통합은 '-는'과 '-겠-'의 통합은 가능하지만
'-는-', '-을'은 모든 미확정서법소와의 통합이 불가능하다.

미확정서법소와 부동사형어미와의 통합은 불가능하다.

미확정서법소와 접속어미와의 통합은 개신형 '-겠-'과 통합될 수 있는 접속어미는 '-고', '-으머(모)', '-는데', '-으면서', '-고서', '-으나', '-어도', '-지만', '-건만', '-으니', '-으니까', '-어서', '-니라고' 등이 있으나, 구형인 '-읋-'과 통합될 수 있는 접속어미는 거의 없다.

이와 같이 구형 미확정서법소의 형태론적 통합분포의 제약으로 인하여 개신형 '-겠-'이 접속어미와의 통합 환경에서 먼저 출현하여 어말어미와의 통합 환경으로 확산되었던 것으로 간주된다.

참 고 문 헌

고영근(1975), 「현대국어의 어말어미에 대한 구조적 연구」, 응용언어학 7-1, 서울대.

권재일(1985), 『국어의 복합문 구성연구』, 집문당.

김차균(1981), 「〔-을〕과 〔-겠-〕의 의미」, 『한글』 173·175호,

서정수(1977) 「'-겠-'에 관하여」, 『말』 2집, 연세대학교.

이남순(1981), 「현대국어의 시제와 상의 연구」, 『국어연구』 46, 서울대.

임지룡(1982), 「상대성 접속어미에 관한 연구」, 경북대 대학원석사 학위논문.

이상규 외(1986), 『방언학개설』, 경북대출판부.

홍사만(1984), 『국어특수조사연구』, 학문사.

Paul J. Hopper edit(1982), Tense-Aspect, TSLI.

제 5 장 존대형태소 '-시-'의 두 가지 기능

1. 존대형태소 '-시-' 연구 개관

국어 경어법은 존대어휘에 의한 어휘적 방법과 접사에 의한 파생적 방법 및 활용어미나 격어미에 의한 굴절방법으로 실현된다. 본고에서는 이 가운데 국어 경어법의 중심체계를 이루는 서술어의 활용, 곧 굴절 방법으로 실현되는 주체존대 경어법을 중심으로 하여 그 역사적 변천 과정과 방언차이의 관련성을 중심으로 살펴보고자 한다.

국어 경어법을 실현하는 형태소의 역사적인 변천과정에 대한 지금까지의 논의 결과를 간략하게 소개하면 다음과 같다. 고대국어에서부터 '-시-'는 선문말어미로서 주체존대 기능을 담당하면서 그 기능이 현대국어로 이어지고 있으며, 객체존대의 기능을 갖던 '-습-'은 선문말어미(prefinal ending)에서 17세기 경, 객체에 대한 겸양의 기능에서 청자존대로의 기능 변화와 더불어 형태소 결합·분포상의 위치도 주체존대를 실현시키던 '-시-'뒤로 처져 문말어미(final ending)로 굳어졌다. 그리고 중부방언에서는 청자존대 곧 공손의 기능을 갖던 '-이-'는 본래의 기능을 '-습-'에 양도하고 소멸되었으나 경상방언에서는 아직 잔류하고 있다.

이와같은 논의를 받아들이더라도 몇 가지 문제점이 남는다. 우선 주체존대 형태소 '-시-'는 선문말어미로 남아 있는데 '-습-'은 기능변화와 함께 문말어미로 형태소 분포 결합상의 질서 재편이 이루진 이유는 무엇인가? 또 '-시-'가 형태소 결합상의 병동에 따라 그 기능의 변화는 없었는가? 그리고 공손의 기능을 갖던 '-이-'는 중부지역과 서남지역에서는 왜 소멸되고 경상방언에서만 잔류하고 있는지? 등에 대한 의문은 해명이 되지 않은채 그대로 남아 있다. 그럼에도 불구하고 방언간의 경어법체계에 대한 비교 연구를 통해 역사적인 변천과정을 논의하는 방안은 관심의 대상에서 멀어져 있었다.

중세국어 이후 굴절어미에서 실현되는 경어법, 시상법, 의도법, 감동법 어미들은 그 분포가 변화하면서 그 기능도 달라졌을 것으로 짐작되지만, 아직까지 경어법의 기능을 갖던 형태소들의 분포, 결합상의 변화나 기능 변화의 전모를 정밀하게 파악하지는 못하고 있다.

주체존대의 형태소 '-시-'는 고대국어에서부터 현대국어에 이르기까지 기능적, 형태적인 변화가 거의 없었던 문법형태소로 알려져 있다. 그러나 본고에서는 이러한 종래의 관점과는 달리 존대형태소 '-시-'가 기능적인 면에서나 형태적인 면에서의 변화가 있었던 것으로 보고, 주체존대의 기능을 갖던 '-시-'가 다른 형태소들과 어떤 양상으로 분포상의 재편이 이루어졌는지? 그리고 그 기능 변화가 어떻게 이루어졌는지 살펴보고자 한다.

굴절	서술어어간(접사)-	+	-선문말어미-	+	-문말어미
기능	어휘기능	>	문범주 지배 문법기능	>	문구성 지배 문법기능

서술어 활용의 형태소 결합 분포는 "어간(stem)-+-선문말어미(prefinal ending)-+-문말어미(final ending)"로 이루어진다. 이들 형태소의 통합·분포 체계를 기능적인 관점에서 본다면 "어휘>문범주지배문법기능>문구성지배문법기능"의 연쇄로 파악할 수 있다. 때로는 어휘의 어간형이 비어휘화 과정을 통하여 어미화하는 동요(oscilliation)상황도 보여주기도 하고, 또한 다른 문장 성분과 범주적 호응관계를 맺는 선문말어미의 문법적 기능이 변화하여 단순한 문구성 기능만을 가짐으로써 어말어미로 변화하기도 한다. 그러나 선문말어미와 문말어미와의 관계는 동전의 앞, 뒷면과 같은 것이어서 그 한계를 구분하기란 쉽지 않다. 따라서 서태룡(1988)은 일부 문말어미의 형태소를 재분석하여 역사적으로 선문말어미 요소임을 밝혀내기 위해 형태소 재분석의 필요성을 제안하기도 했다.

경상방언(특히 경북동남부지역, 이하 경상방언이라 칭함)을 중심으로 하여 경어 체계의 특성을 규명하는 동시에 경상방언과 특히 중부방언의 경어체계의 차이가 갖는 의미를 파악하기 위해 먼저 본고에서는 존대를 나타내는 형태소 '-시-'에 한 정하여 그 기능과 역사적 발달 과정에 대해 살펴 보고자한다.

존대형태소 '-시-'에 대해 지금까지는 선문말어미라는 사실을 의심하지 않았다. 단지 주체존대의 기능을 갖는 주체존대 형태소로 파악하여 왔으며, 최근 그 기능 을 의미론적 측면에서 주체란 무엇인가에 대한 논의가 활발하게 이루어졌다. 그런 데 존대형태소 '-시-'는 접속문의 상위문과 하위문에서나 혹은 내포문이나 인용문 에서의 실현 분포가 역사적으로 변화된 모습을 확인할 수 있을 뿐만 아니라 전혀 다른 형태소 "-아/어+이시-"가 통합되어 형성된 '-시-'가 존대의 기능을 가진 예들 을 발견할 수 있다. 이러한 사실에 근거하여 '-시-'가 형태 분포나 기원적인 측면 에서 역사적인 변천을 경험하였다는 관점에서 본고를 기술한다.

2. 존대 형태소 '-시-'의 통시적 변화

중세국어에는 주체존대의 존경법과, 객체를 존대하는 겸양법, 청자를 존대하는 공손법의 체계가 있었다. 문장의 주체(주어)를 화자와 대비하여 높게 존대하는 주 체존대는 선문말형태소 '-시-'에 의해 실현되며, 객체(객어)를 존대하기 위해 화자 의 겸양을 나타내는 겸양법은 선문말형태소 '-습-'에 의해 실현된다. 그리고 청자 존대를 위해 화자의 공손을 나타내는 공손법은 선문말어미 '-(으)이-'에 의해 실현 되었다.

존대의 기능을 나타내는 선문말어미에 대하여 유동석(1993)은 중세국어에서는 동사를 축으로 한 대칭적 거울영상은 Spec-head agreement를 보이는데, 아래 예문 1)에서 '-습-'은 '如來'와, '-시-'는 '摩耶夫人'과, '-이-'는 '世尊'과 존대자질의 일치를 보이는 통사적 제약을 밝히고 있다.

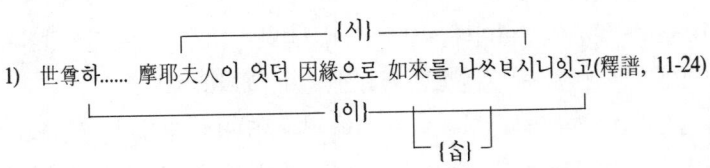

1) 世尊하...... 摩耶夫人이 엇던 因緣으로 如來를 나쏘ᄫ시니잇고(釋譜, 11-24)

그런데 중부방언에서는 17세기에 이르러 청자존대를 나타내는 선문말어미 '-(으)이-'가 문말어미와 통합되어 소멸되면서 객체존대를 나타내는 '-습-'이 청자존대의 '-(으)이-' 등을 대신하게 되어 현대국어에서는 주체존대와 청자존대의 양계열 대립을 보여 주고 있다. 이와 더불어 '-습-'과 '-시-'간에 분포의 위치 변화가 17세기에 이루어졌다.49)

현대국어의 통사적인 경어법을 주체존대와 청자존대의 2대 범주로 크게 구분한다면 주체존대는 선문말어미 '-시-'에 의해, 청자존대는 문말어미 '-습-'에 의해 실현된다. 주체존대를 나타내는 형태소가 '-시-'라는 점에 대해서는 이의가 없었으나 그 높임의 대상인 주체란 무엇인가에 대해서는 많은 논의가 있었다. 곧 주체존대를 나타내는 형태소는 선문말어미 '-시-'에 의해서 실현되는데, 역사적으로 그 형태소나 기능이 변화하지 않았다고 알려져 있다. 그러나 선문말어미 '-시-'는 다음과 같이 통사의미론적인 몇 가지 역사적인 변화를 경험하였다.

1) 존대 형태소 '-시₁-'의 기능 변화

주체존대를 나타내는 형태소인 선문말어미 '-시-'는 역사적으로 실현 분포나 기능이 변화하지 않았다고 알려져 있다. 그러나 선문말어미 '-시-'는 아래의 논의와 같이 역사적으로 기능이나 분포 결합상의 변화를 경험하였다. 이 선문말어미 '-시-'의 기능이나 분포 결합상의 변화가 어떠했는지 살펴보자.

첫째, 선문말어미 '-시-'는 내포문의 서술어나 접속문의 하위문 서술어에서 분포 결합상 실현 제약의 차이가 있었으며, 특히 간접인용문에서는 높임의 등급이 중화되는 변화를 경험하였다.

  (2) ㄱ. 아버님께서 오늘 시장에 <u>가셔서</u>, 장거리를 손수 <u>사셔서</u> <u>오시는</u> 길에 작은 집에 <u>들러셨다</u>.
      ㄴ. 아버님께서는 오늘 장에 가서 장거리를 손수 <u>사서</u> <u>오는</u> 길에 작은 집에 <u>들러셨다</u>.

---

49) 김정수(1984), 『17세기 한국말의 높임법과 그 15세기로부터의 변천』, p. 27. 정음사.

ㄷ. 흔 菩薩이 王ᄃ외야 겨샤 나라홀 아ᅀᆞ맛디시고 道理비호라 나아가샤 婆
羅門을 맛나샤(월석, 1-5)

ㄹ. 그 사롬이 그딋의 말슴을 신ᄒᆞ야 듯∅고 넘불ᄒᆞ∅다가 그딋의 몬져 주∅거
셔방의 가시니(念解 17-2)

ㅁ. 내 넘불 덕에 병도 죠∅코 뎡명이 다 하신니(念解, 17-2)

ㅂ. [[[아미타불과 관음보살이 와셔] 극락세계로 ᄃ려 가리라] 흐시니라](염해, 4-1)
[[[아미타불과 관음보살이 와] 극락세계로 ᄃ려 가리라] 흐시니라](염해, 3-1)

ㅅ. 삼세계블은 이 ᄆᆞᄋᆞᆷ을 아르시고 뉵도중싱이 ᄆᆞᄋᆞᆷ을 겨본릴신(염해, 40-1)

(3) 교장 선생님은 훈화를 해주시고, 선생님은 공부를 잘 지도해주신 덕분으로 아
버님께서는 무사히 초등학교를 졸업하실 수 있었다.

(4) 어엿브신 命終에 甘蔗氏 니ᅀᅮ샤ᄆᆞᆯ 大瞿曇이 일우ᄂᆞ니이다(월석, 1-5)

(5) ㄱ. 할아버님, [[아버지가 오늘 장에 간다고]S₁ 일찍 못 온다고]S₂ 말씀하십디
다.

ㄴ. 할아버님, [[아버지가 오늘 장에 가신다고]S₁ 일찍 못 오신다고]S₂ 말씀하십
디다.

(2) ㄱ의 예문에서처럼 상위문과 하위문의 주어가 동일주어문인 접속문에서 상
위문과 하위문 서술어에 '-시-'가 모두 실현되다가 최근에 와서는 ㄴ에서처럼 상위
문 서술어에만 '-시-'가 실현되는 경향을 보여준다.

중세국어에서는 예문 ㄷ에서처럼 동일주어인 접속문에서 하위문의 서술어에 모
두 '-시-'가 실현된다.50) 그러나 18세기 경상방언을 반영하는 문헌자료에서는 ㄹ,
ㅁ처럼 상위문 서술어에만 '-시-'가 실현되는 변화를 보여준다. 2) ㄹ, ㅁ과 같은
예를 보면, 동일주어인 접속문에서 하위문의 서술어에 '-시-'가 생략되어 S……
〔V₁+{-시-}〕S₁ conj 〔V₂+{-시-}〕S₂ conj 〔Vₙ+{-시-}〕Sₙ가 S……〔V₁+{-∅-}〕
S₁ conj 〔V₂+{-∅-}〕S₂ conj 〔Vₙ+{-시-}〕Sₙ의 구성으로 변화하였다. 2) ㅂ의
예는 이러한 변화의 과도기적인 일면을 반영해주고 있다.

현대국어에서도 동일주어인 접속문에서 하위문의 서술어에 모두 '-시-'가 실현되

---

50) 이현희(1994), 『중세국어구문연구』, p. 93에서 하위문과 상위문이 접속하는 문장에서는 "상위문
우선의 원리"에 의해 하위문에서는 '-으시-'가 수의적으로 생략될 수 있으며, 상위문이 계사로 통
합되는 경우 또한 '-으시-'가 수의적으로 생략이 가능함을 밝히고 있다.

면 더욱 주체를 높임의 기능을 하는 것으로 인식하고 있으나 상위문 서술어에만 '-시-'가 실현되어도 자연스럽다. 2) ㅅ의 예문에서처럼 주어가 다른 접속문에서는 존대대상의 주체에 해당하는 하위문이나 혹은 상위문의 서술어에만 '-시-'가 실현된다.

이것은 예문 (3)에서 처럼 현대어에서도 마찬가지이다. (4)에서 처럼 내포문에서 '니ᅀᅡ샤믈'에서도 '-시-'가 실현되었으나 '-ㄴ 것' 구문으로 변화되면서 접속문에서와 마찬가지로 '-시-'가 탈락되어 주체존대의 중화를 보이는 것이다. (5) ㄱ, ㄴ의 간접인용문에서는 (4)에서처럼 주체존대의 존대 정도가 중화되는 경향을 보인다.

둘째, '-시-'가 주체존대의 기능을 보이는 주체(주어)일치소라는 관점에서 보면 아래의 (6), (7)의 예문은 어떻게 설명되어야 하는가?

(6) ㄱ. 동상아댁의 마음씨가 <u>고우시데이</u>.
   ㄴ. 동상아댁의 마음씨가 <u>고우시니이더</u>.
   ㄷ. 동상아댁의 마음씨가 <u>고우시디이더</u>.
   ㄹ. 동상아댁의 마음씨가 <u>고우셨디이더</u>.
(7) ㄱ. 부텻 ᄆᅀᅮ미 <u>平等ᄒᆞ샤</u>(금언, 18)
   ㄴ. 부톄 <u>겨시니</u> 일홈이 <u>아미타불리신니</u>(염해, 4-1)

(6)에서 '-시-'가 존대하는 주체는 '마음씨'가 되며 (7)의 'ᄒᆞ시아'의 존대형태소 '-시-'는 'ᄆᅀᅮ미'를 높인 결과가 된다. 그러나 이때의 '-시-'가 곧 〔-유정물〕 자질의 주체인 '마음씨'나 'ᄆᅀᅮ미'를 높이는 것이 아니라 '마음씨'나, 'ᄆᅀᅮ미'와 불가분의 관계를 맺고 있는 〔+유정물〕 자질의 소유주(유동석,1993:13)가 그 존대의 대상이 된다는 것은 명백하다.

곧 '-시-'의 존대 대상이 〔-유정물〕 주어인 경우, 〔+유정물〕인 그 주어의 소유주가 존대 대상이 된다.

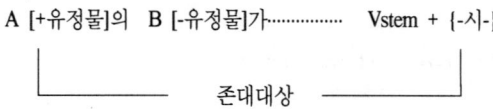

A 〔+유정물〕의   B 〔-유정물〕가 ·············   Vstem + 〔-시-〕

|_____|

          존대대상

그러면 (6)의 예에서 '고우시데이'에서 주체존대의 형태소 '-시-'의 분석이 가능한 것인가?

(8) ㄱ. 우리 아배가 오올 장아 <u>가시니더</u>.
　　ㄴ. 우리 아배가 오올 장아 <u>가시니이더</u>.
　　ㄷ. 우리 아배가 오올 장아 <u>가시디이더</u>.
　　ㄹ. 우리 아배가 오올 장아 <u>가신니이더</u>.

(8)의 서술어 ㄱ '가시니더', ㄴ '가시니이더', ㄷ '가시디이더', ㄹ '가신니이더'에서 형태소 '-시-'의 형태소 분포배합의 원리를 고려한다면 예문 (7)의 '-시-'도 주체존대를 나타내는 선문말어미로 분석될 수 있다. 왜냐하면 '-시니더'가 문말어미가 아니라 '-시-+-니'로 분석될 개연성이 있기 때문인데, 이는 ㄹ의 '가-+-시+-었-+니이더'에서 '-시-'와 '-니-' 사이에 '-었-'이 분포될 수 있다는 사실에서 입증이 된다.

특히 경상도 방언에서 높입법을 나타내는 문말어미인 '-시더', '-니더', '-(으)이더', '-디더'가 계열적인 대응체계를 보이고 있다. 따라서 '-니+더', '-시+더', '-(으)이+더', '-디+더'와 같이 형태소재분석의 가능성을 확인할 수 있다. 예문 (6)의 서술어 '고우시데이'를 /곱-/+/-시-/+/-더/+/-이/와 같이 형태소를 분석할 수 있는 가능성은 (8)에서 확인되었다. 이상의 논의에서 '-시-'의 높임 대상이 〔-유정물〕 주어인 경우 그 주어의 〔+유정물〕 소유주까지로 확대된다는 사실을 확인할 수 있다.

셋째, 주체존대는 주격조사 '-께서', '-께'에 의해서도 실현되기 때문에 선문말어미 '-시-'와 호응관계의 제약이 있을 수 있다.

(9) 선생님께서 학교에 일찍 오셨다.
(10) 선생님이 학교에 일찍 오셨다.
(11) (*)선생님께서 학교에 왔다.
(12) 菩薩이 어느 나라해 누리시게 흐려뇨<월석, 2:10>

예문 (9)와 (10), (11)를 비교해 보면 (10)은 높임의 주체 뒤에 존칭주격조사
가 실현되지 않았으며, 화자가 행동주체인 선생님보다 아랫사람인 경우 (11)은
존칭주격조사가 실현되었으나 선문말어미 '-시-'가 실현되지 않았기 때문에 때에
따라서는 비적절문이 된다.

결국 주체존대의 실현은 서술어의 선문말어미에 의해 지배되고 있음을 알 수
있다. 이와 같은 현상은 예문 (12)에서처럼 중세국어에서도 마찬가지이다. 즉 예
문 (12)의 내포문 "菩薩이 ... ᄂᆞ리시게"에서 주체존대는 격어미로 실현되지 않고
선문말어미 '-시-'로 실현되고 있다. 곧 선문말어미의 문법적 기능분담량이 중세국
어에서도 마찬가지로 컸다는 사실을 알 수 있다.

넷째, '-ᅀᆞᆸ-'의 기능과 분포실현 방법이 변화함으로써 '-시-'의 형태소 통합상의
변화가 17세기경에 일어났다. 15세기에 '-시-'는 현대국어와 마찬가지로 주체존대
의 기능을 담당하였으며, 주체가 청자와 동일인인 경우 '-ᅀᆞᆸ시-'가 일부 사용되었
다. 17세기에 들어서면서 '-시-'와 더불어 '-ᅀᆞᆸ시-', '-ᄉᆞ오시-'가 주체존대의 기능
을 담당하였다. '-ᅀᆞᆸ시-'의 '-ᅀᆞᆸ-'의 기능이 청자존대의 기능을 담당하게 됨으로써
주체가 청자와 동일할 경우 주체존대의 기능을 '-ᅀᆞᆸ시-'가 담당하게 된 것이다.
그런데 17세기에 들어서 '-ᅀᆞᆸ시-'의 형태소 통합상의 변화가 시작되었다. 곧 '-ᅀᆞᆸ
시->-시ᅀᆞ옵-'이 나타나기 시작하였다

(13) ㄱ. <u>ᄀᆞᆺ바ᄒᆞᆸ실가</u> 문안만 술왓ᅀᆞᆸ더니(첩해, 8:320)
ㄴ. 우리롤 부러 보내여 <u>겨ᅀᆞᆸ시더니</u>(첩해, 7:6)
ㄷ. ᄌᆞ겨는.... 엇디 넘녀롤 ᄒᆞ오시ᄂᆞ가 <u>너기ᅀᆞᆸ시ᄂᆞ넝잇가</u>(언람, 129)
ㄹ. 여가 있거든 에보와 못 <u>오ᅀᆞᆸ시리잇가</u>(언람, 127)
ㅁ. 아ᄌᆞ마님겨오셔 신년은 슉병이 다 <u>쾌차ᄒᆞᆸ시다</u> ᄒᆞ오니(언람, 145)

(14) ㄱ. 正官은 어디 <u>겨시온고</u>(첩해, 1:15)
ㄴ. 太守 드러셔도 過分타 ᄒᆞ셔 감격히 <u>녀기시올쇠</u>(첩해, 7:5)
ㄷ. 太守 일뎡 깃비 <u>너기시올쇠</u>(첩해, 5:11)
ㄹ. 다 무사히 渡海ᄒᆞ시니 아름답다 <u>니ᄅᆞ시ᅀᆞ니</u>(첩해, 2:1)
ㅁ. 깃티니 업시모로 시계ᄒᆞ라 ᄒᆞ야 <u>니ᄅᆞ시오니</u>(첩해, 7:19)
ㅂ. ᄯᅩ 회롄라 일홈 지어 므스 일을 ᄒᆞ려 <u>ᄒᆞ시ᅀᆞᆸᄂᆞᆫ고</u>(첩해, 9:9)

예문 (13)의 '-옵시-'가 (14)처럼 '-시옵-'으로 형태소 통합 순위가 바뀐 것은 〈捷解新語〉(1676)에서 많이 발견된다. 이러한 형태소 분포 위치의 변화는 선문 말어미의 형태소 전반에 걸친 분포 배열상의 큰 변화로 꼽을 수 있을 뿐만 아니라 이러한 변화의 원인이 어디 있는가 살펴볼 필요가 있다.

본고에서는 다음과 같은 가정을 제시하는 것으로 대신하고자 한다. 곧 '-습-'은 그 기능이 객체존대에서 청자존대의 기능으로 바뀌면서 형태소통합상 그 위치가 문말어미에 가까이 위치변화가 생겼다. 거울영상(mirror image)에 따르면 청자에 관계되는 요소일수록 동사어간으로부터 멀어지게되기 때문이다. 이러한 현상은 원래의 청자존대 형태소인 '-이-'가 문말어미에 융합되어 '-습-'이 그 기능을 담당하기 때문인데, 그 결과 '-습-+-시-〉-시-+-옵-'과 같은 형태 분포상의 재편을 초래한 것이다.

2) 존대 형태소 '-시$_2$-'의 형태 변화

아래 (15)에서 보듯이 계사문에서 실현되는 '-시$_2$-'는 분명히 청자존대의 기능을 하고 있어서, 기원적으로 볼 때, 주제존대의 형태소 '-시$_1$-'과는 전혀 별개의 것이다. 경상방언의 계사문에서 실현되는 '-시더'의 분포환경에 대하여 崔明玉(1980:72)은 "계사의 어간과 추단 표시의 선어말어미 '-읋-'에 연결된다."라고하여 '-니더'와 동일 계열의 문말어미로 파악하고 있다. 그러나 김태엽(1996:143)은 '-시-'가 의존명사 '-스-'와 지정사 '이-'와 청자높임소 '-이-'로 재분석하고 있으며, 姜成一(1964:58)은 존재사 '이시-'에서 축약된 형태로 보고 "비존대형태소"라고 규정하고 있다.

(15) ㄱ. (아배요,) 이기 돌이시더.(=어버지요, 이것이 돌입니다.)

ㄴ. (성님요,) 저어가 우리 산이시더.(=형님요, 저기가 우리 산입니다.)

ㄷ. (성님요,) 저어가 옛날에 우리 산이었디이더.(=형님요, 저기가 옛날에 우리 산이었습니다.)

(16) ㄱ. (성님요,) 나아 아무꺼도 몰시더.(=형님요, 아무것도 모르겠습니다.)

ㄴ. (성님요,), 또 봄시더.(= 형님요, 또 봅시다.)

15)과 16)의 예에서 실현되는 '-시-'는 호격어와 Spec-head agreement되는 청자존대의 기능을 보이고 있다. '몰시더'나 '봄시더'와 같은 예에서 관형사형이나 동명사형인 어간 구성에서 실현되는 '-시-'는 의존명사 '-ᄉ-'와 지정사 '이-'와 청자높임소 '-이-'로 분석될 가능성이 매우 높은 것으로 보인다(김태엽,1996:143).

중세국어에서도 '-시₂-'가 주체존대의 기능을 하지 않는 두 유형의 예들이 있다. 곧 선문말어미 '-시₂-' 앞에 {-가/-거/-어}가 분포하는 경우와 부동사형어미 {-아/-어}가 분포하는 경우이다.51)

-아/어 + 시〈비존대〉

(17) ㄱ. 흐마 색과 공꽤 업스면 어루 분별호미 <u>업스려시니</u><능엄, 3:35>

ㄴ. 根온 몸 안해 <u>수머실쎠</u><능엄, 3:16>

ㄷ. 쎤란 바르미......ᄀ올히 <u>어두워시니</u><두시, 15:45>

ㄹ. ᄆᄎ매 밧글 쑤뮤믈 <u>ᄀ초호야시니</u><두시, 19:29>

-아/어 + 시〈존대〉

(18) ㄱ. 하ᄂᆞᆯ히 일워시니 천하창생올 <u>니ᄌ시리잇가</u><용가, 21>

ㄴ. 부톄 <u>성도호야시놀</u><석보, 6:18>

ㄷ. 왕사 ㅣ....알외디 몯 <u>호야시니</u><두시, 7:3>

-가/거 + 시〈비존대〉

(19) ㄱ. 이제 내 흐마 아라한도롤 득호야 오래 병홇 연을 <u>여희앳거시니</u><능엄, 5:72>

ㄴ. 구믈구믈ᄒᆞ는 衆生이 다 佛性이 <u>잇거시니</u><몽산, 13:15>

ㄷ. 如來ㅅ 三十二相올 <u>브토라커시니</u><능엄, 5:45>

ㄹ. 뎨 입안해 이셔 오직 흔 혜 <u>잇거시니</u><능엄, 3:27>

---

51) 姜成一(1964), 「비존대보조어간 {시}에 대하여」, 『국어국문학』 28. p. 58에서 이러한 유형의 '-시-'를 "비존대보조어간"이라고 규정했다.

-가/거 + 시 〈존대〉

(20) ㄱ. 그 저긔 夫人이 나모 아래 <u>잇거시눌</u><월강, 2:42>

ㄴ. 보광불이 세계예 <u>나거시눌</u><월강, 1:18>

위의 예문 (19)-(20)은 {-가/-거/-어}에 '-시₂-'가 결합하는 경우이며, (17)-(18)은 부동사형어미 {-아/-어}에 '-시₂-'가 결합하는 예로서 '-시₂-'가 각각 주체높임의 기능을 보여준다. 그러나 (17)과 (19)의 예문에서 보듯이 '-시₂-'는 주체존대의 기능을 수행하지 않는 경우도 있다.

계사문에서 실현되는 '-시더'는 중세국어에서도 'N+이시-'의 구성에서 'i'의 축약으로 'N # Ø+시-'로 구성되어 결과적으로는 주체존대를 나타내는 선문말어미 '-시₁-'와 동일한 형태를 나타내며, 또한 계사문의 서술어를 구성하기 때문에 이를 주체존대를 나타내는 '-시₁-'와 혼동을 일으키게 되었다.

청유문 21)예문에서 분석된 '-시₂-'는 무엇인가? 김태엽(1996:143)은 청유어미의 '-시더'의 '-시-'는 청유의 기능을 갖는 '-사'와 청자높임의 '-이-'로 재분석하고 있다. 이러한 분석은 '-시-'를 서술과 청유로 하위 유형화한 점에서는 정밀한 분석이다.

(21) ㄱ. 집이 같이 <u>가시더</u>.

ㄴ. 담에 또 <u>보시데이</u>.

ㄷ. 담에 또 <u>보이시데이</u>.

(22) ㄱ. 쏘 셔방 가기 어렵다 니르디 <u>마시소</u>.(염해, 29-2)

ㄴ. 즈식이 죽거든 브디 셜워 <u>마시소</u>.(염해, 35-1)

ㄷ. 나무아미타블 ᄒ다가 주근 후에 곡성을 <u>ᄒ시소</u>.(염해, 35-2)

ㄹ. 쏘 즈식이나 죽꺼든 셜워 말고 슬퍼 <u>마시소</u>.(염해, 35-2)

(23) ㄱ. 지발 오늘 그 집이 가지 <u>마이소</u>.

ㄴ. 지발 오늘 그 집이 가지 <u>마시소</u>.

ㄷ. 지발 오늘 그 집이 가지 <u>마시이소</u>.

ㄹ. 지발 오늘 그 집이 가지 <u>마소</u>.

(24) ㄱ. 오올 우리 집이 가시더.(=오늘 우리집에 갑시다.)

ㄴ. 오올 우리 집이 가싰니이더.(=오늘 우리집에 갔습니다.)

ㄷ. 오올 우리 집이 가니더.(= 오늘 우리 집에 갑니다.)

ㄹ. 오올 우리 집이 가디이더.(=오늘 우리 집에 갑디다.)

(21)의 예문은 청유문으로 X(청자)와 Y(화자=나)가 서술어의 행위 주체가 된다. 따라서 '-시-'를 주체존대라고 하면 X(청자)와 Y(화자=나)에 대한 존대라는 측면에서 주체존대 범주에 화자인 '나'가 포함된다는 모순을 안게 된다. 따라서 '가시더'의 '-시-'는 '-사-(청유의 선문말어미)-'로 분석될 가능이 있다. 경상방언에서 주체존대를 나타내는 선문말어미 '-시-'는 중부방언과 동일한 기능을 담당하고 있다. 그러나 (21)의 예는 주체존대의 '-시-'와 형태는 동일하지만 그 기원은 다르다. 문말어미 '-시더'의 '-시₂-'는 청자존대의 기능[52]을 보여주고 있다.

(22)의 예문에서 ㄱ, ㄴ '마시소'와 ㄷ '흐시소'에서 '-시소'를 'Vstem-+-시-+-소'로 재분석될 수 있는 것은 예문 (23)에서 확인된다. 이 '-시소'는 경북지역 가운데 서북부지역에서는 '합쇼' 등급에서 통용되지만 그 외의 지역에서는 '하게'등급으로 차이를 보인다. 따라서 이때 '-시₂-'의 기원은 청유의 형태소 '-사-'로 소급될 가능성이 매우 높으나 (22)에서 이미 청유의 형태소 '-사-'가 18세기에 청자존대를 나타내는 형태소로 굳어졌음을 확인할 수 있다. 역사적으로 18세기 초 경상도 방언을 반영하고 있는 〈念佛普勸文〉자료인 (22)의 '마시소'는 /말(勿)-/+/-시-/+/-소/의 형태소 분석이 가능하다.

예문 (24)에서 '-시더', '-니더', '-(으)이더', '-디더'에서 '-더'를 제외한 '-시-', '-니-', '-이-', '-디-'가 계열적 통합이 되는 경우 '가-+-시-+-니-+-더', '가-+-시-+-디-+-이-+-더' '가-+-시-+-니-+-이-+-더'와 같이 실현

---

52) 임홍빈(1985:287)은 '-시-'를 "경험주를 상정하여 존대하는 의미론적이며 통사적인 기능을 하는 형태소"로 정의하면서 '경험주 상정의 시점'에 의한 존대소로 파악하고 있으나 (2)의 예에서 화자의 판정을 청자에게 보고하는 경험주는 화자일 수 밖에 없다. 따라서 '-시-'의 기능을 의미론적으로 처리하려는 임홍빈의 견해도 문제점이 있다. 한편 김태엽(1992:21)은 경상방언에서 서술법 어말어미에 실현되는 '-시더'를 '-사(의존명사)-+이-+-더-'로 재분석 가능성을 제시하면서 하나의 의미로 처리하고자 하나 '-시-'의 기능변화라는 관점에서 '-시(존대소)-+-더(어말어미)'로 분석되어야 한다. 서술법에서 '-시더', '-니더'를 하나의 문말어미로 분석한다면 의문법에서 '-시니껴', '-시능교'도 하나의 문말어미로 분석해야 한다는 모순에 도달한다.

된다. 곧 '가신니이더'는 /가/+/-시-/+/-었-/+/-니-/+/-이-/+/-더/로 재분석되어야 한다. 특히 선문말어미인 '-시-'가 '-었-'에 선행하여 분포하기 때문에 재분석의 당위성이 입증된다. 그러나 (24)ㄱ에서 분석된 '-시$_2$-'와 ㄴ에서 분석된 '-시$_1$-'는 형태소의 꼴을 동일하지만 그 기원은 서로 다른 것이다.

3. 선어말어미 '-시-'의 존대 범주

'-시-'에 대한 존대 대상을 주체로 설정하여 '행동이나 상황의 행동주체로 문장상의 행위주어'라는 관점에 대해 임홍빈(1985)은 존대의 대상이 인물이어야 하며, 화자가 그 행동주의 입장에서 기술하는 '행동중심적인 표현'이어야 하며, '행동주 주어 조건', '목적 대상의 비존대 조건', '목적 대상에 대한 비존대 완화 조건' 등을 제시하여 주체존대설을 비판하였다.

본고에서는 경어법의 방언차이를 고려하여 존대형태소 '-시-'의 존대 범주가 변화 과정 속에 있는 것으로 파악하고 문장상 Spec-head agreement의 범주를 확인하여 경어법의 변화과정을 관찰하고자 한다.

1) 상황 주체존대 형태소 '-시$_1$-'

존대 형태소 '-시-'는 연령, 세대, 가정적 배경, 지역 또는 개인적 차이에 따른 발화스타일과 매우 밀접하게 관련되어 실현된다. 따라서 '주체존대'를 실현시키는 동시에 주체를 나타내는 주어와의 존대일치를 보이는 것으로만 단정짓기 어렵다. 존대 형태소 '-시-'에 대해 존대 대상이 행동주로서 주어라는 주체존대설(성기철, 허웅)의 견해와 화자의 시점 대상이 어디에 오느냐에 따라 계사 앞의 보어, 속격 대상이나 목적 대상 또는 여격 대상, 청자까지 존대 대상이 된다는 주체존대부정설(박양규:1975, 임홍빈:1976)이 있다.

본고에서는 '-시-'에 대한 존대 대상이 지리적, 시간적 차이를 보여주면서 변화하였다는 전제 아래에서 15세기에 '-시-'는 주어와 존대일치를 보이다가 16세기경부터 청자존대로의 기능적 변화를 경험한 것으로 파악하고자 한다. 다시 말하자면 현대국어에서 '-시-'는 일종의 눈치소로써 상황존대 형태소의 기능을 부과하고 있다.

(25) ㄱ. 선생님께서 오신다.

　　ㄴ. 선생님이 오신다.

　　ㄷ. 선생(님) 온다.

　　ㄹ. 꼰데 온다.

(26) ㄱ. 할아버님께서 오신다.

　　ㄴ. 야, 너거 할배 오신다.

　　ㄷ. (이웃 할아버지가이웃 소년에게)야, 너거 할배 온다.

(27) ㄱ. 아부지캉 아들캉 같이 오신다.

　　ㄴ. 아부지캉 아들캉 같이 온다.

(25)-(27)에서 ㄱ이 격식체(formal style)라면 ㄴ, ㄷ은 비격식체(informal style)로 상황적 맥락에 따라 수의적으로 존대 형태소 '-시-'가 실현된다. 25) ㄷ은 주체존대 대상이 주어 '할아버지'인데도 존대형태소가 실현되지 않는다. 26) 27)의 예에서 '-시-'는 마치 눈치소라고 할만큼 상황에 따라 수의적으로 실현되는데, 이들 모두 일단 존재 대상은 '주어'라고 할 수 있다. 이들의 경우, 사회적 요인에 따라 존대 형태소의 실현이 결정된다. 단 주어가 존대 대상과 비존대 대상의 NP인 경우 '-시$_1$-'는 상황 주체 존대의 기능을 보여 주고 있다.

　　<정의 1> 행동주 중심 표현에서 행동주 주어에 대한 '-시-' 존대는 상황적 요인에 의해 결정된다. 따라서 '-시$_1$-'를 상황적 주체존대 형태소로 정의할 수 있다.

(28) ㄱ. 할매, 이거 좀 보시이소.

　　ㄴ. 할매, 이거 좀 보이소.

　　ㄷ. 할매, 이거 좀 보시게.(경북 안동 지방 반촌)

　　ㄹ. 할매, 이거 좀 바라.

(28)의 예는 경상방언의 예인데 ㄱ, ㄴ은 경어의 등급차이를 보여주지 못한 채 수의적으로 사용된다. 이때 호격어 '할매'는 청유문의 주어와 동일한 주어이다. 따라서 '-시-'의 존대범주가 호격어인 동시에 청유문의 주어가 되기 때문에 수의적으로 생략된다. ㄷ의 경우 경북 안동, 예천 지역의 반촌방언의 예이다. 집안에

서 시집 온 어머니, 할머니, 또는 숙모 등에게 사용하는 말씨이다. ㄹ은 경상방언
에서 일반적으로 사용하는 말씨이다.

(29) ㄱ. 아부지요, 할배 오싰니이더.

ㄴ. 아부지요, 할배 왔니더.

ㄷ. 할배요, 아부지 오싰니이더.

ㄹ. 할배요, 아부지 왔니이더.

ㅁ. 할배요, 아부지가 내일 가시잉 마중 나오시이소.

ㅂ. 할배요, 아부지가 내일 가잉 마중 나오이소.

　(29)의 예는 호격어와 문의 주어가 일치하지 않는 예인데, 청자인 호격어와 문
의 주어와 수상, 수하 관계에 따라 '-시-'의 존대범주가 어떤 상관관계를 맺고 있
는지 살펴보자. ㄱ, ㄴ와 ㄷ, ㄹ에서 '-시-'의 존대범위가 주체 곧 주어라면 ㄱ,
ㄴ으로 실현되어야 한다. 그러나 경상방언에서는 ㄱ-ㄷ의 문이 모두 가능하며, 이
들 문의 사용빈도는 사회언어학적 요인에 의해 결정된다.

　경상방언의 존대 형태소 '-시-'의 존대 범주는 주체 곧 문의 주어라는 사실은
분명하다. 그런데 호격어가 실현되는 경우, 주어와 동일인인 경우나 호격어와 문
의 주어의 상하 관계 유무와 관계 없이 '-시$_2$-'가 실현된다는 사실은 '-시$_2$-'의 존
대 범주가 주체 곧 문의 주어에 한정되는 것이 아니라 호격어 곧 청자존대 범주까
지 확대되고 있음을 반영해 주고 있는 것이다.

　이처럼 사회언어학적 요인에 따라 '-시$_2$-'의 실현이 수의적이라는 사실은 일종
의 눈치소로서 상황적 존대 형태소라고 그 기능을 정의할 수 있다.

　〈정의 2〉 경상방언의 존대 형태소 '-시$_1$-'의 존대 범주는 주체 곧 문의 주어이며, 호격
어가 실현되는 경우, 주어와 동일인인 경우나 호격어와 문의 주어의 상하 관계 유무와 관계
없이 '-시$_2$-'가 실현되며, 존대 범주가 주체 곧 문의 주어에 한정되는 것이 아니라, 호격어
곧 청자존대 범주까지 확대된다.

2) 청자존대 형태소 '-시$_2$-'

선문말어미 '-시-'는 기원적으로 주체존대의 기능을 보이던 '-시-'에서 유래된 것과 '-아/어 + 이시-'에서 'i'의 탈락형인 '-아/어 + ∅시-'의 축약형인 '-시-'와 청유문에서 청유를 나타내는 '-사-'에서 유래된 '-시-'가 있다. 특히 경상방언에서는 '-아/어 + ∅시-'의 축약형인 '-시-'와 청유문에서 청유를 나타내는 '-사-'에서 유래된 '-시-'는 서술어의 행위 주체인 주어와의 Spec-head agrement되는 동시에 그 존대 범주가 확장되어 청자존대의 기능을 갖는 곧 호격어와도 호응된다.

(30) ㄱ. 아배요, 그거 (지가) 한 분 <u>보입시더</u>. (=어버님, 그것 (제가) 한 번 봅시다.)

ㄴ. 아배요, 그거 (지가) 한 분 <u>보시더</u>(봅시더).

ㄷ. 야야, 그거 (내가) 한 분 <u>보자</u>.

(31) 흔 가지로 셔방 극낙세계로 <u>가옵새다</u>(염해, 35-2)

30)의 예는 호격어와 화자인 문의 주어가 일치하지 않는 예이다. 보통 존대여부는 호격어와 화자인 주어와의 상하관계에 결정되지만, 이 경우의 '-시-'의 존대 범주는 소위 주체존대인 문의 주어와 일치되지 않는다. ㄱ에서 '보입시더'를 '보(어간)-+-입시더(어미)'로 형태소 분석을 했을 때 '-이-'가 무엇인지 분명하지 않다. 경상방언에서 '-입-'은 중세어의 '-이-+-습-'의 형태 축약의 과정을 반영하는 것으로 보인다. ㄱ, ㄴ의 '-시더'를 문말어미로 처리하더라도 ㄷ과 대비했을 경우 '-시-'가 존대의 기능을 가지고 있음이 분명하다. 따라서 이때의 존대 형태소 '-시$_2$-'는 문의 주어인 '지(제)가'와 일치하는 것이 아니라 호격어에 지배된다.

31)의 예문에서 호격어와 존대일치를 보이는 형태소 '-시$_2$-'의 기원이 청유의 기능을 갖는 '-사-'이라는 사실을 확인할 수 있다.

(32) ㄱ. <u>천지신명이시여</u>, 부디 비를 <u>내리주시이소</u>.

ㄴ. <u>천지신명이여</u>, 부디 비를 <u>내리주이소</u>.

(32)는 공범주 주어를 갖는 문이다. 이때 '-시-'는 공범주 주어를 존대하지 않고, 분명히 호격어 '천지신명'을 존대하고 있다. 곧 청자인 호격어와 '-시$_2$-'는

일치를 보여주고 있다. 국어의 경어법이 청자중심[53]으로 변화되어 가는 과정에서 비교적 분명하게 구분되어 있던 '-시$_2$-'와 '-습-'계의 혼란이 선문말어미와 문말어미간의 형태소 통합이 지역적 차이를 보여주게 된 것이다.

> (33) ㄱ. (선생님,) 철수가 선생님께 그런 사람을 <u>보내셨어요?</u>
> ㄴ. (선생님,) 영희가 선생님을 <u>말리셨어요?</u>

(33)의 예문은 임홍빈(1985:321)의 예문에서 청자를 호격어로 상정했을 경우이다. 주체존대설에서 '보내다', '말리다'의 행동 주체는 분명히 문의 주어인 '철수'와 '영희'가 된다. 따라서 존대소 '-시-'가 문의 주체인 주어에 대한 존대로 파악되어야 하지만 이는 분명 청자인 호격어에 대한 존대이다. 따라서 이는 호격어 곧 청자에 대한 존대 형태소이다.

이상에서 존대 형태소 '-시-'는 주어와 Spec-head agreement를 보여주는 '-시$_1$-'과 청자와 Spec-head agreement를 보여주는 '-시$_2$-'로 구분할 수 있다.

4. 방언에서 존대 형태소 '-시$_1$-', '-시$_2$-'

이 장에서는 경상방언에서 주체존대를 나타내는 선문말형태소 '-시$_1$-'와 문말어미 '-시더'를 형태소 재분할한 '-시$_2$-'의 형태적 통사적 특성들을 재검토하면서 중부방언과의 상관성을 살펴보고자 한다. 경상방언에서 주체존대를 나타내는 선문말어미 '-시-'에 대해 재론해야 할 만한 이유들은 다음과 같다.

첫째, 경상방언에서 주체가 청자와 동일한 경우 존대를 나타낼 때는 선문말어미 '-시-'가 청자존대를 나타내는 '-(으)이-'와 통합되며, 설명형 문말어미 '-더'와 통합된다.[54] 경상방언에서 청자존대를 나타내는 선문말어미 '-(으)이-'는 반드시 문말어미 '-더'와 통합되는데, '-시-'도 역시 문말어미 '-더'와 통합된다는 사실은 '-시-'가 청자존대의 기능을 담당하고 있다는 한 방증이 된다. 경상방언에서 서술법 문말어미 '-(으)라'와 '-더'는 청자 존대 유무에 따라 조건지워진 변이형

---

53) 임홍빈(1985:321)은 오늘날 국어의 존대법의 특성을 '청자 중심주의'라고 규정하고 있다.
54) '-시더'와 계열적으로 통합형태소로 실현되는 문말어미는 '-시더', '-니더', '-디더'가 있다.

태로 대응된다.55)

　둘째, 화자가 문장의 주체(경우에 따라 청자일 수도 있음)를 높이는 방법은 선문말어미 '-시-'로 실현된다. 그런데 (34) ㄷ, ㄹ의 예에서처럼 호격어가 실현되는 경우 '-시-'는 주체 존대가 아닌 청자존대의 기능을 보인다.

　(34) ㄱ. *오늘 할배가 장아 *(가시다/가시라).
　　　ㄴ. *아배요, 이기 *(돌이시다).
　　　ㄷ. 아배요, 이기 (돌이시더).(=어버지요, 이것이 돌입니다.)
　　　ㄹ. 성님, 이제부터 성님이 어떻게 하시느냐가 문제시더. (=형님, 이제부터 형
　　　　　님이 어떻게 하시느냐가 문제입니다.)

　지금까지 주체존대에 대해 성기철(1970:53)은 "주체 Y에 대해 화자가 존대 의도를 가질 때 서술어에 '-시-'를 첨가한다. 주체란 주어에 의해 지시되는 대상을 의미한다."라고 정의하고 있지만, (34)에서 보여주듯이, 경상방언에서 '-시-'는 주체인 주어를 존대하는 것이 아니라, 호격어인 '성님'이나 '아배' 곧 청자를 존대하고 있다.

　이와 더불어 16세기 국어의 2-인칭월에서 호격어가 드러나는 의문문에 '-시-'가 실현된다는 사실은 '-시-'의 기능이 주체존대의 기능을 나타내는 '-시$_1$-'과 청자존대의 기능을 나타내는 '-시$_2$-'가 있었다는 사실과 일치하고 있다.

　(35) ㄱ. 령공하 어디 겨신고(박통, 상:59)
　　　ㄴ. 큰 형님 셩이 므스거시신고(노걸, 상:44)
　　　ㄷ. 령공하 므슴 마리 겨신고(박통, 상:59)

　따라서 주체존대를 나타내는 선문말어미 '-시-'가 역사적으로 청자존대의 기능을 갖는 단계가 있었으며, 이들의 반사형이 경상방언에 잔존해 있는 것으로 해석할

---

55) 경상도 방언에서 문말어미 '-다'에 대응되는 '-더'는 '-이더'의 변이형으로 '-다'와는 경어법에 따라 조건지워진 상보적인 분포를 보인다. '-니더', '-시더'는 '-니이더', '-시이더'로 재분석 가능한 교체형이다. 文末語尾가 '-더'로 실현되는 예는 〈첩해신어〉 (1:21-22)에서 한 예가 있다. "겨셔도 어제논 일긔 사나온더 언머 슈고로이 건너시도다 넘녀ᄒ시고 호옵신데"

수 있을 가능성을 배재할 수 없는 것이다.

셋째, 청유형에서 실현되는 '-시-'는 '주어에 의해 지시되는 대상'(성기철, 1985:53)에 대한 존대를 의미하는 것은 아니다.

(36) 할배요, 오늘 저캉 장아 <u>가시더</u>. (=할아버지요, 오늘 저와 장에 갑시다.)
(37) ㄱ. 송씨 영혼을 대비 몸애 너허 <u>주옵새다</u>(염해, 21-2)
　　ㄴ. 니일 셔방의 가니 부모와 일문들 오라 ㅎ야 차반를 이밧고 <u>가옵새다</u>(염해, 28-2)

(36)에서처럼 할아버지와 화자가 공동의 행위가 이루어지기 때문에 청자인 할아버지와 화자 자신에 대한 존대의 기능이 주어진다. 따라서 지금까지 너무나 당연하게만 받아들인 주체존대에 대한 정의를 새롭게하지 않으면 안된다. 김태엽(1992:21)은 '-시더'를 청유형 종결어미로 처리하여 '-사(청유법적 형태)-+-이-+-더'로 재분석 가능성을 제시하면서 설명법의 '-시더'와 청유법의 '-시더'의 기원을 달리 처리하고 있다. 이를 입증해 주는 (37)의 자료에서 '-시-'의 기원이 청유법의 '-사-'이라는 것을 알 수 있다.

(38) ㄱ. 조국의 <u>아들이시여</u>!
　　ㄴ. 하나님 <u>아버지시여</u>!
　　ㄷ. <u>해님이시여</u>!
(39) ㄱ. 일홈은 옹쥰이라 ㅎ는 즁이 셩도짜 사롬이라 즁이 <u>되야이시더</u> 힝실리업서 (염해, 22-1)
　　ㄴ. 단양짜 사롬 일홈은 온문졍이라 그계지비 벙 드러 미양 <u>누워신니</u>(염해, 28-2)

38)에서 '-이여', '-이시여'는 주체높임의 '-시-'를 실현시킬 수 있다는 점에서 계사의 활용형이라고 할 수 있으므로 계사문으로서 절의 자격을 갖는다. '이시다'의 'Ø시-'와 같은 생략형에 의한 계사문에서 실현되는 '-시-'는 비존대의 어미(姜成一, 1964:65)라고 할 수 있는데, 이들이 39)에서 처럼 중세국어세서도 "N+이시-"의 구성에서 'i'의 축약으로 "N # Ø+시-"로 구성되어 결과적으로는 주체존대를 나타내는 선문말어미 '-시-'와 동일한 형태를 나타내며, 또한 계사문의 서술어

를 구성하기 때문에 이를 주체존대를 나타내는 '-시-'와 혼동을 일으키게 되었다.

네째, 경기방언에서 청유법에서 '-시-+-ㅂ-+-시-'처럼 '-시-'가 반복되어 통합되는 이유와 그들의 개별적인 기능이 분명히 밝혀지지 않았다.

(40) ㄱ. 선생님, 이제 집으로 <u>가십시다</u>.

ㄴ. 저녁이 식기 전에 <u>드십시다</u>.

(40)의 청유문에서 가정되는 주어는 반드시 2인칭 주어로 화자에 비해 존대자인 경우 주체에 대한 존대 표시로 형태소 '-시-'가 통합될 수 있다. 그러나 왜 '-시-'가 이중으로 통합되는가라는 문제는 형태소 '-시-'의 기능이 역사적으로 방언분화를 보인 결과라고 할 수 있다. 곧 '가십시다'의 앞의 '-시-'는 주체존대소이지만 뒤에 '-시-'는 기원적으로 청유의 '-사-'에서 발달된 것이다.

임홍빈(1985:320)은 첫번째 '-시-' 주체에 대한 존대 기능을 두번째 '-시-'는 주체자가 아닌 청자 존대의 기능을 보이는 것으로 보고 국어 경어법이 '청자 중심주의' 때문이라고 설명하고 있다. 이러한 지적은 매우 타당한 견해라고 보이지만 '-시-'의 기능이 고정화된 것이 아니라 방언차이를 보여준다는 측면에서 역사적으로 기능 변화의 결과라고 볼 수 있다. '-시-'에 의해 실현되는 경어법에 대해 허웅 (1954)이 제안한 '주체존대설'이 학계에서 일종의 고정관념으로 받아들여졌으며, 성기철(1984)에 의해 '주체'에 대한 범주가 명시적으로 제한된 발전을 보여 왔다.

이러한 종전의 주체존대설에 대한 반론을 제기한 박양규(1975)나 임홍빈(1985)의 태도는 변형문법가들에 의해 제안된 중주어문과 피동문에서 실현되는 '-시-'와 문장상 다른 성분과의 호응 관계를 명쾌하게 설명하지 못한 점들을 극복하고, 그 기능적 관점에서 '-시-'를 '경험주 상정의 시점에서 본 존대소'로 파악하고 있다.

문법형태소의 방언적 분화는 일반적으로 뚜렷한 차이를 보여주지 않는 경향을 보이지만, 경어법에서만은 특히 경상방언과 경기방언이 매우 다르다. 일차적으로 경어법을 나타내는 문법 형태소의 차이와 이들 형태소의 통합 방식이 전혀 다름에도 불구하고 경기방언의 경어체계로 포괄적인 설명을 기도했던 데에서 문제의 초점이 흐려진 것이다. 따라서 방언차이는 적어도 문법발달사적인 차이에 기인하는 것으로 설명되지 않으면 안된다.

경기방언에서 '-습ᄋ시니이다〉-으십니다'로 변환된 과정에서 '-습-'과 '-시-'의 통합상 위치 변화와 '-이-'의 소멸과 더불어 '-습-'의 기능변화라는 설명이 전제되어야 한다. 경상방언에서 '-ㅅㅂ시니이다〉-시니이더/-십니더'로 변화되었다면 마찬가지로 '-습-'과 '-시-'의 통합상 위치 변화와 더불어 '-습-'과 '-이-'가 공존하고 있는 통시적 변화 과정이 설명되어야 하리라 본다. 곧 '-시-'의 주된 기능은 주어나 주체에 대한 존대라는 기능은 방언차이를 보여주지 않지만 계사 앞의 보어나 속격 대상이나 목적 대상 또는 여격 대상이나 나아가서 청자까지 존대의 대상이 된다는 점은 '-시-'의 기능의 변화라고 보고 이들의 역사적 관점에서 '-시-'의 기능 변화를 추적하려는 것이 본고의 목표이다.

주체존대는 화자가 문의 주체인 주어나 또는 호격어에 대한 존대방법으로 〔존대〕 유무에 따라 선문말 형태소 '-시-'를 첨가하여 만든다. 이때 존대의 대상이 되는 호격어나 주어는 〔+유정물〕이 되며, 〔-유정물〕이 아닌 경우에는 은유적인 표현이 가능하다.

화자와 주어 또는 호격어와 대비하여 〔존대〕 유무를 결정하는 기준으로는 나이나 사회적 신분 등과 같은 요인에 의해 결정된다.

(41) ㄱ. 할배요, 아배는 어디 가싰능교? (=할아버지요, 아버님은 어디에 가셨습니까?)

ㄴ. 할배요, 영기(동생)는 어디 갔능교?(=할아버지요, 영기는 어디 갔습니까?)

ㄷ. 영기야, 할배는 어디 가싰노?(=영기야 할아버님은 어디 가셨니?)

ㄹ. 영기야, 너거 아배 어디갔노?(할아버지가 영기에게 너거 아버지 어디 가셨니?)

(42) ㄱ. 할배요, 이기 밥이시더. (=할아버지요, 이것이 밥입니다.)

ㄴ. 그 사람 곧 올끼시더. (=그 사람 곧 올 것입니다.)

ㄷ. 오래 마이시더. (=오랜만입니다.)

ㄹ. 그 사람 우잘라 카는 지 몰시더. (=그 사람 어찌할려는지 모르겠습니다.)

ㅁ. 지가 마캉 붙뜨러 놀시더. (=제가 모두 붙드러 놓겠습니다.)

(43) ㄱ. 할배요, 오늘 장아 가시더. (=할아버지요, 오늘 장에 갑시더.)

ㄴ. 아배요, 이것들 마캉 보내시더. (=할아버지요, 이것들 모두 보냅시다.)

ㄷ. 영기야, 오늘 장아 가자. (=영기야 오늘 장에 가자.)

	청자	>	주어	
화자 -	+		+	-시-
	+		-	-시-
	-		+	-시-
화자 +	-		-	∅
	-		+	∅
	+		-	∅

(41) ㄱ의 주체는 주어 '아배'가 되며, 문말어미 '-시-'는 화자와 청자인 호격어와의 관계에서 결정되는 것이 아니라 주어인 '아배'와의 존비 관계에 따라 결정되는 것이라는 사실은 (41) ㄴ과 비교해 보면 확실하게 드러난다. (41) ㄱ과 같이 실현되는 선문말형태소를 '-시$_1$-'이라 부른다. (41) ㄴ, ㄷ을 비교해 보면 ㄷ의 경우 청자인 호격어에 대한 존대가 아니라 주체에 대한 존대를 나타낸다. 이처럼 형태소 '-시-'의 쓰임은 주체인 주어나 청자와 화자와의 관계속에서 결정된다.

(42)의 주체인 주어 '이것이'는 존대의 대상은 결코 아니다. 중부방언에서는 주체존대의 문말형태소가 실현되지 않지만 경상방언에서는 문말형태소 '-시-'가 실현되는데, 이는 호격어에 대한 존대로 호격어가 주체인 것이다. 이 방언에서는 계사 '-이-'와 '-시-'가 통합되는 경우 반드시 호격어와 호응을 보이며, 이때 주체존대의 대상은 호격어이며, 동시에 호격어는 청자가 된다. 따라서 이때 실현되는 문말어미 '-시-'는 주체존대의 본래적인 기능을 갖는 것이 아니라 청자존대의 기능을 대신하는 '-시$_2$-'에 해당한다.

최명옥(1992, 90-91)은 '-시더'를 서술법의 하소체 종결어미로 계사나 추단 표시의 선문말어미 '-읋-'에 통합되는 것으로, 또 약속법에서 하소체에 실현되는 '-을시더'도 종결어미로 다루고 있으며, '-으시더'는 공동법의 하소체 종결어미로 동사어간이나 존재사 '잇-'과 통합되는 종결어미로 다루고 있다.

김태엽(1992, 10-11)은 (8), (9)의 예에서 실현되는 '-시더'를 서술형어미와 청유형어미로 보고 모두 문말어미로 다루고 있다. 이때 '-시-'는 주체존대의 '-시-'와 형태는 동일하지만 기능상의 전혀 다른 것으로 파악하고 있다. 곧 서술법에서 실현되는 '-시더'는 중세국어의 '-ㅅ(의존명사)- +이(청자존대소) +-더'로 재분석하여 '(ㄹ)사이더'의 구성으로 파악하고 있다. 그리고 청유법에서 '-시더'

는 '-사(청유법적 형태소)-+-이(청자존대소)-+-더'로 재분석할 가능성을 시사하고 있다.

(44) ㄱ. 할배가 장아 <u>가디더</u>. (=할아버지가 장에 갑디다.)

ㄴ. 할배가 장아 <u>가시디더</u>. (=할아버지가 장에 가십디다.)

ㄷ. 할배가 장아 <u>갈라 카디더</u>. (=할아버지가 장에 가려고 합디다.)

ㄹ. 할배가 장아 <u>갈라 카시디더</u>. (=할아버지가 장에 가려고 하십디다.)

(45) ㄱ. 인자 집이 <u>갈라이더</u>. (=이제 집에 가겠습니다.)

ㄴ. 아이고 진짜 <u>고마우이데이</u>. (=아유, 정말로 고맙습니다.)

(44)의 예문에서 서술법의 '-시더'가 하나의 어말어미가 아니라 '-시-+-더'로 분석되어야 할 이유를 (45)의 예문에서 찾을 수 있다. '-시더'가 하나의 문말어미라면 '-시디더'도 하나의 문말어미로 다루어져야 할 것이다. 형태소 '-시-'와 '-더-'사이에 '-디-'라는 형태소 개입에 의한 확장이 이루어진다. 따라서 경상방언의 '-시더'는 '-시(존대소)-+-이(청자존대소)-+-더(문말어미)'로 분석이 가능하며 문제는 선문말어미 '-시-'의 기능이 역사적으로 어떻게 변화했는가 규명되어야 할 과제이다.

앞에서 살펴본 대로 경상방언에서 '-시-'에 의해 존대 대상이 되는 것은 비단 문장상에 주어로 나타나는 인물에 국한되는 것이 아니다. 곧 임홍빈(1985:287)이 제안한 "문장의 명제 내용을 경험하는 인물"에 대한 존대라는 설명적 타당성이 입증이 된다.

서정목(1988:98)은 "문장의 주체를 화자(경우에 따라 청자일 수도 있음)에 대비하여 높게 대우하는 주체 대우는 대우 형태소 '-(으)시-'에 의해 표시된다."라고[56] 하여 주체와 청자의 관계 속에서 주체존대가 결정된다는 사실을 시사하고 있다.

---

56) 서정목(1988), 「한국어 청자 대우 등급의 형태론적 해석(1)」, 『국어학』 17. p. 98에서 '문장의 주체를 화자(경우에 따라 청자일 수도 있음)에 대비하여 높게 대우하는 주체 대우는 대우형태소 '-(으)시-'에 의해 표시된다.'라고 하여 주체와 청자의 관계 속에서 주체존대가 결정된다는 사실을 처음으로 시사하고 있음.

참 고 논 저

강성일(1964), 「비존대보조어간 {시}에 대하여」, 『국어국문학』 28.

김태엽(1996), 『경북말의 높임법연구』, 태학사.

서정목(1987), 『국어의문문연구』, 탑출판사.

_____(1988), 「한국어 청자 대우 등급의 형태론적 해석(1)」, 『국어학』.

성기철(1970), 「국어대우법연구」, 『충북대논문집』 4.

유동석(1990), 「국어 상대높임법과 호격어의 상관성에 대하여」, 『주시경학보』 6.

_____(1993), 「국어의 일치현상」, 생성문법학회 발표요지.

이기갑(1977), 「한국어 방언들 사이의 상대높임법 비교 연구」, 『언어학』 제21
　　　　　　호. 한국언어학회.

이상규(1991), 「경북 방언의 경어법」, 『새국어 생활』 1-3, 국립국어연구원.

_____(1996), 「영남방언의 특징」, 『한국어문』 4, 한국정신문화연구원.

이승욱(1997), 『국어형태사연구』, 태학사.

이현규(1995), 『국어 형태 변화의 원리』, 영남대학교출판부

이현희(1994), 『중세국어구문연구』, 신구문화사.

임동훈(1996), 「현대 국어 경어법 어미 '-시-'에 대한 연구」, 서울대박사논문

임홍빈(1985), 「{-시-}와 경험주 상정의 시점」, 『국어학』 14.

_____(1985), 「국어의 통사적 공범주에 대하여」, 『어학연구』 21-3, 서울대.

최명옥(1980), 『경북 동해안 방언 연구』, 영남대

제 6 장   경북방언의 청자존대법

1. 청자존대법의 등급체계

1) 경북방언의 존대체계

본고는 경북방언의 형태·문법 체계를 기술하려는 의도의 일부로써 화자와 청자간의 존대 등급체계를 정리하여 이 방언의 존대법의 특징에 대해 개관하는 것을 목적으로 한다. 경북방언에서의 존대법은 세 가지 방법으로 이루어진다.

첫째, 주체존대법은 화제의 동작주체(주어)에 대한 직접적인 존경표시를 서술어 어간에 '-시-'를 첨가시키거나, 주격이나 여격을 '-께'나 '-께서' 또는 '-가요'를 사용한다. 그리고 어휘적으로 존경형용사(편찮다, 계시다 따위)나 대명사, 호칭어를 사용한다.

둘째, 동작주체를 낮추어 동작객체에 대하여 간접적으로 경의를 표시하는 겸양법은 주로 겸양어로 사용되는 체언과 용언을 이용한다. 따라서 겸양법은 어휘적 차원에서 이루어진다.

셋째, 화자나 행동주체와 청자와의 관계에 따라 서술어의 선문말어미나 또는 종결어미로 표현되는 청자존대법으로 구분된다.

이들 가운데 본장에서는 청자존대법을 중심으로 하여 경북방언의 존대법 특성에 대해 살펴보고자 한다. 청자존대법은 화자와 청자 간에 사회적인 상대적 높임의 등급 체계의 관계 속에서 결정되는 존대법이다. 따라서 연령이나 사회적 신분 또는 계급의 차이나 친밀도 및 성별(sex) 등이 요인에 의해 등급이 결정된다. 경북방언에서의 청자존대법은 화자나 행동주체와 청자 사이가 친족 관계인지 아닌지에 따라 특히 많은 차이를 보인다는 점에서 다른 방언과 차이가 있다.

지금까지 청자존대법은 주로 어말어미의 형태소에 의해 결정되는 것으로 파악하고 그 등급을 '합쇼', '하소', '하오', '하게', '해라', '해요'체 등으로 구분하고 있다57). 이러한 경어체계의 구분법은 중부방언에는 적용될 수 있을지는 모르나 남부방언 특히 경북방언에 그대로 적용하기에는 많은 어려움이 있다.

역사적으로 주체존대 형태소 '-시-', 객체존대 형태소 '-습-'과 청자존대 형태소 '-(으)이-' 가운데 주체존대를 나타내는 '-시-'와 청자존대의 기능으로 '-습-'계열의 형태소와 '-이-'계열의 형태소가 이 방언형에서 공존하고 있고, 객체존대를 나타내는 '-습-'이 나타나지 않는 경북방언은 '-습니다, -습니까'에 남아 있는 객체존대 형태소 '-습-'이 청자존대 형태소로 굳어진 중부방언과 방언차이를 보여주고 있다58).

중부방언은 객체존대 형태인 '-습-'이 청자존대 형태인 '-이-'의 기능을 맡아 주체존대 '-시-'와 화자존대 '-습니다'와 대응되지만, 경북방언에서는 객체존대를 나타내는 '-습-'계열이 실현되지 않고 있다. 이러한 문법체계의 변화는 17세기경에 실현된(서정목;1988) 것인데 방언차이를 면밀하게 비교 검토한다면 문법사의 변화과정을 유효하게 설명해 줄 수 있으리라 판단된다.

2) 존대체계의 등급

중부방언에서 청자대우를 나타내는 형태소 '-습니다', '-습니까'는 '-습-'의 후계형으로 파악하고 어말어미로 처리되고 있지만 '-습-' 계열의 형태소가 어미와 융합되어 있으므로 이들의 형태소를 재분할하여 그 문법적 기능을 파악해야 할 것이다. 뿐만 아니라 청자존대법의 '합쇼', '하소' 등의 등급 구분하는 중부방언의 분류방법을 그대로 다른 방언형에 대비시키는 것도 잘못이라고 판단된다. 왜냐하면 이 방언에서는 청자존대의 기능으로 '-습-'계열의 형태소와 '-이-'계열의 형태소가 공존하고 있기 때문에 청자대우의 등급도 달리 파악되어야 할 것이다.

이러한 문제점들을 검토하는 동시에 중부방언과의 비교를 통하여 국어의 청자존대법이 체계적으로 어떤 변화를 경험했는지를 검토하기 위한 예비적인 준비로

---

57) 강신항(1980), 「안동방언의 경어법」, 『난정남광우박사화갑기념논집』, p. 236. 일조각에서 존대법에서 높임 관계는 화자와 청자 및 화재 인물 간의 상하 관계를 말하는 것으로 상하 관계를 결정짓는 요인을 신분차이, 장유관계, 경력, 행렬, 촌수, 사회적 직분, 친숙도, 사회적 관습 등을 들고 있다.

58) 서정목(1987), 『국어의문문연구』, 탑출판사.

이 방언에서의 청자존대 체계를 검토하려는 것이 본장의 목표이다.

중부방언에서 청자존대법은 주로 종결어미에 의해 표현되는 것으로 파악하여 왔으나, 실재로 종결어미 '-습니다'는 중세어에 실현되던 형태소 '-습-'의 후계형이다. 따라서 '/-습-/+/-니다/=/-습니다/'의 형태소 구성으로 재분석이 가능하다. 화자가 청자에 대한 [±존대], [±하대]의 기능은 '-습니다'에 의해 결정되는 것이 아니라 '-습-'에 의해 결정되는 것이라고 할 수 있다. 17세기는 경어체계가 중세국어에서 현대국어로 전환을 보이던 시기이다. 곧 15세기에 청자존대를 나타내던 '-이-'의 기능이 상실되어 청자대우의 기능을 보이던 형태소가 공백이 되었고, 이 공백을 메꾸기 위해 객체경어(화자겸양)의 기능을 갖던 형태소 '-습-'이 변신하여 새로운 청자존대를 나타내는 형태소로 실현되던 전환기였다.

경북방언에서의 청자존대를 나타내는 형태소가 중부방언과는 서로 다르다. 곧 청자존대의 기능으로 '-습-'계열의 형태소와 '-이-'겨열의 형태소가 공존하고 있으며, 객체존대를 나타내던 형태소 '-습-'계열보다 청자존대 형태소 '-이-'가 더욱 일반적으로 실현된다. 이러한 사실은 적어도 중부방언과 경북방언에서 존대법상 대응 형태소의 기능과 또 분포상의 차이를 보이던 단계가 있었을 가능성을 의미한다.

이러한 상황에서 경북방언의 청자존대법의 등급을 중부방언과 동일한 기준으로 '해라', '하게', '하소', '하이소', '하시이소'체로 구분하여 대응 형태소를 확인하는 작업은 다음과 같은 문제점이 제기될 수 있다[59].

첫째, 경북방언 가운데 서북부 방언(예천, 봉화, 문경)에서는 소위 '하소'체와 '하이소'체의 등급차이가 없다. 이러한 사실은 경남방언에서도 동일한 현상인데, 그러한 이유를 규명하기 위해서는 청자존대법의 등급 구분을 새롭게 하지 않으면 안될 것이다.

둘째, 소위 '하게'체가 경북북부 방언(안동, 예천, 봉화)에서는 민반층에 따라 '해라'체와 구분되고 있다. 곧 부계 혈통이 아닌 여성 친족에 대해 연령과 관계없이 민촌에서는 '해라'체를 사용하고 있는데 비해 반촌에서는 '하게'체를 사용하고 있다.

---

59) 강신항(1980), 「경북안동방언의 경어법」, p. 241에서 '하칭', '등칭', '중칭', '상칭', '-아/어+요' 체로 구분하고 있음은 경북방언의 경어체계 구분을 하는데 새로운 시각을 보인 것으로 판단된다.

셋째, 경북방언의 경어체계를 구분하는데 중부방언의 체계에 끼워 맞추는 데 급급하여 '-시니이더'를 '합쇼'체로, '-니이더'를 '하소'체로 구분하고 있는데 이것은 경어체계 등급상의 문제가 아니다.

청자대우 등급의 일차적 기준은 화자나 행동주체와 청자간의 연령차에 의해 〔+수상〕, 〔-수상, -수하〕, 〔-수상〕으로 구분된다. 그리고 경북 북부지역에서는 수상인 청자에게 〔+존대〕와 〔-존대〕를 결정짓는 것은 청자가 친족 여성인 경우 반촌에서는 소위 '하게'체를 민촌에서는 '해라'체를 사용하는 것이 이 방언의 특색이며, 그 외의 지역에서는 '해라'체를 사용한다.

청자가 〔-수상, -수하〕인 곧 대등한 관계인 경우에 〔+존대〕 유무는 친소관계에 따라 결정되는 바 친근한 관계가 아닌 경우에는 '하소'체나 '하이소'체가 사용되지만 친근한 관계인 경우 '해라'체가 사용된다. 특히 친근 관계에 있는 청자에게 격식을 차린 존대(formal honorification)는 '하게'체를 사용하게 된다. 특히 대등 관계에 있는 〔-수상, -수하〕인 청자존대 관계는 성인이 지나서야 성립되며, 성인이 되기 전에는 〔-존대〕인 '해라'체를 사용한다.

일반적으로 〔+수하〕인 청자에게는 〔-존대〕인 '해라체'를 사용하게 되지만 화자나 행동의 주체가 여성이며, 청자가 친근관계가 없는 경우, 〔+존대〕를 사용하여 '하소'체나 '하이소'체를 사용하게 된다. 그러나 화자나 행동의 주체자가 남성인 경우 '하게'체를 사용한다.

<경북방언에서 존대법 체계>

[+수상]	[+존대]-- 하이소, (하소)
	[-존대]-- *하게, 해라
[-수상] [-수하]	[+존대]-- 하소(하이소), 하게 [-존대]-- 해라
[+수하]	[+존대]-- 하소(하이소), 하게 [-존대]-- 해라

이상에서 화자나 행동주체와 청자간의 존대체계의 대립은 3등급으로 구분이 된

다. 곧 (1) 수상존대 체계와 (2) 대등·수하존대 체계 (3) 수하비존대, 대등비존대, 수하비존대 체계로 대립되어 있다.

위의 체계를 살펴보면 경북방언에서는 '하이소'체와 '하소'체가 등급상 불완전할 뿐만 아니라, '하게'체나 '해라'체도 매우 불완전하다는 사실을 알 수 있다.

2. 청자 존대법의 등급체계 대립

1) 수상관계에 대한 〔±존대〕 대립과 방언분화

경북방언에서 화자나 행동주체가 수상 청자인 경우, 청자에 대한 경어는 〔존대〕 유무에 따른 대립을 보여주고 있다. 먼저 수상자에 대한 존대는 연령, 성별, 결혼 유무, 혈족 등의 요인과 같은 사회적 맥락(social context)에 따라 결정되기도 하며, 친족이나 민반상의 기준에 따라 달리 실현되기도 한다. 청자가 남성인 경우, 화자보다 수상자더라도 결혼을 하지 않은 형이나 결혼을 했더라도 혈족 누이나 비혈족 친족인 할머니, 큰어머니, 종숙모 등은 수상존대에서 제외된다.

수상 청자에 대한 비존대가 체계적으로 차이를 보이는 경북북부 반촌방언에서는 비혈족 친족인 조모, 백모, 숙모, 종숙모에게 소위 '하게'체를 사용하고 민촌방언에서는 '해라'체를 사용하고 있지만 나머지 경북방언에서는 친족 여성 청자에게는 비록 수상자더라도 '해라'체를 사용한다.

(1) (할배요) 오늘 지가 장아 가니이더.(= 할아버지, 오늘 제가 장에 갑니다.)
    (할배요) 아배가 오늘 장아 가시니더/가니더.(= 할아버지, 아버지가 오늘 장에 가십니다.)

(2) (할배요) 오늘 장아 가시니이껴/가시니이꺼?(= 할아버지, 오늘 장에 가십니까?)
    (할배요) 오늘 장아 가시능교/가시능게?(= 할아버지, 오늘 장에 가십니까?)

(3) (할배요) 오늘 장아 좀 가시이소/가이소/가시소.(= 할아버지, 오늘 장에 가십시요.)

(4) (할배요) 오늘 장아 가시더/가입시더.(= 할아버지, 오늘 장에 가십시다.)

(5) (할배요) 오늘 지가 장아 갈시더/감시더/가겠니더.(= 할아버지, 오늘 장에 가겠습니다.)

수상존대를 나타내는 형태소는 경북방언에서도 조금씩 차이를 보여주고 있다. 설명의 '-니이더'는 경북방언에 공통으로 실현되고 있다. 그리고 '-이더'와 '-니데이'와 '-시더(-ㅅ더)', '-디더', '-ㄹ게니더', '-ㄹ게시더', '-ㄹ라니더'가 수상존대 서술형으로 실현되고 있으며, 후속성분이 생략된 접속어미에 존대첨사(최명옥,1980:71) '-요'가 결합한 '-라/래요', '-아요', '-지요', '-거든요'가 실현된다.

의문의 '-니이껴/-니이꺼'는 경북 동북부지역(안동, 의성, 영양, 봉화, 영주)에서 실현되는데, 특히 '-니꺼'는 민촌방언에서 주로 나타나기 때문에 현지 반촌(班村) 사람들은 '무쩐말, 어쩐말'로 인식하고 있다. '-디(ㅅ)껴', '-ㄹ라니껴', '-겄니껴'가 이 지역에서 의문형으로 실현된다. '-능교'는 경북 남동부 지역(대구, 영천, 군위, 청도, 포항) 지역에서 실현되며, '-능게'는 경북 군위서부 지역에서 실현된다. 이 밖에 접속어미에 존대첨사가 결합한 '-제요', '-을까/꼬요', '-을라요', '-은데요', '-을래요', '-는 가요(예)/고요(예)'가 실현된다.

명령, 허락의 '-시이소'는 '-이소', '-시소'와 등급상의 차이가 아니라 경북북부방언에서는 자유롭게 교체가 가능하다. 수상자에게 엄밀한 의미에서 명령이란 불가능한 것이지만 일종의 동의를 구하는 것으로서 '-으소'가 사용됨으로서 소위 '합쇼'체와 '하오'체 및 '하소'체의 구분이 존재하지 않는다.

청유의 수상존대는 '-시더'나 '-입시더'가 실현되는데, '-입시더'는 젊은층에서 주로 사용된다.

약속의 수상존대는 '-ㄹ시더', '-ㅁ시더', '-입시더', '-겠니이더', '-겠십니더'가 사용된다. '-겠니이더'와 '-겠십니더'는 경북 북부방언에서 많이 사용되며 그 외 지역에서는 젊은층에서 주로 사용되는데, 이는 중부방언의 영향으로 보여진다. 접속어미 '-을께'에 존대첨사 '-요'가 첨가된 '-을 께요'는 '-ㄱ께예'와 같은 변이형이 방언에 따라 달리 실현된다.

수상비존대는 경북방언이 가지고 있는 독특한 체계라고 할 수 있다. 앞에서도 언급되었던 바와 같이 경북 북부방언에서는 청자가 친족 여성인 경우 민반촌에 따라 달리 표현된다. 곧 반촌에서는 소위 '하게'체를 민촌에서는 '해라'체를 사용하게 된다.

(6) (할매) 오늘 내가 장아 간다.(= 할머니, 오늘 내가 장에 갑니다.)
  (할매) 오늘 내가 장아 가네.(= 할머니, 오늘 내가 장에 갑니다.)

     (어매) 할매가 오늘 장아 간다.(= 할머니, 오늘 내가 장에 갑니다.)

  (7) (할매) 오늘 장아 가나?(= 할머니, 오늘 내가 장에 갑니까?)

     (할매) 오늘 장아 가시나?(= 할머니, 오늘 내가 장에 갑니까?)

     (할매) 오늘 머하노?(= 할머니, 오늘 뭣하십니까?)

     (어매) 이게 할매끼가?(= 할머니, 오늘 뭣하실 것입니까?)

     할매 저기 머꼬?(= 할머니, 저것이 무엇입니까?)

  (8) 할매가 오늘 장아 가라/가래이.(= 할머니, 오늘 장에 가십시요).

     할매가 오늘 장아 가게.(= 할머니, 오늘 장에 가십시요).

  (9) 할매 오늘 장아 가자/가재이.(= 할머니, 오늘 장에 가십시다).

  (10) 할매 오늘 내가 장아 가께/가꾸마(= 할머니, 오늘 내가 장에 가겠습니다).

  경북북부 반촌방언에서 수상비존대는 대등존대나 수하존대와 동일한 어말어미에 의해 실현되며, 민촌방언에서는 대등비존대나 수하비존대와 동일한 어말어미에 의해 실현된다.

2) 대등관계에 대한 〔±존대〕대립과 방언분화

  〔-수상, -수하〕는 연령적으로나 사회 신분계급이 청자와 대등한 관계인데, 사회적인 친소관계 등 다양한 요인에 의해 존대법이 달라진다. 예를 들면 성년이 되기 이전에는 〔-존대〕로 소위 '해라'체를 사용하지만, 성년(adualt)이 지나면 〔+존대〕를 하여 '하게'체를 사용한다. 그러나 화자와 청자간에 친분(intimate)이 없는 경우에는 '하소'체를 사용하게 된다.

  (11) 영석아 오늘 내가 장아 간다.(= 영석아, 오늘 내가 장에 간다.)

     영석아 오늘 내가 장아 가네.(= 영석아, 오늘 내가 장에 가네.)

  (12) 영석아 오늘 장아 가나?(= 영석아, 오늘 장에 가니?)

     영석아 오늘 머 하노?(= 영석아, 오늘 뭐하니?)

     영석아 이기 너거 집이가?(= 영석아, 이것이 너희 집이가?)

     영석아 이기 머꼬?(= 영석아, 이것이 무엇이니?)

     영석이 오늘 장아 가능가?(= 영석아, 오늘 장에 가니?)

     영석이 오늘 머 하능가?(= 영석아, 오늘 뭐 하는냐?)

영석이 이기 자네 집인가?(= 영석아, 이것이 자네 집인냐?)

영석이 이기 머인가?/머이공?(= 영석아, 이것이 뭣인냐?)

(13) 영석이가 오늘 장아 가라/가래이.(= 영석이가 오늘 장에 가거라.)

영식이 자네가 오늘 장아 가게.(= 영석이, 자네가 오늘 장에 가게.)

(14) 영석이 오늘 장아 같이 가자/가재이.(= 영석이, 오늘 장에 같이 가자.)

영석이 오늘 장아 같이 가세.(= 영석이, 오늘 장에 같이 가세.)

(15) 영석아 오늘 내가 장아 가께.(= 영석아, 오늘 내가 장에 갈께.)

영석이 오늘 내가 장아 감세.(= 영석아, 오늘 내가 장에 감세.)

화자나 혹은 행동주체와 청자가 대등한 관계에 있을지라도 〔±존대〕는 여러가지 사회적인 요인에 의해 결정된다. 대등존대는 성년이 지난 이후, 화·청자간에 친밀성이 없는 경우나 격식을 갖춘 경우에 이루어지는데, 소위 '하게'체의 종결어미로 실현된다. 그러나 성년이 되기 전에는 〔-존대〕인 '해라'체로 실현된다. 대등비존대 체계는 수하비존대 체계와 동일하기 때문에 다음 항에서 살펴 보도록 하고, 여기서는 대등존대 체계에 대해서만 살펴 보도록 한다.

대등존대의 설명형은 '-네', '-세'와 '-ㄹ께래', '-낀데', '-데'가 실현된다. '-네'는 '-ㄴ(현재시상)-+-오(의도법)-+-이(상대존대)-+-다'의 형태소 구성으로 대등존대를 나타낸다. '-ㄹ 께래'는 경북북부 지방에서 주로 실현되며 이것은 '-ㄹ(관형사형)+-거(의존명사)-+-이(계사)-+-라(설명형)'의 형태소 구성이다.

의문형은 '-ㄴ가/-ㄴ고'와 '-ㄴ강/-ㄴ공'이 실현되며, 판정의문의 경우 '-ㄴ가/-ㄴ강'이 실현되며, 설명의문의 경우 '-ㄴ고/-ㄴ공'이 실현되며 '추측'(강신항,1978: 22)의 의미를 갖고 있는 경우 '-ㄴ강/-ㄴ공'이 실현된다. '-아/-어', '-지', '-제'는 대등하대와 더불어 의문형으로 실현되고 있다.

명령의 '-아라/-래이'는 〔-존대〕를 하는 경우이고, '-게'는 〔+존대〕를 하는 경우 실현된다. '-지'는 어조에 따라 강한 명령이나 협조를 구하는 청유의 형식으로 대등존대나 수하존대에 다 실현된다. 그런데 화자나 행동주체와 청자가 대등한 관계일 지라도 친소관계에 따라 '-게'와 '-으소', '-이소'가 선택된다. 곧 친밀하지 않는 관계인 경우에는 '-으소'와 '-이소'가 사용되어 수상존대와 같은 범주로 묶이지만 친밀한 관계이면서 격식을 갖추는 경우 '-게'가 실현된다. 화자가 여성인 경우에는 대등관계이지만 '-게'를 사용하지 않고 '-소', '-이소'를 사용하게 된다.

약속의 '-ㄹ께', '-자/-재이'와 '-세', '-ㅁ세'는 〔존대〕유무에 따라 결정된다. 약속의 경우도 '-세', '-겠네'와 '-시더'가 화자와 청자와의 친소관계나 격식에 따라서 또는 화자의 성별에 의해 구분된다.

3) 수하관계에 대한 〔±존대〕대립과 방언분화

연령적으로나 사회신분상 아랫 사람인 청자에게는 〔-존대〕로 소위 '해라'체를 일반적으로 사용하고 있다. 그러나 비록 청자가 〔-수하〕자이더라도 성년이 지난 대상인 경우나 화자가 남성인 경우, 주로 '하게'체를, 화자가 여성인 경우 '하소'체를 사용한다. 청자가 집단인 경우 '해요'체를 사용한다. 그리고 친족관계에서 장모와 사위간에는 비록 수하자이지만 반촌에서는 '하게'체를 사용하고 민촌에서는 '해라'체를 사용하게 된다. 그리고 혈족의 경우 청자가 수하자인 경우일 때에는 연령이 아무리 높아도 '해라'체를 사용한다.

(16) 총각 내가 오늘 장아 간다.(= 총각, 오늘 내가 간다.)
    총각 오늘 내가 장아 가네.(= 총각, 오늘 내가 가네.)
    총각 오늘 내가 장아 가니더.(= 총각, 오늘 내가 갑니다.)
(17) 영석아 오늘 니가 장아 가나/가여?(= 영석아, 오늘 너가 장에 가니?)
    영석아 오늘 니는 머하노/해여?(= 영석아, 오늘 너는 뭘하니?)
    영석아 이기 너거 집이가?(= 영석아, 이것이 너희 집이니?)
    영석아 이기 머꼬?(= 영석아, 이것이 무엇이니?)
    총각이 오늘 장아 가니껴/가능교?(= 총각, 오늘 장에 갑니까?)
    총각 오늘 자네가 장아 가능가?(= 총각, 오늘 자네가 장에 가니?)
    총각 오늘 머 하니껴/하능교?(= 총각, 오늘 무엇하십니까?)
    총각 오늘 자네는 머 하능고?(= 총각, 오늘 자네는 뭘하니?)
    총각 이기 총각 집이니껴/집잉교?(= 총각, 이것이 총각 집입니까?)
    총각 이기 자네 집인가?(= 총각, 이것이 자네 집이니?)
    총각 이기 머이니껴/머잉교?(= 총각, 이것이 뭣이니?)
    총각 이기 머인가/머인공?(= 총각, 이것이 무엇이겠니?)

(18) 영석이가 오늘 장아 가라/가래이.(= 영석이가 오늘 장에 가거라.)

　　　총각이 오늘 장아 가소.(= 총각이 오늘 장에 가시오.)

　　　총각이 오늘 장아 가게.(= 총각이 오늘 장에 가게.)

(19) 영석아 오늘 장아 같이 가자/가제이.(= 영석아, 오늘 장에 같이 가자.)

　　　총각 오늘 장아 같이 가시더.(= 총각, 오늘 장에 같이 갑시다.)

　　　총각 오늘 장아 같이 가세/가게(= 총각, 오늘 장에 같이 가세.)

(20) 영석아 오늘 내가 장아 가께.(= 영석아, 오늘 내가 장에 갈게.)

　　　총각 오늘 내가 장아 감세/갈시더.(= 총각, 오늘 내가 장에 가겠네.)

수하하대 체계에서 설명의 경우 청자가 〔-존대〕이면 소위 '해라'체가 사용되며, 〔+존대〕이면 화자와 청자간에 친밀도나 친족 등과 같은 요인에 의해 '해라'체나 '하소'체가 사용된다. '-ㄴ다'는 친밀한 수하자에게 사용되며, '-네'는 친밀도가 적은 청자에게 높여주는 상황에서 사용되며 주로 장인과 사위 간에도 반상층에서 사용된다. '-니이더'는 친밀도가 전혀 없는 성년이 지난 화자에게 사용된다. 설명의 종결어미 '-다'와 '-라/래'와 '-ㄴ다'가 실현되며, 접속어미인 '-지', '-지러'와 '-거던'도 사용된다. '-다'는 형용사나 존재사, 계사의 어간에 통합된다. 경북 안동방언에서는 체언하에서 '-(이)ㅅ다'가 사용된다. '-라'는 계사의 어간과 통합하는데 '-다'와는 〔판정〕유무의 의미적인 차이를 보여준다. 수상하대로 설명형어미 '-구마'는 경북동남지역에서 일반적으로 사용되고 있다.

의문의 경우, 친밀도가 있거나 친척인 〔-수상〕 청자에게는 '-나/노'와 '-가/고'가 사용된다. 그러나 경북 봉화, 문경, 예천, 안동, 선산, 김천지역에서는 '-여'가 사용되는데, 이는 중부방언의 '-아/어+요'에 대응된다. '-니껴'와 '-능교' 서술어의 어간이 용언이든지 체언의 용언형이든지 관계없이 지역에 따라 달리 실현된다. 의문의 '-나/노'는 용언어간 아래에서 사용되며, '-나'는 판정의문에서 실현되고 '-노'는 설명의문에서 실현된다. '-가/고'는 체언이 서술어로 쓰이는데, '-가'는 판정의문에 '-고'는 설명의문문에서 실현된다.

명령의 '-라/-래이'는 〔-존대〕의 청자에게 사용되며, '-고'는 '달-(授與)' 동사어간에서만 실현된다. '-ㄴ는' 동사 '오(來)-'에서만 실현된다. '-자(-재이)'는 동사의 어간이나 존재사에만 실현된다.

약속의 어미에는 '-꾸마', '-ㄹ께(-ㄱ 께)', '-다', '-ㄹ다', '-ㄹ라', '-ㄹ래' 등이 있다.

지금까지 청자존대의 등급은 문말어미에 의해 주로 결정되기 때문에 문말어미 형태를 중심으로 하였고, 특히 명령법의 어미를 기준으로 하여 '합쇼', '하오', '하게', '해라'체로 구분해왔다. 그러나 이 방언에서의 청자 존대등급은 기존의 등급구분과 전혀 관계없음을 알 수 있다. 〔+존대〕의 상대가 〔+수상〕, 〔-수상〕으로 나누어지고, 〔-존대〕의 상대도 〔+수상〕, 〔-수상〕이 두루 있음을 알 수 있다. 그리고 수상과 수하의 기준도 연령 외에 여러 가지 사회적 요인이 작용하는 복합적인 개념이라는 사실을 알 수 있다.

경북 방언의 존대체계는 이원적인 상관성에 의해 결정된다고 할 수 있다.

<하이소(하소)체>
1) 수상존대 : 1. 서술법 ; -니이더(-이더), -니데이, -시더(-ㅅ 더), -디더, -ㄹ 게(ㅅ), -니
더, -ㄹ 게(ㅅ)시더, -ㄹ 라니더, -디더, -겠니더, -요, -라요
(예)/-래요(예), -아요(예), -지요(예), -거든요(예)
2. 의문법 ; -니이껴, -이껴(-니이꺼), -은/는기요(교), -는게, -디(ㅅ)껴, -
ㄹ 라니껴, -제요(예), -을까요(예)/-을꼬요(예), -을라요 (예),
-은 데요(예), -ㄴ 가요(예), -ㄴ 고요(예)
3. 명령(청유)법 ; -이소, -으소, -시(이)소
4. 약속법 ; -시더, -ㄹ 께요(예), -입시더, -ㅁ 시더
5. 공동법 ; -으시더

<하게체>
2) 대등존대 : 1. 서술법 ; -네, -세, -(으)께레, -(이)ㄹ 레, -낀데, -데
2. 의문법 ; -ㄴ 가, -ㄴ 고, -ㄴ 강, -ㄴ 공, -아/-어, -지, -제
3. 명령법 ; -게, -지, -으소, -이소, -세, -시더
4. 약속법 ; -ㅁ 세, -(겠)네,
5. 공동법 ; -세, -ㅁ 세
3) 수하존대 : 2) 대등존대와 동일함.

<해라체>
4) 수상하대 : 1. 서술법 ; -다(-대이), -ㄴ 다, -시ㅅ 다, -라/-래(-래이), -지(-지러), -여,
-구마, -거든
2. 의문법 ; -나, -노, -가, -고, -이라(-이로), -이래, -ㄹ 라꼬, -다, -도,
-여, -ㄴ 강, -ㄴ 공

3. 명령법 ; -아(어)라(-아(어)래이), -ㄴ 나,
4. 약속법 ; -ㄹ(ㄱ)께, -다, -마, -꾸마(-꾸매이)
5. 공동법 ; -자(-재이)
5) 대등하대 : 4) 수상하대와 동일 함.
6) 수하하대 : 4) 수상하대와 동일 함.

이상에서 보듯이, 이 방언의 경어체계는 〔+수상〕, 〔-수상〕, 〔+존대〕, 〔-존대〕
의 2원적 대립에 의해 결정되는데 수상존대 체계와 대등존대와 수하존대를 묶는
체계와 수상하대와 대등하대, 수하하대를 묶는 체계가 3단으로 대응되고 있다.

3. 청자존대를 나타내는 형태소 구성과 통합

경북방언의 청자 존대법을 결정해 주는 요소는 종결어미에 의해 실현된다. 그런
데 청자 대우를 나타내는 종결어미에는 역사적으로 존대나 겸양을 나타내는 선어
말어미가 종결어미로 화석화한 예들이 있다. 뿐만 아니라, 접속어미나 내포화어미
가 종결어미로 굳어진 예들도 많이 나타나, 또한 종결어미에 다시 다른 성분들이
결합하여 마치 종결어미로 인식되는 요소들도 많이 나타난다.

이처럼 중부방언의 청자 존대법과는 체계적으로나 형태소 구성과 분포 통합상
많은 차이가 있음에도 불구하고, 청자 존대법을 나타내는 종결어미의 형태소 구성
에 대한 정밀한 분석과 선어말어미와의 통합관계, 인칭제약, 관계절과 내포문 또
는 인용문에서의 형태소 구성 통합상의 특질에 대한 연구가 미진한 상태이다. 본
장에서는 이러한 문제들 가운데 경북방언에서 특징적인 것만 다루어 보고자 한다.

1) 수상존대

먼저 수상존대를 나타내는 종결어미의 형태소 구성과 그 분포, 통합상의 특징에
대해 살펴 보자. 서술형 '-니이더'는 '-ㄹ-+-니이더', '-았-+-니이더', '-디-+-이
더', '-았디-+-이더'와 같이 선행 시상선어말어미와 통합이 가능하다. 특히 '-더-'
나 '-았더-'와 통합되는 경우 '-니-'가 생략되며, '-더'가 하대의 경우 '-다'로 실현되

므로 '-니이더'는 '-니(시상)-+-이(상대존대)-+-더(어말어미)'로 형태소 재분석이
가능하다. '-시더'가 '-시(주체존대)-+-더(어말어미)'로 재분석이 가능하다는 사실
은 이를 입증해 준다. 경북 북부방언에서 실현되는 '-겼니더'도 '-겼(존대선어말어
미)-+-니더'로 분석 가능하다.(임지룡,1982)

의문형 '-니이껴'는 '-니이더'와 동일하게 '-더-'나 '-었더-'와 통합되는 경우 '-니'
가 생략되어 '-이껴'와 연결된다. '-는 기요(교)'와 '-는 게'는 '-는+-거(의존명사)-
+-이(계사)-+-요(의문형)'의 축약형이다.

명령형 '-시이소', '-이소', '-시소'은 교체될 수 있는 것이 아니라, 청자가 명령
의 대상과 동일인인 수상자인 경우 가능하며 '-(으)소'와 등급차이가 없다. 그러나
'-(으)소'는 대등 또는 수하존대의 명령형에서 사용되지만 '-시이소', '-이소', '-시
소'는 대등 또는 수하존대의 명령형에서 사용될 수 없다.

청유형의 '-시더(-시데이)'는 동사어간이나 존재사나 계사와 통합 가능하므로 서
술형어미 '-시더'와 구별된다.

2) 대등존대

대등존대의 경우, 다양한 사회적 요인에 의해 대등존대와 하대가 결정된다.

서술형에는 '-네', '-세'가 있다. '-네'는 '-ᄂ-+-오-+-이-+-다'의 축약으로 '-
뇌이다', '-넣이다'에서 유래된 것으로 보인다. '-세'와 '-이'는 '-네'와 달리 선어말
어미와의 통합상 제약이 매우 크다. 곧 "추단표시(최명옥,1980:71)"의 선어말어
미 '-읋'과 '-음' 뒤에서만 실현될 수 있다. '-께례'와 '-ㄹ례'는 경북 북부지역에서
주로 사용되고 있다.

의문형에는 '-ㄴ가'와 '-ㄴ고' 있으며, '-ㄴ강', '-ㄴ공'은 의문형어미라기 보다는
내포화 어미이다.

(21) 가아는 잘 사는 강 (모르겠다)?
(22) 가아는 어디 있는 공 (궁금하다)?

(21), (22)에서 '-ㄴ강', '-ㄴ공'은 서술어가 생략되어 마치 의문형어미로 처리

되기 쉬우나 상위문은 설명문이고 내포문이 의문문이라고 할 수 있다. 따라서 내
포문에 의문사가 실현되는지 여부에 따라 '-ㄴ강', '-ㄴ공'이 결정된다. 그러나 이들
형태소의 구성이 무엇인지는 확실하지 않다.

　명령형은 '-게'가 있다. 청유형은 '-세'와 '-까'가 있는데, '-ㄹ까'는 상대방의 의향
이나 동의를 구할 때에 사용된다. 수상하대를 나타내는 종결어미의 형태소 구성
과 그 분포, 통합상의 특징에 대해 살펴보자. 설명형 '-다'는 수상존대와 대등존
대간에 대응을 보여주고 있다. '-시더(수상존대)/-네(대등존대)/-다(수상하대)'처
럼 '-더'와 '-다'의 대응이 대우체계상의 대립으로 파악될 수 있을지는 의문이다.
'-다'는 선어말어미 '-더-'와의 통합이 불가능하지만 '-라'는 계사나 선어말어미 '-라'
와 통합된다. '-구마'는 수상, 대등하대에서만 실현되고 수하하대에서는 실현되지 않
을 뿐만 아니라 이들의 분포도 경북동남부 지역(대구 부근)에 한정되어 있다.

　약속법의 '-꾸마'는 선어말어미 '-더-'와의 통합이 불가능하며 서술어의 어간에
직접 통합되기도 한다.

제 7 장 경북방언의 사동법

1. 경북방언의 사동법 특징

방언연구에 있어서 음운론적 연구는 비교적 활발하였으며, 그 성과도 높이 평가되고 있음은 주지의 사실이다. 그러나 통사·의미론적 관심과 인식은 매우 부족한 듯하며, 뚜렷한 방법론의 제시도 없었다. 따라서 방언통사론 연구의 당위성도 크게 인식되지 못했다.

본고는 긴밀한 내적 체계를 갖고 있는 방언 문법을 체계화할 필요성을 느끼고, 일차적으로 중부방언의 문법체계와 비교 기술한 것으로 경북방언의 사동법에 대해 기술하고자 한다. 방언들을 비교연구하는 방법은 방언의 역사적 문헌자료의 빈곤과 문헌자료의 어문 괴리현상의 취약성을 보완할 수 있는 일말의 방법이 될 수 있기 때문이다.

경북방언에서 '-그로'는 〈표 1〉에서처럼 중부방언에서의 도급형어미로 분류되던 '-도록'과 부사형 '-게'와 기능적인 대응을 보여 주고 있는 것으로 파악된다.

〈표 1〉

	중부방언	경북방언
접속형	-도록	-도로/-두로, -도록, -두록, -디로
부사형	-게	-기/-게, -그로

〈표 1〉과 같이 '-도록'에 대응하는 방언형을 '-도로/-두로' 등으로 처리하거나 '-게'에 대응하는 방언형을 '-기/-게, -그로'로 처리해 버리는 종래의 방안은 공통어의 문법을 가정하고 필연적으로 대응하는 것이라는 발상법에서 나온 도식이다.

실제 남부방언에서 이 두 가지 형태소들의 통사·의미적 기능이 어떤 독자적인 특성이 있는가 분석되지 않고는 그러한 단안은 문제성을 내포할 수밖에 없다. '-그로+하-' 형식의 '-그로'와 관련된 사동표현의 특성을 중심으로 문제점을 검토해 나가고자 한다.

1) 어휘적 사동법과 '-그로+하-' 사동법

경북방언에서의 사동표현은 어휘적인 사동과 '-그로+하'에 의한 통사적인 사동표현이 주로 사용된다. 어휘적 사동(lexical causativization)은 접사 '-*γi-'에 의한 사동표현을 뜻하고, 어휘 특성에 따라 사동접사의 분포가 제약을 보이므로 방언차를 구획하는 실마리가 될 수도 있을 것이다.

한편 접사 '-*γi-는 매우 생산적이었으며, 그 변이형이 다양하게 실현되고 있음을 알 수 있다.

　㉠ /-이-/, ㉡ /-히-/, ㉢ /-키-/, ㉣ /-애-/, ㉤ /-리-/, ㉥ /-기-/, ㉦ /-우-/, ㉧ /-구-/, ㉨ /-쿠-/, ㉩ /-추-/, ㉪ /-이우-/, ㉫ /-이키-/, ㉬ /-히키-/

이처럼 사동접사의 다양한 변이형의 분포확인을 통하여 방언차이를 확인할 수 있는 기준이 될 수 있음을 예상할 수 있다.

(1)　㉠ 다끼:게 = 다끼:그로
　　㉡ 시끼:게 = 시끼:그로
　　㉢ 숭구케 = 숭구크로
　　㉣ 매끼게 = 매끼그로
　　㉤ 실리:게 = 실리:그로
　　㉥ 무끼:게 = 무끼:그로
　　㉦ 끈끼:게 = 끈끼:그로
　　㉧ 끌리:게 = 끌리:그로

(1)의 예와 같이 파생접사 다음에 '-게'나 '-구로'가 실현되어 사동표현이 되는

것도 흥미로운 사실이다.

한편 이 방언에서 통사적 사동표현으로 '-그로+하-'형식이 있다.

(2) ㄱ. 물건을 마:이 사그로 해:따. (= 물건을 많이 사게 했다.)

ㄴ. 눈을 녹뜨로 해:따. (= 눈을 녹도록 했다.)

(3) ㄱ. 물건을 마:이 사그로 해:따. (= 물건을 많이 사도록 했다.)

ㄴ. 눈을 녹꾸로 해:따. (= 눈을 녹게 했다.)

(2), (3)에서 '-도로'나 '-그로'가 경북방언 화자들에게는 자유로 교체되어도 자연스럽게 받아들여지고 있다.

중부방언의 연결형 '-도록+하-'와 부사형 '-게+하-'가 경북방언에서는 보충법에 의한 교체형으로(suppleitive alternation)으로 실현되는 '-도로'와 '-그로'는 쌍형(double form) 형태소로 일단 처리 할 수 있다. 이 점에 중점을 두고 이 쌍형의 관계에 대해 조심스럽게 살펴 나갈 것이다.

2) 장형 '-그로+하-' 사동법

이 방언에서 '-그로+하' 사동구성과 '-도로+하'가 동일한 통사·의미적 기능을 하는 경우가 많다.[60] '-게+하'와 '-도록+하'가 통사상 어떤 특성을 가지고 구분되는가를 먼저 살펴보자. 최현배(1975:.291)님은 다음과 같이 그 구분 기준을 제시하고 있다.

첫째, 감목법의 어찌꼴은, (ㄱ)모두 어찌씨처럼 쓰이며, (ㄴ)또 어찌씨로 익어 버리는 성질이 있지마는, 이음법의 여러꼴들은 그러한 성질이 없음이 원칙이다.

둘째, 감목법의 어찌꼴 뒤에는 도움풀이씨가 오는 것이 예사이지만, 이음법의 여러 꼴들 뒤에는 마디나 으뜸 풀이씨가 옴이 예사이요, 도움풀이씨가 오지 아니 함이 원칙이다.

셋째, 감목법의 어찌꼴은 그 뒤에 오는 으뜸풀이씨(주용언)나 도움풀이씨 하고

---

60) 서정수(1975:124), 『동사 '하-'의 문법』, '-도록 하-'가 '-게 하-'보다 사동표현으로서 더 광범위하게 쓰인다는 것을 언급한 바 있다.

어울려서 한덩어리의 풀이말(술어)이 되는 일이 많지마는, 이음법의 여러 꼴들은
다 그러한 성질이 없고 그 뒤에는 독립할 수 있는 풀이씨나 마디가 옴이 예사이다.
  위와 같은 구분 기준은 적어도 이 방언에서는 적용되지 않는다. 이 방언에서는
'-도록'이 접속어미가 아닌 내포어미로 사용되는 '-도록＋하-'의 경우가 있기 때문
이다.

  (4) ㄱ. 동생자테 돈:을 물건 사도로 조따.(=동생에게 돈을 물건을 사도록 주었다.)
      ㄴ. 엄마로 보두로 해:따.(=엄마를 보도록 했다.)
  (5) ㄱ. 동생자테 돈:을 물건 사그로 조:따.(=동생에게 돈을 물건을 사도록 주었다.)
      ㄴ. 엄마로 보구로 해:따.(=엄마를 보게 했다.)

  (4)에서 '-두로'가 ㄱ에서는 연결법의 접속어미로 ㄴ에서는 내포어미로써 사용
되고 있다. 곧 ㄴ에서 '-두로'는 부사화 접사 '-게'와 교체되어도 의미의 차이는 발
견되지 않는다. (5) ㄱ에서 '-도로' 대신에 '-그로'가 실현될 수도 있다. 동일한 문
의 환경에서 '-도로'와 '-그로'가 교체되는 자립하위문(constituent sentence)이
올 수 있으므로 '자격조사↔게'와 '연결어미↔도록'이라는 등식은 무의미한 것임에
틀림이 없다. 아울러 이 방언의 '-도로'와 '-그로'를 접속어미와 내포어미의 등식으
로 대치시킨다는 것도 무의미하다.
  최명옥(1980)은 경북 동해안의 어미체계 가운데 '-도록/-두록'을 접속어미,
'-기/게, -그로'를 내포어미라고 구분하고 있다. 그리고 전자를 '한정', 후자를
'어떤 상태나 정도'로 보아, 그 의미적 기능이 다르다고 보고 있다.[61] 그러나 이
들은 동일한 기능을 보이는 변이형으로 판단되기 때문에 접속어미 또는 내포어미
로 마치 기능이 다른 것처럼 분류되는 것은 온당하지 않다. 그런데 (4) ㄱ, (5)
ㄱ에 '한정'과 '어떤 상태나 정도'라는 의미를 가정하더라도 통사적 기능 차이가 무엇
인지 알 수 없다. 다시 말해서 (5) ㄱ의 '사다'가 성분하위문 용언일 수 있다면 ㄱ은
왜 접속문으로 처리되어야 하는가라는 문제가 제기될 수 있다. (3), (4)에서 '-도로
/-두로'와 '-그로/-구로'와의 관계가 T/K 교체에 의한 음성변화(sound change)의
결과로 일어나는 '사용상의 문제(matter of use)'가 아니라면 마땅히 통사적 기능

61) 최명옥(1980), 『경북 동해안방언연구』, pp. 111-122. 영남대학교출판부, 참고.

차이를 보여야 될 것이다.

(6) ㄱ. 내가 새:로 주게따.(=내가 새를 죽였다.)

ㄴ. 내가 새:로 주꾸로 해따.(=내가 새를 죽게 했다.)

ㄷ. 내가 새:로 죽도록 해따.(=내가 새를 죽도록 했다.)

(6) ㄱ은 어휘적 사동62)(lexical causativiation)으로서 주어(agent)가 〔+performer〕이나 ㄴ은 주어(causer)가 〔±instigator〕로써 수행자(performer)는 '나'일 수도 있고, '나'가 아닐 수도 있는 통사적 사동(clasual causativization) 표현이다. (6) ㄷ은 둘 또는 그 이상의 기저단순문 가운데 최종문을 제외한 나머지 서술어에 결합되어 그들 문이 선·후관계를 가지도록 접속시키는 접속어미가 아니라, 주어 '나'(cause)가 〔+instigator〕, 〔-performer〕 자질을 갖는 통사적 사동의 범주에 속한다. 따라서 (6) ㄴ과 ㄷ에서 '-구로'와 '-도로'는 교체가 가능하다. 따라서 〈표 1〉과 같이 중부방언에 대응되는 것으로 처리될 것이 아니다. 〈표 2〉와 같이 '-그로'와 '-도로'는 보충법의 대응 쌍형으로 처리되어야 할 것이다.

〈표 2〉

중부방언	남방방언
-도록	-도록/ -두록, -도로/ -두로, -그로/ -구로
-게	-그로/ -구로, -도로/ -두로, -기/-게

이 방언에서 통사적 사동표현 '-그로+하'에서 '-그로'는 중부방언의 구분화 '-게' 의 화석형63)과 '-으로'의 결합으로 형성된 것으로 추측할 수 있다. 이 추측은 역사

---

62) Lee Kee Dong, Yang Dong Whee, M. Shibatani는 lexical causativiz- ation이라 명명하고 양인석님은 short-form causativization이라고 명명하고 있는데, 본고에서 사용하고 있는 '어휘적 사동'이란 '시키다' 등과 같은 어휘적 사동과 구분하여 사용되는 것이 아니라, 접사에 의한 사동이란 위의 정의와 무관하게 사용하고 있음을 밝혀둔다.

63) 임홍빈(1975), 「부동화와 대상법」, p. 40. 『국어학』 4.에서 '-게'가 {거}와 {이}로 다시 형태분석될 여지가 있음이 이미 제시한 바도 있다.

적 자료가 없어 확실한 논증은 불가능하나, '-게+하'와 '-그로+하'의 '-게'와 '-그로'
에 대한 통사·의미분석을 통해 해결가능성을 보이고 있다. '-게'는 '허용', '가능',
'가능판단'의 의미기능을 보이는데, 이 방언은 '과정성'의 의미를 갖고 있다.

　이상에서 '-그로+하'와 '-도로+하'는 별개의 형태소가 아니라 상호교체 가능한
사동표현법이며, '-게'와 함께 중부방언의 간섭(interference) 때문에 나타나는 이
중어(bilingua)[64]로 파악이 된다.

2. 어휘사동법의 발달

1) 어휘사동법의 통시적 발달

　접사에 의한 어휘적 사동 구성에서 어간어말음이 'ㅁ'일 때 중부방언에서는 접사
'-기-'가 나타나는데, 이 방언에서는 '-구-'가 나타난다. 한편 중부방언에서 '-이'(-히,
-기) 대신에 '-구-'(-쿠-)가 매우 생산적인 접사로 표현되고 있다.

　한편 중부방언에서 '-우-'와 '-구-'와 그리고 '-리-'와 '-기-'가 각각 대응을 보이
기도 하며, 이 방언에만 보이는 '-시-'와 같은 독특한 접사가 발견된다.

(7)　ㄱ. 숨다(隱) : 숨기-　　숭구;-, 숭쿠:-
　　　ㄴ. 넘다(越) : 넘기-　　넝구:-, 넝쿠:-
　　　ㄷ. 녹다(鎔) : 녹이-　　노쿠:-
　　　ㄹ. 삭다(逍) : 삭이-　　사쿠:-
　　　ㅁ. 익다(熟) : 익히-　　이쿠:-
　　　ㅂ. 줄다(約) : 줄이-　　줄구:-, 줄쿠:-
　　　ㅅ. 늘다(伸) : 늘이-　　늘구:-, 늘쿠:-
　　　ㅇ. 알다(知) : 알리-　　알구:-
　　　ㅈ. 깨다(覺) : 깨우-　　개우:-, 깨꾸:-
　　　ㅊ. 일다(成) : 일우-　　일구:-
　　　ㅋ. 메다(塞) : 메우-　　미쿠:-, 미꾸:-
　　　ㅌ. 싣다(載) : 실리-　　실끼:-
　　　ㅍ. 벌리(張) : 벌리-　　벌:시-

64) Uriel Weinreich(1968:1), 『*Languages in contact*』 참조.

(7)에서처럼 접사의 결합이 중부방언에 대응되는 '-우-'(-구, -쿠-, -꾸-)가[65] 이 방언에서는 매우 생산적이다. 그리고 (8)의 예문에서 '하-+-이-'에서 '-이-'는 굴곡접사로 분포되기도 하고 '-게'와 대응을 보이기도 한다.

(8) 조용하이 한다.
    →8-1 조용하게 한다.
    →8-1 조용히 한다.

이와 같이 '하-' 용언류가 이 방언에서는 부사화접사 '-이'에 의해 사동표현 (8-1) 으로 분포를 보이고 있는 것은 매우 흥미롭다. 이것은 중부방언에서 15~16세기에 'ᄒᆞ-'의 사동형 '히-', 'ᄒᆞ이-'의 화석형이 아닌가 한다. 접사에 의한 사동과 '-그로 +하-' 구성의 사동과의 의미적 관계를 따라서 접사에 의한 '-그로+하-' 사동 구성 만 가능한 경우가 있다.

(9) ㄱ. 무께 하다(=먹게 하다)   ㄴ. 마시게 하다(=마시게 하다)
       무꾸로 하다   마시구로 하다
       미게:다   마시케:다

    ㄷ. 갉께 하다(=갉게 하다)   ㄹ. 노께 하다(=높게 하다)
       까꾸로 하다   노꾸로 하다
       까끼:다   노피다

    ㅁ. 발끼하다(=밝게 하다)   ㅂ. 나께 하다(=낮게 하다)
       발꾸로 하다   나꾸로 하다
       발키다   나추:다

(10) ㄱ. 질게 하다(=질게 하다)   ㄴ. 굴:께 하다(=굵게 하다)
        질구로 하다   굴:꾸로 하다
        *질+γi+다   *굴+γi+다

     ㄷ. 에랍끼 하다(=어렵게 하다)   ㄹ. 설:끼 하다(=싫게 하다)
        에랍꾸로 하다   설:꾸로 하다
        *에랍+γi+다   *싫+γi+다

---

65) 중세어에서는 '-ᄇᆞ/보-', '-오/우-'이었을 것임

ㅁ. 수:끼 하다(=쉽게 하다)   ㅂ. 자께 하다(=잡게 하다)
　　수:꾸로 하다　　　　　　　　　자꾸로 하다
　　*쉽+γi+다　　　　　　　　　*잡+γi+다

(10)은 어휘적 사동과 통사적 사동 구성이 다 가능하나, (11)은 접사 '-*γi-'
에 의한 사동 구성이 불가능하다. (11) ㄱ~ㅂ의 예에서 처럼 〔-상태〕용언 이외
에도 '기다', '두다', '쌓다'와 같은 용언도 이 방언에서는 '-*γi-'에 의한 사동 구성
이 불가능함을 보여주고 있다. 이처럼 이 방언에서 '-그로+하-' 구성에 의한 사동
표현은 매우 생산적이다. 그런데 '-*γi-'에 의한 구성이 불가능한 이유는 피사동자
가 사동자에 대해 대리기능을 하지 못하는, 〔-performer〕이기 때문이다. 그러나
사동자가 〔+human〕이고 피사동자가 〔±human〕일 때는 피사동자가 사동자에
대해 대리 기능의 유무에 관계없이 '-그로+하-' 사동구성은 자유롭다.

(11) ㄱ.　ⓐ 얼라: 밥 무{-끄로, -깨}하다.
　　　　 ⓑ 얼라: 밥 미기:다
　　ㄴ.　ⓐ 얼라: 물 무{-끄로, -깨}하다.
　　　　 ⓑ 얼라: 물 마시케 하다.
(12) ㄱ.　ⓐ 어매는 바블 너무 질{-그로, -기}한다.
　　　　*ⓑ 어매는 바블 너무 질{-*γi-}다
　　ㄴ.　ⓐ 떡가래로 너무 굴 {-끄로, -끼}한다.
　　　　*ⓑ 떡가래로 너무 굴{-*γi-}다

(11) ㄱ-ㄴ의 경우, 사동자나 피사동자가 〔+human〕이며, 각 ⓐ의 사동자
는 〔+instigator〕로써 피사동자의 사동행위에 부작위이나, 각 ⓑ의 사동자는
〔-i nstigator〕로 사동에 작위를 보인다. (12)의 ㄱ, ㄴ은 사동자가 〔+human〕
이나 피사동자는 〔-human〕이다. 따라서 피사동자는 〔+perfomer〕가 될 수 없
는 것은 당연하다. 따라서 접사에 의한 사동구성이 불가능하다. (12) ㄱ, ㄴ의 각
ⓐ의 사동주는 (11)과는 달리 〔+instigator〕로써 전혀 임의성이 게재되어 있지
않다. 곧 '얼라 :물 무{-꾸로, -께} 하다'에서는 사동자의 임의에 따라 수행될 수
있지만 (12)의 경우는 피사동자의 결과 〔result〕에 대한 간접적인 원인에 지나지

않는 것이다.

causer	causee
+human	±human
-instigator	-perfomer
+discretion	-discretion

따라서 접사에 의한 사동은 사동자가 피사동자에 대해 〔-instigator〕이며, 사동자는 〔±임의성〕에 따라 사동자는 〔±human〕으로 결정지워진다. 아래의 조건일 경우 (12)의 ⓛ과 같은 접사에 의한 사동은 불가능하다.

2) '-그로+하-' 사동법의 의미

다음은 '-그로+하'와 의미관계에 대해서 살펴 보고자 한다. 이미 중부방언의 장·단사동 표현의 동의성 가설(synonmy hyphothesis)로 야기된 시비가 기억된다. 본고에서는 이미 앞에서 밝힌 바와 같이 접사에 의한 사동표현과 통사적 사동표현을 일치하는 표현법으로 보기 어려울 것이라는 판단을 하고 있다. 왜냐하면 접사에 의한 사동표현의 분포가 제약되어 있기 때문이다.

(13) ㄱ. ⓐ 히:가 동생을 울:게 해:따.
　　　 ⓑ 히:가 동생을 울:그로 해:다.
　　　 ⓒ 히:가 동생을 울래:따.
　　　 ⓓ 히:가 동생을 울:두로 해:따.
　　 ㄴ. ⓐ 저 사:래미 문제로 자:꾸 애:랍끼 한다.
　　　 ⓑ 저 사:래미 문제로 자:꾸 애랍꾸로 한다.
　　　 ⓒ 저 사:래미 문제로 자:꾸 애랍+γi+다.
　　　 ⓑ 저 사:래미 문제로 자:꾸 애랍뚜로 한다.

ㄷ. ⓐ 전:재이 불:상한 사:라믈 괴롭게 해:따.

ⓑ 전:재이 불상한 사:라믈 괴로구로 해:따.

ⓒ 전:재이 불상한 사:람믈 괴로피:따.

ⓓ 전:재이 불상한 사:라믈 괴로꾸로 해:따.

ㄹ. ⓐ 유류파도이 물까로 상승하게 해:따.

ⓑ 유류파도이 물까로 상승하그로 해따.

ⓒ 유류파도이 물까로 사승하+γi+다.

ⓓ 유류파도이 물까로 상승하드로 해:따.

(13) ㄱ~ㄴ의 각 ⓒ는 앞에서 논의되었으므로 생략하고 ⓐⓑ의 '-그로+하-' 및 '-게+하-'구성과 '-드로+하-' 구성의 의미관계를 살펴 보고자 한다.

먼저 '-게+하-' 구성에 대응되는 표현법으로 처리되어 온 '-그로+하-' 구성을 어떻게 보아야 하는가? 방언권의 화자들에게 이중어화자로 간주해 버려도 되는 것일까?

(14) ㄱ. 호수가 조:요하기 빈:다. (=호수가 조용하게 보인다.)

ㄴ. 호수가 조:용하이 빈:다.

ㄷ. *호수가 조:용하구로 빈:다.

ㄹ. 색깔이 은근:하게 빈:다.

ㅁ. 색깔이 은:근하이 빈:다.

ㅂ. *색깔이 은근하구로 빈:다.

(14)에서 ㄷ, ㅂ은 비문이다. ㄱ, ㄹ의 '-게'는 ㄴ, ㅁ과 같이 접사 '-이-'와 분포를 같이 하고 있는데, ㄷ, ㅂ의 '-그로'가 분포를 같이 하지 못하고 있는 이유는 바로 '-그로'와 의미 기능이 대치되기 때문이다. 이는 형태소 '-그로'의 형성과 깊은 관련성이 있는 것 같다. 곧 중부방언의 '-게'가 '-거+이'로 재분석될 가능성을 강력히 보여줄 수 있는 증거가 될 수도 있다. 이 방언에서의 '-그로'는 '-거-+-(으)로'로 재분석이 가능하다. '-거-'에서 과정법 〔+process〕'(으)로'의 형태소 결합구조로 볼 수 있다. (14) ㄷ, ㄹ이 '-그로'와 결합될 수 없음은 바로 '-그로'의 의미자질 〔+process〕 때문이다. 이러한 사실은 이 방언의 '-그로'가 '- 기-+-

(ㅇ) 로-'의 형태소로 재분석의 가능성을 충분히 입증해 주는 것이 된다.

<표 3>

{-게, 긔} → *{-거} + *{-이}   → {-게}/{-기}

        *{-거} + *{-(ㅇ)로/-(ㅇ)록}   → {-그로}

                              ↘ → {-도로}

{-도록} → *{-ㄷ} + *{-(ㅇ)록   ↗ → {-그로}

                              → {-도로}

〈표 3〉에서 '-그로'와 '-도로'가 이 방언에서는 보충법에 의한 쌍형으로 방언 화자들에게 인식되어 있다. 따라서 (13) 각 ⓑ는 각 ⓐ와는 달리, 과정성의 의미가 첨가되어 있다.

(13)위 예문에서 '-게/-기'와 '-그로, -도로', '-*γi-'와 의미관계를 살펴보고자 한다. 중부방언에서 '-게'는 '장차 어떻게 될 모양을 나타내는', '상황부사형'으로 처리하고 있다. 이것은 '-게'의 본질적인 특성을 적절하게 지적한 것이라고 볼 수 있다.

(15) ㄱ. 꽃이 {*많게, 많이} 피었다.

  ㄴ. 돈을 {*많게, 많이} 버렸다.

  ㄷ. 이야기를 {*곧게, 곧이} 들었다.

(15)의 ㄱ-ㄷ에서 {-게}와 접사가 공기될 수 없음을 보이는데, 임홍빈(1975)님과 김종택(1977)님은 '심리적 상태', '어떤 정지된 상태나 작용을 표시하는 술어들과 호응하지 못하고 변화를 표시하는 술어들과 호응'한다고 각각 정의하고 있다. {-게}와 {-이}를 대비해 볼 때 '-게'의 의미는 선·후행용언의 상호관계에 의해 결정되어져야 한다.66) 한편 '-게＋하-' 구성은 '하다'의 의미기능이 이 문제해결에 중요한 관건이 될 수 있다. 필자(1979)는 '-게＋하-' 구성에서 '하다' 동사의 '추상적 기능판단'의 전제가 되는 '-게'를 작용의 의미가 있는 것으로 분석한 바 있다. 그리

---

66) '-게'는 '가능판단'의 의미 이외에는 공기될 수 없으며, 또 선행용언은 항상 추상적이며, 가능 판단의 전제가 된다.

고 (15) ㄱ, ㄴ처럼 '-그로'는 '-게'와 같이 '작용'의 의미가 있는데 비해 '-그로'는 '작용'이 일어날 수 있도록 하는 과정성의 의미가 내포되어 있는, 보다 포괄적인 의미기능을 수행하고 있다.

　　(16) ㉠ 얼라:로 바블 무께 한다. [작용](어린아이에게 밥을 먹게 한다.)
　　　　 ㉡ 얼라:로 바블(입에 맞게 만들어) 무끄로 한다. [작용, 과정성]

　'-그로'와 '-도로'의 관계에 대해서는 다음 장에서 논의할 것이므로 이 장에서는 긴 논의를 피할 것이다.

3) '-도록＋하-'와 '-게＋하-' 사동 표현과의 관계

　'-도록＋하-'와 '-게＋하-' 사동표현과의 관계에 대한 것은 서정수(1975)님에 의해 약간 언급된 바 있다. '-도록'은 접속어미의 도급형이라고 알려져 왔으며, 그 기능은 '움직임이 실지에 일어나기까지, 그 다음의 움직임을 함이 보이는 꼴'이라고 최현배(1953)님은 정의하고 있고, 남방방언에서 '-도록'에 대해서는 최명옥(1980)님은 '한도'의 의미제시를 하는 접속어미라고 정의하고 있다.

　그런데 '-도록＋하-' 구성의 경우 과연 접속어미인가라는 의문이 제기될 수 있다. 곧 내포화어미 '-게'가 '하다'와 연결될 때의 환경에 실현되는 '-도록'은 접속어미로 처리될 수 없다.

　　(17) ㄱ. 어매가 얼:라로 여빵에 재워따.(=어머니가 어린애를 옆방에 재웠다.)
　　　　 ㄴ. 어매가 얼:라로 여빵에 자게 해:따.
　　　　 ㄷ. 어매가 얼라:로 여빵에 자두로 해:따.

　(17) ㄱ은 사동자인 어머니가 직접 어린애를 재운 결과이나 ㄴ은 사동자인 어머니가 피사동자인 어린아이에게 잘 수 있도록 여건을 마련하거나 ㄱ과 같이 어머니가 〔-instigator〕로서 행위주격(agent)이 될 수 있다. 다시 말해 사동표현은 사동자와 피사동자의 의미자질과 수행성 여하에 따라 구분되는데 (17) ㄷ의 '-도로＋하-'는 어머니가 〔-instigator〕고 피사동자가 〔＋performer〕인 사동표현법의

범주에 들어간다. 그러나 ㄴ과의 차이점은 사동의미 범주의 차이인 것 같다. 곧 ㄴ은 사동자가 [±instigator]자질을 가지므로 ㄱ과 ㄷ과도 의미차이를 보이는 듯 하다. 따라서 이 방언에서 '-그로'와 '-드로'는 보통법의 쌍형으로 존재하고 있다.

    (18) ㄱ. 실수로 업:뚜로 해:라.
        ㄴ. 실수로 업:꾸로 해:라.
        ㄷ. 얼굴을 크기(크그로) 그리라.
        ㄹ. 얼굴을 트도록 그리라.

    (18)의 ㄱ의 '-도록'의 모문(marixs sentence)용언이 '하다'일 경우와 ㄹ과 같이 '자립용언'이 올 때 공기제약을 보이게 된다. 곧 내포문(embeded sentence)의 용언이 [+상태성]일 경우는 ㄹ과 같이 비문이 된다. 이와 같이 '-도록'이 '하다' 용언과 공기될 수 있는 환경에서는 이 방언에서 모두 '-그로'와 교체될 수 있으며, 이 때 사동주는 반드시 행위격 (C, A)과 호응된다. 곧 사동주는 [-instigator] 자질을 갖는 사동표현법으로 묶을 수 있다.

    이상의 논의문을 요약하면 다음과 같다. 이 방언의 사동 표현을 접사에 의한 사동과 '-그로+하-' 구성에 의한 것으로 구분하여 몇 가지 문제점을 제시하여 논증을 가하고자 했다.

    첫째, 접사에 의한 사동은 중부방언과 접사의 분포를 달리하는 예들을 제시하였는데 이것은 방언차를 발견할 수 있는 자료들인 동시에 통사적 사동표현인 '-게'와 부사화 접사와 유관한 것으로 역사적 연구에 실마리를 제공할 것으로 본다.

    들째, 이 방언의 '-그로'와 '-도로'를 각기 '-게', '-도록'의 방언 대응형으로 파악하려는 집착에서 벗어나 '-그로'는 '-거+-(으)로'로 재 형태 분석의 가능성을 예증했으며, 접사어미 '-도록'의 변이형인 '-드로'를 '-그로'와 보통법에 의한 쌍형으로 공재하며, 또 사동표현 기능을 하고 있음을 증명하고자 노력하였다. 아울러 '-*γi-'접사에 의한 사동과 '-그로+하-' 및 '-드로+하-' 구상의 사동표현 간의 의미 차이를 사동자와 피사동자의 의미자질의 제약으로 기술하였다. 그외에 '-게'와 부사접사 간의 분포 제약이나, '하다'의 의미와 통사론에 대한 체계적 연구를 위해 사적 연구와의 접맥이라는 과제를 남겨둔 셈이 되었다.

참 고 문 헌

김종택(1977), 「국어표현구조에 관한 연구」, 경북대 박사학위논문.

_____(1978), 「어휘적 제약과 통사적 제약」, 국어교육연구 10, 경북대 사대.

서정주(1973), 『동다 "하-"의 문법』, 1973, 형설출판사.

이기문(1973), 『국어학사개설』, 민중서관.

이병근(1979), 『음운현상에 있어서의 제약』탑출판사.

이상규(1979), 「현대국어 Vp-보문 분석 고찰」, 경북대 석사학위논문.

이숭녕(1978), 「중세국어 「것」의 연구」, 진단학보 39.

임홍빈(1975), 「부사화와 대상성」, 국어학 4.

최명옥(1980), 『경북동해안 방언연구』, 영남대학교 민족문화연구소.

Hans Kurath, 『Stdies in Area Lingustics』, 1972, Indiana University Prees.

Henry M. Hoenigswaid, 『Language Chage & Linguistic Reconstruction』, 1960, Chicago University

Raimo Anttila, 『An Introduction to Historical and Comparative Linguistics』, 1972, Chalifornia Univercity.

T. Bynon, 『Historical Linguistics』, 1977, Cambrige Univercity.

제8장 명령법어미의 분포와 방언차

1. 명령법어미의 특징

용언의 불규칙 활용형 가운데 'ㅅ', 'ㅂ'불규칙 활용형의 방언차이는 비교적 뚜렷하게 드러난다. 특히 어휘부 내부에서와 형태소 경계의 환경에서 시차적 변화의 결과가 공시적 방언분포에 반영되고 있다. 따라서 이들 방언차를 기준으로 하여 방언구획을 설정하거나 또는 'ㅿ', 'ㅸ'에대한 통시적 분석을 하는데 좋은 실마리를 제공하고 있음으로 음운사적 기술의 성과를 거두고 있는 셈이다.[67]

명령법 어미 '-아/어라', '-거/가라', '-너라'도 문법체계상 방언에 따라 우연한 공백(accidental gap)의 대립이 방언차이로 나타나고 있으나 이들 어미를 구성하고 있는 형태소인 '-아/어+라', '-거/가+라', '-너+라'에 대한 형태론적, 문법적 특성이 분명하게 드러나지 않았을 뿐만 아니라 지금까지 이에 대한 문제가 관심의 대상이 되지 못한 것 같다.

본고에서는 이들 어미의 통사적 발달 과정과 관련성이 있을 가능성이 높은 방언형들의 체계적인 비교를 통해 명령법 어미 '-아/어라'에 대한 발달 과정과 문법적 특성을 규명할 수 있을 것으로 기대하며, 아울어 이들에 대한 형태사적인 기술에 천착함으로서 넓은 의미의 명령법에 대한 윤곽을 밝히고자 한다.

음운변화에 비하여 문법변화가 보다 더 보수적이라는 점 때문에 문법적 방언변화형(variety)이 통시적 기술을 하는데 정밀하고 또 유용한 정보를 제공해 주지 못한다는 약점이 있지만 대방언권(macro-dialect division)을 설정하는 데에는 더 유용할 가능성이 높다.[68]

---

67) 崔明玉(1900), 「「ㅸ,ㅿ」와 東南方言」, 語學硏究 14-2, 참조
68) J.K. Chambers & P. Trudgill, 『Dialectology』, p.115, 1980. Cambridge Univ. Press.
   형태나 통사적인 기준이 어휘나 음운적인 기준보다 방언구획을 설정하는데 기여하는 등급이 높으며, 그 등급을 1.어휘, 2.발음, 3.음성, 4.음운, 5.형태, 6.통사, 7.의미로 구분하기도 한다.

따라서 본고에서는 방언에 따라 '-아/어라', '-거/가라', '-너라'가 체계적인 균형
이 이루어지지 않거나 특정 동사류에 한정되어 '-거/가라', '-너라'가 활용되는 방
언분포의 확인을 통하여 '-거-', '-너-'의 본질이 무엇이며, 어떠한 과정을 통하여
그 형태구성이 이루어졌는가를 살펴 보려고 한다.

본고에 이용되는 자료는 韓國精神文化硏究院 語文硏究室에서 조사한 전국 방언
조사자료를 토대로 하고 김형규(1980), 최학근(1978), 이돈주(1979), 김이협
(1981)의 자료를 보충자료로 이용하였다.

1) '-거라' 명령법어미의 특성

지금까지 '가다, 오다'류 동사의 해라체 명령형 어미가 여타 동사들의 활용형과
는 달리 '-거/가라', '-너라'로 실현되기 때문에 이들을 일컬어 '변칙동사' 또는 '벗어
난 끝바꿈 움꿈씨'(최현배:1980, 344- 345) 또는 '불규칙 동사'(이길록 외:1979,
126-127)라고 명명해 왔다.

한편 유창돈(1964:197)님은 '-거라'불규칙은 인정하지 않고 '-너라'불규칙만을
인정하기도 한다. 그리고 이들은 모두 단순히 '-어라'의 변이형으로 혹은 수의적으로
선택되는 변이형으로(김민수:1970, 90, 고영근:1974, 78)으로 처리하기도 했다.

먼저 '-거라', '-너라'를 '변칙동사'로 처리하고 있는 최현배(1980:345)님은 "'-거
라'가 벗어난 끝바꿈에는 두 가지가 있나니:하나는 그 시킴꼴이 꼭 '-거라' 하나로
만 쓰이고, 다른 꼴은 도모지 쓰이지 아니 하는 것이요"라고 하면서 이에 해당하
는 동사로 '가다', '자다'를 들고 있으나, 이들 동사의 명령형이 오늘날 '-아/어라'와
'-가/거라'가 같이 사용될 수 있으므로 '-거라'는 '-아라'의 형태론적 변이형으로 처
리하여도 무방하다.

한편 이들 형태소의 형태사적인 측면에서 '-아/어-', '-가/거-', '-나/너-'를 선어
말 어미로 분리하여 '-아라', '-거라', '-너라'들을 복합어미로 처리하는 경우도 있다.

먼저 前間恭作(1924:28)은 접속법 '-거늘', '-거던'의 '-거'와 동일한 형태소로
보고 '반과거'를 나타내는 시상어미로 보고 있다.

梁柱東(1947:156, 326)은 '-거-'를 시상조동사로서 이두의 '在(견)'에서 파생
된 것으로 처리하고 있다.

河野六郎(1950:123, 326)은 '강조형어간'으로 처리하고 있다.

李崇寧(1961:233, 239)은 '가상조건'을 나타내는 선어말어미로 잡고 있다. 安秉禧(1967:222)과 李承旭(1973:187)은 중세국어 자료 분석을 통하여 '-아/어-', '-거/가-'를 시상선어말어미로 처리하고 있다. 이와 같이 '-가/거-'에 대한 기능과 '-아/어-'와의 교체 조건 및 형태사적인 발달과정에 대하여 견해의 일치가 이루어지지 않음을 알 수가 있다.

직접명령법어미로 실현되는 '-아/어라', '-거라', '-너라'는 고대 향찰에 나타나는 '-良羅'(安民歌), '-去良'(禮敬諸佛家, 稱讚如來歌)의 잔재로 '-아/어', '-가/거'는 선행체언의 조건에 따라 선택된다. 그런데 방언에 따라 '가거라'와 '가라'가 서로 교체되며, 역사적으로 'ᄒ거라'와 'ᄒ야라'가 교체되는 조건이 과연 무엇인가? 그리고 '-아-', '-거-', '-너-'의 기능이 무엇이며, 어떤 형태사적인 과정을 경험했는가란 논의가 있어야 할 것이다.

'-거라'('-어/아라', '-거라', '-너라'를 이하 '-거라'로 지칭함)활용어미는 직접명령법으로서 서법상의 특징뿐만 아니라 문구성상 독특한 제약조건을 지니고 있다. 곧 동사류에 한정되어 실현되고 있으며, 중부방언에서는 '-거라'가 자동사류에만 실현되나 남부방언에서는 타동사류에서도 실현 가능하다. 그리고 명령법은 화자(명령체)와 청자(피명령체)의 관계가 분명하므로 주어 곧 청자가 문에 드러나지 않는 것이 더 자연스럽다. 만일 주어가 드러나더라도 2인칭으로 지배되고 1인칭 문은 성립되지 않는다. 그리고 과거에 대한 명령은 절대 불가능하며, 미래에 대한 명령인 경우에도 시상선어말어미가 올 수 없으므로 시제상 항상 현재라 할 수 있다. 아울러 청자 곧 피명령체가 비유정물로 '청원', '기원'을 나타내는 제안문이나 피명령체가 유정물이더라도 명령체와 공동의 행위가 일어나는 제안문과는 달리 명령문은 화자나 청자가 모두 유정물([+animate])이어야 한다.

2) '-아-' / '-거-' 교체조건

'-어/어라', '-가/거라', '-너라'의 '-아/어-', '-거/가-'와 '오(來)-'에 통합되는 '-너-'가 단순히 화자에 따라 수의적으로 선택되는 교체형[69])으로 처리될 수 있는 이유는 방언형에서는 이들 대응형태소들이 체계적인 균형을 보여주고 있다는 사실을

들 수 있다. 그리고 '-거라'활용어미가 선택되는 동사의 범주도 방언에 따라 약간
의 차이를 보여주고 있다. 따라서 '-거-', '-어-'가 무조건의 교체형으로 처리될 수
없다. 먼저 '-거-', '-아/어-', '-너'의 교체조건은 동사의 특성과 결부시켜 생각할
수 있다.[70]

(1)

	중부방언	남부방언
가다	가+아라	가+아라
	가+거라	가+거(가)라
자다	자+아라	자+아라
	자+거라	자+거(가)라
있다	있+어라	있+어(아)라
	있+거라	있+거(가)라

(2)

	중부방언	남부방언
먹다	먹+어라	먹+어(아)라
	*먹+거라	먹+거(가)라
잡다	잡+어라	잡+어(아)라
	*잡+거라	잡+거(가)라
살다	살+어라	살+어(아)라
	*살+거라	살+거라

(1)에서처럼 '-어-', '-거-'의 교체가 가능한 경우가 있는가 하면 (2)에서처럼
방언에 따라 '-어-', '-거-'의 교체 가능성이 차이를 보여주기도 한다. 곧 중부방언
에서는 '-어-', '-거-'가 체계상 *paradigmatic contrast*를 보여주고 있는데 이는

---

69) 유창돈(1964:306-321)님은 이들을 단순한 수의적인 교체형으로 처리하고 있다.
70) 정인승(1956)님은 "제움직씨 가운데 어떤 것은 시킴법 '-어라(아라)'로 될 것이 '-거라'로 바뀌는
것이 몇 있다. 〔가, 자, 있-]거라" 그리고 이에 속하는 자동사로 '가다, 자다, 일어나다, 자라
다, 있다' 등을 들고 있다. 고영근(1980)님은 '거'는 자동사, 형용사 및 지정사 곧 비타동사에,
'어'는 자동사에, '나-'는 '오-'밑에 각각 쓰인다는 논의가 있었다.

동사의 범주상의 이유 곧, 타동사에서만 그 교체가 가능한 때문인 것이다.

중부방언에서 '-거라', '-너라'활용이 가능한 동사들은 다음과 같이 한정되어 있다.

　　[1] '-거라' 활용동사 ⇨ 1. 가다, 2. 나다, 3. 자다, 4. 있다, 5. 듣다, 6. 서다, 7. 죽
　　　　　　　　　　　　　　다, 8. 앉다, 9. 꺽다, 10. 먹다.
　　[2] '-너라' 활용동사 ⇨ 1. 오다.

〔1〕 '-거라' 활용동사 외에 '가다, 나다'동사들과 복합되는 복합동사들 무리도
'-거라'활용이 가능하다.

　　가) 가다 ⇨ 나가다, 돌아가다, 들어가다, 넘어가다, 물러가다, 장가가다, 시집가다.
　　나) 나다 ⇨ 일어나다.

가), 나)에서 든 동사들 무리 외에 아래 용언들은 '-거라'활용이 불가능하다.

　　　　갔나<u>가다</u>, 축<u>나다</u>, 빛<u>나다</u>.

이들 '가다', '나다' 복합동사가 무정물〔-animate〕 주어를 취하거나 유정물
〔+animate〕 주어를 취하는 동사이더라도 청자의 의지가 반영되지 않는 기술동
사이기 때문에 '-거라'명령이 성립되질 않는다. 위에든 동사들은 비타동사 부류에
속하는 것들이다.

그러나 남부방언은 타동사에서도 '-거-'로의 교체가 가능하다. 그 이유는 명백하
지는 않지만 동사어간말음이 〔-k〕, 〔-lh〕의 영향과 중세어에서 비타동사류에 주로
실현되던 '-거-'에 유추 확대된 것으로 해석될 가능성이 있다.

(3)	-어라	-거라	-어	-∅
붓다(發腫)	*부어라	*붓거라	*부어	*부
삭다(消)	*삭어라	*삭거라	*삭어	*삭
녹다(溶)	*녹아라	*녹거라	*녹어	*녹
속다(騙)	*속아라	*속거라	*속어	*속

(4)

	-어라	-거라	-어	-ϕ
낳다(産)	*낳아라	*낳거라	*낳아	*낳

(3)의 용언은 화자의 명령 내용을 청자가 이행할 수 없을뿐더러 인위적으로 수행할 수 없다. (4)의 '낳다'도 피명령자가 남자인 경우 수행이 불가능하다. 따라서 동사 가운데 행위자인 피명령자의 능력으로 수행할 수 없는 동작 또는 상태동사에 대한 명령은 무의미한 명령이 된다.

그리고 다음 (5)와 같은 불규칙활용 용언의 명령은 '-어라' 외에 '-거라' 명령은 불가능하다.

(5)

	-어라	-거라	-어	-ϕ
갈다(耕)	갈아라	*갈거라	갈아	*갈
잇다(連)	이어라	*잇거라	이어	*잇
끄다(消)	꺼라	*끄거라	끄어	*끄
푸다(汲)	퍼라	*푸거라	퍼	*푸
굽다(炙)	구워라	*굽거라	구워	*굽
걷다(步)	걸어라	*걷거라	걸어	*걸
가르다(分)	갈라라	*갈거라	갈라	*갈

'-아라', '-거라' 직접명령형은 1인칭 화자가 2인칭 청자에게 어떤 행동이나 상태의 지속을 일방적으로 요구하기 때문에 화자의 명령 내용에 대하여 화자나 청자의 행위가 동시에 유발되지 않은 것이 원칙이다. 그리고 화자와 청자간에 동등한 지위에 있거나 또는 청자가 화자보다 수하(手下)이어야 '-어라', '-거라' 명령이 가능하다. 경어어휘와 평어어휘간에 다음 (6)의 예에서처럼 경어 등급별 대칭을 보여주기도 한다.

(6)

	합쇼	하오	하게	해라
(경어)말씀하다	말씀하십시오	말씀하시오	말씀하게	*말씀해라/*말을하거라
(평어)말하다	*말하십시오	말하시오	말하게	말해라/*말하거라
(경어)드시다	드시십시오	드시오	드시게	*드시라/*드시거라
(평어)먹다	*먹으십시오	먹으시오	먹게	먹어라/*먹거라

(경어)주무시다   주무십시오   주무시오   주무시게   *주무시라/*주무시거라
(평어)자다   *자십시오   자시오   자(시)게   자라/자거라

'-어라', '-거라'에서 '-어-', '-거-'의 교체 조건은 중부방언에서는 비타동사에서만 가능하지만 남부방언에서는 타동사인 경우에도 이들의 교체가 가능함을 보여주고 있다. 따라서 이들 교체 조건은 '-거-', '-어-'의 통사·의미적인 차이에 그 원인이 있는 것이다.

2. '-아라', '-거라', '-너라'의 통사의미

1) '-거라' 활용어미의 방언차이

'-아라'는 해라체 명령형에 두루 실현되는 것인데 중부방언에서는 '-(으)라' 꼴과 교체를 보여주고 있지만 /으/와 /어/가 비변별적인 대부분의 경상방언에서는 '-아라'로 실현되므로써 *paradigmatic paradyme*상 '-(으)라'는 체계적인 공백으로 남게된다.

'-아/어라'와 '-(으)라'에 대해서는 이희승(1961:264)은 '-아라'는 '명령'을 '-(으)라'는 '예스럽게 막연하게 시키는 것'이라고 그 의적인 차이를 밝히고 있다.71)

(7)

	-어/어라	-(으)라	-어/어
마시다(飮)	마셔라	마시라	마셔
쓰다(書)	써라	쓰라	써
하다(行)	하여라/해라	하라	해
오다(來)	와라	오라	와

'-아/어라'는 동사어간의 모음의 음성적인 조건에 따라 선택된다. 그런데 동해안 방언권에는 용언의 어간 모음 환경과 무관하게 '-아라'가 선택되어 '접-+-아라', '묶-+-아라' 처럼 실현된다. 그런데 '하다' 동사만은 중부방언에서도 '하여라' 형과 '해라'형이 공존하고 있다.

---

71) 이희승(1960), 「국어학개설」, p. 264, 민중서관.

'오다' 동사는 '온나', '오이라'와 같은 방언형이 공존하고 있으며, 최근에 어린아이들 계층에서 '와라'형이 나타나고 있다. '오다' 동사의 명령법의 활용형은 12세기부터 '-너라'활용형이 실현되는 것으로 보아 '-아/어라'형은 우연한 공백(accidental gap)으로 남아 있다가 방언형에서 '오이라'(경상남도지역)나 '온나'(경상북도지역), '와라'(강원도, 영동지역)형이 나타나 그 공백을 메꾼 결과로 보인다.72)

'-아/어라'와 '-(으)라'는 배타적인 형태소가 아닌 것으로 보인다. 서정수(1984: 64)는 '-아/어라'를 [구어체], '-(으)라'를 [문어체]로 규정하고 양인석(1976:129)은 '-아라'는 [대화체]에 '-(으)라'는 [대중체]로 규정하고 있으나 이것을 어떤 특정한 차이로보기보다는 의미적인 뉘앙스 차이가 있을 뿐이다. 곧 '-아라'에 비해 '-(으)라'는 청자에게 엄격한 명령의 의미기능을 하기 때문에 공식체(formal style)인데 비해 '-아라'는 보다 친근감을 주는 정도의 차이밖에 없다. 그러나 이들은 발화 상황에 따라 그 역일 수도 있다.

'-아/어라'에 비해 '-거라', '-너라'는 피명령자의 재량권이 주어지지 않는 동시에 엄명의 의미가 깃들어진 정도의 의미적 뉘앙스 차이가 있다. 따라서 '-아/어라'는 '-거라'에 비해 훨씬 부드러운 엄명 곧 권유로서 청자에게 재량권이 주어지는 표현방식이다.

(8) '-거라'

　　가다 → 가거라
　　나가다 → 나가거라
　　돌아가다 → 돌아가거라
　　들어가다 → 들어가거라, 드가거라
　　넘어가다 → 넘어가거라
　　물러가다 → 물러가거라
　　장가가다 → 장가가거라
　　시집가다 → 시집가거라

---

72) '주다'에 대한 명령형은 {주+어라} 이외에 요즈음 '좀 봐 주라'와 같은 표현에서 '주-+-라'와 같은 꼴이 많이 실현된다. '주어라'형은 제 3자에게 '주라'형은 화자 자신에게 행위가 미치는 경우에만 실현된다.

일어나다 → 일어나거라, 일나거라
듣다 → 듣거라
앉다 → 앉거라
있다 → 있거라

(9) '-너라'
오다 → 오너라
나오다 → 나오너라
가져오다 → 가져오너라
넘어오다 → 넘어오너라

(10) '*-거라'/'*-너라'
읽다 → *읽거라/*읽너라
울다 → *울거라/*울너라
살다 → *살거라/*살너라
뛰다 → *뛰거라/*뛰너라
보다 → *보거라/*보너라

(8)에서처럼 명령법어미 '-거라'와 '-너라'가 활용되는 동사는 한정되어 있다. 어미 '-거라'는 '가다(行)' 동사와 '가다'류 복합동사에서 실현되고 '나다'류 복합동사 가운데 '멋나다', '혼나다' 등을 제외한 타동사에서는 '-거라'가 실현된다. (9)에서처럼 '-너라'는 '오다' 동사와 '오다'류 복합동사에 한정되어 실현된다.

그런데 (10)에서처럼 '-거라', '-너라'가 실현되지 못하는 이유가 어디에 있는가? '-거라', '-너라'는 반드시 이행되어야 할 명령을 강조하는 엄명의 의미를 갖는 perlocutionary force를 갖는다. 그리고 중세어에서는 '-거라'가 '-거- + -라'로 형태소 분석이 가능할 뿐만 아니라 이때의 '-거-'는 완료시상의 선어말어미였다는 점으로 미루어 보아 명령의 전단계에 해당하는 기본적 명령동사(basic command verb)에서만 '-거라' 활용이 가능했다.73) 따라서 기본적 명령동사에서 벗어난 동사인 예문 (10)은 '-거라'활용이 불가능하다. 그러나 최근에 경상방언을 흉내내는

---

73) 양인석(1976), "한국어 양상의 화용론", p. 132. 언어 1-1.

방송드라마에서 유추(analogy)에 의해 '-거라'활용의 예가 늘어나고 있다.

2) '-거라' 활용어미의 방언 분포

명령법어미 '-아라'는 모든 동사에서 활용될 수 있으나 '-거라', '-너라'의 활용은
지역에 따라 특정 동사에 한정되어 실현된다. 경북방언에서는 비교적 '-거라'활용
을 보이는 동사의 수가 중부방언보다 우세하다.

(11)

	-거라	-아라	-아
가다(行)	가거라	가아라	가아
자다(宿)	자거라	자아라	자아
있다(在)	있거라	있어라	있어
앉다(坐)	앉거라	앉아라	앉아

(12)

	-거라	-아라	-아
감다(洗髮)	*감거라	감아라	감아
입다(着服)	*입거라	입어라	입어
말다(捲)	*말거라	말아라	말아
죽다(死)	*죽거라	죽어라	죽어

(11)의 예는 중부방언에서 활용이 가능한 예이지만 (12)의 예는 활용이 불가
능한 예이다. 그러나 경북방언에서는 (12)의 예에서 '-거라'활용이 모두 가능하
다. 이러한 이유는 통시적으로 '坐, 去, 起, 立'의 의미를 갖는 동사의 선어말어미
'-거-'에 유추확대된 것이다. 그리고 구어에서 어간말음이 [k]인 동사나 어간말자음
이 [lh]인 '잃다(失), 싫다(猒), 앓다(患)'와 같은 동사의 활용에 나타나는 [h/k]의
영향으로 '-거라'가 보다 널리 실현된 것이다. 이러한 '-거라'의 형태구성에 대한
논의는 다음장에서 검토하기로 한다.

(13)

	-거라	-너라	-아라	-라
오다(來)	오거라	오너라	와라	오라
가다(行)	가거라	*가너라	가아라	가라

(13)의 예에서 동사 '오다(來)'는 유일하게 '-너라'활용이 가능하다. 그런데 방언에 따라 '오너라' 활용형의 방언 분화형이 방언차이를 보여주고 있다. '오이라'형은 경남 전역에서 실현되며, '와라'형은 강원도 영동지역에서, '오노, 오너'형은 충남 당진, 서산지역에서 실현된다. 그리고 '온나'와 같은 단축형은 경북방언에서 실현된다.

'가다', '오다' 동사의 명령형의 방언분포는 다음과 같다.

> 가다(去) :
> 　가거라(경북, 경남 전역),
> 　가가라(평북 전역, 경북 경주, 영덕, 울진, 강원 삼척, 경남 울산, 양산)
>
> 일어나다(起) :
> 　일나거라(경북, 경남 전역)
> 　일나가라(평북 전역, 경북 경주, 영덕, 울진, 강원 삼척, 경남 울산, 양산, 동래)
>
> 오다(來) :
> 　오너라(경북, 경남 전역)
> 　오나라(평북 전역, 경북 경주, 영덕, 울진, 경남 울산)
> 　와라(강원 삼척, 양양, 동래)
> 　온나(경북, 경남 전역)
> 　오이라(경남 전역)
> 　오노/오너(충남 서산, 당진)
>
> 앉다(坐) :
> 　앉거라(경북, 경남 전역)
> 　앉가라(평북 전역, 경북 경주, 영덕, 울진, 강원 삼척, 경남 울산)

　이들 가운데 '가다(行)', '오다(來)' 동사의 명령법어미의 방언분포는 다음 〈지도-1〉과 〈지도-2〉와 같다.

<지도-1> '가다(行)'동사 명령법어미의 분포

가거라

<지도-2> '오다(來)'동사 명령법어미의 분포

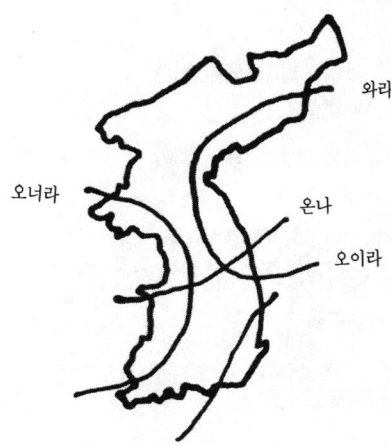

와라

오너라

온나

오이라

3. '-거라'어미의 통시론적인 형태구성

'-거라'어미는 향찰자료에서 이미 발견된다.

(13) ㄱ. 此喰惡支治<良羅> (安民歌)
　　 ㄴ. 法界毛叱所只至<去良> (禮敬諸佛歌)
　　 ㄷ. 一念惡中湧出<法良> (稱讚如來歌)

(13)의 ㄱ〈良羅〉와 ㄴ〈去良〉는 '-(ㅇ/으)라', '-가/거라'로 읽어도 무난할 것이나 '去良'을 '去-+-良'로 분석하여 '去'를 완료시상표시 선어말어미로 처리하는데에는 수긍이 가지 않는다.[74] '나·다(出)'가 현대어에서도 '-가/거라'활용이 가능하다는 점에서 이들을 명령법어미로 볼 수 있다. 더군다나 〈鷄林類事〉(1103)와 〈朝鮮館譯語〉(1408)의 자료에서도 '-거/거라'의 대응형이 확인된다.[75]

(14) ㄱ. 坐曰阿 則 家囉 (鷄林類事)
　　 ※ 'an-cʌ-kə-ra='a-tsək-kə-la
　　 ㄴ. 去曰匿 家 入囉 (鷄林類事)
　　 ※ ni-kə-(ci-ra)=ni-kə-ziəp-la

(15) ㄱ. 早去 左格 阿怎以稱格剌 (朝鮮館譯語)
　　 ※ 아·춤·일·니·거·라
　　 ㄴ. 早起 左吉 阿怎以稱格剌 (朝鮮館譯語)
　　 ※ 아·춤·일·니·거·라
　　 ㄷ. 摘果 得刮 刮世大臥那剌 (朝鮮館譯語)
　　 ※ ·과·실·쓰·오·나·라
　　 ㄹ. 去 格 稱格剌 (朝鮮館譯語)
　　 ※ 니거라
　　 ㅁ. 來 賴 臥格剌 (朝鮮館譯語)

---

74) 이승욱(1973), 「국어문법의 사적연구」, p.187, 일조각.
75) 14), 15)의 자료의 음가 추정은 姜信沆(1971), (1978)의 논문에 따랐음을 밝혀둔다.

　　※ ·오나라

ㅂ. 回 悔 朶落稱格刺 (朝鮮館譯語)

　　※ 도라·니거라

ㅅ. 說 捨 稱格刺 (朝鮮館譯語)

　　※ 니거라

ㅇ. 坐 左 阿格刺 (朝鮮館譯語)

　　※ 앉거라

ㅈ. 立 禮 捨格刺 (朝鮮館譯語)

　　※ 셔거라

　(14)의ㄱ, ㄴ에서 '-가/거-+-라'가 발견된다. 향찰에서 '良羅'와 '去羅'가 '良-+-羅', '去-+-羅'로 분석될 수 있는 가능성이 위 예를 통하여 발견된다.76) 그러면 '-가/거라-'에 대응되는 '-가라'로 읽는데는 이견이 있을수 없지만 '-가/거-'형태소를 무엇으로 처리할 것인가라는 문제가 제기된다.

　윗 예에서 '-거/거라'가 '-가/거-+-라'로 형태소분석을 하고 '-가/거-'를 완료시상 선어말어미로 처리하는 것은 15세기 국어자료의 '-거-'의 기능에 미루어 가능할 것 같다. 더군다나 '니다(去)'동사의 명령법

　이 13) ㄴ, 14) ㄴ에서 '니거라'로 실현됨을 확인할 수 있기 때문에 '-가/거라'를 직접화법의 정동사어미로 처리되어야 할 것이다. 〈朝鮮館譯語〉의 자료들의 예들은 (7)처럼 방언형과 일치하고 있는 점으로 미루어 보아 '-아/어라'의 변이형으로서 정동사어미 '-가/거라'가 실현된 시기는 12세기보다 훨씬 앞설 것로 추정된다.

　15세기 자료에서는 '-거/거라'가 몇 갈래로 나누어 그 특징을 살펴 볼 수 있다.

(16) 安樂國이는 아비롤 보러가니 어머도 몯보아 시름깊거다 (月釋, 8-87)

　　소리 ᄂᄌ기 홀디어다 (金三, 3-38)

　　이고기 닉거다 (這肉熟了) (老諺, 상-20)

　　흔 터럭귿매나 이시면 문외예 잇거다(蒙山, 12)

　　아로미 宜커다 (蒙山, 39)

76) 孫時蛇(손시사), 時蛇(시사), 痲蛇(마사), 打馬此(다ᄆ차), 薩羅(사라), 移室廷(이시어), 易成 (이셔)

    (17) 이제 또 너를 여히오 더욱우니노니 어셔 도나 니거라 (月釋, 8-101)

        벗들아 닐거라 (老乞, 상-34)

        네나 술아라 ᄒ고 (三綱, 孝, 20)

        다 如來 威力이론 고둘 아라라 (釋祥, 9-28)

  '-거라'가 16)처럼 설명법의 정동사어미로도 사용되며, 17)처럼 命令法의 정동사어미로도 사용된다. 그리고 부사형어미로도 사용된다. 16)의 경우 '-거-+-다'의 '-거-'는 '-어-'의 교체형으로서 과거 또는 가상의 소성을 갖고 있다.[77] 그러나 17)의 예에서 '-거라'의 '-거-'는 16)과 같이 시상의 소성을 갖는 것으로 보기는 힘들다.

    (18) 네 큰 慈悲로 ᄲᅵᆯ리 니르라 (觀音, 26)

        고도ᄆᆞ로 대답ᄒ라 (楞, 1-44)

        이 斷滅이라 니르디 말라 (金三, 2-22)

        너희 반ᄃᆞ기 부텻 닐오몰 전ᄒ라 (法, 1-175)

  17)의 '-거라'와 18)의 '-라'를 대비해 보면 '-거라'는 화자가 청자에게 원하는 바 사실이 完了된 후의 상태를 가상하면서 명령하는 곧 꼭 시행되었으면 하는 '*perlocutionary force*'를 갖는다. 이는 남부방언에서 '꼭, 부디, 틀림없이, 빈틈없이'와 같은 한정부사들과 공기되는 경우가 많은 것으로도 알 수 있다. 반면에 18)의 '-라'는 직접적인 요구로 '-거라'와 정도의 차이가 있다. 명령법의 범주도 'order, demand, request, plea, suggestion, warning' 등의 의미 범주상의 정도차이 때문에 '-라', '-거라' 등의 정동사형 어미가 분화되었던 것이다.

  '-거라'는 명령법의 어말어미 '-라'에 엄명의 요구를 나타내는 선어말어미 '-거-'의 결합으로 이루어진 것이다. 이러한 사실은 '-아라', '-라'보다 '-거라'가 명령자와 피명령자간의 간격이 훨씬 큰 점으로도 알 수 있다.

  '-거라' 명령법어미는 향찰에도 나타나는데 주로 타동사에 실현되며, 기초적인 명령동사(basic command verb)에 해당하는 동사에 나타난다. 일부 방언에서는

---

77) 이승욱(1967), "15세기 국어의 선어말접미사 '-가/거-'", pp. 33~44, 國文學論集.

'-거라' 교체조건의 폭이 넓은 경우도 있으며, '-어라'에 비해 강자가 청자에게 원하는 바 사실이 완료된 후의 상태를 가상하면서 명령하는 *perlocutionary force*를 갖고 있다.

제 9 장 경북방언의 접속어미 '-어(가아)'

1. 경북방언의 접속어미 '-어(가아)'

경북방언의 접속어미 '-어(가아, 가주고, 가지고, 가이고)'는 중부방언에서의 '-어(서)'와 대응되는 것으로 파악하고 있지만 분포상 통사적 차이는 매우 크다[78]. '-가아, -가주고, -가지고'와 같은 형태소가 이 방언의 어미체계 내에서 어떤 통사·의미적 기능을 보이는가 밝혀 보고자 한다.

현대국어란 표준어와 동일한 개념으로만 파악할 수 없다. 여러 방언이 갖는 공통적 특성을 통합한 방언을 현대국어라 할 수 있다. 이런 관점에서 다양한 체계로 구성된 하위 방언에 적용되는 보편적 언어체계를 가정할 수 있다. 바로 이 보편적인 언어체계의 유사성과 이질성은 역사 문헌자료 이상의 유용한 언어학적 정보를 언어학자들에게 제공해왔다. 이러한 관심은 늘 음운론 연구에 집중되었으나 앞으로는 형태·통사론 연구에도 유용하게 활용할 수 있으리라 본다.

이 방언에서는 '-어(가아)'의 '-(가아)는 바로 자립형태소에서 의존형태소로 공시적으로 동요를 보이는 자료이다. '가지다(持)'라는 자립형태소에서 '-가아'라는 의존행태소로 '문법화(Grammaticallization)'되는 과정을 확인할 수 있다.

중부방언의 '-어(서)'에 관해서는 이미 많은 연구 논문들이 쏟아져 나왔다. 이들은 대개 접속과 내포와의 구분기준이나 복합어의 한계를 모색하거나 활용어미로서의 의미 분석이 주된 관심사였다.

한편 경북방언에서 실현되는 '-아(가아)'의 '-가아'를 최명옥(1980)이 처음으로 '수단', '이유'의 관계 의미를 갖는 것으로 '-(가아)'는 후치사로 처리하였다.[79]

---

78) 중부방언에서의 '-아(서), -고(서), -에(서), -께(서), -로(서)'가 이 지역어에서는 '-이(가아)'를 제외하고는 '-게(가아), -고(가아), -에(가아), -께(가아), -에서(가아), -로(가아)'로의 실현이 불가능하므로 분포상 차이를 보인다.

79) 중부방언에서 '-서'에 대해서도 단일 형태소로 간주해야 한다는 주장(김영희, 1976)을 한 바도

'-어(서)', '-어(가아)'에 대해 자립형식이라는 입장에 선 통사론적 관심이 중심이 되었으나 본고에서는 의존형식으로 동요80)를 보이는 것으로 보고 그 문법적 능력에 관심을 기울이는 동적통사론의 입장에서 접근해 보고자 한다.

<표 1>

	중부방언	경북방언
구속형	-아(서), -(으)니	-아(가아), -(으)이/-(으)이께
나열형	-아(서), -고	-아(가아), -고

〈표 1〉처럼 중부방언과 이 방언의 어미형식이 단순히 대응되는 것만으로 파악할 것이 아니다. '-아(가아)'의 독자적인 기능은 '-아(가아)'와 '-(으)이' 및 '-고'를 각각 비교함으로써 드러날 수 있다. 본고에서는 각각의 어미들을 비교함으로써 그 기능을 밝히고자 하는데, '-아(가아)'와 '-고'의 대비는 지면의 제약으로 다음의 기회에 살펴볼 예정이다.

2. 문법형태소의 통시적 변동

공시적 언어변동을 파악함으로써 과거와 미래의 언어현상에 확대하여 적용할 수 있는 규칙성을 찾을 수 있다. 언어란 이상적인 변화의 단락을 가지고 있지 않다. 따라서 A>B의 변화 과정을 파악하기 위해서 A/B의 공시적 동요 과정에 대한 파악은 매우 유용하다.

지금까지 확인된 기능적 동요를 보이는 예들은 첫째 공시적으로 확인되는 것, 둘째 통시적 변화 속에서 확인되는 것으로 구분된다.

첫째, 공시적으로 확인되는 동요

〈표 2〉에서 t1 시기에 항목 a1이, t2 시기에 항목 a2가, t3 시기에 항목 a3

있다. 또 김종택(1979)은 '-서'를 postposition으로 처리하고 있는 점은 특이하다.

80) 이러한 공시적 동요를 A.Martitnet는 'co-existing variant'이라고 명명했으며 Hsin- Hsieh는 'synchronic variation'이라고 하면서 변화의 과정에서 동요의 중간 단계를 설정하고 있다.

가 각각 bn이라는 문법적 요소로 동요되는 것을 보여주고 있다. 곧 자립형식인 an이 의존형식인 bn으로 바뀌는 중앙 계층의 a1~b1, a2~b2, a3~b3는 t1, t2, t3에 동요된다. 이들은 지역적, 사회계층적 분화를 보이기도 하는데, 이러한 동요는 언어의 기능 범주 통시적 변화에 요인이 된다.

<표 2>

t0	t1	t2	t3	tn	
a1	a1	a1-a2	b1	b1	b1
a2	a2	a2	a2-b2	b2	b2
a3	a3	a3	a3	a3-a4	b3

an : 어휘요소, bn : 문법요소

(1) ㄱ. 내애뻐린다 = 내-+버리다
     조오뿌라 = 주-+버리다
   ㄴ. -잩(에) = 잩(傍)+-에
     -보고 = 보(視)+-고
   ㄷ. -가아 = 가지-

(1) ㄱ의 '-뻐린다', '-뿌라'는 자립형식인 '버리다'에서 본래의 의미자질을 상실하는 [-어휘화] 과정을 겪고 있다. ㄴ의 '-자테', '-보고'도 '곁(傍)', '보(視)'도 [-어휘화], [+문법화] 과정을 겪어 자립형식과 [+유정] 체언 아래에서 실현되는 격조사와 공존하고 있다.81)

이처럼 자립형식에서 접사, 격조사, 어미와 같은 의존형식으로 동요된 어형과 자립형식이 공시적으로 공존하는 자료들을 방언자료에서는 쉽게 확인할 수 있다. 결국 이러한 의존형식이 개신형으로 작용되면 통시적으로 새로운 규칙을 낳게 된다.

둘째, 통시적 변화

<표 2>의 역사적 변화는 an>bn의 제단계에서 동요를 거치게 된다. 음운·의미·통시적 변화에서도 이러한 예들은 많이 발견된다. 그런데 특히 어휘요소인 자

---

81) 이상규(1982). "동남방언의 여격표지", 한국방언학 2. 참조

립형식 an이 문법요소인 의존형식 bn과 공존하는 예는 문헌자료에서 확인할 수 있다.

(2) ㄱ. -아+잇다(有) > -엣- > -었-

    ㄴ. ᄀ장(邊, 極) > -까지

       남다(餘, 越)+-아 > -나마

       붙다(附)+-아 > -부터

       좇다(從)+-아 > -조차

    ㄷ. 믿다 > -매-

       어리다(遇) > 얼-

(2)는 체언이나 용언과 같은 자립형식에서 문법소로 기능 변화를 보이는 예들이다.82) ㄱ과 같은 보조어간이나, ㄴ처럼 특수조사 또는 ㄷ처럼 접사로 변화를 보이고 있다.

이 방언에서는 (2)와 같은 예의 통시적 변화는 확인할 수 없다. 그러나 이러한 역사적 변화는 반드시 공시적 동요를 겪게 되고 그 결과로 언어변화를 겪게 된다. 그러므로 언어의 변화양상은 총체적으로 파악하기 위해서는 공시적 동요 자료를 분석하는 것이 당연하면서도 필요한 작업이다.

1) '-어(가아)'의 형태론적 특징

국어의 자립, 의존형식을 범주상 특성별로 〈표 3〉과 같이 선상에 배열할 수 있다.83)

---

82) 이기백(1975), 김문웅(1975)의 논의 참조.
83) 체언(NP)의 동요를 선적으로 범주구분한 홍사만(1976), 이상규(1980)의 논의를 바탕으로 용언 (VP)의 동요를 선적인 분포로 배열하였음.

<표 3>

자립형식		준자립형식		의존형식	
{체언} <문법화>		{형식명사} <의존구성>		<내적의존>	<외적의존>
→		→			
←-------		←-------			
{용언} <어휘화>		{보조어간} <자립구성>		접사 첨사 특수조사 격어미	
					어미

  독자적인 의미를 지닌 체언이나 용언과 같은 자립형식은 피한정 형식, 곧 문법화
에 의해 준자립형식이 될 수 있다. 독자적인 의미기능을 상실하고 제 홀로 문의 성분
이 될 수 없는 형식명사나 형태론적 특성을 상실한 부류를 의존형식이라 한다. 이 의
존형식은 성분내부의 구성에 관여하는 접사와 첨사(particle)가 있고 성분간의 구성
에 관여하는 특수조사(postposition), 어미(ending), 격어미(case ending)가 있
다. 한편 자립형식에서 부사화 과정을 거치는 재어휘는 조어상 의존형식으로 되는
경우도 있으나 본고와 직접적인 관계가 없으므로 긴 업급은 피한다.
  자립형식인 용언 '가지다'의 공시적 변이형(synchronic variant)으로는 '가주
고', '가주', '가지고', '가이고', '가아'와 같은 것이 있다.

  (3) ㄱ. 니이가 저거로 가져라. (=너가 저것을 가져라.)
      ㄴ. 니이가 저거로 찌버 가지고 가아라. (=너가 저것을 집어가지고 가라.)
      ㄷ. 해가 져가아 모오깐다. (=해가 져서 못간다.)

  (3) ㄱ의 '가지다(持)'는 어휘 본래의 의미를 갖는 자립형태소이다. ㄴ은 [+문
법화]에 의한 피한정구성과 [-어휘화]에 의해 본래의 의미를 상실한 보조용언이
다. 곧 '지속'이라는 의미를 갖는 준자립형식이다. ㄷ은 '해가 졌기 때문에 못간다'
라는 의미를 갖고 있다. 이에 '-가아'의 형태소 분포(distribution)는 '지다'의 어
기 내부에서 이루어지는 내적 의존 구성을 보인다.

<표 4>

	접사	첨사	특수조사
통합구성	1. 전·후접 가능 2. 어기직접구성	1. 전접 가능 2. 어기간접구성	1. 전·후접가능 2. 어기간접구성
의미기능	1. 어기에 가의 2. 기본 의미변화	1. 어기에 가의 2. 강의 기능	1. 어기에 불가의 2. 관계의미 획득
통사구성	1. 단어 내적구성 2. 어기와 관형구성	1. 단어 내적구성 2. 통사기능없음	1. 단어 외적구성 2. 어려 격에 통용

'-아(가아)'는 후행하는 서술어를 수식하는 부사적 성격을 보이고 있어 특수조사와 동일 범주에 넣어도 좋을 듯 하나 몇가지 차이점이 발견된다. 이 점은 '-가아'의 특성을 밝히는 데에 매우 중요한 문제가 될 것이다. '-가아'의 통합구조상의 특성을 보면 특수조사처럼 어기에 직접 대치가 전혀 불가능하다. 그리고 어미와 결합도 특수조사보다 훨씬 제약되어 있어 부사형 '-어' 뒤에서만 가능하다. 또 부사격조사와도 결합이 불가능하다. 따라서 부사격조사와 후접복합성84)의 특성을 지닌 특수조사와는 동일한 부류에 넣을 수 없다.

'-아(가아)'의 대치적 특성은 〈표 4〉에서 처럼 어기에 직접 대치가 불가능하여 특수조사와 유사성을 갖게 되면 성분 간의 관계도 외적 구성을 보이거나 간접 대치 환경이 매우 한정되어 있어 '-들, -님, -씩'85)과 함께 같은 부류를 형성하고 있는 듯 하다.

(5) ㄱ. 물이 흘러{가아} 바다로 간다.

　　 ㄴ. 개구리로 잡아{가아} 먹는다.

　　 ㄷ. 숙제는 다해{가아} 돌아왔다.

　　 ㄹ. 너무 많이 울어{가아} 눈이 붓다.

---

84) 홍사만 (1977). p.105 참조

85) '-들'을 조사로(S.E.Martin:1968, 金棒坤:1969). '-님'을 형식명사로(김계곤:1969). '-씩'을 조사로처리하고 있듯이 접사와 한정조사의 범주란 실상 설정하기 매우 힘든다.

(5) ㄱ, ㄴ의 '-가아'는 생략되어도 의미의 차이를 보이지 않는다. ㄷ, ㄹ의 '-가
아'는 무의미한 요소가 아니라 성분간의 관계를 보이는 의미기능을 하고 있다. 곧
'-가아'는 선행용언에 어떤 문법적인 자격을 부여한다기보다는 의사전달상의 관계
의미를 보이는 의존형식이다. 따라서 '-가아'는 〈표 4〉에서처럼 의미기능이 전혀
없는 것과 관계의미기능을 보이는 것, 곧 첨사와 특수조사와의 양면성을 공유하고
있다. 경북방언에서 '너거-+-들'(너희들), '아부지에'의 '-들', '-에'와 동일 부류의
잉여적인 '-가아'86)와 의존형식의 범주 가운데서 〈표4〉와 같이 외적의존구성의 기
능을 하는 후접 특수조사(post-postposition)87)의 '-가아'는 의존형식 가운데 첨
사와 후접 특수조사와의 양면성을 보이고 있다.

2) '-어(가아)'의 의미론적 특징

경북방언의 연결어미 '-어(가아)'는 '-(으)이', '(으)이께', '-(으)이끼네'와 함께
'이유', '원인'의 관계의미를 '-고', '-골랑'과 함께 '수단'의 관계의미를 갖고 있는 것
으로 파악되어 왔다. 접속어미에 대한 전통적인 의미분석을 하는 데는 방법적인
측면에서 몇 가지 문제점을 안고 있는 듯하다.88)

(6) ㄱ. 미국에 가{㉠ -가아, *㉡ -(으)이} 공부해 왔다.
　　　(=마국에 가{㉠ -서, ㉡ -니} 공부해 왔다.
　ㄴ. 산에 가보{*㉠ -가아, ㉡ -니} 그기 많더라.
　　　(=산에 가보{*㉠ -아시, ㉡ -(으)이} 그것이 많더라.
　ㄷ. 밥을 너무 많이 무:{㉠ -가아, ㉡ -(으)이} 배가 아프다.
　　　(=밥을 너무 많이 먹어 {㉠ -서, ㉡ -으니} 배가 아프다.

(6)에서 보듯이 ㄱ에서는 ㉠만, ㄴ에서는 ㉡만 가능하다. ㄷ에서는 ㉠, ㉡이 모

---

86) 이들의 발화 관습상 添辭라 부를 수 있을 것 같다.
87) 후접 한정조사와 부사화 어미와의 구별은 앞으로 더욱 논의되어야 할 과제이다. 본고에서 이때의
　　'-가아'는 어미류에 넣어도 무방하리라 본다.
88) 활용론적 접근(남기심:1978, 유동준:1980)과 언어논리적인 접근(이상태:1978)방법으로서 부분
　　적으로 어미분석을 시도하고 있다.

두 가능하지만 나름대로의 고유한 기능이 있을 것이다. 이 어미들의 독자적 기능이 밝혀져야 그 차이점이 드러날 수 있다.

먼저 '-아(가아)'의 의미기능에 대하여 살펴보려고 한다.

(7) ㄱ. 미국에 <u>가가아</u> 공부로 배와왔다.
　　　　(=미국에 가서 공부를 배워왔다.)
　　ㄴ. 총력안보로 위해<u>가아</u> 온 국민이 단결하자.
　　　　(=총력안보를 위해서 온 국민이 단결하자.)
　　ㄷ. 옆집에 사래미 장아 가<u>가아</u> 나도 간다.
　　　　(=옆집에 사람이 장에 가서 나도 간다.)
　　ㄹ. 키가 작아<u>가아</u> 앞이 안 비엔다.
　　　　(=키가 작아서 앞이 안보인다.)
　　ㅁ. 얼라로 업어<u>가아</u> 잠을 재운다.
　　　　(=어린아이를 업어서 잠을 재운다.)
　　ㅂ. 우표로 부치<u>가아</u> 보내라.
　　　　(=우표를 부쳐서 보내라.)

(7) ㄱ, ㄴ은 '상황, 조건', ㄷ, ㄹ은 '원인', ㅁ은 '방법'의 의미를 보인다. 그 이외에도 이러한 관계의미를 필요에 따라서 더 많은 하위 구분이 가능하다.89) 그런데 '-어(가아)'는 선·후행절을 어떤 관련을 맺게 하는가에 따라 여러 가지의 관계의미로 파악될 수 있다. 최근 중부방언의 '-어(서)'에 대한 남기심(1980)은 '화자와 청자가 다같이 알고 있는 원인'을 나타낸다고 보는 활용론적 접근이나 김흥주(1980)가 '현상에 대한 상황적, 시간적 인식에 따라 두 상황을 이어준다.'는 것으로 보려는 태도가 모두 보다 객관적인 의미분석을 하려는 일련의 노력들이었다.

본고에서는 (7)의 '-어(가아)'의 관계의미를 파악하기 위해 두 가지 기준을 제시한다. 곧 선행문의 행위나 동작과 후행문의 행위나 동작의 인과관계 및 시간순차에 따른 관계의미로 구분한다.

선행문의 행위나 동작이 후행문의 행위나 동작에 미치는 인과관계에 따라

89) 전재호(1979:100), 「국어문법표현」에서는 '-어서'의 의미를 ①완료 ②방법 ③원인 ④대치 ⑤중문 ⑥연속 ⑦선택으로 하위 구분하고 있다.

① 상황·조건, ② 원인, ③ 방법으로 구분된다. 그리고 후행문의 행위나 동작의 선·후 관계에 따라서 ① 계기, ② 완료로 구분된다.

(7)ㄱ은 완료된 '상황, 조건', ㄴ은 계기적인 '상황, 조건'의 관계를 보이고 있다. ㄷ은 '계기적인 원인'을 ㄹ은 '완료의 원인'을 나타내 보인다. ㅁ은 '계기적인 방법'을 ㅂ은 '완료적 방법'을 보인다.

다음은 '-(으)이'의 관계의미를 살펴보자.

(8) ㄱ. 자금을 많:이 대주어 성공했다.
　　　　 (=자금을 많이 대주니까 성공했다.)
　　 ㄴ. 오라카이 왔다.
　　　　 (=오라고 하니까 왔다.)
　　 ㄷ. 아:들이 자꾸 머라카이 안 따른다.
　　　　 (=아이들이 자꾸 꾸중하니까 안 따른다.)
　　 ㄹ. 옆으로 비키이 차가 확 오더라.
　　　　 (=옆으로 비키니까 차가 확 오더라.)
　　 ㅁ. 앞닐로 색각카이 걱정이다.
　　　　 (=앞일을 생각하니 걱정이다.)

ㄱ~ㄴ은 '이유, 원인', ㄹ~ㅁ은 '결과'의 관계의미를 가진다. '-(으)이'도 '결과, 시간, 이유, 원인' 등으로 하위구분이 가능하다. 그런데 청화자의 담화 공간의 동일성에 의해서나 화자의 의도의 초점에 따른 구분도 관계의미를 파악하기 위한 일련의 노력들이었다.90) (8)의 '-(으)이'도 인과관계에 따라서 ㄱ~ㄷ은 선행문의 행위나 동작이 '이유, 원인'을 나타낸다. 한편 ㄹ, ㅁ은 인과관계에 의해 연결된 것이 아니고 결과를 갖추어 판정을 요구하는 시차성을 보이고 있다.

'-아(가아)'의 '원인'과 '-(으)이'의 '이유, 원인'은 어떤 차이로 구별되는가 살펴볼 차례이다.

---

90) 유동준(1980), "한국어 접속화 연구", 연세어문학 13. 에서 '도입, 설명'이란 의미는 결국 발화시에 대한 화자의 초점(현재)이라 할 수 있다. 따라서 최현배(1953)의 '때'란 정의와 아무런 차이가 없다. 구절구조 차이로써 '이유, 원인' 구별하려 한 것은 일반화의 어려운 문제가 있다.

(9) ㄱ. 키가 작아가아 앞이 안 비앤다.(= 키가 작아서 앞이 안 보인다.)

ㄴ. 카가 작으이 앞이 안 비앤다.(=카가 작으니 앞이 안 보인다.)

(9)ㄱ의 '-아(가아)'는 선행문의 행위, 동작이 후행문의 어떤 결과에 대해 선택되나, ㄴ의 '-(으)'는 후행문의 어떤 결과가 선택되어진다.

(9)ㄱ, ㄴ의 선·후행문의 행위·동작이 시간상의 차이를 보인다. 곧 ㄱ의 '-아(가아)'는 시간상 선행된 일이 원인이 되는 것을 보이고, ㄴ의 '-(으)이'는 화자가 말하는 그 시점에 초점을 맞추어 과거부터의 어떤 행위가 현재까지 계속된 결과가 원인이 됨을 보인다. 따라서 ㄱ은 객관성을 ㄴ은 주관성을 나타낸다. 다시 말해서 (9)의 선행문 주체는 각기 다르다. 곧 ㄱ은 주체가 화자이지만 ㄴ은 주체가 화자가 아닌 청자나 제3의 인물이다. ㄱ은 주체와 화자가 일치하므로 그 진술은 객관성을 띨 수밖에 없다. 그리고 ㄴ은 주체와 화자가 일치하지 않으므로 주체자의 행위, 행동에 대해 화자의 발화 내용은 당연히 주관성을 띨 수밖에 없다.

따라서 '-아(가아)', '-(으)이'는 '이유, 원인'이라는 관계의미로 구분한다는 것은 의미가 없다. 앞에서 본 바와 같이 발화 상황을 고려해야 할 것이다. 곧 선·후행문의 행위·행동의 인과관계, 시간상 차이, 주체와 화청자와의 관계를 고려하여 파악할 수 있다. 곧 '-아(가아)'는 후행문에 대한 어떤 결과를 갖추어 객관적 판정을 '-(으)이'는 주관적 판정을 요구하는 의미기능을 보이는 것으로 보아야 할 것 같다.

참 고 문 헌

김문웅(1975), 「국어의 허사 형성에 관한 연구」, 경북대학교 교육대학원.

이상규(1980), 「'-올/를'의 범주와 기능」, 『문학과 언어』 1.

_____(1981), 「동남방언의 사동법」, 『문학과 언어』 2.

_____(1982), 「동남방언의 여격조사」, 『한국방언학』 2.

정 철(1980), 「경북방언의 언어 제약현상」, 『어문총론』 13-14.

최명옥(1980), 『경북동해안 방언연구』, 영남대학교민족문화연구소.

Andrē Martinet(1961), 「A Functional View of Language」, Oxford at the

Clarendon Press.

J.K.Chamber & P.Trudgill(1980), 「DIALECTOLOGY」, Chambridge Univ., Press.

William S-Y(1977), 「The Lexican in Phonological Change」, Mouton Press.

제 2 편   방언에 관한 연구

제 1 장 한국어 방언구획

1. 한국어 방언구획 약사

1) 한국방언구획 약사

현대 언어지리학적인 입장에서 한국어에 대한 방언구획이 이루어진 것은 19세기 이후라고 할 수 있다. 그 이전에는 주로 인상주의적인 어휘방언차이에 대한 기록이 전하며, 19세기 이후 비로소 언어지리학적인 방언구획이 시도되었다. 小倉進平(1944), 河野六郎(1945)에 의해 주도되던 일제 강점기에 방언구획은 공시적인 입장에서 개별어휘나 음운사적 주제와 관련있는 항목을 언어지도화하여 방언권을 구획하였다.

그 이후 계통론적 관점에서 통시적인 방언구획 또는 공시적 방언구획이 시도되었으나 뚜렷한 방법론이 제시되지 못했을 뿐만 아니라 방언구획의 기준이 임의적이고 체계적이지 못한 한계를 가지고 있었다.

1970년대에 들어서면서 종래의 방언구획 방법에 대한 비판과 더불어 도단위별 하위방언 구획에 대한 논의는 자못 활발하게 진행되었으나 전국 단위의 방언구획을 전제로 하지 않았기 때문에 이들의 논의를 통합하더라도 한국어 방언권을 정확하게 구획할 수 없었다. 그러나 최근에 李翊燮(1981), 이기갑(1986), 金忠會(1990), 최명옥(1994)는 방언측정법에 의한 도단위 방언구획을 시도한 것은 방언구획 방법의 정밀화를 꾀한 것이다. 이러한 일련의 작업을 통해 한국어 전체를 포괄하는 하위방언권을 설정하는 일은 앞으로의 과제거리 가운데 하나이다.

19세기를 기점으로 하여 언어지리학적인 관점에서 본격적인 방언연구가 시작되었다. 따라서 그 이전에 국내 실학자들이나 외국인들에 의해 논의된 방언차이에 대한 단편적인 언급은 여러 문헌에서 찾아 볼 수 있지만 체계적인 기술과는 거리가 있는 것이다.

먼저 국내 실학자들의 저술에서 발견되는 방언차이에 대한 견해에 대해 살펴보자. 이 시기에 사용된 "방언(方言)"이라는 개념은 중국어에 대응되는 한국어라는 개념으로 사용되고 있어 현대적인 의미의 방언이라는 용어와는 거리가 있다. 곧 실학시대에 사용된 방언이라는 개념은 갑오경장 이후 등장한 "국어, 국문"이라는 용어와 대등한 의미로 사용된 것이다. 이러한 전통은 〈三國史記〉, 〈訓民正音〉, 〈龍飛御天歌〉와 같은 문헌에서 사용된 "방언"이라는 용어가 '우리나라 말'이라는 뜻으로 사용된 이래 그 전통이 실학시대까지 이어진 결과이다.

李德懋(1741~1793)의 〈靑莊館全書〉 가운데 "寒竹堂步筆"에 "新羅方言 爲官長能習方言可通俗情 余初到沙郵 吏隷之言驟聽不可解 蓋新羅方言也"라 하여 경상도방언이 자기의 말과 달라 이해하기가 어려웠다는 언급을 하고 있다. 1790년 규장각본 〈隣語大方〉에서도 "그런 말은 慶尙道 사롬의 鄕音이지 셔울 사롬ᄒᆞ는 말은 아니오니 말을 비홀지라도 셔울 사롬의게 비호게 ᄒᆞ옵소"라는 기록에 따르면 서울방언과 경상방언의 차이를 인식하고 있었다는 사실을 알 수 있다. 尹廷琦(1810~1870)의 〈東寰錄〉 卷4 '方言'條에 "今嶺湖南人 謂稻曰羅錄 或云新羅稟百官用稻代米故云"이라 하여 영호남과 타 지역 방언의 차이를 기록하고 있다. 洪良浩의 〈北塞記略〉 가운데 "孔州風土記"에 함경도방언자료를 소개하고 있으며, 〈象書記聞拾遺〉과 〈濟衆新篇〉 등의 문헌에서도 방언차이에 대한 기록이 보인다. 그러나 이 시기의 방언차이에 대한 기록은 체계적인 것이 아니라 인상적인 방언차이 곧 어휘 차이나 말투 차이에 대한 기술이라 할 수 있다.

한국어에 대한 본격적인 방언연구는 19세기에 접어들면서 시작되었다. 19세기 小倉과 河野을 중심으로 역사언어학적인 관점에서 방언자료의 분석을 통하여 역사적으로 중요한 음운사적 사실이나 어휘사에 대한 연구의 진전을 보이면서 대강의 한국어 방언구획에 대한 시도가 이루어졌다. 이어서 崔鶴根(1959), 李崇寧(1967) 등의 방언구획에 대한 여러가지 견해가 제시되었다. 이 단계의 방언구획론은 크게 계통론적 관점에서 방언권 구획을 시도한 李克老(1948:60-68) 계열과 공시적 방언자료의 지리적 분포를 토대로 방언구획을 시도한 小倉進平(1944) 계열로 구분된다.

한국어 방언구획은 전국을 대상으로 한 대방언권과 도 군단위를 대상으로 한 하위방언권으로 구분하여 이루어졌다. 대방언권 구획은 역사적 관점에서 한국어의 기원 문제와 관련된 논의와 더불어 공시적인 방언권을 구획하는 두 가지 경향을 띠고 있다. 하위방언권 구획을 하면서 대방언권 구획을 위한 기초 작업으로써 전체와의 관계를 염두에 둔 연구 결과는 거의 찾아보기 힘든다. 그러한 이유는 연구자들의 연구조사 지역이 광범위하기 때문이라는 이유뿐만 아니라 대방언권 구획 자체에 대한 신뢰성이 적기 때문인 것으로 풀이된다. 지금까지의 방언구획 결과는 행정권을 중심으로 한 도단위별 하위방언권 구획을 시도한 것이 대부분이기 때문에 방언권간의 비교나 언어 변화의 추이를 알아보는 데는 별로 도움을 주지 못한 실정이다.

2) 대방언권 구획

대방언권 구획은 크게 세 가지로 구분하여 살펴보아야 한다. 첫째, 통시적 방언구획으로 국어의 기원과 관련지운 계통론적 방언구획, 둘째, 공시적으로 전국을 대상으로 한 방언구획, 셋째, 운소를 기준으로 한 방언구획이 있다.

지금까지의 대방언권 구획의 실상이 어떤지 살펴보고 이에 따른 문제점들을 검토해 보고자 한다.

(1) 통시적 방언구획

먼저 한국어의 기원 문제와 관련지은 계통론적 관점에서 대방언권을 구획한 논의로는 李克魯(1948), 李珍模(1953), 崔鶴根(1959), 李基文(1961), 李崇寧(1967)이 있다.

李克魯(1948:60-68)는 한국어의 어조(語調)를 기준으로 하여 (1)관서방언권(평안도사투리, 고구려방언), (2)호남방언(전라도, 충청도사투리, 백제방언), (3)영남방언(경상도사투리, 신라방언), (4)관북방언(함경도사투리, 옥저방언), (5)중부방언(경기도사투리, 서울말, 혼성방언)과 같이 5개방언권으로 구획하고 있다. 이러한 구분 방법은 小倉進平(1944)의 공시적 방언구획을 전제로 한 것으로 평가된다. 방언구획의 기준이었던 어조와 고구려, 백제, 신라어가 구체적으로 어떠한 연관성이 있는지 해명하지 않은 채 이처럼 방언구획을 시도한 것은 초창기 방언학 연구가 보여준 한계였다.

李珍摸(1953:208-218)는 (1)북방계와 (2)남방계의 2대 구분으로 고대어에서의 핵방언권이라고 생각되는 개성지역어와 경주지역어로 나누고 있다.

이러한 초창기 방언구획 방법에서 한걸음 진전된 모습을 보여준 것이 崔鶴根(1959:179)과 그의 수정 구획론에 해당하는 결과들이다. 崔鶴根(1959)은 고대 한국어 방언구획을 위해 중간자음 약화 탈락 현상을 근거로 들어 (1)고구려어계, (2)신라어계, (3)원시국어계로 구분했으나 그 이후 고대지명의 분포를 기준으로 한 수정론에서는 (1)북부방언(고구려어계)과 (2)남부방언(삼한어계)으로 방언구획을 하고 있다. 崔鶴根(1959:179)은 "고구려어 계통지구에 속하는 중앙어를 위시한 제방언은 [ㄱ] [-k-], [ㅂ] [-p-], [ㅅ] [-s-] 등의 중간자음을 약화 탈락시켰다. 그러나 신라어계 제방언 현상에서는 [-v-], [-z-] 음단계 이전의 원음이라고 믿어지는 [-p-], [-s-], [-k-] 음을 유지하고 있음을 보여 주고 있다."라는 사실을 전제로 하여 3개 방언권으로 구획하였다. 그는 2대방언권으로 1차 수정 제의를 정리한 〈國語方言學〉(1974)에서 지명의 분포와 어중자음군의 약화과정, 모음의 대응을 기준으로 하여 양대 방언권을 설정하였다. 다시 그의 수정론을 최종 정리한 〈韓國方言學〉(1982)에서는 음운, 어휘, 어법 및 성조의 분포를 기준으로 하여 (1)남부방언군과 (2)북부방언군 및 (3)등어지대를 설정하고 있다.

李基文(1961:41)은 고대국어의 기원문제와 관련지위 특히 국어형성과 관련된 계통론적인 입장에서 한국어의 방언권을 (1)고구려어계, (2)백제어계, (3)신라어계로 설정하고 있다. 아울러 하위 방언권을 (1)동북방언, (2)서북방언, (3)중부방언, (4)동남방언, (5)서남방언, (6)제주방언으로 구분하고 있으며, 하위방언권의 명칭으로 '동남', '서남'식의 방위표식 명칭을 처음으로 사용하였다. 이는 방언 자료에 대한 검토를 전제로 한 것이 아니라 계통론적인 입장에서 국어형성과 관련하여 구분한 견해이다.

李崇寧(1967:330)도 한국어의 계통론적 관점에서 부여어(扶餘語)와 한어(韓語)로 양대별하고 한어는 다시 마한(馬韓), 변한(弁韓), 진한(辰韓)어계로 구분하고 있다.

<지도-1> 고대 한국어 방언분포(李崇寧,1967:350)

아울러 李崇寧(1967)은 〈韓國文化史大系〉 9의 '한국방언사'에서 한국어의 방언분화에 대한 통시적인 고찰을 통해 방언 형성기에서부터 현대에 이르는 분화과정을 설명하고 있다. 이러한 노력은 통시적 관점에서 거시적으로 방언구획론을 일단 정리한 셈이 된다.

원시한어(原始韓語)에서 분화된 고대국어의 방언구획을 위의 〈지도-1〉처럼 제시하고 있다. 이러한 구분 근거는 고문헌 기록에 나타난 여러가지 전거(典據)를 근거로 삼고 있다. 그러나 이 방언지도는 단지 방언구역의 개념도이지 개별방언권의 방언분포를 지리적으로 면밀하게 확인한 것이 아니다. 통일신라시대 말기까지의 방언권은 4개방언권으로 (1)북부방언, (2)세력불균형지역, (3)동부방언, (4)서남방언으로 구분하고 있다. 이어 전기중세국어의 방언분화에 대해서는 'ㅿ', 'ㅸ'

의 약화, 탈락 유무와 성조의 잔류 유무에 따라 방언권을 나누었는데 방언구획의 기준이 무엇이냐에 따라 그 방언 경계는 무질서한 꼴로 나타나고 있다. 근대국어에서의 방언분화 양상은 구개음화, 'ㅇ'의 소실, 'ㅸ'반사형, 'ㅿ'반사형의 분포를 기준으로 하여 방언분포도를 제시하고 있다.

현대방언의 방언구획을 李崇寧(1967:410)은 〈지도-2〉와 같이 (1)함경도방언, (2)평안도방언, (3)중부방언, (4)전라도방언, (5)경상도방언, (6)제주도방언으로 6개 방언권으로 나누며 그 지역을 다음과 같이 밝히고 있다.

① 함경도방언 : 오늘의 행정구획 외에 동해안으로 통해 고성선까지 내려 온 것이라고 하겠다.

② 평안도방언 : 황해도 사리원 이북과 강원도 접경 지역을 포함한 이북의 방언이다. 그리고 중강진, 후창의 지역은 함경도 방언에 들어갈 것이다.

③ 중부방언 : 북으로는 황해도 사리원 以南, 강원도 고성 以南, 남으로는 충남의 논산, 금산 以北과 충북을 포함한다.

④ 전라도 방언 : 충남의 행정구획과 거의 일치하는 방언이다. 논산군은 본시 전북의 소속이던 것이 日政時 충남의 어청도와 교환된 곳이고 금산군도 본시 전라도에 든 것이다. 소백산맥 以西의 지역이다.

⑤ 경상도방언 : 오늘의 경상도 행정구획과 거의 일치한다. 그러나 지금 김천, 죽령, 조령을 통하여 중부방언의 침투가 가해지고 있다.

〈지도-2〉 한국어 방언구획(李崇寧,1967:410)

(2) 공시적 방언구획

공시적인 방언자료를 기준으로 하여 처음으로 대방언권 구획을 시도한 경우는
朝鮮語文硏究部(1937), 小倉進平(1944), 河野六郞(1945), 강윤호(1965), 李
崇寧(1967), 金亨奎(1974), 金公七(1977), 김영황(1982), 김병제(1988), 宣
五德 외(1991)가 있다.

朝鮮語文硏究部(1937:1)가 간행한 〈方言集〉에서는 (1)경기도, (2)함경도,
(3)평안도, (4)황해도, (5)강원도, (6)충청도, (7)경상도, (8)전라도, (9)간도와
같이 9개 방언권으로 구분하면서 제주도 방언을 전라도 방언에 귀속시키고 있는데
이는 다분히 행정권을 고려한 것으로 보인다. 특히 간도를 하위방언권으로 설정한
점은 매우 특징적이다.

이보다 먼저 小倉進平(1924)은 〈南部朝鮮方言の硏究〉에서 대방언권을 (1)남
부방언과 (2)북부방언으로 구분하였다. 그 이 후 후속되는 방언조사 보고서나 논
문에서 주로 도별 명칭을 이용한 방언권을 설정하고 있다. '경상남북도방언, 영동
방언, 영서방언, 서부황해도방언, 경원함경철도역선방언' 등과 같이 정확한 방언구
획을 전제로 한 명칭이 아니라 임의적으로 지역 명칭을 사용하기도 했다. 小倉進
平(1940)은 〈The Outline of The Korean Dialect〉에서 한국어 방언구획을
6대 방언권으로 구분 확정하였다.

小倉은 자신이 구획한 6개 방언권 구획에 대해 세밀한 근거를 밝히지는 않았지
만 그의 방언구획은 오랜 기간에 걸쳐 방언 현지 조사를 통한 경험적 사실에 기초
한 것이라고 할 수 있다. 방언권에 대한 명칭도 '경상, 전라, 함경, 평안' 등과 같
은 축약형 도별 명칭을 처음으로 小倉이 사용하였다.

① 경상방언 : 경상남북도, 강원일부(울진, 평해)
② 전라방언 : 전남북(무주,금산 제외)
③ 함경방언 : 함남북(영흥 이남 제외)
④ 평안방언 : 평남북
⑤ 경기방언 : 경기, 충남북, 강원(울진, 평해 제외), 함남일부(영흥 이남), 전북일부
　　　　　　　(무주, 금산)
⑥ 제주도방언 : 제주도

河野六郎(1945:251)은 〈朝鮮方言學試攷〉에서 음운, 어법, 어휘의 방언분포
에 따라, 小倉(1940)의 견해를 그대로 인용하되 경상방언과 전라방언을 하나로
묶어서 5개 방언권으로 구분하고 있으나 방언권에 대한 명칭은 달리 사용하고 있
다. 곧 (1)중부방언, (2)서북방언, (3)동북방언, (4)남부방언, (5)제주도방언으
로 구분하였다. 河野(1945)는 특정한 음운사적인 주제인 'ㅇ', 'ㅿ', 어중 'ㅡㄱㅡ소
실, 이중모음의 단모음화 방언분화를 기준으로 한 구분이었다. 小倉이 구분한 전
라방언과 경상방언을 남부방언으로 처리한 점에 있어서 차이를 보여주고 있다.

① 중부방언 : 小倉의 경기방언과 대체로 일치
② 서북방언 : 小倉의 평안방언에 상당
③ 동북방언 : 小倉의 함경방언과 대체로 일치
④ 남부방언 : 小倉의 경상방언과 전라방언을 합친 것과 유사
⑤ 제주도방언 : 小倉과 같음

河野가 小倉과 방언구획상 차이는 방위를 나타내는 '중부, 남부, 북부(서북, 동
북)'식의 명칭을 사용한 점을 들 수 있다. 그러나 제주방언에 대해서는 '제주도방
언'이라는 용어를 사용하고 있다. 이러한 방언구획 명칭은 뒤에 많은 학자들이 이
용하고 있어서 한국방언권 명칭으로 정착되었을 정도이다.

李崇寧(1967:410)은 방언구획의 통시적 과정을 기술하는 과정에서 현대 방언
구획을 (1)함경도방언, (2)평안도방언, (3)중부방언, (4)경상도방언, (5)전라도
방언, (6)제주도방언으로 구획하고 있다.

金公七(1977:129)은 어휘적 기준에 따라 (1)북부방언, (2)중부방언, (3)남부
방언의 3대 방언권으로 구분한 뒤 음운, 형태를 기준으로 하여 다시 아래와 같이
하위방언권을 설정하고 있다.

① 북부방언 ─ 1. 동북부방언 : 함남북, 강원 동부
          2. 서북부방언 : 평남북
② 중부방언 ─ 3. 중부방언 : 경기, 충남북, 강원서부
          4. 서부방언 : 황해
③ 남부방언 ─ 5. 동남부방언 : 경남북
          6. 서남부방언 : 전남북

金亨奎(1980:426)는 음운, 어휘, 어법을 중심으로 하위방언권을 6개방언권으로 구분하고 있다. 小倉의 구분 방법과 유사하지만 "○○도방언"과 같은 방언권의 명칭을 부여하고 있는 점이 차이가 있다.

① 경상도방언 : 경상남북도
② 전라도방언 : 전라남북도
③ 함경도방언 : 정평 이북의 함경남도와 함경북도, 평안북도 일부(후창군)
④ 평안도방언 : 평안북도(후창 제외), 평안남도
⑤ 경기도방언 : 경기도, 충청남북도, 강원도, 황해도, 함경남도 일부(영흥이남)
⑥ 제주도방언 : 제주도

김병제(1988:208-216)는 한국어방언구획을 〈지도-3〉에서처럼 '방언지구', '방언지역', '방언지방'으로 세 개의 성층으로 구분하여 구획하고 있다. '방언지구'는 대방언구획으로 동, 서로 이분하고 '방언지역'은 6개 방언권으로 설정하고 있는데 이는 小倉의 구분 방법과 거의 일치하고 있다. '방언지방'은 도별 행정명칭을 사용하는 소단위 방언권으로 구분하고 있다. 김병제(1988)의 한국어 하위방언구획 방법은 방위중심의 구분방법과 행정권중심의 도별 하위방언구획을 하는 일반적 관행을 절충하고 있는 점이 특징이다.

방언지구는 동부방언지구와 서부방언지구로 구분하고 (1)동부방언지구에는 ①동북방언지역과 ②동남방언지역으로, (2)서부방언지구에는 ①서북방언지역, ②중부방언지역, ③서남방언지역, ④제주도방언지역으로 구분하고 있다. 김병제(1988)의 '방언지역'에 대한 구분은 다음과 같다.

① 동북방언 : 함경도방언지방<함경남도(요덕, 금야, 고원군 제외), 함경북도, 양강
            도>
② 서북방언 : 평안도방언지방<평안남북도, 자강도>
            황해도방언지방<황해북도(금천군, 토산군 제외), 황해북도(금천군, 토
            산군 제외), 황해남도(청단, 연안, 배척군 제외)>
③ 중부방언 : 경기도방언지방<경기도>, 강원도방언지방<강원도>, 충청도방언
            지방<충청남북도>, 기타<함경남도(요덕, 금야, 고원군), 황해북도(금천

군, 토산군), 황해남도(청단, 연안, 배천군), 개성시>

④ 동남방언 : 경상도방언지방<경상남북도>

⑤ 서남방언 : 전라도방언지방<전라남북도>

⑥ 제주방언 : 제주도방언지방<제주도>

〈지도-3〉 한국방언구획(김병제,1988:209)

김영황(1982:131)은 음운, 문법, 어휘적인 면을 고려하여 7개 방언권으로 구획하고 있다.

① 서북방언 : 평안남북도, 자강도

② 동북방언 : 함경남북도와 양강도

③ 류진방언 : 함경북도 류진지방 (경흥, 경원, 온성, 종성, 회령, 부령)

④ 중부방언 : 경기도, 강원도, 충청남북도, 황해남북도 일부

⑤ 서남방언 : 전라남북도

⑥ 동남방언 : 경상남북도

⑦ 제주방언 : 제주도

3) 운소를 기준으로 한 방언구획

이상의 방언구획이 주로 어휘, 음운, 문법을 기준으로 한 것이라면 운소를 방언
구획의 기준으로 하여 하위방언권을 설정한 논의도 있다. 李崇寧(1967)은 성조를
중심으로 하여 비성조지역과 성조지역으로 2대별 한 뒤에 성조지역을 다시 구분하
여 현재까지 성조가 잔류하는 지역과 비성조지역에 침식당해 성조가 소실되어가는
지역으로 구분한 추상도(李崇寧,1967:369)를 제시하고 있다. 金永萬(1986:11)
은 운소를 기준으로 하여 4개 방언권으로 구분하고 있다.

① 서부 제방언 : 평안, 황해, 경기, 서울, 강원서부, 충남, 전라
② 경남방언 : 울산, 울주, 거창 등 경남 북부지방을 제외한 나머지 지역
③ 경북방언 : 경남의 울산, 울주, 거창, 강원도 삼척을 포함한 경북지역
④ 함경방언 : 강원도 동북부를 포함한 함경지역

서부 제방언은 우리나라를 동 서로 양분했을 때 서반부 전체 지역에 해당하며,
음장이 변별적 기능을 보이는 지역이다. 경남방언에는 고저가 변별적 기능을 보이
나 장단은 비변별적인 기능을 보이는 지역이라는 면에서 고저와 장단이 모두 변별
적인 경북지역과 차이를 보이고 있다. 강원도 지역은 대관령을 중심으로 영서지역
은 서부 제방언권에 속하고 영동지역은 강릉, 명주를 전이지대로 하여 그 남쪽은
경북방언에 그 북쪽은 함경도 방언권에 소속시키고 있다(金永萬, 1986).

서부 제방언에서는 음장이 변별적인데 비해 경남방언과 함경도방언에서는 고저
가 변별적이다. 이에 비해 경북방언은 음장과 고저를 다 가지고 있다. 그리고 고저
를 가진 경상도방언과 함경도방언은 고저 대립이 정반대의 모습을 보여주고 있다.

이기문(1991) 외, "한국어 방언의 기초적 연구"와 더불어 성조 분포와 유형을
가지고 언어지도를 작성한 〈태평양지역 언어지도집〉(Language Atlas of Pacific
Area)이 발간됨으로써 초분절음의 방언분포에 대한 해설과 지도가 간행되었다.

한국 방언을 운율의 관점에서 다음과 같이 분류하고 있다.[1]

---

1) 李基文 외(1991), 『한국어 방언의 기초적 연구』, 대한민국학술원논문집 제 30집.

① 고저와 장단이 아울러 존재하는 방언들

② 고저만 있고 장단이 식별되지 않는 방언들

③ 장단만 있고 고저가 식별되지 않는 방언들

④ 고저와 함께 장단도 식별되지 않는 방언들

한편 어휘 '말(言), 여우(狐), 새우(蝦), 듣-(聞)'의 성조뿐만 아니라 사피동형의 성조 유형과 방언분포를 언어지도로 제작하였다. 그 가운데 '말(言)-+-이'형을 기준으로 운소를 기준으로 한 방언권을 다음과 같이 구분하고 있다.

① 성조 지역 : 경상남북도 전역,

　　　　　　강원도 삼척, 명주,

　　　　　　함경남도 정평을 제외한　함경남북도 전역,

　　　　　　평안북도 후창 동부지역

② 무성조 무음장지역 : 제주도 전역,

　　　　　　강원도 회양, 이천, 양구, 화천,

　　　　　　황해도 봉산, 재령, 장연, 은율, 안악, 황주, 수안, 신계,

　　　　　　평안북도 자성, 후창(서부), 초산, 삭주, 운산, 태천,

　　　　　　평안남도의 영원, 맹산, 순천, 평원, 용강, 강서, 중와,

　　　　　　함경남도 영흥, 문천, 고원

전학석(1993:214)은 "함경도 방언의 음조에 관한 연구"에서 중세국어 성조인 평성, 거성, 상성에 대해 함경도방언은 저, 고, 고장으로, 경상남도방언은 고, 중, 저장으로, 경상북도방언은 고, 저, 저장으로, 남강원도방언은 고, 저, 중장으로 대응된다는 기준에 따라 (1)함경도방언, (2)경상남북도 방언, (3)남강원도방언으로 구분하고 있다.

이상 대방언권 구획에 대한 제반 논의들을 살펴보았다. 이러한 논의에서 공통적인 특징은 방언구획 방법에 대한 기준이 일치하지 않을 뿐만 아니라 방언구획이 정밀하지 않다는 점이다. 다시 말하자면 방언구획이 아닌 방언구획의 개념도라고 할 만큼 정밀성이 결여되어 있으며 또 체계적이지 못하다. 그리고 하위방언권의 명칭도 방위를 기준으로 '동남', '서북' 등의 명칭을 쓰는 이가 있는가 하면, 행정구

획을 기준으로 '함경도', '전라도' 등의 명칭을 쓰는 이도 있어, 방언권의 명칭도 정리되지 않은 상황이다. 그리고 북한에 대한 현지조사가 불가능한 상황이며, 그 동안 행정권의 변화로 양강도와 자강도등 새로운 도가 신설되었기 때문에 하위방언권의 명칭도 새롭게 설정되어야 할 과제로 남아 있다.

2. 하위방언구획과 방언 특징

전국을 대상으로 한 방언구획은 대상지역의 광역성 때문에 정밀한 구획이 되지 못했다. 그 뿐만 아니라 방언구획에 대한 기준 설정이 면밀하지 않았을 뿐만 아니라 어휘, 음운, 문법적 차이를 기준으로 한 등어선이 일치되지 않기 때문에 방언구획론에 대한 본격적인 연구가 시급한 상태이다. 한 예로 어중자음 '-g-'의 소실에 대한 등어선이 단일어(머루/멀구)의 등어선과 합성어(어레미/얼게미)의 등어선과 상당한 차이를 보이는 점을 고려하지 않은 방언 구획론은 큰 의미를 부여할 수 없는 것이다.

이러한 면에 있어서 도단위를 대상으로 한 하위방언권 구획은 정밀성을 보여줄 수 있다. 군, 면, 리 단위의 조사가 용이할 뿐만 아니라 개인 연구자의 노력에 의해서도 어느정도 가능한 과제이기 때문에 千時權(1963) 이후, 도 군단위 하위방언권에 대한 논의는 방언구획의 정밀화와 더불어 비교적 활발히 연구가 진행되어 왔다.

이 장에서는 편의상 구분한 도단위별 방언권의 하위구분 및 음운, 문법, 어휘의미의 특징들을 살펴보자.

1) 경기방언

(1) 경기방언의 하위방언구획

경기방언의 하위방언권 구획에 대해서는 李秉根, 朴慶來(1988)에서 일부 언급되고 있다. 이 방언은 어휘분화를 기준으로 하여 대체로 남부와 북부방언권으로 구분되고 또 서부해안 도서지역이 차이를 보여주기 때문에 3개 하위방언권으로 구분될 가능성을 시사하고 있다. 경기방언의 하위 방언권은 서울을 중심으로 (1)북

부지역과 (2)남부지역으로 먼저 구분될 수 있고, 지리적 조건에 의한 (3)해안도
서지역과 (4)내륙지역으로 구획될 가능성이 있으나 앞으로 보다 정밀한 논의가 있
어야 할 것으로 기대된다.

2) 강원방언

(1) 강원방언의 하위구획

강원방언의 하위 구분은 李翊燮(1979, 1981)이 52장의 언어지도를 제시하면
서 어휘, 음운, 문법에 따른 하위방언권을 〈지도-4〉처럼 영동방언권과 영서방언권
으로 2대 구분하고 다시 영동방언권은 (1)북단영동방언, (2)강릉방언, (3)삼척방
언, (4)서남영동방언으로 하위 구분하여 영서방언권과 더불어 5개 하위방언권으
로 구분하고 있다.

이와 더불어 李翊燮(1987)은 의문형어미를 기준으로 하여 영서방언권에 고성,
양양을 포함하는 서북 강원방언권과 나머지 지역(명주, 삼척, 영월, 정선, 평창)을
포괄하는 동남, 강원방언권의 두 방언권으로 구획될 가능성을 지적하고 있다.

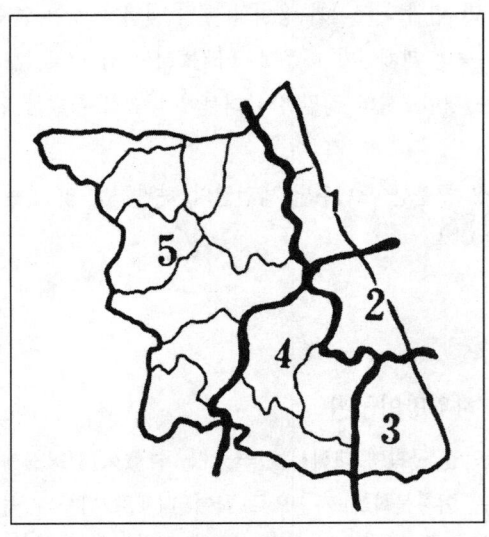

1. 북단영동방언
2. 강릉방언
3. 삼척방언
4. 서남영동방언
5. 영서방언

〈지도-4〉 강원방언의 하위 구획(李翊燮,1981:209)

韓榮均(1992:45-49)은 언어사 재구를 고려한 강원도 방언구획에 李翊燮(1987)의 견해에 대한 일부 수정안을 제시하고 있다. 곧 영동방언권에 속하는 고성 양양군 지역이 성조가 변별적이지 않은 점을 들어 영서방언권으로 영서지역과 인접한 영월, 정선, 평창지역이 영동방언권에 속하며 영서방언권도 원성, 횡성을 중심으로 한 남쪽지역과 철원, 화천을 중심으로한 북쪽지역간에 상당한 방언차이가 존재하는 것으로 보고 있다.

'냉이', '마실가다'의 어형을 중심으로 영서 북쪽에는 어중 '-s-'가 탈락되었으나 영서 북쪽지역에서는 어중 '-s-'가 잔류하는 점에서 통시적으로 서로 다른 변화를 겪었을 가능성을 중시하고 있다.

3) 충청방언

(1) 충청북도 방언의 하위 구획

충청방언권은 도경계를 중심으로 하여 충북방언권과 충남방언권에 대한 각각의 하위방언권 구획에 대한 논의들이 있다.

충북방언의 하위방언권에 대한 논의는 金忠會(1983,1990)의 집중적인 논의가 있으며, 이는 도단위별 하위방언권 구획에 대한 방법론적인 진전을 보이고 있다. 곧 방언 측정법(J.K.Chamber,1980)을 응용한 등어선 값을 계량화하려는 노력을 보이고 있다. 金忠會(1990)는 72개 조사항목을 기준으로 하여 등어선마다 차등을 두는 방법에 따라 〈지도 -5〉처럼 강원도와 경북 서북부에 접하는 (1)동부지역방언권(단양방언권), 경기도와 충남에 인접한 (2)중부지역방언권(청주방언권), 충남 전북 경북 서남부에 인접한 (3)남부지역방언권(영동방언권)으로 하위방언을 3개권역으로 구분하고 있다.

朴鷹來(1992)는 충북하위방언권에 대해서는 金忠會(1992)의 논의를 토대로 하여 보다 정밀한 하위방언권을 다음과 같이 설정하고 있다. (1)동부지역방언권은 단양군, 제원군, 중원군, 괴산군의 연풍과 장연 지역이며 이 방언권은 다시 단양과 제원의 군계, 제원과 중원군의 군계를 경계로 하여 남북으로 두꺼운 등어선속이 지나 단양방언, 제원방언, 중원방언으로 하위구분을 하고 있다. (2)중부지역방언권은 음성군, 진천군, 청원군과 연풍, 장연지역을 제외한 괴산군의 나머지 지역과 보은군의 북부지역에 속하는 내북, 회북, 회남면 지역과 옥천군의 군북면을 포괄하는 지역이다. 이 지역은 북으로는 경기도에 인접한 중부방언의 영향을 서쪽으로는 충남에 인접하고 있으며 중부방언의 모습과 유사하다. (3)남부지역방언권은 옥천군의 군북면을 제외한 옥천군의 전역과 영동군 그리고 보은군 동부지역에 해당하며 접촉방언의 성격을 띠고 있다.

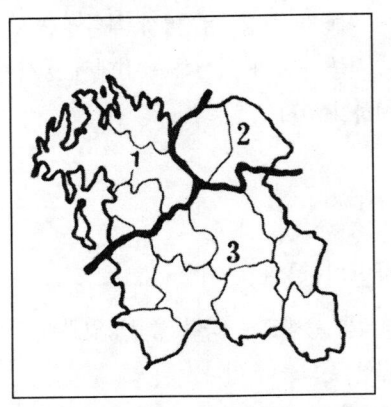

1. 서북부방언권
2. 동북부방언권
3. 동남부방언권

〈지도-5〉 충북방언의 하위구획(金忠會,1992:175)

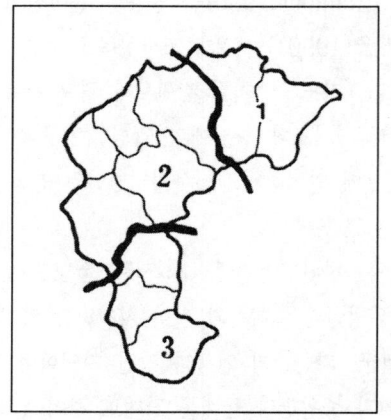

1. 단양방언권
2. 청주방언권
3. 영동방언권

〈지도-6〉 충남방언의 하위구획(都守熙,1987)

4) 경상방언

경상방언의 하위방언권에 대해서 박지홍(1983)은 경상북도와 경상남도를 포괄하여 6개 방언권으로 하위방언권을 구분하고 있다. 박지홍(1983)은 문법형태 가운데 서술형어미와 의문형어미를 기준으로 하여 (1)상주방언권, (2)안동방언권, (3)경주방언권(경주방언, 부산방언), (4)대구방언권(대구방언, 밀양방언), (5)김해방언권(김해방언, 통영방언), (6)진주방언권의 6개 하위방언권으로 구획하고 있다. 그러나 경상북도와 경상남도 간에는 운소체계의 뚜렷한 차이를 보여주기 때문에 경북방언과 경남방언을 갈라서 기술해야 한다.

최명옥(1994)은 경상방언의 방언구획을 음운, 어휘, 성조 등의 기준을 마련하고 그 등어선의 등급에 따라 하위구분을 시도하였다. 경상방언의 등어선은 크게 남북구분 등어선과 동서구분 등어선으로 나눠지는데 남북구분 등어선은 대체로 경상북도와 남도의 행정 경계를 따라 등어선속을 이루고 있으며, 동서구분 등어선은 낙동강을 따라 경상도의 동남간에서 서북간으로 2개로 나누고 있다.

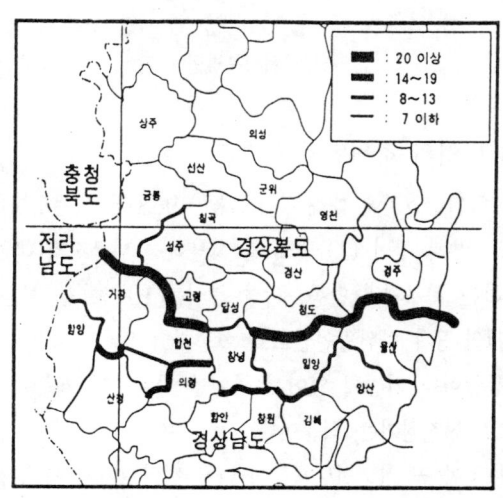

〈지도-7〉 경상방언의 등어선도〈최명옥, 1998:3898〉

각 도내의 남북구분 등어선은 2개, 동서구분선은 경북에서는 남부에서 3개 북부에서 4개의 등어선속을 이루고 있으며, 남부의 3개 등어선은 북부의 하나와 합쳐진다. 그리고 경남에서는 김해-창원을 잇는 것과 북부에 창녕-합천, 합천-거창을 잇는 3개의 등어선속으로 나누며 북부의 2개의 등어선이 남부의 하나의 등어선속으로 합쳐지는 것으로 구분하고 있다.

최명옥(1994:417)은 언어적 거리 측정법에 의한 등어선속의 등급을 나누어 경상방언의 방언권을 다음과 같이 나누고 있다.

	① 경북중동부방언	경북중동동부 - 울진, 봉화, 영풍, 예천, 안동, 영양, 의성, 청송, 영덕, 군위, 영천, 영일, 경산, 청도, 경주
경북방언		경북중동서부 - 칠곡, 성주, 고령, 달성
	② 경북서부방언 -	문경, 상주, 선산, 금릉
경남방언	① 경남동부방언 -	경남동부- 창녕, 밀양, 울산, 양산, 김해
	② 경남중서부방언 -	경남중서동부방언 - 합천, 의령, 진양, 사천, 남해, 함안, 창원, 고성, 통영, 거제
		경남중서서부방언 - 거창, 함양, 산청, 하동

(1) 경상북도 방언의 하위방언권

경상북도방언의 하위방언권에 대해서 千時權(1963)은 의문형어미의 분포를 기준으로 하여 〈지도 -8〉과 같이 (1)'-능교'를 사용하는 남부지역(대구, 경주 중심), (2)'-니껴'를 사용하는 북부지역(안동, 의성 중심), (3)'-여'를 사용하는 서북부지역(상주, 선산중심)의 3개 하위방언권으로 설정하고 있다. 그런데 '-여'가 '-능교'나 '-니껴'와 경어등급이나 기능에 있어서 차이를 보여주기 때문에 하위방언권 구획을 위한 기준으로 적절한가는 의문이다. 곧 '-여'가 실현되는 지은 '-습니까'와 더불어 경어등급의 차이 곧 [±친밀체]에 따른 변이형이기 때문에 '-능교'나 '-니껴'와 함께 방언권을 구분하는 기준으로 적합하지 않다.

李基白(1969)은 음운, 어휘, 문법분화를 기준으로 하여 4개 방언권으로 설정하고 있다. 단모음 '외'나 이중모음 '여'의 분화와 어말자음군 'ㄹㄱ'의 분포를 기준으

로 하여 동남과 서북 양지역으로 분할하고 이 지역은 다시 동남지역이 해안지역과
내륙지역으로 서북지역은 접경지역과 내륙지역으로 구획하였다.

한편 어휘를 기준으로 하여 (1)동북해안과 (2)서북접경지역, 그리고 (3)중부내
륙지역의 세 방언권으로 나누고 문법 형태의 분포를 기준으로 하여 (1)남부, (2)
중북부, (3)중서부 세 방언권으로 구분하였다.

崔明玉(1980)은 경북 동해안지역을 별도의 방언권역으로 방언권을 설정하고
있다. 그리고 李崇寧(1967), 崔鶴根(1976)은 경북 서북부지역의 경북 상주군,
화동, 화서, 모동, 모서면 지역 일부를 중부방언과 접경지역으로 설정하고 있다.

1 : '-능교'형(대구, 경주 중심)
2 : '-니꺼'형(안동, 의성 중심)
3 : '-여'형(상주, 선산 중심)

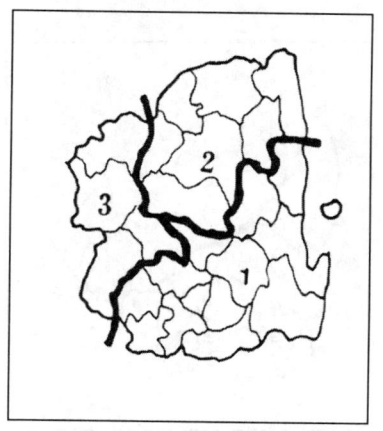

〈지도-8〉 경북방언의 하위방언권(千時權,1965:12)

(2) 경상남도 방언의 하위방언권

경남방언에 대해서 金永松(1977)은 음운을 기준으로 하여, 나석진(1977)은
문법을 기준으로, 金永泰(1975)는 어휘, 음운, 문법을 기준으로 하여 하위방언권
을 구획한 바 있다.

金永松(1977)은 모음 '으'와 '어' 및 '에'와 '애'의 대립과 자음 'ㅅ'과 'ㅆ'의 대립
유무를 기준으로 하여 (1)동부지역과 (2)서부지역의 2대 방언권으로 분할하였다.

나석진(1977)은 문법형태의 방언분포를 기준으로 하여 (1)서부지역 곧 전라도
와 인접한 하동, 남해, 사천, 통영, 고성, 거제지역, (2)북부지역 곧 경북과 인접

한 울산 , 밀양, 창녕지역, (3)나머지 지역으로 3개 하위방언권을 설정하고 있다.

金永泰(1975)는 음운론적으로는 동부경남과 서부경남으로, 의문형과 서술형어미와 같은 문법요소를 기준으로 해서는 동부경남, 중부경남, 서 남부경남지역으로 성조를 기준으로 하여 경북과 인접한 동북지역과 전남과 인접한 서부 및 경남의 방언 특성을 지니고 있는 중부경남 세 권역으로 구분하고 있다. 경남방언은 우선 (1)동북방언권(울주, 양산, 밀양, 창녕, 합천)과 (2)서남방언권(거창, 함양, 산청, 하동, 진양, 사천, 남해, 거제, 통영, 고성)으로 양대별되고 (3)중부방언권(창원, 함안, 김해, 창녕, 고성, 일부)은 전이지대를 형성하고 있다.

1. 동부지역
2. 서부지역

〈지도-9〉 경남방언의 하위구획(김영송,1977:185)

5) 전라방언

(1) 전라북도 방언의 하위방언권

전라북도의 방언은 독립적인 성격이 뚜렷하지 않은 외적 언어간섭이 많은 지역이기 때문에 다른 지역방언에 비해 뒤늦게 연구가 이루어진 지역이다. 이 방언의 하위방언권 구획에 대해서는 李丞宰(1987:87)에서 어휘분화를 기준으로 하여 서부와 동부로 구획하였는데 이는 산간지역과 평야지역의 구획선과 민요 분포선과 일치된다. '(책을)꽂-'지역은 옥구, 익산, 완주, 김제, 부안, 정읍, 고창 서부 등지

이고, '꼽-'지역은 무주, 진안, 장수, 임실, 남원, 순창 등 동부지역이다. 서부와
동부가 각각 남부와 북부로 구획될 가능성이 있다고 보며, 아울러 동부와 서부의
차이가 남북 차이보다 훨씬 클 것이라 추정하고 있다.

蘇江春(1989)은 음운론적인 측면에서 76개의 언어지도를 제시하면서 李丞宰
(1989)의 논의에서처럼 동서남북 4개 하위방언권 (1)동북지역, (2)동남지역,
(3)서북지역, (4)서남지역으로 구획하고 있다.

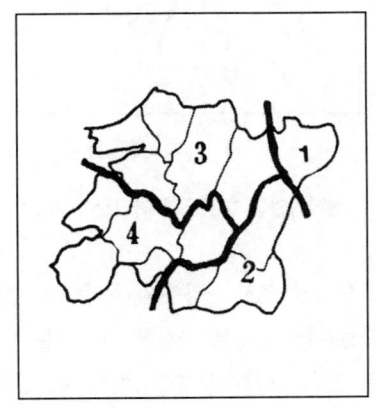

1. 동부지역
2. 동남지역
3. 서북지역
4. 서남지역

〈지도 -10〉 전북방언의 하위구획(蘇江春,1989:232-233)

(2) 전라남도 방언의 하위방언

전라남도 하위방언권에 대해서 李敦柱(1978)는 3개 하위방언권으로 구분하고
있다. 다른 지역방언의 영향을 덜 받은 (1)서북부지역(광산, 담양, 곡성, 화순,
나주, 장성, 함평, 영광, 무안, 신안), 전북방언과 대립을 보이는 (2)서남부지역
(보성, 장흥, 강진, 해남, 영암, 완도, 진도, 흑산도), 경남방언의 영향을 받은
(3)동부지역(구례, 광양, 여천, 승주, 고흥, 거문도)과 같이 구분하고 있으나 구
체적인 자료를 제시하지 않은 점이 아쉬우나 상당히 근거 있는 방언구획으로 평가
받고 있다.

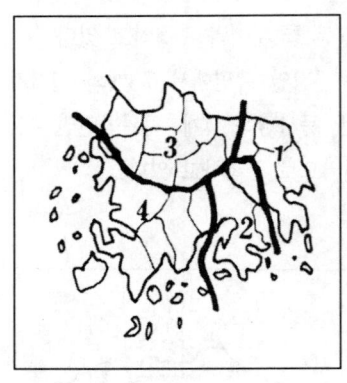

1. 동북부
2. 동남부
3. 서북부
4. 서남부

〈지도-11〉 전남방언의 하위구획(이기갑,1986 ; 134)

이기갑(1982)은 문법 형태인 조사 '-라우'와 '-이다'의 분포를 기준으로 하여 (1)동부, (2)서부로 2개 하위방언권으로 구획할 가능성을 시사하였다. 이후 이기 갑(1984, 1986)은 음운, 형태, 어휘 분포를 기준으로 하여 〈지도-11〉과 같이 (1)동북부, (2)동남부, (3)서북부, (4)서남부 4개 방언권으로 구획하였다. 이기 갑(1986)은 등어선 측정법에 따라 전남방언을 계층적으로 동부와 서부로 구분하 고 다시 남북으로 구분한 결과 남북 등어선이 동서 등어선보다 두께가 훨씬 두껍 다는 점을 확인하였다.

6) 함경방언

(1) 함경도방언의 하위방언권

함경방언의 하위방언에 대한 다양한 논의가 있다. 특히 함경북도 하위방언권에 대해서 김태균(1986:16)은 음운현상과 문법형태를 기준으로 하여 3개 하위방언 권 (1)육읍방언권, (2)사읍방언권, (3)전이방언권으로 구분하고 있다.

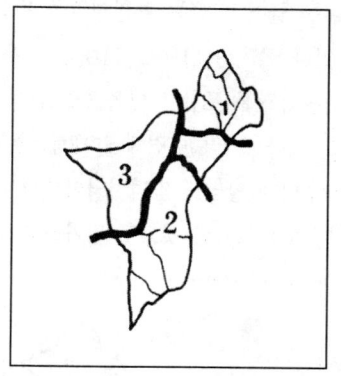

1. 육읍방언권
2. 사읍방언권
3. 전이방언권

〈지도-12〉 함경북도 방언의 하위구획(김태균, 1986:16)

　김병제(1980)는 함경도 방언이 육진방언과 그 외의 함경도 방언(영흥 이남은 제외)으로 구분해야 한다는 견해와 함께 宣五德(1986:1991)은 역시 육진방언을 독자적 방언권으로 설정하고 있다. 정용호(1988)는 함경남북도 방언을 함경도 (1)남부방언지구, (2)북부방언지구, (3)류진방언지구 3개 권으로 구분하였다.

　宣五德(1986:1991)과 김태균(1986)은 경흥방언을 육진방언에 소속시켰으나 정용호(1988)는 제외시켰다. 그리고 小倉(1940)은 중부방언권에 소속시켰던 함경남도 영흥방언을 함경남도 방언에 소속시켰다.

　함경도방언은 영흥을 중심으로 하여 이북의 (1)육진방언과 나머지 (2)함경도 방언으로 크게 구분된다. 함경북도를 중심으로 3개의 소방언권으로 구분되는데 육진의 경원, 경흥, 온성, 종성, 회령, (1)육읍방언으로 나누어지고 경성, 명천, 길주, 학성을, (2)사읍방언으로 부령과 무산이, (3)전이방언권으로 구분되기도 한다(김태균:1983).

7) 평안방언

(1) 평안방언의 하위방언 구획

　평안방언 구획에 대해 小倉이 평북 후창지역의 음운이 함경남도와 유사한 점이

있다는 사실을 지적한 예를 들어 河野는 후창지역을 평안방언 구획에서 떼어내어
함경방언에 소속시키고 있다. 李崇寧(1967:410-411)은 평안방언 구획을 황해도
사리원 이북과 강원도 접경지역을 포함한 이북으로 규정하고, 중강진, 후창지역은
함경방언으로 포함시키고 있다. 이러한 견해에 대해 金英培(1977:12)는 후창지
역은 평안방언에 더 가까우며 평안남도 양덕지역이 함경방언에 속한다고 평가하면
서 위와 같은 착오는 河野에서 시작된 것으로 평가하고 있다.

1. 평안방언권
2. 함경방언권

〈지도-13〉 평안북도방언의 하위구획(金英培, 1977:12)

　평안방언에 대한 하위방언구획에 관한 논의는 전무한 실정이다. 그러나 그동안
부분적이지만 평안방언과 함경방언 그리고 황해방언 경계에 대한 종래의 논의를
살펴보도록 한다.

　평안방언권의 하위방언권을 구분하는 데 먼저 小倉(1940:118-119)과 河野
(1945:149-152)의 견해가 엇갈리고 있음은 이미 金英培(1977:11)에서 지적
된 바 있다. 곧 평안북도 후창군을 함경방언에 소속시키느냐 평안방언에 소속시키
느냐의 문제가 제기되었다. 金英培(1977:11)는 평북 후창군에서 동흥, 동심면은
영서지역으로 함경방언에 후창읍, 남신, 칠평면은 영동지역으로 평안방언에 소속
시켰다.

　金英培(1992 ; 355)는 평안방언과 황해도 사이의 방언권을 다음과 같이 구분
하고 있다. 평안남도와 황해도 접경 지역에서 황해도 북부지역은 평안방언에 영향

을 입기는 했지만 평안방언에 소속시키지 않았다. 곧 황해도 북부와 서부지역인 이안, 곡산, 서흥, 신막, 이북, 황주, 안악, 은율, 봉산, 송과, 자연, 신천지역은 평안방언과 중부방언의 전이지대로 설정하고 있다.

김병제(1988:208-216)는 황해도방언을 전면 평안방언에 소속시켜 서북방언지역으로 규정하고 있다. 그리고 김영황(1982:132)은 황해도 북부지역이 평안방언에 소속된다고 기술하였지만 구체적인 지역명이 제시되지 않은 점으로 보아 북한에서도 평안도와 황해도 접경지역의 방언경계가 명확하게 밝혀지지 못한 것으로 보인다.

8) 황해방언

1) 황해방언의 하위방언 구획

황해방언은 함남 영흥 이남과 더불어 북으로 인접하고 있는 평안방언보다 남으로 인접한 경기방언과 여러가지 면에서 더 많은 유사성을 지니고 있는 것으로 알려져 있다. 황해방언의 하위방언권에 대해서 金英培(1984)는 (1)북부와 서북지역(수안, 곡산, 서흥군 신막이북, 황주, 안악, 은률, 봉산, 송화, 장연, 신천 등)은 북으로 이웃하고 있는 평안도 방언과 매우 유사하고 그 나머지 지역은 중부방언과 매우 유사한 (2)전이지역방언으로 평가하고 있다.

李崇寧(1967)은 황해도 사리원 이북지역을 평안도방언권에 소속시켰으며, 김병제(1959)와 김영황(1982)는 황해도방언을 중부방언권의 하위방언권으로 소속시켰다. 김병제(1980,1988)는 황해도 연백과 금천을 제외한 황해도방언을 서북방언권에 재편속시켜서 서북방언권을 황해도방언과 평안도방언의 2대 하위방언권으로 처리하고 있다. 그러나 황해북도의 금천군과 토산군, 황해남도의 청단군 연안군 배천군은 중부방언권에 속한다고 밝혔다.

小倉進平(1930)은 "함경남도 및 황해도 방언"에서 함경남도 지역의 일부 곧 영흥, 고원, 문천, 안변은 황해도와 유사한 반면 함경남도 정평, 이북의 방언은 차이를 보이며 북쪽에 인접한 평안도 방언과 많은 차이를 보여줄 뿐만 아니라 중부방언과 많은 유사성을 지닌 방언으로 처리하고 있다.

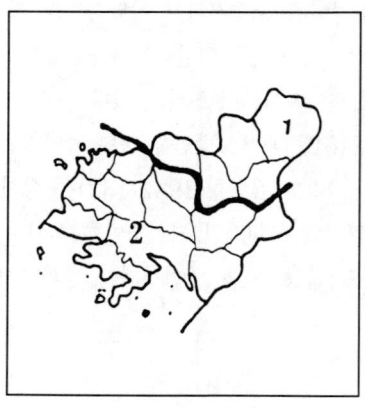

1. 북부 서북지역
2. 전이지역

〈지도-14〉 황해도방언의 하위구획(金英培,1984:322)

따라서 小倉은 함경남도 남부의 영흥 이남지역을 경기도방언권에 소속시키고
있다. 李崇寧(1967)은 대략적으로는 경기방언의 하위방언으로 처리할 수 있지만
황해도 사리원 이북을 평안남도방언에 귀속시켰으며 황해도 사리원 이남, 강원
도 고성 이남, 충북 논산과 충남 금산 이북을 중부방언권으로 설정하였다. 金英培
(1884 ; 322)는 특히 음운론적인 측면에서 황해방언이 (1)북부와 서부지역(수안,
곡산, 서흥군 신막이북, 황주, 안악, 음률, 봉산, 송화, 장연, 신천)과 그외의 (2)
전이지역으로 2개 하위방언권으로 설정하고 있다. 특히 북부 서북지역은 평안도방
언의 영향을 많이 받는 지역으로 보고 있다.
    郭忠求(1992:325)는 황해도 북부의 황주가 평안도와 남부의 연백과 금천이
경기도와 동북의 곡산과 신계가 함남의 남부와 유사성을 지닌 지역으로 삼도가 교
차하는 지역이기 때문에 언어지리학적 측면에서 정밀한 연구가 뒤따라야 한다고
밝히고 있다.

9) 제주방언

1) 제주방언의 하위방언 구획

제주방언의 하위구획에 대해서는 본격적인 연구가 이루어지지 않은 형편이다. 그러나 강정희(1988)는 어휘나 억양면에서 한라산을 중심으로 하여 북부와 남부로 구획될 가능성을 시사하고 있다. 한편 성낙수(1992:289)는 〈지도-15〉처럼 제주도 방언 어휘 69개를 대상으로 방언지도를 작성하여 동서 2개 하위방언구획으로 구분하고 있다.

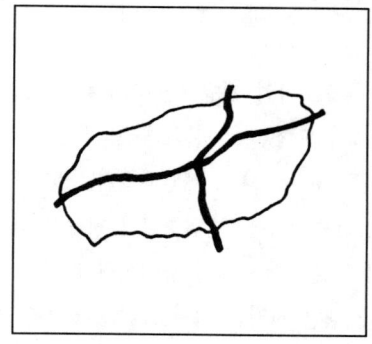

〈지도-15〉 제주방언의 하위구획(성낙수, 1984:322)

3. 한국 방언 구획의 문제

1) 방언구획 방법론

전통방언학이나 방언지리학의 주된 관심사는 서로 다른 방언지역간의 등어선을 찾아내어 방언구획하여 언어변이에 대한 제반 요인을 대한 제반 요인을 찾아내는 일이다. 그런데 지금까지 방언지리학에서는 지리적인 언어변이형의 요인 중 무엇이 상위의 것인지 결정해 주는 만족할 만한 방법론이나 이론을 고안해 내지 못했다.

여기서 방언구획 방법론이라 할 수 있는 몇가지 이론을 소개하면 다음과 같다. 먼저 J. K. Chamber & Trydgil(1980)은 등어선의 유형별 등어선 수와 유형별 등급을 곱한 값을 기준으로하여 계량적인 지수로 등어선을 등급화하는 방안을 제시하고 있다. 최근에 들어 J. Seguy에 의해 두 방언 화자간의 방언거리를 계량화하는 방언측정법(Dialectometry)이 제안되었다. 방언측정법은 등어선의 가치를 평가하거나 등급을 정하는 원리를 발견하고자 하는 노력이다. Hans-Henning Speitel은 어휘항목의 분포를 기초로하여 등어선의 가치에 대한 평가를 시도한 바 있으나 아직껏 그 효용에 대한 지지는 많지 않는 실정이다. 이러한 이론을 배경으로 이기갑(1986), 김충회(1992)는 국어의 어휘를 기초로하여 등어선에 대한 평가를 시도한 바 있다. 일본에서는 이미지등어선(Image Isogoloss) 제작이 이루어지고 있다. 기존의 등어선이동, 리 단위의 정밀성을 보여주지 못하기 때문에 주민들의 언어의식을 토대로 설문조사 결과를 토대로 설문조사 결과를 토대로 등어선을 작도하는 방법이 고안되어 행해지고 있다.

(1) 등어선의 구조적 유형

특정한 등어선의 언어적 중요성을 결정하고 판별하는 기준이 무엇인가? 먼저 등어선이 기술하는 언어 특질의 유형에 따라 등어선을 범주화한 이후에 언어구조에 관한 우리들의 지식에 따라 등어선을 등급화할 필요가 있다.

일반적으로 등어선은 어휘적 등어선, 음운론적 등어선, 문법적 등어선, 의미론적 등어선으로 유형별 구분하는 것이 일반화되어 있다.

첫째, 어휘적 측면에서 등어선의 유형은 첫째로 지역별 어휘의 대립을 나타내는 어휘적 등어선(Lexical Isogolosses)이 있다. 예를 들면 어휘 '벼'에 대한 방언형으로 '베', '나락' 등이 있다. 이들의 방언 어휘분포에 따른 등어선이 어휘적 등어선이다. 그런데 어휘적 등어선은 형태소 환경에 따라 차이를 보이는 경우가 많다. 파생명사 '졸음'이나 '자불음'의 분포경계선이 단일어 동사 '졸리다'나 '자불다'의 경계선과 반드시 일치하지는 않는다. 따라서 어휘분포를 나타내는 등어선에서 반드시 어휘등어선과 같은 것으로 간주하기 쉬운데 예를 들면 '잠자리'에 대한 방언형이 '자마리', '나마리', '잔자리', '잼재리', '잰재리', '잼자리' 등이 있는데 이들 가운데 음운론적 요인에 의하지 않는 '자마리', '나마리', '잔자리'의 분포형이 발음차이에 의한 방언분포형이다. 이들의 지리적 분포를 나타내는 등어선을 발음등어선이라 한다.

J. K. Chamber & P. Trudgill(1980)은 발음등어선은 화자가 의식적으로 변화되기 쉬운 어휘적 등어선보다 등어선을 등급화할 때 더욱 비중을 두는 것을 일반적인 가설로 제안하고 있다. 예를 들어 경상방언에서 어휘 '숯껑'이 '숯'으로 교체되긴 쉬워도 발음 〔i〕〔ə〕가 구분안되다가 구분되기는 어렵다. 그러므로 발음등어선이 어휘등어선보다 비중이 크다고 할 수 있다.

음운론적인 측면에서 등어선은 두 가지 유형이 있다.

첫째, 음성적 등어선(Phonetic Isoglosses)은 예를 들어 /i/:/ə/가 별별되는 지역과 변별되지 않는 전이지역인 충북 보은군이나 경북상주군 일부에서는 /i/,/ɨ/, /ə/가 모두 실현된다. '거지'의 방언형이 〔kə:ji〕,〔ki:ji〕,〔k|ɨ:ji〕 등이 실현된다. '거지'에 대한 음성적 등어선은 '거지(/i/,/ə/변별지역)', '그지(/i/,/ə/비변별지역)'의 방언분포와 같은 것을 뜻한다.

둘째, 음소적 등어선(Phonemic Isoglosses)이 있다. /i/,/ə/의 최소한의 변별쌍에서 음소적 변별력 유무에 따른 방언분포를 나타내는 등어선을 음소적 등어선이라 한다. 그런데 음소적 등어선은 최소한의 변별쌍에 의한 음성차이의 구조적 내지 체계적 차이다. 그런데 음소적 등어선도 문제가 없는 것은 아니다. /i/,/ə/의 변별지역과 비변별지역 사이에 대립어휘의 100% 변별지역과 0%변별지역 사이에는 명확한 등어선이 그어질 수 있지만 50% 내외 지역 곧 음성적인 차이는 있지만 체계적으로 인식되지 않는 지역은 어떻게 처리될 수 있는가 문제가 될 수 있다. J. K. Chamber & Trydgil(1980)은 등어선을 등급화할 때 음운론적 측면에서의 등어선이 어휘적 등어선보다 훨씬 구조적 중요성을 지녔기 때문에 음운적 등어선에 비중을 두어야 한다고 제안하고 있다.

셋째, 문법적 등어선(Grammatical Isoglosses)이 있다. 문법적 등어선은 첫째, 화용적, 굴절적, 파생적 차이를 포함하는 형태적 등어선(Morphological Isoglosses)이 있다. 예를 들면 주격어미 '-이', '-가'가 음운론적 조건에 의한 변이형으로 실현되는데 '-이'가 실현되어야 하는, 선행음절이 폐음절인 환경에서 주격어미 '-이가'가 실현되는 지역의 등어선을 형태적 등어선이라 한다. 둘째, 통사적 등어선(Syntatic Isoglosses)은 문장 형성의 통사적 차이에 의한 등어선이다. 예를 들면 경상방언에서 '하이소', '하게', '해라'의 3등급 체계와 '합쇼', '하소', '하게', '해라' 4등급 체계간의 대립을 보여주는 등어선과 같은 것을 문법적 등어선이라 한다.

전세계적으로 문법적 등어선에 대해서는 조사상의 어려움이 있을 뿐만 아니라 문법적 등어선은 매우 산발적으로 나타나기 때문에 깊이 있는 연구가 이루어지지 않았으며, 다른 등어선 유형과 상관관계에 따른 등급화 문제에 대해서도 연구의 진전이 없었다.

넷째, 의미적 등어선(Semantic Isoglosses)이 있다. 의미적 등어선도 어휘적 등어선과 상관성을 지니고 있다. 형태가 동일하면서 의미가 다른 경우와 의미가 동일하면서 형태가 다른 경우가 있다. 전자와 같은 분포 차이를 의미적 등어선이라 하고 후자와 같은 분포 차이는 어휘적 등어선이라 할 수 있다. 예를 들면 '아제'라는 어형이 '삼촌'을 포함하느냐 포함하지 않느냐의 지역적 차이를 나타내는 등어선을 의미적 등어선이라 한다.

(2) 등어선의 등급화

등어선은 분리된 지역을 정확하게 나타내지 못한다. 단지 어떤 언어적 특질과 다른 특질 사이에 대강의 경계를 나타내 줄 뿐이다. 따라서 언어적 특질의 비율을 공간적 전파와의 상호관련성 속에서 조사하지 않으면 안된다. 이러한 관점에서 등어선을 등급화하는 몇 가지 이론에 대해 살펴보고자 한다.

등어선 유형의 구조적 중요성에 따라 방언구획이 가능하다면 어휘, 음운, 문법, 의미 차이에 의한 등어선들 간에 어떤 등급의 차이를 둘 것인가? 만일 이들 등어선들 간에 동일하게 겹쳐지는 경우를 제외하고는 거의 등어선이 일치하지 않는 경우가 일반적이다. 그럴 경우 등어선의 유형별 등급화란 실제로는 매우 어렵다고 할 수 있다.

J. K. Chamber & P.Trudgill(1980)은 등어선의 유형별 등급을 다음과 같이 제시하고 있다.

1. 어휘적 등어선
2. 발음적 등어선
3. 음성적 등어선
4. 음소적 등어선
5. 형태적 등어선
6. 통사적 등어선
7. 의미적 등어선

등어선의 유형별 명칭 앞에 1-7까지 지수화하는 값을 주어 계량적으로 등어선을 등급화한다(지수가 클수록 중요한 등어선임).

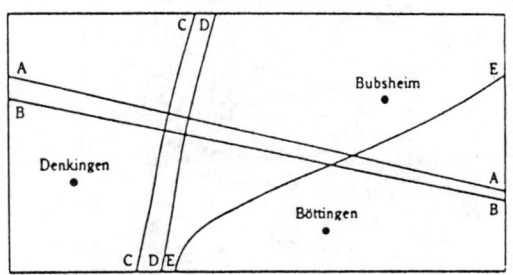

〈그림-1〉 독일의 버브샤임과 뎅킨겐과 뵈팅겐 마을의 등어선
〈J. K. Chamber & P. Trudgill(1980；108)에서〉

〈그림-1〉에서 버브샤임과 뵈팅겐 사이의 등어선속(等語線束)에서 세 개의 발음
적 등어선은 3×2=6으로 6점으로 나타낸다. 그리고 어휘차에 의한 등어선이 5개
가 겹치면 5×1=5로서 5점의 값을 가지며, 형태론적 차이에 의한 등어선이 2개가
겹치면 5×2=10으로서 10점의 값을 가지기 때문에 5개의 어휘등어선보다 2개의
형태적 등어선이 더 중요하다고 할 수 있다. 그러나 이러한 등어선 등급화에 있어서
전제되어야 할 일은 모든 등어선을 철저하게 확인하는 일이다. 만일 중요한 등어
선을 빠뜨리는 경우 쓸모없는 결과가 산출된다.

등어선을 등급화하기 위해 얼마나 많은 자료를 대상으로 할 것인가? 구조적 등
어선을 나타내기 위해 더 고안되어야 할 장치가 무엇인가? 등에 대해 앞으로 더
많은 연구가 진행되지 않는다면 등어선의 구조적 등급화는 실패하게 된다.

등어선의 등급화에 의한 방언측정법(dialectometry) 이외에 Jeam Séguy
(1973)가 개발한 언어적 거리(Iinguistic distiance)에 의한 방언구획 방법이
있다. Séguy는 인접 지역 언어간 차이의 정도를 나타내기 위해 등어선의 두께를
나타내는 합성적 선(composite line)을 이용하고 있다. Séguy의 언어측정법의
개념은 인접 지역과 수집된 모든 방언자료의 대비를 통해 일치하지 않는 항목수의
백분율로 환산한다. 이 백분율이 바로 언어적 거리라 할 수 있다. 이러한 방법으로
가스코뉴지방의 언어민속지도(ALG)을 작성하였다. 김충회(1992)는 이러한 방법
을 이용하여 충북방언 구획을 위해 충북방언구획도를 〈지도-16〉처럼 작성하였다.

〈지도-16〉 방언측정법에 의한 방언구획의 예〈김충회(1992;175)에서〉

Hans-Henning Speitel(1969)은 "An areal typology of isoglosses near the Scottish-England border"라는 논문에서는 우편질문지로 실시한 스코틀랜드 언어조사 자료를 토대로 하여 어휘적 등어선의 등급화를 시도한 바 있다. 이 조사에서 어휘적 등어선 중에도 상당한 변종이 존재한다는 사실이 확인되었고 또 어휘항목의 분포를 다양한 방법으로 유형화하여 등급화할 수 있다는 점도 확인되었다. 그러나 유형에 대한 지수 수치를 고안하여 언어분화(linguistic separation)의 상대적 비중을 결정하는 계량화에 도달하지는 못했다.

예를 들면 영국과 스코틀랜드 경계선을 중심으로 조사된 자료를 토대로 하여 Speitel은 한쪽 지역에서만 나타나는 항목이 양쪽 지역에 같이 나타나는 어휘보다 더 강한 방언의 지표(indicator)로 설정하고 양쪽 지역에서 각각 독특한 어휘를 가장 강력한 분리자(devider)로 설정한다.

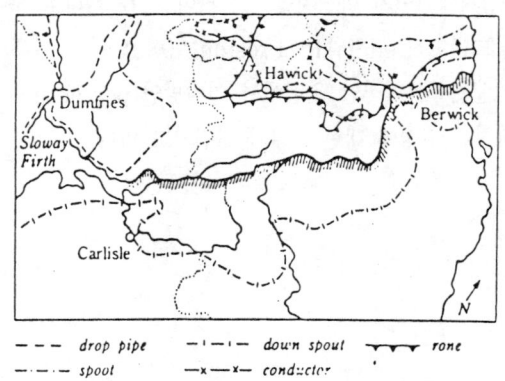

〈지도-17〉 스코틀랜드-영국 국경을 따라 실현되는 'drain pipe'의 어휘 분포도
〈J. K. Chamber & P. Trudgil(1980 ; 117)에서〉

위의 〈지도-17〉에서 어휘 분포는 세 가지 유형으로 구분된다. 첫째가 〈유형 1〉로 국경 양쪽에서 서로 다른 지역적 어형을 가지고 있는데 이는 a/b로 나타낼 수 있다. 국경은 지도상 슬로웨이 펄스에서 베르빅에 이르면서 남북을 가르고 있다. 남쪽 곧 영국지역에서는 down spout의 북쪽 한계를 보여주는 이형등어선이 지나고 있다. 국경 북쪽에서는 네 개의 다른 어휘들이 분화되어 있다. 서부에서는 drop pipe가, 중부에서는 conductor가, 동부에서는 spoot가, 중부와 동부에서는

rone이 분포되어 있으며 두 가지 방언형이 공존하는 지역도 있다. 이처럼 양 지역에서는 지역어형을 a,b로, 표준어형을 x로 나타낼 경우 이들 어형의 지리적 분포는 a/b, a/x, a/bx, x/xa, a/ax, a/axb…등과 같이 몇 가지 하위 유형을 구분하는 방법이 있다.

M. Swadesh가 제안한 어휘통계학(Lexicostatistics)방법을 이용하여 김영배(1984 : 159)는 평안 방언과 함경방언의 분기 연대를 규명하려는 노력도 보이고 있다. Swadesh는 시간단위 1,000년에 대한 기본어휘 잔존 평균 81%(r)로 잡고 경과시간을 (t)로 잡아 〈공식〉 log=logR÷t으로 계산하여 어휘변화 속도와 잔존율을 계산한다.

최근 일본에서는 이미지등어선(image isogoloss)제작 방법을 이용하고 있다. 곧 기존등어선이 동, 리 단위의 정밀한 등어선 각도가 어렵기 때문에 기존 등어지대 주민에게 동일지역어인지 아닌지를 질문하여 이를 토대로 하여 등어선을 작도하는 방법이다. 그리고 Dennis R. Preston(1989) 등에 의해 비언어학적인 관점인 민속학적, 문화인류학적인 관점에서 인지방언(perseptual dialectology)분포와 사회언어학적 관련성에 대한 논의가 진전되고 있다.

제 2 장 경북·충북 접경지역어의 어휘분화

1. 어휘분화 양상

방언의 어휘분화는 음운·형태·의미·통사와 같은 언어내적 요인에 의해 실현되기도 하지만, 민·반상의 차이와 같은 사회·문화적인 요인에 의해서 이루어지기도 한다. 언어내적인 요인에 의한 지역적인 어휘분화는 어휘체계의 차이로 설명되어야 하며, 또한 체계적 차이가 생겨난 정밀한 환경적 요인과 이유가 설명되어야 한다.

본장에서는 특히 중부방언과 남부방언이 서로 교차하는 경북·충북접경지역 (contact area, transition area, transition belt)2)을 대상으로 하여 합성어와 파생어의 구성차이에 의한 어휘분화 양상에 대해 살펴보고자 한다. 이 방언에 대한 합성어나 파생어의 목록과 형태론적 분포 제약 및 의미 차이에 관한 체계적인 연구라기 보다는 합성어나 파생어와 같은 형태론적 구성차이에 의한 방언차이를 어떻게 기술해야 할 것인가라는 문제와 관련지워 개별방언사 기술에 어떻게

---

2) 접경지역이란 대체로 등어선이 한곳으로 뭉쳐져서 흐르지만 그렇지 않은 경우도 많다. 특히 등어선이 서로 엇갈리게 흐르는 경우에는 인접하는 양 방언이 접촉하는 지역에서 전이지역이 흔히 발견된다. A기지방언의 특질이 B기지방언 지역의 D지역까지 미칠 때 D지역을 A방언의 교두보(beach head)라 하고, B기지방언의 특질이 C지역까지 미칠 때 C지역을 B방언의 교두보라 한다. 이때 양 기지방언의 특질이 교차되는 C-D지역을 전이지역(transition area) 또는 전이지대(transition belt, zone), 접경지역(contact area)라 한다.

접경지역 또는 전이지역이란 두 개 이상의 개신형이 침투하는 지역으로 상이한 규칙이 공존하는 지대를 전이지역 또는 전이지대라고 하는데 Anttila(1972:298)는 완충지대(Buffer zone)라 명명하기도 한다.

양 방언의 특질이 마지막으로 와 닿는 교두보가 일정한 폭을 가질 때를 전이지역이라 하며, 이들의 폭이 아주 좁거나 또는 거의 하나의 등어선과 일치를 할 때 우리는 방언 경계(boundary)라 한다. 다시 말하면 접경지역은 인접하는 두 방언에 적용되는 규칙 1과 규칙 2가 공존하거나 또는 이 두 규칙이 통합된 제 3의 규칙이 공존하는 지역을 뜻한다.

활용할 수 있는가 검증해 보고자 한다.

방언지리학에서는 방언지도를 작성하여 방언차이를 설명하는데, 주로 어휘 중심의 방언지도 작성 방법을 많이 이용해 왔다. 예를 들면 '나락'이나 '벼'의 어형의 지리적 분포를 언어지도로 작성하고, 그 어형의 분포를 중심으로 방언경계를 작성하는 방법인데, 이러한 방법은 어휘형태의 기저음운·형태·의미 차이를 충분히 고려할 수 없다는 한계를 지니고 있다고 할 수 있다. 곧 형태소 내부에서와 형태소 경계간에 상이하게 실현되는 언어변화를 고려하지 않았으므로 원자론적 형태 확인에 의한 방언구획을 하는 차원에 머물 수밖에 없어서 큰 의미를 기대할 수 없다.

어휘형태사 연구를 위해 방언의 지리적 분포를 확인하고 어휘 형태소에 대응되는 면밀한 의의소(sememes)의 확인을 통하여 방언체계의 차이를 드러내고 그 원인도 규명되어야 한다. 한편 어휘의 방언차이를 통해 그 방언의 역사를 설명하는 데는 합성어나 파생어의 조어체계의 비교를 통한 체계적 방언지도가 작성되는 것이 이상적이라고 할 수 있겠다. 이것은 조어 형성규칙의 차이나 조어 방법에 대한 체계적인 차이에 대한 접근이 이루어져야 가능하다. 그러나 현실적으로 지역간 조어체계에 대한 접근이 이루어질만한 여건이 아니기 때문에 방언차이에 의한 개별 방언사적 관점에서 합성어나 파생어가 어휘변화에 어떤 연관성을 갖고 있는가라는 문제에 중점적인 관심을 둔다.

통시적 변화의 흔적이 잔존해 있는 합성어와 파생어의 어휘화에 대한 과정을 비교하기 위해 중부방언의 상륙거점(beach head)인 경북 상주군 화동, 화서, 모동, 모서 지역과 남부방언의 상륙거점인 충북 보은 충남 옥천군 지역에서 합성어와 파생어 구성차이에 의한 어휘 분화 양상을 살펴보고자 한다.3)

---

3) 본고의 작성을 위해 충북경북 조사지역과 제보자 현황은 다음과 같다

제보자	년령	거주지	조사일시
이종국	58	상주군 화동면 양지리	87.1.25
이창모	38	상주군 사벌면 화달리	87.1.30
신길식	54	상주군 모동면 수봉리	87.2. 5
나인환	47	상주군 화동면 보이리	87.2.10
김주기	63	보은군 마로면 소여리	87.2.13

2. 어휘의 지리적 분화와 통시성

합성어와 파생어 형성의 어휘화 과정은 음운·형태·의미변화와 비평형성을 보여줌으로써 많은 통시적 정보를 갖고 있는 화석형인 경우가 일반적이다(郭忠求, 1982).

합성이나 파생에 의해 새로운 어휘화 과정을 경험한 형태론적 구성은 화석화된 어기(root)나 접사(surfix)가 끊임없이 소멸 또는 생성되기 때문에 명확한 조어화 과정을 해명하기 어려운 경우(宋喆儀,1983)도 있다. 어휘내부에서 이전 단계에 실현되었던 화석형이 발견될 수 있으므로 조어형을 기준으로 방언 경계를 작성하는 작업은 언어지도 상에 보다 풍부한 통시론적인 정보를 제공해 줄 가능성이 큰 것이다.

첫째, 조어형이 음운론적인 요인에 의해 차이를 보여주는 예를 살펴보자.

체언이나 용언의 어기와 굴절어미가 결합하면 형태론적인 교체에 의해 음운변화가 초래될 가능성이 크지만 합성어나 파생어에서는 새로운 어휘화 과정을 경험하게 됨으로써 새로운 개신파의 영향을 입을 가능성이 적은 것이다. '졸다'와 '자불다'의 파생어인 '졸음'과 '자불음'이 전이지대에서는 공존하고 있다. 'ᄌᆞᄫᆞᆯ다〉ᄌᆞ올다〉졸다'의 변화형 '졸다'에 파생명사화 접사 '-음'이 결합한 파생명사 '졸음'과 'ᄌᆞᄫᆞᆯ다〉자불다'의 '자불다'에 파생명사화 접사 '-음'이 결합한 '자불음'형의 어휘등어선과 소위 ㅂ-불규칙용언의 활용형의 등어선과 상관관계를 명확히 검증해 볼 필요가 있다.

곧 '자불음'이 실현되는 접경지역에서는 '춥-어/추워, 춥-으니/추우이, 춥-어도/추워도'가 공존하고 있으며, '졸음'지역에서는 '추-어', '추-으니', '추-어도'만 실현되므로 어휘형태소 경계에서의 'ㅸ'이 굴절어미와의 경계에서 'ㅸ'보다 늦게 변화(김완진:1973) 했다는 사실이 입증된다.

다음으로는 합성어 '장닭'과 '숙닭'의 방언분포는 어말 'ㅎ'의 'ㄱ'교체현상과 일치

임희순	57	보은군 탄부면 고승리	87.2.15
이창희	56	보은군 마로면 오천리	87.2.20
이우현	63	보은군 내북면 화천리	87.2.22
홍정희	52	옥천군 청산면 인정리	87.2.25

를 보여주고 있다. 곧 '장닭'은 '장(長)+닭(鷄)'의 합성어이며, 숙닭은 '숳(雌)+닭(鷄)'의 파생어이다. 중세어에서 '숳'는 명사였으나 자립성을 잃어버리고 접사화한 것이다.

(1) 수흔 느라 머리 바볼 求ᄒ거눌(두시, 17-7)
     수달기 머리 (구급, 상-26)
     흔자리 다 수돍 되느니라(태요, 11)
     다 룡봉도틴 막새 수디새(박통, 상-68)
     남지는 암톨 ᄀ로코 겨지븐 수톨ᄀ로ᄒ라(구급, 상-75)
     겨지비 어든 수톩(구급, 1-60)
     수티새(사성, 상-2)

경북상주 지역에서는 '숙꽃, 숙나무, 숙나비, 숙놈, 숙닥'로 실현되는데, 중세어에서 명사 '수'가 어두음절이 'ㄱ, ㄷ, ㅂ, ㅈ'인 명사가 연결되면 '숳'로 어간 재구조화가 이루어지면서 비어휘과정을 거쳐 접사화한 것이다.

이러한 어휘 재구조화는 아마 남부방언에서 먼저 실현되었을 가능성이 큰 것으로서 '숙꽃, 숙나무, 숙나비, 숙놈, 숙닥'이나 '숙(접사)-+닭(鷄)'의 파생어가 생성된 것이다. 이러한 방언분포 지역에서는 'ㅎ'으로 끝나는 용언 '쫗-'이 '찍-어, 찍-어라, 찍-어도'로 실현되지만 '쌓-'은 '싸-아, 싸-아라, 싸-아도'로 실현되고 있다.

어기 '얽-'에서 접사 '-개/게-'와 결합하여 파생한 '얽개'와 '빗(櫛)'이 합성한 '얼레빗'과 '얽게빗'이 전이지대에서 실현된다. 전자는 충북방언에서 후자는 경북방언에서 실현되는데, 접사 '-개/게-'가 'ㄹ'하에서 '-애/에-'로 교체되거나 r──v, z──v, y──v 환경에서 g)ɤ)h로 교체되는 중부 방언지역과 남부 방언 지역간에 차이를 보여준다. '어레미'와 '얼기미'에서도 어중 '-g-'의 잔류 유무에 따라 방언 차이를 보여준다.

충북방언에서 실현되는 '엿기름'에 대해 경북방언에서는 '엿질굼'이 실현된다. '엿기름'은 '엿-+기르-+-ㅁ'의 합성어인데, 경북방언에서 실현되는 '엿-+질-+-구-+ㅁ'의 합성어이다. 타동사 '기르다'가 경북방언에서는 '질구다'로 대응되는데 k-구개음화의 적용과 사동접사 '-구-'가 결합하여 사동사로 파생한 것이다.

충북 지역에서 실현되는 '숫(炭)'이 경북상주 지역에서는 '수껑'으로 실현된다. '수껑'은 '숡-+-엉(접사)'의 파생어인데, '수껑'에서 '숫'의 기저형이 '숡'였던 지역과 '숫'이였던 지역간에 방언 차이가 있었을 것으로 예상된다. 이처럼 음운변화라는 요인이 합성이나 파생어 형성에 있어서 어기가 신형(new form) 또는 구형(old form)이냐에 따라 어휘분화를 일으키기도 하고 어기가 비어휘화 하여 접사로 변함으로써 합성어와 파생어의 어휘대립을 보여주기도 한다.

둘째, 형태론적인 측면에서 두 방언간에 어기의 차이에 의해서나 또는 접사의 차이에 의해 합성이나 파생어의 어휘 분화를 보여주는 경우가 있다.

'마렵다'와 '누럽다'는 접경지역에서는 공존하고 있지만 충북방언에서는 중세어 명사 '몰'에서 파생된 '마렵다'가 경북지역에서는 용언 '누-'에서 파생된 '누럽다'가 실현된다. 곧 중부방언에서는 중세어형인 명사 '몰'에서 파생어된 것이나 남부방언에서는 용언 '누-'에서 파생된 형용사이다.

(2) 차반놀 머거도 자연히 스러 몰보기롤 아니ᄒ며(월석, 1-26)
    몰보기롤 ᄒ니 남진 겨지비 나니라(월석, 1-43)

(2)에서처럼 중세어에서 '몰'은 똥이나 오줌을 의미하는 명사였다. '마렵다'는 '몰+-업-(접사)'이 결합한 파생어이다. '-업-'이 용언에만 실현되어 '주관적 감정 상태'를 나타낸다(安秉禧:1978, 66)고 하였으나 이 용례를 보면 '-업-'이 용언 어기나 명사어기의 환경에서도 실현될 수 있음을 알 수 있다. 곧 중세어 단계에서 '-업-'은 오늘날보다 어기의 분포제약이 적었던 것으로 보인다. '누럽다'는 '누-'에서 '-룹-'(접사)이 결합한 파생어이다. '-룹-'은 명사나 추상성이나 상태성의 의미를 지닌 서술어의 어기와 결합하여 '어기의 속성이 풍부히 있음'(金昌燮,1984: 150)을 나타낸다. 이처럼 어기나 접사가 모두 달라서 어휘 차이가 생겨나기도 한다. 또한 중세어형 '몰'이 소멸되었으므로 '마렵다'의 조어구성을 확인하기 힘든 경우도 있다.

접사는 동일하나 어기의 차이에 의해 어휘가 분화되는 경우가 있다. '대장깐'과 '불무깐'이 접경지역에서 공존하는데 전자는 충북방언에서 후자는 경북방언에서 실현된다. '대장깐'은 명사 '대장'에서 '-간'이 결합한 파생어이며 '불무깐'은 명사 '불

무'에서 동일한 접사가 결합한 파생어이다. 한편 경북방언에서는 '벼름깐'도 실현
되는데 이것은 '벼릇-+-음-(접사)+-간(접사)'이 결합한 파생어이다. 접사 '-간'은
'-----을 하는 공간'이라는 의미를 지닌 접사로 명사류어에서만 실현되는 것은 공
통점이다.

'허리끈'은 중부방언에서나 남부방언에서 공통으로 실현되는데, 접경지역에서는
'괴리끈'이 실현된다. 이 '괴리끈'은 'ㄱ외(裳)〉괴'와 '허리'가 혼효(Blending)된 '괴
리'에서 '끈'과 결합한 합성어이다.

이와같이 형태론적인 측면에서 합성이나 파생어의 방언차이를 보이는 이유는
어기가 다르거나 접사가 다르기 때문이다. 어기가 다른 경우에는 구형의 어기와
신형의 어기가 대치함으로써 어휘분화가 이루어진다. 접사가 서로 다른 경우에는
통합되는 어기가 신형인가 구형인가와 혹은 의미 분포 차이에 기인하여 어휘분화
가 이루어진다.

셋째, 어휘 의미체계의 차이에 의해 합성이나 파생어의 방언차이를 보여주는 경
우가 있다. 온도어휘는 물체의 온도와 생리 온도에 따라 대립 체계를 보여주고 있
다.[4] '차(冷)-'와 '덥(暑)-'와 온도의 기대치에 따라 '식-'와 '뜨신-'이 대립상관 체계
를 보여주고 있다. 물리적 온도와 생리적 온도의 상관 대립체계는 다음과 같다.

> 물리 : 차갑다(찬-)〉미지근하다(미지근한)〉뜻뜻하다(뜻뜻한)〉뜨겁다(뜨신-)
> 생리 : 춥다(추운-)〉서늘하다(서늘한)　　〉따뜻하다(따뜻한)〉덥다(더운-)

경북방언에서의 기대온도에 대한 정도 차이에 의해 물리적 온도와 생리적 온도
간에 상관 관계는 다음과 같다.

> 물리 : 차다 · 식다 〈-----〉 기준온도〈-----〉 뜨겁다 · 뜨시다
> 생리 : 춥다 · 서늘하다〈---〉기준온도〈-----〉 덥다 · 따시다

이 상관관계는 중부방언에서는 차이를 보여주고 있다. 기준온도 이상이라는 생
리온도 어휘 '덥다'가 물리적 온도에까지 그 의미 영역이 확대되어 그렇지 않은 경

---

4) 천시권(1980), "온도어휘의 상관 체계", p. 11, 국어교육연구 12.

북방언과의 방언차이를 보여준다.

공통	충북 경북
찬밥(식은밥)	더운밥/뜨신밥
찬물(식은물)	더운물/뜨신물
찬술(*식은술)	더운술/뜨신술
찬죽(식은죽)	더운죽/뜨신죽
찬방(식은방)	더운방/뜨신방

공통	충북 경북
찬색(*식은색)	더운색/따신색
찬기(냉기,*식은기)	더운기/따신기
찬감각(*식은감각)	더운감각/따신감감

물리적 온도는 기체이거나 고체 또는 액체에 상관없이 '찬-' 또는 '식은-'과 결합하여 합성어가 생성되는 점은 동일하지만 충북 이북지역에서는 '더운밥, 더운물, 더운술' 등이 실현되며, 이를 사전에 등재하고 있다. 곧 중부방언에서는 생리적 온도 어휘인 '더운'이 물리적 온도 어휘와 합성하여 합성어가 생성되어 '뜨신밥, 뜨신물, 뜨신술, 뜨신죽'으로 실현되는 경북방언과 방언 차이를 보여주고 있다.

중부방언에서는 '깨끗하다'가 부사화접사 '-이'와 결합하여 '깨끗이'가 실현되는데 접경지역을 포함한 경북방언에서는 '마띡이'가 실현된다. '마뜩하다'는 형용사로서 '마뜩치 아니하다', '마뜩치 못하다' 따위로 쓰이어 '제법 마음에 들다', '제법 마음에 마땅하다'의 뜻을 나타내는데 경북방언에서는 의미변화를 일으켜 '청결하다' 또는 '깨끗하다'의 의미로 사용된다. 따라서 어기의 의미변화에 기인되어 중부방언에서는 '깨끗-+-이'가, 경북방언에서는 '마뜩-+-이'가 각각 생성되어 어휘분화를 보이고 있다.

3. 조어유형 차이와 방언 차이

합성어나 파생어에서의 방언차이는 어기나 접사의 차이에 의해 생겨난다고 할

수 있다. 어기나 접사의 차이를 기준으로 하여 합성어나 파생어에서의 어휘분화를
일으킬 수 있는 환경에 대해 먼저 살펴보자.

합성어의 구성 방식은 한 개 이상의 어기(base) 혹은 어근(root)끼리 결합되는
경우이며, 파생어는 접두사나 접미사가 어휘형태소에 결합하는 경우이다. 따라서
합성어와 파생어의 구성 방식에 의한 방언차이가 예상되는 유형을 다음과 같이 나
타낼 수 있다.

> 합성구성 대 파생구성 : 무닭/뜸북이
> 단일어 대 파생어구성 : 키/챙이, 숯/수껑
> 합성어 : A + B / C + B 목화씨/미영씨, 회오리바람/돌개바람
>   A + B / A + C 솥뚜껑/솥두베, 단지뚜껑/단지두베
>   A + B / C + D 장독대/장고방
> 파생어 : f1 + A / f1 + B
>   f1 + A / f2 + A 호부래비/홀애비, 홀몸/홑몸
>   A + f3 / A + f4 귀에지/귀챙이
>   B + f3 / C + f3 대장깐/불미깐
>   B + f3 / C + f4 숨기다/가물리다, 끝말/막이

> <A, B, C, D : 어기(Base) 또는 어근(Root), f1.. n : 접사>

방언차이가 생겨나는 합성어나 파생어 구성 방식의 유형차이가 생겨나는 요인
은 위에서 살펴본 바와 같이 음운·형태·의미 등의 통시적 변화와 밀접한 관련성
을 맺는다. 따라서 공시적으로 개별 방언간의 조어형식과 접사의 목록과 기능에
대한 정밀한 검토가 전제되어야 하지만 현재로서는 그러한 비교를 행할만큼 정밀
한 연구가 이루어지지 않았기 때문에 충북·경북 접경지역의 합성어와 파생어의
구성 방식에 의한 방언차이를 보이는 예들을 중심으로 어휘분화의 중요한 요인들
을 검토해 보려고 한다.

조어유형에 의한 방언차이는 먼저 합성어인 경우, 두 개 이상의 어기의 결합과
정에서 상이한 어기의 합성에 따라 방언차이를 보이는 경우가 있으며, 파생어형성
인 경우에는 어기가 상이한 경우나 접사가 상이한 경우 또는 그 둘 모두가 상이함

으로써 어휘분화를 일으키기도 하지만 지역간에 합성어 구성과 파생어 구성이라는 차이에 의해 어휘분화를 일으키는 경우가 가장 빈도수가 높다.

1) 합성어 구성 대 파생어 구성에 의한 방언 차이

합성어 구성 대 파생어 구성에 의해 어휘분화를 일으키는 예를 살펴보자.

'뜸북이'와 '무닭'이 각각 충북·경북 방언형에서 실현되며, 접경지역에서는 '뜸닭'이 실현된다. 충북방언에서 실현되는 '뜸북이'는 의성어 '뜸북-'에 접사 '-이'가 결합한 파생어이며, 경북방언에서 실현되는 '무닭'은 '물(水)-+-닭(鷄)'의 합성어이다.

   (3) 혼 雙ㅅ 믌돌긴 相對ᄒ야 ᄌᄆ락 ᄠ락 ᄒᄂ다(두초, 7-2)

위의 (3)의 예를 통해 '뜸북이'보다 '무닭'이 훨씬 고어형임을 알 수 있는데, 중부방언에서는 합성어인 '믌돐'에서 파생어 '뜸북이'로 바뀐 경우이다. 그런데 접경지역에서는 개신형 '뜸북-'과 고어형 '무닭'에서 형태가 혼효되어 '뜸닭'이라는 어형이 실현되고 있다. 개신형 '뜸북이'가 전이지대까지 개신이 일어났으며, 이 개신형과 고형이 융합된 융합방언(fudgedlects)형인 '뜸닭'이 생겨났다.

'도토리'는 충북 이북 지역에서 '꿀밤'은 경북지역에서 실현된다. '도토리'는 의태어 '도톨하다'의 '도톨-'과 접사 '-이'가 결합한 파생어이고 '꿀밤'은 '꿀-+-밤'의 합성어이다. 중부방언에서는 (4)에서처럼 '도토리'와 '도톨-밤'이 별개의 의미를 지니고 있다.

   (4) 도토리 :<명> <<식>>떡갈나무의 열매.
      도톨-밤 :<명> 도토리같이 둥글고 작은 밤.
      히마다 도톨왐 주수믈 나볼 조차 돈뇨니(두초2, 5-26)

'도토리'는 '도톨-+-이(접사)'의 결합에 의한 파생어 구성으로 볼 수 있는데, '도톨'이 단독형으로 사용되었는지 여부는 확인할 수 없으나 '도톨왐'(두초2, 5-26)이 중세어에 존재하는 점으로 미루어보아 파생어로 볼 수 있다. 이에 대해 경북방언에서는 '꿀밤'으로 실현되는데 '꿀(蜜)'과 '밤(栗)'의 합성어로 '도토리'라는 의미와 달리 '꿀밤 때린다'라는 관용적 의미로도 사용된다.

'끝말'과 '막이'가 전자는 중부방언에서 후자는 경북방언에서 사용된다. 윷놀이나 종경도놀이에서 '마지막 말'이라는 의미를 가진 방언형이 중부방언에서는 '끝-+말(馬)'의 합성어로 실현되지만 경북방언에서는 '막-(끝을 맺다)+-이(접사)'의 파생명사로 실현된다. 경북방언에서 '막이'는 1음절에 액센트가 있는 경우는 명사로서 '터 놓지 않고 막는 일 또는 기구'를 의미하며, 2음절에 액센트가 있을 경우 '끝말'을 뜻한다. '한동, 두동, 석동'에 이어 마지막 말이라는 의미의 '막동'도 '한동'과 '막이'의 혼효형으로 '막동'이 경북방언에서는 공존하고 있다.

2) 단일어 대 파생어 구성에 의한 방언 차이

한 방언에서는 단일어로 실현되는데 비해 다른 방언에서 파생어로 실현되어 방언분화를 일으키는 경우도 있다. 이에 대해서는 이미 이병근(1976)에서 '키'와 '쳉이'에서 실현되는 통시음운 현상에 대한 정밀한 검토가 있었다. 충북방언에서 단일어인 '키'가 전이지대와 경북방언에서 '쳉이', '칭이' 등의 파생어로 대응되고 있다.

충북방언에서 실현되는 단일어 '숯(炭)'이 경북방언에서는 파생어 '수껑'으로 대응되고 있다. 중부방언 '숯'의 중세어형은 (5)의 예를 통해 '숚'이었음을 확인할 수 있다.

(5) 숫글 沐浴ᄒᆞ야(능엄, 7-16)
香으로 숫글 沐浴호믄(능엄, 7-17)
수찌 ᄃᆞ외오(능엄, 8-97)
ᄌᆡ와 숫근 觸ᄋᆡ 類라(남명上, 8-97)

'수껑'은 '숚-+-엉'으로 파생이 이루어진 것인데, 이 방언에서 '무웃잎'이나 '수숫잎'과 같은 합성어가 '무꿋잎'과 '수꿋잎'으로 실현되는 것으로 보아 '무우'나 '수수'의 고어형이 '묶', '숚'이었을 가능성을 배제할 수 없다.

3) 합성어간의 구성 차이에 의한 방언 분화

합성어 구성에 의한 방언간의 어휘분화는 선·후행 어기가 상호 달리 실현됨으로써 방언차이를 보여 주게 된다. 이들은 주로 AB/CB, AB/AC, AB/CD와 같이 선행 어기가 다른 경우와 후행 어기가 다른 경우 및 선후행 어기가 모두 달라 방언차이를 보이는 유형으로 구분된다.

합성어 구성에서 동일한 방언형이 음운변동에 의해 거의 단일어로 화석화하여 방언차이를 보이는 경우에 대해 먼저 살펴보자. 어기가 음운변동에 의해 어휘분화를 일으킨 예, '마름(菱實)'과 '말밤'은 접경지역을 중심으로 방언 차이를 보인다. 곧 전자는 중부방언에서, 후자는 남부방언에서 각기 실현된다. '말밤'은 '말(藻)-＋밤(栗)'의 합성어인데, 어휘형태소 경계에서는 경북방언이나 중부방언이나 모두 'ㅂ)ㅸ〉오/우'의 변화를 경험하지 않았으나(대범/대범, 한범/한범), '발밤'은 '말밤〉말밦〉말왐〉말암〉마름'으로 변화를 경험한 예이다. 따라서 '마름'은 음운변화에 의해 화석화한 예이기 때문에 단일어로 굳어진 어휘라 할 수 있으나 경북방언에서는 '말밤'이 실현되어 합성어로 존재하고 있다.

첫째, AB/CB형, 곧 선행어기가 다른 합성어 구성에 의한 어휘분화의 예.

'목화'와 '미영', '씨'와 '밭'과 합성구성을 이룰 때 중부방언에서는 '목화씨', '목화밭'으로 실현되지만 경북방언에서는 '미영씨', '미영밭'으로 실현되어 어휘분화를 일으킨다.

'종자씨'에 대한 방언형으로 경북 상주방언에서와 접경지역에서는 '씬나락'이 실현되지만 충북 보은 방언에서는 '볍씨'와 '씨나락'과 '미나락'이 실현된다.

'회오리바람'도 경북 상주방언에서는 '돌개바람'이 실현되지만 충북 보은방언에서는 '회오리바람'이 실현된다. '회오리바람'은 '회오리-＋-바람'의 합성어 구성이며, '돌개바람'은 '돌(石)-＋-이(속격)＋-바람'의 합성어 구성이다. 경북방언에서 '호드락바람'이라는 분화형이 있는데 '호드락'이란 이 방언에서 '야단을 치다' 또는 '야단을 맞다'라는 의미로 "할배가 아들한테 호드랙이를 낸다."(할아버지가 아이들에게 야단을 친다.)의 명사형 '호드락-＋-바람'의 합성어로 갑작스럽게 불어닥치는 '야단바람'의 의미를 지니고 있다.

'절구공이'에 대한 방언형이 경북 상주방언에서는 '절굿대'로, 충북 보은방언에서는 '도굿대'로 실현된다. 경북방언에서 통사적 합성어에서 사잇소리가 아닌 관형격이 '-우'로 실현되는데 N_1+(우)+N_2 구성이 있는데, '모구자리', '달구장', '닭구통', '도구통'과 같은 예들이 있다.

둘째, AB/AC형, 곧 후행하는 어기가 다른 합성어 구성에 의한 어휘분화의 예.

'풀비'에 대한 방언형은 풀비의 재료에 따라 중부방언에서는 '풀비'와 '귀얄'로 어휘 차이를 보인다. 그런데 경북상주방언에서는 '풀삐', '풀솔'로 실현되는데 재료가 짚으로 만들었거나 또는 털로 만들었거나 관계없이 '풀삐' 또는 '풀솔'로 실현되지만 충북 보은방언에서는 '풀귀얄'로 실현된다.

'콩나물/콩질굼', '명씨/목화씨', '연감개'와 '연자세', '귀후비개/귀이개' 등도 동일하다.

셋째, AB/CD형, 선후행 어기가 모두 다 다른 합성어 구성에 의한 어휘분화의 예.

'김치'와 '짠지'는 대상물의 조미 과정이나 만드는 방법에 따라 많은 어휘분화를 일으킨 어휘이다. 그러나 "무우, 배추 같은 것을 소금에 절인 다음 양념을 하고 같이 버무려서 삭힌 다음에 먹는 음식을 무엇이라고 합니까?"라는 질문에 대한 응답형으로 충북방언에서는 '김치'이고 경북방언에서는 '짠지'인데 전이지대에서는 양형이 공존하고 있다. '김치'는 '침(浸)-+채(菜)'의 한자어 합성어이나 '짠지'는 '짜-+-ㄴ+-지'의 합성어이다. 소금에 절인 채소를 '지'라고 하기 때문에 '-지'는 '디히)-지/치'로 변화했음을 알 수 있다.

4) 파생어 구성 차이에 의한 어휘 분화

파생어 구성에 의한 어휘분화는 어기나 혹은 접사의 차이에 의해 이루어진다. f1A/f2A, f1A/f1B, Af3/Af4, Bf3/Cf3, Bf3/Cf4와 같은 유형 차이에 따라 어휘분화의 양상을 달리하고 있다. 곧 (1) 동일한 어기에 접두사가 달리 실현되는 경우. (2) 동일한 접두사에 어기가 달리 실현되는 경우. (3) 동일한 어기에 접미사가 달리 실현되는 경우. (4) 동일한 접미사에 어기가 달리 실현되는 경우. (5) 어기와 접미사가 모두 달리 실현되는 경우 등이 있는데, 각각 구분하여 파생어 구성차이에 의한 어휘분화가 어떻게 실현되는지 살펴보자.

첫째, 동일한 어기에 접두사가 달리 실현되는 경우.

위와 같이 동일한 어기에 다른 접두사가 연결되어 어휘 분화를 일으키는 예를 살펴보았다.

충북방언에서는 '홑이불'로 경북방언에서는 '호분이불'로 실현된다.

<도표 1>

[-유정성]	[+유정성]	[±유정성]
홑겹데기	홀애비	호불에미
홑눈	호불애비	홀몸
홑치마	홀애미	호분이불
홑이불		

(도표-1)에서 '홑이불'은 'ᄒᆞᆺ(單)〉홑+이불'의 파생어이며, '홀애비'는 'ᄒᆞᄫᆞᆯ〉홀(獨)+-애비'로 구성된 파생어이다. '홑(單)'은 [-유정성] 명사에 실현되는 접사이고 '홀(獨)'은 [+유정성] 명사에 실현되는 접사이다. 'ᄫ〉오/우' 변화를 경험하지 않은 경북방언에서 'ᄒᆞᄫᆞᆯ(獨)〉호불'은 [±유정성] 명사에서도 실현되고 있다.

(6) 舍利佛이 ᄒᆞ오ᅀᅡ 아니왯더니(월석, 서-1)
   오직 ᄒᆞ오아 보ᄂᆞ니라(두중, 12-4)
(7) ᄒᆞ오와 거루믈 마오히롤 ᄒᆞ니(두중, 24-28)
   군량 바도매 ᄒᆞ올 겨지비 설워우ᄂᆞ니(두초, 25-45)
   나는 ᄒᆞ올어미라(내훈, 서-7)
(8) 그듸의 옷ᄀᆞ외 후오진들 아노라(두중, 22-56)
   衣와 裳쾌 ᄒᆞ오지러라(두중, 1-53)
   各各 ᄒᆞ오ᄌᆞ로 表ᄒᆞ시니라(법화, 1-44)

'ᄒᆞ올(獨)'과 '옷(單)'은 명사에 접두하는 접사로서 [±유정성] 유무에 따라 달리 실현되고 있다.

'장닭'과 '숙닥'은 각각 '장(長)-+닭'과 '숙(雌)-+닭'의 파생어이다. 접사 '장-'은 '장끼'와 '장닭'에서만 실현되는데, 이것은 '길다'의미를 지닌 접두사로 닭이나 꿩이

수놈이 암놈보다 길고 크기 때문에 '장끼, 장닭'으로 조어가 된 것이다. '수-'는 수
놈의 의미를 지닌 접사로 경북방언에서는 '숳-'가 '숙-'으로 재구조화된 것으로 보
인다. 접두사의 분포 제약의 방언차이 때문에 상이한 접두사가 실현되고 있다.

(9) 숙꽃, 숙놈, 숙노루, 숙말, 숙돌쩍, 숙나부, 숙꽁, 숙닭

이 방언에서는 '그릇(器)'이 '그륵'(그륵-이, 그륵-을, 그륵-에)과 같이 어간말
's'가 'k'로 재구조화하였다.

둘째, 접두사는 동일하나 어기가 서로 다른 경우.

이러한 예들은 생산성이 약하기 때문에 용례를 찾아보기 힘든다.

세째, 동일한 어기에 접미사가 다른 경우.

파생어 구성상 어휘분화를 일으키는 가장 많은 예들이 발견되는 유형을 동일한
어기에 접미사가 달리 실현됨으로써 어휘분화를 일으키는 예이다. 충북방언에서
'머리카락'이 경북방언에서는 '멀커딩이'로 실현된다. '눈꼽/눈초재기', '방맹이/방마
치', '겁쩔/껍뼤기', '거러지/결뱅이', '길이/길억지', '벌기/벌갱이'와 용언에서 사피
동 접사는 중부방언과 많은 차이를 보여준다.

(10) 살(生)	살-리-	살-루-		싣(載)	실-리-	실-기-	
알(知)	알-리-	알-구-		바르(直)	바르-우-	발-쿠-	
남(餘)	남-기-	남-구-		숨다(隱)	숨-기-	숭-구-	숭-쿠-
넘다(越)	넘-기-	넝-구-	넝-쿠-	녹다(鎔)	녹-이-	노-쿠-	
삭다(逍)	삭-이-	사-쿠-		익다(熟)	익-히-	이-쿠-	
줄다(約)	줄-이-	줄-구-	줄-쿠-	늘다(伸)	늘-이-	늘-구-	늘-쿠-
알다(知)	알-리-	알-구-		깨다(覺)	깨-우-	개-우-	깨-꾸-
일다(成)	일-우-	일-구-		메다(塞)	메-우-	미-쿠-	미-꾸-
싣다(載)	실-리-	실-끼-		벌리(張)	벌-리-	벌-시-	

(10)의 예처럼 방언가에 사·피동형의 차이는 어기의 음운 환경에 음운론적으
로 조건지워지지 않고 접사의 자의적 선택에 의해 이루어짐을 보여준다. 그러나
사·피동접사가 통시적으로는 음운론적 환경에 따라 선택된 단계가 있었을 가능성

이 있다. 중부방언과 사·피동접사의 차이를 보여주는 예들을 면밀하게 검토해 보면 동일한 어기에 파생접사가 왜 이렇게 달리 실현되는가? 접사 '-루-'나 '-구-', '-쿠-'는 접사의 중과형이라고 할 수 있다.

'실기-'와 '알기-'가 16세기 방언을 반영하는 『七大萬法』에 나타나는데(오종갑: 1982) 공시적으로 '알구-'는 '알기-+-우'와 같이 사동접사의 중과형이라고 할 수 있다. 경북방언형인 '넘-구-(越)'의 접사 '-구-'가 중부방언의 '넘기-'의 '-기-'에 대응된다. 이러한 예도 접사 '-기-'에 '-우'가 중과된 것이라 할 수 있다. '녹-', '삭-', '익-', '식-'은 '-이-', '-히-'에 '-쿠-'로 대응되는데 '익-', '식-'은 접사 '-히-'에 '-우-'가 중과된 것이다(백두현,1990:10). '줄-'의 경우도 '줄-+-기-+-우-'의 접사 중복에 의해 생겨난 것이다.

이처럼 사·피동접사의 중복과정은 통시적으로 확인될 수 있다. 곧 '자(孰)-'와 '서(立)-'가 '재우다'와 '세우다'로 실현되는데, '자-', '서-'가 접사 '-이-'와 결합하고 다시 '-우-'가 결합한 것이다.

> (11) 中興主를 셰시니(용가, 11)
> 平等王을 셰ᅀᆞᇦ니(월석, 1-15)
> 훤히 새 쁘들 셰도다(두초, 6-2)

'셰-'는 '셔-'의 사동형으로 중세어에서는 사동형으로 접사 '-이-'가 결합되던 것이 일반적인 규칙이었는데 다시 접사 '-우-'가 첨가되어 '세우-', '재우-'가 생겨난 것이다. 이 방언에서 접사 '-이-'나 '-히-'에 '-우-'가 중과된 시기와 이유는 명확하지 않다.

척도를 나타내는 파생형용사 '높다, 깁다'는 통시적으로 '놉흐-, 깁흐-'에서 어간 재구조화가 이루어진 어휘들이다. 경북방언에서는 이들의 기본형이 '노푸-, 지푸-'로 활용되지만 파생명사형은 '높이, 짚이'로 실현되므로 쌍형어간을 가진 어휘이다.

넷째, 접미사는 동일하나 어기가 달리 실현되어 어휘분화를 일으킨 경우.

동일한 접사이지만 어기가 달리 실현되어 방언분화를 일으킨 예들을 살펴보자. '자불음/졸음', '대장간/불미간/벼람간', '귀에지/귀챙이', '딸국질/깔딱질' 등이 있다.

다섯째, 어기와 접사가 모두 달리 실현됨으로서 어휘분화가 일어나는 경우. 충북방언과 경북방언간에 동일한 어기에 파생접사가 달리 실현되어 어휘분화를 보이는 예는 극히 드물다. 이러한 사실은 방언간에 예상되는 파생접사의 목록 차이가 크지 않음을 의미한다. '누럽-'와 '마렵-'가 그 예가 된다. 이 어휘들은 '누-+-럽-+-다'와 '물-+-업-+-다'와 같은 조어 과정을 거쳐 방언차이를 보여준다.

'떨어뜨리다'와 '널쭈다'도 이와같은 유형인데, 충북방언에서는 '떨어뜨리다'가 실현되고 경북방언에서는 '널쭈다'가 실현된다. '떨어뜨리다'는 '떨어-+-뜨리-'의 구성이며, '널쭈다'는 '느리-(降)+-지-(접사)+-우(접사)-'의(백두현,1990:11-12) 구성으로 상호 상이한 어기에 상이한 접사의 결합에 의해 어휘가 분화한 예이다.

'숨기다, 가물리다'와 '감추다'는 충북방언에서는 '숨기다'로 경북방언에서는 '가물리다', '감추다'로 실현된다.

> 숨기다<타> 1. 다른 사람이 모르도록 보이지 않는 곳에 감추다.
> 감추다<타> 1. 겉으로 드러나거나 찾아내지 못하도록 일정한 곳에 숨기다.
> 　　　　　　2. 남에게 알리지 아니하다.

경북방언에서는 '숨기다'와 '감추다'의 의미 차이가 없다. 중부방언에서도 '갈ᄆ-'와 '곪-'의 파생형보다 '숨-'의 파생형이 더욱 세력을 가짐에 따라 '숨기-'가 확산된 것으로 보인다.

> (12) 妙애 갈ᄆ니(능엄, 4-8)
> 　　　모물 갈모매 뵈야호로 잇부믈 告ᄒ도다(두초, 7-21)
> 　　　ᄀ술히 가ᄃ며 겨스레 갈ᄆ며(금삼, 2-6)
> 　　　眞實로 모물 곪가라 ᄒ논디라(두초, 21-29)

경북방언에서는 '곪-'에 접사 '-리-'가 결합하여 '가물리다'가, 접사 '-추-'가 결합하여 '감추다'가 각각 파생된다. 중부방언에서 '숨-+-기-+-다'의 파생형이 경북방언에서는 '곪-'계열의 파생어가 더욱 세력을 가지고 있다. 물론 '숨-'의 파생형은 '숨-+-기-+-우'와 같이 접사의 중복에 의한 파생어 '숭쿠-'가 공존하고 있다.

'거러지'와 '동냥바치'도 충북방언과 경북방언간에 대응을 보여준다. '거러지'는

'걸(乞)-+-어지'의 파생어인데, 경북방언에서는 '동냥-+-바치'의 파생어 구성이다. 경북방언에서는 '걸-+-뱅이'의 파생형 '걸뱅이'도 공존하고 있다. 지금까지 '-어지/ -아지'가 '송아지', '강아지'에서 실현되므로 축소사(diminutive)로 '작은것'이라는 의미기능을 보이는 접사로 처리해 왔으나 '거러지'에서는 그러한 의미기능을 보여 주지 않는다.

충북방언의 '흩뜨리다'와 경북방언의 '어질이다'가 대응을 보인다. 중부방언에서 도 '흩뜨리다'와 '흐트리다'가 의미차이가 거의 없다.

> **흩뜨리다**<타> 1. 흩어지게 하다
> **흐트리다**<타> 1. 흩어지게 하다
>   2. 흐트러지게 하다

'흩뜨리다'는 '흩-+-뜨리-+-다'의 조어구성으로 접사 '-뜨리-'는 동작성 동사에 결합하여 '강세'의 의미기능을 갖고 있다. 이에 대응되는 '어질이다'는 '어즐'에서 '-럽-'와 결합하여 형용사 '어지럽다'가 파생되었으며 '어즐-+-이-+-다'가 결합하 여 사동사 '어질이다'가 파생된 것이다.

'바루다'와 '곧추다'는 방언간에 어휘 사용빈도의 차이를 보여준다. '바루다'는 '肯', '直'의 의미기능을 보이는 반면에 '곧추다'는 '直'의 의미기능을 보인다.

肯	直
바른길 : 참된 도리	*곧은길 : 참된 도리
*바른 길 : 直路	곧은 길 : 直路
바른말 : 옳은 말	*곧은말 : 直言

'바르-'가 '곧-'보다 의미역이 넓다고 할 수 있다. '바르-+-우-+-다'의 구성에 의해 사동사 파생이 이루어졌고 '곧-+-추-+-다'에서 역시 사동사 파생이 이루어 졌다. '바루다'는 비구상물이나 구상물을 목적어로 사용될 수 있으나 '곧추다'는 '구 상물'인 경우에만 목적어로 사용된다. 경북방언에서는 '바루다'의 방언형 '발쿠다'가 있지만 '구상물' 목적어가 실현되더라도 '곧추다'가 그 사용상 빈도가 높다.

4. 조어법에 의한 어휘분화 추이

전이지대의 언어분화 양상은 언어변화의 역사적인 과정을 매우 잘 보여준다. 따라서 통시음운현상을 해명하는데 전이지대가 이용되기도 했다(李秉根:1976). 여기서는 앞에서 논의한 조어 양상에 의한 방언분화의 추이와 전파 경로를 파악하기 위해 조사된 자료 가운데 조어형에 대한 개량화 작업을 통하여 어휘확산 방향과 진행 과정에 대해 검토해 보기로 한다.

충북과 경북 접경지역에서 조어법을 기준으로 하여 양 기지방언(base dialect)5)의 조어형을 비교함으로서 어휘분화의 추이를 파악할 수 있을 것이다. '곁두리'(아침과 점심 또는 점심과 저녁 사이에 일군들에게 주는 음식)에 대응되는 어휘의 지리적 분포와 그 조어형의 분포는 다음과 같다.

조어형	상주기지방언	전이지대	보은기지방언
곁두리	참:	참:	
		새:	새:
	새참	새참	
		새밥	새밥

곁두리'를 나타내는 어휘가 상주방언에서는 '참'으로 보은방언에서는 '새:'로 전이지대에서는 병존방언(mixedlects)6) 의 양상을 보여준다. 이들의 조어형 '새밥'

---

5)

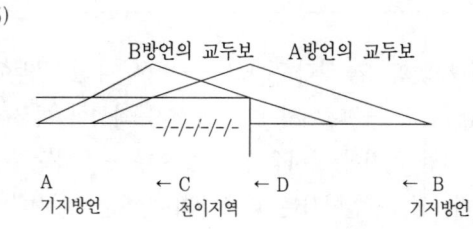

〈그림-1〉에서 A기지방언의 특질이 B기지방언 지역의 D지역까지 미칠 때 D지역을 A방언의 교두보(beach head)라 하고, B기지방언의 특질이 C지역까지 미칠 때 C지역을 B방언의 교두보라 한다. 이때 양 기지방언의 특질이 교차되는 C-D지역을 전이지역(transition area) 또는 전이지대(transition belt, zone)라 한다.

이나 '새참'이 전이지대에서는 모두 나타나고 상주방언에서는 '새참'이 나타나는 것으로 봐서 충북방언의 개신형 '새'가 경북방언에까지 침투해 있으며, 방언개신 방향이 '충북→경북'으로 진행되고 있음을 알 수 있다.

먼저 지역별 조어형의 어휘 8개에 대한 자료는 다음과 같다.

	(1)	(2)	(3)	(4)	(5)	(6)	(7)	(8)
1 상주	절굿대	허리띠	미영씨	기히비개	연깡개	돌개바람	마구간	자불음
2 사벌	절굿대	허리빵	미영씨	기히비개	연깡개	돌개바람	오양간	자불음
3 양지	절굿대	허리띠	미영시	기히비개	연깡개	돌개바람	마구간	졸음
4 보여	절굿대	허리띠	목화씨	기히비개	연자세	돌개바람	마구간	졸음
5 금천	절굿대	허리띠	미영씨	기히비개	연자세	돌개바람	마구간	졸음
6 화서	도굿대	허리빵	미영씨	귀휘비개	연자세	회오리바람	마구간	졸음
7 오천	도굿대	허리띠	목화씨	귀히비개	연자세	회오리바람	오양간	자불음
8 소여	도굿대	허리띠	목화씨	기히비개	연자세	돌개바람	오양간	졸음
9 사직	도굿대	허리빵	목화씨	귀이개	연자세	회오리바람	오양깐	졸음
10 관기	도굿대	괴리띠	목화시	귀이개	연자세	회오리바람	마구간	졸음
11 적암	도굿대	괴리띠	목화씨	귀지개	연자세	회오리바람	오양간	졸음
12 보은	도굿대	괴리디	목화씨	귀이개	연자세	회오리바람	오양간	졸음

8개의 조어형을 중심으로 상주기지방언 (1)과 보은기지방언 (2) 간에 지역변이 과정을 알아보기 위해 양 기지방언형을 각각 X(상주), Y(보은)로 나타내어 어휘확

---

6) 이상규 옮김(1988), 『방언연구방법론』, 형설출판사, p. 383. '병존방언(mixedlects)'과 '융합방언(fudgedlects)'에 대한 개념 참조.

산 과정을 검토해 보기로 한다. 변이형은 기지방언형에 준해 X, Y로 나타낸다.

	1	2	3	4	5	6	7	8	9	10	11	12
(1)	X	X	X	X	X	Y	Y	Y	Y	Y	Y	Y
(2)	X	X	X	X	X	X	Y	Y	X	X	Y	Y
(3)	X	X	X	Y	X	X	Y	Y	Y	Y	Y	Y
(4)	X	X	X	X	X	X	Y	Y	X	X	Y	Y
(5)	X	X	X	Y	Y	Y	Y	Y	Y	Y	Y	Y
(6)	X	X	X	X	X	Y	Y	Y	Y	X	Y	Y
(7)	X	X	X	X	X	X	Y	Y	X	Y	Y	Y
(8)	X	X	X	Y	Y	Y	Y	Y	X	Y	Y	Y
X빈도	100	87.5	100	62.5	75	50	0	0	50	37.5	0	0
Y빈도	0	12.5	0	37.5	25	50	100	100	50	62.5	100	100

X : 상주기지방언, Y : 보은기지방언

위의 도표에서 상단은 지역번호이다. (1)경북상주읍, (2)상주화달, (3)상주양지, (4)상주보여, (5)상주금천, (6)상주화서, (7)충북관기, (8)충북내북, (8)충북적암, (9)충북마로, (10)충북오천, (11)충북사직, (12)충북보은읍이며 세로단은 조어형이다. 각지역별 각기지방언형을 X, Y로 두고 지역별 변이형의 실현빈도를 측정한 결과를 통해 언어개신 (language innovation)의 추이를 확인하기 위해 양기지 방언의 어형 실현빈도수를 그래프로 나타내면 다음과 같다.

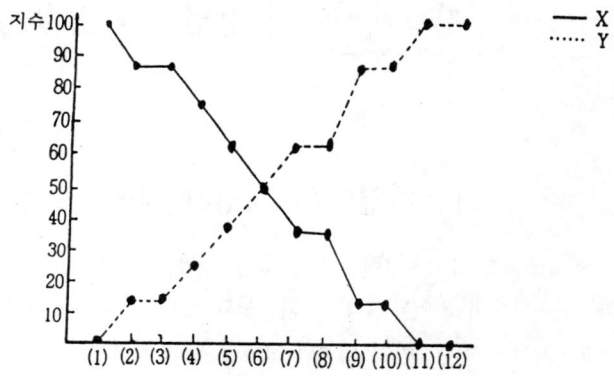

양기지방언의 조어형의 실현 빈도수를 보면 상주군 화동 보여(4)와 상주군 화
서(6) 지역은 경북지역이지만 충북방언의 개신의 영향을 많이 받고 있으며 충북
마로 소여(9)지역은 충북지역이지만 경북방언의 영향을 많이 받고 있는 지역임을
알 수 있다. 아울러 양기지방언을 30-70% 정도의 영향을 주고받는 지역은 (4),
(6), (9), (10)지역으로 상당히 폭넓은 전이지대(transition area)를 형성하고
있음을 알 수 있다.

상주기지방언의 개신 방향은 경북 상주읍→상주 사벌화달→상주 화동양지→상
주 모동금천→상주 화서→상주 화동보여→충북 마로소여→충북 마로오천→충북 관
기→충북 내북적암→충북 탄부사직→충북 보은읍의 방향이다. 그리고 충북보은기
지방언의 개신방향은 충북 보은읍→충북 탄부사직→충북 관기→충북 내북적암→충
북 마로오천→충북 마로소여→경북 상주화동→상주 화서→상주 모동금천→상주 화
동양지→상주 사벌화달→경북 상주읍의 방향이다. 특히 경북지역 내에서 상주군
화동보여(4) 지역은 충북방언의 개신의 영향을 가장 많이 받고 있으며, 충북지역
에서는 충북 마로 소여 지역이 경북방언의 개신파의 영향을 가장 많이 받고 있다.

제3장 계열어의 방언분화 양상

1. 계열어의 개념과 유형

방언의 어휘분화는 음운·형태·의미·통사적 현상과 같은 언어 내적 요인 뿐만 아니라, 민·반상의 차이와 같은 사회·문화 현상과 같은 언어 외적인 요인에 의해서 이루어지기도 한다. 언어 내적인 요인에 의한 지역적인 어휘분화는 어휘체계의 차이로 설명되어야 하며, 또한 체계적 차이가 생겨난 정밀한 환경적 요인과 이유가 설명되어야 한다. 이러한 유형 가운데 하나의 낱말밭을 형성하는 계열어들의 방언차이가 체계적인 방언차이를 보이는 경우가 허다하다. 본고에서는 계열어 가운데 체계적인 방언차이를 보여주는 계열어를 중심으로 방언분화 양상에 대해 살펴보고자 한다.

어형이 다르지만 다항의 등가적 대립을 보이면서 독립적으로는 존재하지 못하며, 계열상 대립적인 체계를 구성하는 일련의 어휘를 계열어라고 한다. 예를 들면 '색체어'라는 상위어 아래에서 '빨강, 주황, 노랑, 초록, 파랑, 남색, 보라'가 모여서 하나의 계열을 이루는 낱말밭을 형성하고 있다. 이 경우 계열을 이루는 각 어휘소들은 상호 연관을 맺고 있으며, 특정한 방법으로 서로를 정의하게 된다. 낱말밭 가운데 계열어는 어휘소들의 의미가 양극에 집약되는 극성을 보이거나 또는 계단적 상승이나 하강성도 보이지 않고 선조상에 나란히 배열될 수 있는 특성을 지닌 어휘군을 말한다.

낱말밭의 기본구조를 클라크 & 클라크(1977:430-431)는 균형형(paradigm)과 분류형(taxonomy)으로 구분하고 國廣哲彌(1982:144-150)는 균형형·분류형·의미분야형으로 구분하고 있다.[7] 낱말밭에서 일련의 어휘 연쇄망을 이루는 계열어는 색체명(color term), 친족명(kinship term), 감각어, 청각어, 미각어,

---

7) 임지룡(1992), 「국어의미론」, p. 77, 탑출판사. 재인용

윷말어, 온도어, 요리어, 신체어와 같이 모든 항이 동일한 선조상에서 동일한 논리적, 의미적 상관관계를 유지하는 체계를 갖는 어휘들을 말한다.8) 곧 낱말밭에서 이러한 어휘들을 체계적으로 구조화하려는 노력은 끊임없이 이어지고 있다. 계열어의 유형에 대해 유창돈(1975:126)은 ① 친족계열어, ② 시간계열어, ③ 공간계열어, ④ 수량적 계열어로 구분하고 있다. 이러한 논의대로 계열어를 분류한다면 그 한계를 분명히 할 수 없게 된다. 한편 임지룡(1992:103-125)은 낱말밭 가운데 의미분야형을 ① 친척어장, ② 윷말어장, ③ 공간감각어장, ④ 온도어장, ⑤ 미각어장, ⑥ 색체어장, ⑦ 착탈어장, ⑧ 요리어장으로 구분하고 있다.

계열어는 (가)와 같은 단순한 고기이름(魚名)이라는 상위어 아래에 무작위의 어휘연쇄(lexical chain)를 포함하지만, 계열어 어휘군 안에서 어휘간에 상호 긴밀한 내적 관련성을 가지고 있어야 한다. 계열적인 체계를 구성하면서 동시에 서열적인 계열관계를 구성하는 경우는 하위어가 되어 계열어와는 구분된다. 예를 들어 색체의 농담의 정도에 의한 어휘배열인 색체어나, 친인척인 친밀도의 근원관계에 의한 친척어나 '도 — 개 — 걸…'과 같이 윷말의 정도의 차이에 의한 윷말어와 같이 어휘간의 내적인 관계가 연계되어 있어 구별된다. 따라서 '붕어 — 고래 — 강아지…'와 같이 어휘간의 내적 긴밀관계가 없는 어휘연쇄는 계열어라고 할 수 없다.

또한 (나)와 종·속의 성층관계를 나타내는 분류형(taxonymy)도 계열어에 속한다. (나)에서 하위어인 '분꽃 — 채송화 — 연꽃…'은 단순한 분류관계에 지나지 않지만 상위어 '꽃'이라는 공통적 특질로 함축(entailment)된다. (다)는 윷말 이름이다. 그러나 (나)와는 달리 단순 분류어가 아니라 어휘가 동일한 선조상에서 동일한 논리적, 의미적 상관관계를 유지하고 있는 계열어이다.

(가)   붕어 — 가물치 — 송어 — 피리 — 송사리 …

(나)   식물

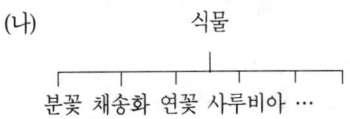

분꽃 채송화 연꽃 사루비아 …

---

8) 정시호(1994), 「어휘장이론연구」, p. 174, 경북대학교출판부.

(다)   윷말이름

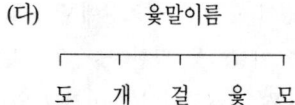

도   개   걸   윷   모

모든 어휘항이 동일한 선조상에서 동일한 논리적, 의미적 상관관계를 유지하
는 계열어의 항목간의 상호 관련성에 따라 순열적(ordinal)인 유형과 비순열적
(nonordinal) 유형으로 구분할 수 있다. 순열적인 계열어는 상호 관계적인 의미
관계를 갖는 것으로 점층적으로나 혹은 점강적으로 하나의 어휘망을 형성하게 된
다. 예를 들면 시간 계열어인 '하루 — 이틀 — 사흘 — 나흘 —'은 점층적인 계열
적 체계를 구성하고 있으나 '할아버지 - 아버지 - 아들 - 손자'와 같은 어휘망은 점강
적 계열적으로 나타내기도 하여 어휘장이 하나의 연쇄망을 이루게 된다.

또한 비순열적 계열어는 식물명, 동물명, 고기명 등과 같이 무작위로 배열되는
어휘연쇄(lexical chain)어휘들인데, 이들은 순열적 계열어보다 구조의 결속도가
느슨함을 보여준다. 곧 비순열적 계열어는 클라크 & 클라크(1977)가 분류한 '균
형형'에 가까운 개념이지만, 상위어와 하위어의 관계가 아닌, 의미없는 어휘의 연
쇄망을 포함하는 구조는 갖지 않는 계열어를 뜻한다.

1) 순열적 계열어

예를 들면, 아래와 같은 가족 호칭은 가족 구성원 가운데 직계에 속하는 호칭이
계열적인 체계적 대립을 구성하고 있다.

고조부 — 한한아비 — 한아비 — 아비 — 아들 — 손자
　ㅣ　　　　ㅣ　　　　ㅣ　　　ㅣ　　　ㅣ　　　ㅣ
고조모 — 한 할미 　— 할미 　— 어미 — 며느리 —손자며느리

가족 호칭이나 지칭은 혈연의 계승이라는 측면에서도 그 자체에 하나의 계열적
인 의미를 지니고 있는 것은 당연한 일이라 할 수 있겠다.

한편, 일칭(日稱)이나 월칭(月稱), 계절칭과 같은 계열어도 있다.

```
굿그제 ― 그제 ― 어제
          |
         오늘
          |
내일 ― 모래  ― 글피  ― 그글피
```

오늘을 깃점으로하여 과거와 미래에 대한 일칭이 계열적인 대립체계를 보이고 있다. 또한 공간에 대한 어휘도 대립적인 계열적 체계를 보이고 있다. 한자어 '東·西·南·北'에 대응되는 고유어가 없고, 단지 '南·北'에 대해서는 '前·後'에 대응시켜 '앞·뒤'의 대립을 보여준다. 이와같이 공간 대립어는 바람의 명칭과 관련하여 다음과 같은 계열적 대립을 보여주기도 한다.

```
높바람 ― 마바람
  |          |
새바람 ― 하늬바람
```

그리고 수사나 관형사 및 관수사와의 복합어는 수량적 계열을 이루고 있다.

```
하나 ― 둘 ― 셋 ― 넷 ― 다섯 ― 여섯 ― 일곱……
작 ― 홉 ― 반되 ― 되 ― 말 ― 섬 ― 휘
```

위는 도량형에서 정도의 크기, 곧 대소에 의해 어휘들이 계열화를 이루고 있는 경우이다. 순열적 계열어는 색체명(color term), 친족명(kinship term), 감각어, 청각어, 옻말어, 온도어, 미각어, 요리어, 신체어, 가열표시어[9] 등이 있다.

2) 비순열적 계열어

비순열적 계열어는 실질적인 성격을 띤 어휘들이 단순한 나열에 지나지 않는 어휘 집단(lexical group)을 이루고 있는 것들이다. 비순열적 계열어는 고기이름, 새이름, 논곡식이름, 밭곡식이름 등, 이미지 연상법에 의한 단어 나열에 이르기

---

9) 이승명(1997), "한국어 가열 표시어군의 의미론적 양상", 어문론총 31호, 경북어문학회.

까지 그 범주는 매우 넓다. 곧 새이름, 물고기이름, 나무이름 등 선조적 계열을 이루는 것으로 이들은 비순열적이지만 상하위 계층적인 질서를 이루기도 한다. 그러나 동일한 어휘 집단에의 배열 순서를 ㄱ)과 ㄴ)처럼 바꾸어도 아무런 의미가 없으며, 상하위어의 관계를 유지하기도 한다.

ㄱ) 국광 ― 참배 ― 태양 ― 단감 ― 돌배 ― 이와이 ― 곶감 ― 홍옥 ― 부사 ― 연시

ㄴ) 국광 ― 곶감 ― 홍옥 ― 부사 ― 연시 ― 참배 ― 태양 ― 단감 ― 돌배 ― 이와이

위에서 어휘들은 일종의 비순열적인 계열을 보이고 있다. 곧 '과일' 또는 '사과', '배', '감'이라는 상위어(hyperonym)와 '국광 ― 참배 ― 태양 ― 담감 ― 돌배 ― 이와이 ― 곶감 ― 홍옥 ― 부사 ―연시'라는 하위어(hyonym)의 성충적 구조 관계를 유지하고 있다.

과					일				
사		과			배		감		
국광	태양	이와이	홍옥	부사	참배	돌배	단감	곶감	연시

'과일'이라는 상위어 아래에서 무작위로 나열된 비순열적 계열관계는 점충적 또는 점강적인 의미연쇄가 아니라, 상하관계에 의한 어휘 연쇄관계이기 때문에 순열적 계열어와 구분이 된다.

본고에서는 계열어 가운데 순열적 계열어에 속하는 친족어, 시간어, 온도어, 신체어 가운데 특히 방언차이가 뚜렷한 어휘군의 방언분화 양상과 그 요인을 규명하고자 한다.

2. 계열어의 방언 분화양상

1) 친족 호칭 계열어의 방언 분화

친족 명칭은 지칭(term of adress)과 호칭(term of reference)으로 구분된다. 부계율(父系律)의 원칙을 따르고 있는 우리나라 친족 명칭은 직계와 방계, 부계와 모계 그리고 신분에 따른 차등성이 있어 매우 다양한 모습을 보여준다.10)

본고에서는 부계 형제의 호칭이 어떤 체계성을 가지고 방언분화가 이루어지는지 살펴 보고자 한다. 곧 '백부(伯父)-중부(仲父)-(아버지의)셋째형-아버지-숙부(叔父)-삼촌(三寸)'에 대한 호칭에 대한 방언분화 양상에 대해 살펴보자. 아버지가 아버지의 형제들 가운데 몇 번째이냐에 따라서 호칭이 달라지기도 하며, 삼촌인 경우 결혼 유무에 따라서도 호칭이 달라지기도 한다. 그러나 본고에서는 '나'의 아버지가 아버지들 형제 가운데 3째라고 가정을 하고 백부(伯父)-중부(仲父)-(아버지의)셋째형-숙부(叔父)-삼촌(三寸)의 호칭이 방언형에 따라 어떻게 분화되는가 살펴보고자 한다.

백부에 대한 호칭은 '맏아베', '맏아부지'계열과 '큰아베' 및 '큰아버지, 큰아부지'계열과 한자어 '백부님(伯父)'계열로 구분된다. 백부에 대한 호칭 분화의 기준은 먼저 어기 '아버지'형이 신구형(new-old form) 유무에 따라 '아베'형과 '아버지'형으로 구분되며, 다시 '아버지'형은 모음교체에 의한 '아부지'형으로, 그리고 접미사 '-님'이 결합하는 파생형 등의 분화를 보이고 있다.

'큰아버지'형과 '큰아부지'형의 실현지역은 방언 분포상 아주 뚜렷한 경계를 이루고 있다. '큰아버지'형과 '큰아부지'형의 분포지역은 〈지도-1〉에서처럼 강원도, 경기도, 충남·충북 지역을 경계로 하여 사선적 등어선(diagonal isogloss)을 이루고 있다.

다음으로는 접사 '맏-'과 결합되느냐 혹은 '큰-'과 결합되는가에 따라서 방언분화를 보여 주기도 한다. 특히 '맏-' 접두사와 결합되는 방언지역은 경북 북부지역이다.11) 백부와 중부 및 아버지의 셋째형을 구분하여 '백부'를 '맏아베'라고 하고, '중부'나 '아버지의 셋째형'을 '큰아베'로 구분하는 경북 북부지역에서의 어형별 의

10) 이상규(1985), "친족명칭의 혼란상", 새마을연구 5집, 경북대.

미역은 〈그림-1〉과 같다. '백부'에 대한 호칭이 한자어 '백부님'형으로 실현되는 지역은 강원 고성지역과 전북 순창지역을 포함한 경남 일부지역이다.12)

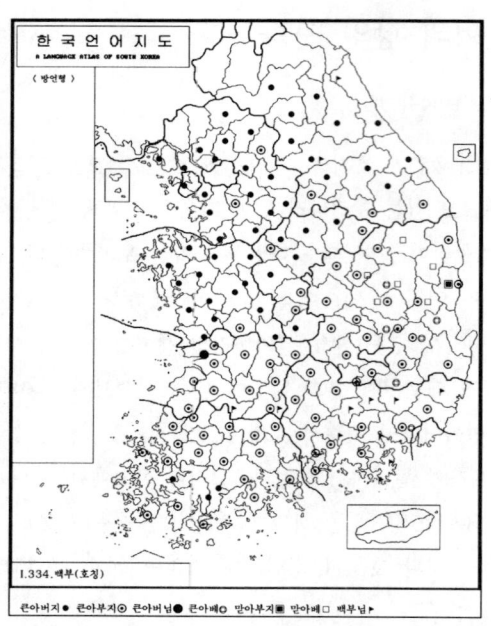

한국언어지도
A LANGUAGE ATLAS OF SOUTH KOREA
〈방언형〉

I.334. 백부(호칭)

큰아버지● 큰아부지◉ 큰아버님◐ 큰아베◍ 맏아부지▦ 맏아베◻ 백부님▸

〈지도-1〉 'I.334. 백부(호칭)'에 대한 분포지도

<그림-1>

백부(伯父)	맏아베
중부(仲父)	큰아베
부의 세째형	

백부(伯父)	큰아버지
중부(仲父)	
부의 세째형	

다음 중부(仲父)에 대한 호칭은 '둘째-'와 복합어를 이루느냐 혹은 '큰-' 혹은

---

11) 경북방언에서 접두사 '맏-'과 결합하는 파생어의 실현 지역은 다음과 같다.

　　경북 영양, 예천, 청송 : 맏아베

　　경북 의성 : 맏아베, 큰아부지

　　경북 영덕 : 맏아부지, 큰아부지

　　경북 안동 : 큰아베, 맏아베

12) 강원 고성지역과 전북 순창지역을 비롯하여 경남 거제, 밀양, 울주, 의령, 의창, 진양, 창녕, 통영지역에서 실현된다.

'작은-'과 복합하느냐, 혹은 '가운데'와 복합하느냐 그리고 한자어 '중부(仲父)님'으로 실현되느냐에에 따라 방언분화가 이루어진다.

먼저 '둘째-'와 복합하는 경우 '둘(:)째아버(부)지', '두(:)째아버(부)지', '두(:)체아버(부)지'계열로 분화되었다. 그리고 '둘째-'와 복합하는 방언형에서 매우 중요한 방언 분화의 요인으로 꼽을 수 있는 것은 '둘째-'와 '아버지' 사이에 '큰'의 개입 유무이다. 곧 '둘째큰아버지'계열과 '둘째아버지'계열간의 매우 뚜렷한 방언차이를 보여준다. '큰-'과 복합하는 경우는 '큰아버지', '큰아부지'계열이 있으며, '작은-' 또는 '적은-' 역시 '작은아버지'와 '작은아부지'계열로 분화되는데, '큰작은아버지'계열과 '작은큰아버지'계열의 방언분화가 매우 뚜렷한 방언차이를 보여준다. 중부에 대한 방언 분화는 크게 '둘째-'와 복합하는가 또는 '큰-'이나 '작은-'과 복합하느냐에 따라 계열어의 체계적인 분화를 보여준다. '둘째-', '두째-', '두체-'나 '아버지'와 '아부지'와 같이 음운교체에 의한 것을 고려하지 않는다면, '둘째큰아버지' 계열의 방언분포는 매우 광범위하다. 이를 요약하여 '중부'에 대한 방언형은 〈그림-2〉와 같이 분화양상을 보여준다.

<그림-2> '중부(仲父)'의 방언분화양상

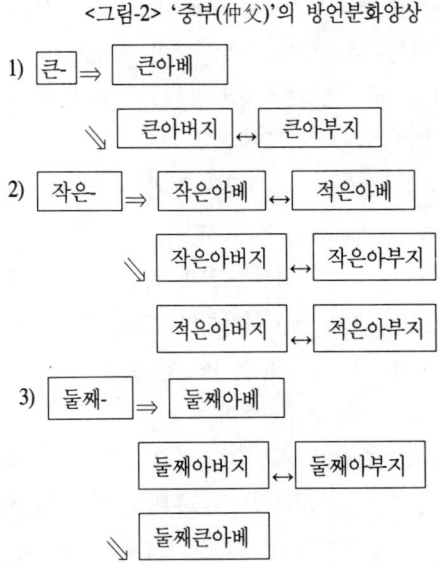

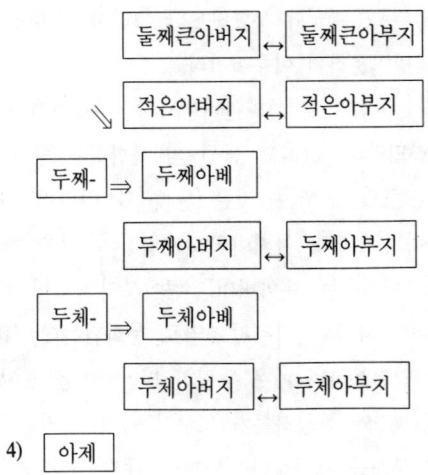

4) 아제

중부가 '큰-'과 복합어를 이루느냐 혹은 '작은-'과 복합어를 이루는가가 매우 중요한 방언분화의 요인이 된다.

다음으로는 '(아버지의) 세재형'에 대한 호칭은 '큰-' 또는 '작은-'과 결합하는 복합어군 계열과 '세째-'와 복합한 어휘계열로 크게 대별된다. '큰아버지'계열은 '큰아베', '큰아부지'형으로 방언분화를 일으키고 있다. 이 계열은 주로 경북 및 강원지역에 분포되어 있다. '작은아버지'계열도 '작은아베', '작은아부지' 및 '적은아베', '적은아버지', '적은아부지' 등으로 분화를 보인다.

'세째-'와 결합하여 복합어를 이루는 지역은 경기, 충남북 지역이며, '세째-'와 다시 '큰-'이 복합한 '새째큰아버지'계는 강원 고성, 원성, 정선, 홍천 지역과 경기 고양, 연천, 인천, 파주, 평택, 포천, 화성 지역과 전남 강진, 고흥, 곡성, 광산, 광양, 구례, 담양, 무안, 보성, 함평, 장성 해남지역, 그리고 전북 고창, 무주, 부안, 완주, 정음, 순창 익산, 임실, 장수, 진안을 비롯한 충남 서천, 청양 아산, 연기, 예산지역과 충북 옥천, 영동, 보은, 음성지역이다.

한자어 '중부(仲父)'로 실현되거나 '계부'로 실현되는 지역은 주로 경남지역이다. 경남 거제, 함양, 거창, 창녕, 밀양 지역에서는 '계부'로 호칭하고 있다.

결혼한 '숙부(叔父)'에 대한 호칭은 '삼촌(三寸)'계열과 '아제'계, '작은아버지'계로 구분된다. 먼저 한자어 '삼촌'계는 모음교체에 의해 '삼춘'으로 실현되는데 실현

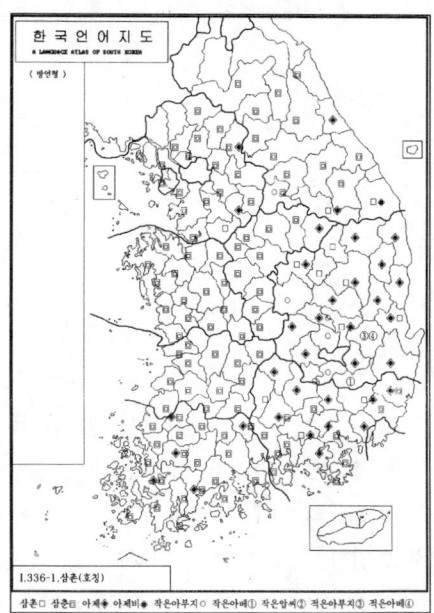

지역은 다음과 같다.13)

'아제'계열은 주로 경·남북지역과 강원도 남부지역에서 실현된다.14)

특히 숙부(叔父)에 대해 '아재'라고 부르는 지역에서 그 의미역이 차이를 보여주고 있는 점이 매우 특이하다. 곧 강원도 영월, 삼척, 정선지역에서 '아재'는 제 2음절에 성조가 실려 있으며, 경북 봉화, 영풍, 안동지역에서는 제 1음절에 성조가 있는 '아재'와 제 2음절에 성조가 있는 '아재'는 전혀 다른 의미이다.

〈지도 -2〉'I. 336-1. 삼촌(호칭)'에 대한
분포지도.

제 1음절 성조 아재 : 미혼의 삼촌, 종숙부, 재종숙부

제 2음절 성조 아재 : 숙부, 미혼의 삼촌, 종숙부, 재종숙부

그 외의 지역은 전부 '작은아베', '작은아버지', '작은아부지' 등으로 실현된다.

결혼하지 않은 '삼촌'에 대한 호칭은 '숙부'에 대한 방언형과 동일하지만 그 분포지역은 확연하게 다르다. '삼촌(호칭)'의 방언 분포는 위의 〈지도-2〉와 같은데,

---

13) 강원 : 양구, 양양, 영월

   경남 : 거제, 거창, 고성, 밀양, 울주, 의령, 진양, 창녕, 합천

   경북 : 문경, 안동, 청송, 영풍, 예천

14) 강원 : 영월, 삼척, 정선

   경북 : 경주, 울진, 영덕, 경산, 봉화, 영풍

   경남 : 함안

그 방언분포 양상은 '삼촌'지역과 '아제'지역으로 2대별되며, 동서형으로 분립되고 있다.

<그림-3>

	민 촌	반 촌
숙부		작은아베
미혼삼촌	아 재	
종숙		아 재
재종숙		

'아제' 방언형의 분포지역은 다음과 같다.15) 그런데 이 '아재'형은 형태는 동일하지만 그 의미 차이를 보여주는 어휘이다. 李翊燮(1981:51-52)은 강릉, 양양의 남단, 평창군의 동부, 정선 임계와 북면, 삼척군의 일부 지역에서는 한 행렬 위의 남자와 여자를 모두 지칭한다고 보고하고 있다. 그리고 경북 북북지역(봉화·안동·영풍)에서는 반·상의 차이에 의해 이들의 의미역이 위의 〈그림-3〉과 같이 결정된다.

2) 시간계열어의 방언 분화

시간 계열어는 일칭, 월칭, 계절칭 또는 요일칭 등 매우 다양하다. 그 가운데 특히 오늘을 기준으로 한 시간 일칭은 〈그림-4〉와 같은 계열적 체계를 형성하고 있는데, 지역에 따라 체계적인 방언차이를 보이고 있다.

---

15) 강원 : 양양, 영월, 정선, 원성
   경남 : 거창, 고성, 김해, 밀양, 산청, 울주, 진양, 창녕, 함안, 합천
   경북 : 경산, 군위, 금릉, 문경, 봉화, 선산, 성주, 안동, 영덕, 영양, 영일, 울진, 월성, 의성, 청송, 청도, 상주, 고령, 칠곡, 달성
   전남 : 구례, 나주, 영암, 장성, 장흥, 신안
   충북 : 단양

<그림-4>

긋그제	그제	어제	〈오늘〉	내일	모래	글피	그글피	그그글피

중부방언에서 일칭의 계열어의 체계에서 '내일(來日)'에 대한 고유어가 없으며, 과거나 미래에 대해 접두사 '그-'와 결합하는 파생어를 만드는 규칙이 있다. 또한 오늘을 기준으로 하여 이전 시점에 대한 계열어는 '어저끼'(월인 1-17), '그젓긔'(박중 상-2), '긋그젓긔'(박중 중-2)에서와 같이 의존명사 '적'이 복합한 규칙이 있다.

그러나 이 시간 계열어가 방언적 차이를 보이고 있다. 경북방언에서는 '저아래 — 아래 — 어제 —〈오늘, 올:〉— 내일, 낼: — 모래, 모리 — 저모래'와 같은 계열을 이루고 있어 체계적인 차이를 보여주고 있다. 계열어의 체계내에서 '내일'에 대한 고유어가 없는 점은 중부방언이나 동일한 점이지만 과거나 미래에 대해 접두사 '저-'와 결합하는 파생규칙의 차이를 보여주고 있다. 뿐만 아니라, '그제', '긋그제'라는 어형이 없고 '아:래'가 '글피'형 대신 '모래'형의 파생어형이 실현된다는 점에서 차이를 보여주고 있다.

먼저 '내일(來日)'의 방언분화에 대해 살펴보자. '내일'에 대한 방언분화는 비교적 단순하다. '내일, 낼:, 내앨, 니얼, 니알' 등의 분화형이 존재하며, 전국적으로 음운교체에 의한 방언차이를 보여줄 뿐 의미역의 차이도 발견되지 않는다.

'글피'의 방언분화에 대해 살펴보자. '글피' 방언분화형은 경북, 경남 지역을 제외한 대부분의 지역에서 '글피, 글페, 그페, 고페'등의 분화형이 실현되며, 특히 '모래'형에서 접두사 '저-'가 결합한 파생어지역과 접두사 '그-' 또는 '내(來)-'가 결합한 파생어 지역이 대립을 보여주고 있다. 〈지도-3〉에서처럼 특히 '글피'형과 '모래'형이 복합되어 '모래고페'라는 어형이 실현되는 지역이 있다. 경남 진양, 거창, 통영, 거제, 고성, 사천 지역은 매우 특이 하게도 전남방언형이 '고페'형과 경남방언형이 '모래'가 융합된 방언(mixtedlect)의 양상을 보여주고 있다.

다음으로 '그글피'형의 방언 분화 양상에 대해 살펴보자. '그글피', '그글페' 및 '고고페'와 같은 분화형이 경상북도와 경남 일부지역을 제외한 전국지역에서 실현된다. 특히 경상북도와 경상남도 방언에서 '그글피'방언형의 분포상황은 매우 복잡한 양상을 보여주고 있다.

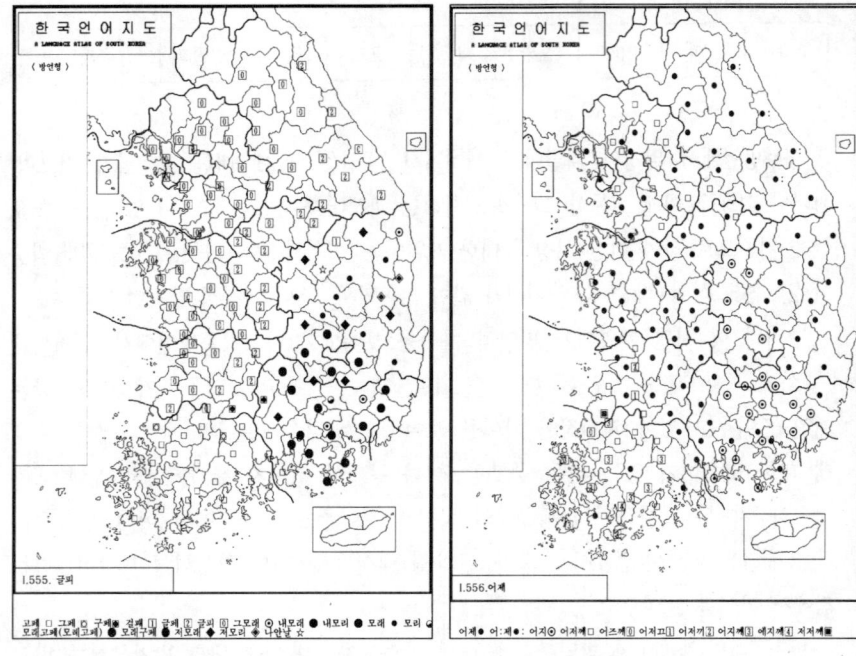

〈지도-3〉 '모래고페'(글피)형의 융합방언   〈지도-4〉 I.556. 어제'에 대한 분포지역
(mixedlect)의 양상

　경북지역에서는 '그-'와 '저-' 또는 '내(來)-'와 복합하는 매우 다양한 양상을 띠고 있다. 그리고 경남지역에서는 대응형이 없거나 또는 방언형이 훨씬 복잡한 양상을 띠고 있다. 다시 말하자면 경상도방언에서 다른 지역 방언과 비교해 보면 일칭(日稱)에 대한 분화가 덜 정교하다는 사실을 확인할 수 있다.

　경남 서남 해안지역에서는 전남방언과 융합된 방언형인 '모래고페'형이 실현되는 점은 매우 특이한 점인 동시에 '모래'와 '글피'가 분화되지 않았다는 사실을 반영하고 있다.

　'어제'에 대한 방언 분화 양상은 음운교체에 의한 차이만을 보여주고 있다. '어제', '어지', '어:제' 등의 분화형이 있으며, 접사 '-께'가 실현되는 파생어형과 단일어간의 분포가 동서로 분리되어 분포하고 있다. 특히 〈지도-4〉에서 처럼 '어저께'형이 경기방언과 전남지역에 주로 분포되어 있다. 그런데 '어저께'형의 분포가 경기지역에서 충청지역을 건너뜀(jumping)16) 현상이 전남지역에 나타난다.

'그(其)-+적(時)+끠(時)'의 복합구성인 '그저께'에 대한 방언 분화 양상에 대해 살펴보자. 〈지도-5〉에서 처럼 '그저께'는 '아래'형과 대립되어 분포되어 있다. '그저께'형은 음운교체형인 '그저끼', '그저끄'형과 '그제', '그지' 형이 있다.

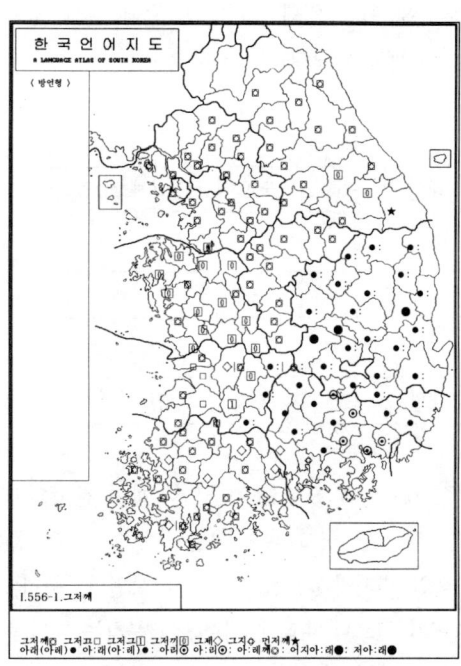

한국언어지도
A LANGUAGE ATLAS OF SOUTH KOREA
〈방언형〉

I.556-1.그저께

그저께● 그저끄□ 그저그○ 그저끼◐ 그제◇ 그지◉ 먼저께★
아래(아레)● 아:래(아:레)◐ 아리◑ 아:리○ 아:레◉ 어지아:래● 저아:래●

〈지도-5〉 'I.556-1. 그저께'에 대한 분포지역

특히 '그제', '그지'형의 분포지역은 '그저께'지역과 '아래'지역 중간지역인 경남과 전남지역에 주로 분포하고 있다.17)

'아래'형은 '아래, 아:래, 아리, 아:리'형이 있으며, 실현지역은 경남·북 대부분 지역과 경남과 인접한 전북 남원, 무주, 장수지역에서 실현된다. 경북 김천과 선산 지역에서는 '어지아:래'라는 방언형이 실현되기도 한다.

'그끄저께'의 방언분화 양상에 대해 살펴보자. '그끄저께'형은 '그그저게, 그그제, 그그저끼, 그끄저그, 그제' 등의 방언분화 형이 실현되며, '저아래'형은 '그아래' 등의 방언 분화를 보이고 있다.

곧 '그끄저께'형과 '저(그)아래'형의 분포적 대립을 보인다. 특히 경남지역은 '그끄저께'에 대한 개념분화가 불분명한 지역으로 명칭이 혼란상을 보이고 있다.

'저아래'형이 실현되는 지역은 경북 전역과 서부경남 지역인 거창, 합천지역이며, 서부 경남지역과 인접한 전북 장수와 무주지역이다. 또한 '그아래'형이 실현되

---

16) 이상규(1993), 『방언학개설』, p. 236. 경북대출판부.(J.K.Chamber & P. Trudgill, 『Dialectology』(번역서)에서 "건너뜀(jumping)" 현상에 대한 개념 참조.

17) '그제'형의 실현지역은 경남 거제, 남해, 통영, 하동지역과 전남 곡성, 광양, 여천, 함평, 해남, 화순, 완주지역이며, '그지'형의 실현지역은 경남 사천, 고성 등지이다.

는 지역은 경북 경산, 성주, 영일, 경주지역과 경남 밀양, 창녕지역이다.

특히 '그저께'와 '그끄저께'가 개념이 분화되지 않아 '아래'형으로 실현되는 지역
으로는 경남 양산, 의창, 함안, 김해, 산청지역이다. 또한 '그저께'형과 '그제'형이
혼효형으로 실현되는 지역은 아래의 예에서처럼 역시 경남 서남부지역이다.[18]

시간 계열어가 중부방언에서는 아래와 같은 연쇄배열을 보이는데 비해 경북지
역과 특히 경남지역에서는 매우 상이한 배열을 보여주고 있다.

<그림-5>

긋그제	그제	어제	〈오늘〉	내일	모래	글피	그글피	그그글피

저아래	아래	어제	〈오늘〉	내일	모래	저모래	공 백

그제	아래	어제	〈오늘〉	내일	모래	저모래	공 백

경북지역이나 경남지역에서는 시간 계열어가 오늘을 기준으로 하여 전·후 3일
까지만의 개념이 분화되어 있을 뿐이다. 곧 '긋그제'나 '그글피', '그그글피' 등은
〈그림-5〉에서처럼 계열관계의 체계적인 빈자리(lexical gap)를 보인다. 특히 지
난날에 대한 시간 계열은 분화의 차이가 없으나 미래에 대한 어휘분화는 지역적인
차이를 보여주며, 또한 어휘체계의 공백을 보이는 점이 특이하다. 아울러 그 대립
명칭도 아래의 예처럼 '모래', '아래'형에서 '저-' 또는 '그-'와의 복합어로 실현되는
특징을 보이고 있어 〈그림-6〉에서처럼 다른 지역 방언보다 훨씬 간단하고 단순한
체계를 보여주고 있다.

<그림-6>

앳날, 잇날	〈오늘〉	후제, 후지

---

18) 〈그저께〉형은 전북 남원, 경남 함양, 하동지역에서 실현되며, 〈그제〉형은 경남 남해, 통영, 거제,
사천, 고성지역에서 실현된다.

경상방언에서는 막연한 부정칭으로 오늘을 기준으로 하여 지난 과거를 '앳날', '잇날'로, 그리고 막연한 미래를 '후제, 후지'라는 방언형을 사용한다.

3) 온도어휘의 방언분화

온도어휘의 체계에 대해서는 千時權(1980:1-14)에서 깊이 있는 논의가 있었다. 이를 바탕으로 하여 온도어휘 계열어의 방언분화 양상에 대해 살펴보고자 한다.

어휘 의미체계의 차이에 의해 합성이나 파생어의 방언차이를 보여주는 경우가 있다. 온도어휘는 물체의 온도와 생리 온도에 따라 계열적 대립 체계를 보여주고 있다.[19] '차(冷)-'와 '덥(暑)-'와 온도의 기대치에 따라 '식-'와 '뜨신-'이 대립상관 체계를 보여주고 있다. 물리적 온도와 생리적 온도의 상관 대립체계는 〈그림-7〉과 같다.

<그림-7>
물리적 온도계열어

차갑다(찬)	미지근하다(미지근한)	뜻뜻하다(뜻뜻한)	뜨겁다(뜨신)

생리적 온도계열어

춥다(추운)	서늘하다(서늘한)	따뜻하다(따뜻한)	덥다(더운)

이들 온도어 계열어는 두 가지 조어유형으로 이루어지는데, '어근-+-ㅂ다'(뜨겁다)형과 '어근-+-하다'(뜻뜻하다)형이다. 임지룡(1992:115)은 이들 온도어 계열어의 상관구조를 6면체로 〈그림-8〉과 같이 나타내고 있다.

19) 천시권(1980), 「온도어휘의 상관 체계」, p. 11, 『국어교육연구』 12.

<그림-8> 온도어휘 계열어의 상관 체계

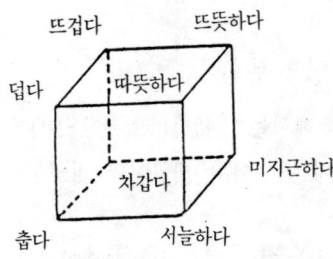

경북방언에서의 기대온도에 대한 정도 차이에 의해 물리적 온도와 생리적 온도 간에 상관 관계는 다음과 같다.

물리 : 차다·식다 <——> 기준온도 <——> 뜨겁다·뜨시다
생리 : 춥다·서늘하다 <——> 기준온도 <——> 덥다·따시다

이 상관관계는 중부방언에서는 차이를 보여주고 있다. 기준온도 이상이라는 생리온도 어휘 '덥다'가 물리적 온도까지 그 의미 영역이 확대되어 그렇지 않은 경북방언과의 방언차이를 보여준다.

공 통	충북 / 경북
찬밥(식은밥)	더운밥/뜨신밥
찬물(식은물)	더운물/뜨신물
찬술(*식은술)	더운술/뜨신술
찬죽(식은죽)	더운죽/뜨신죽
찬방(식은방)	더운방/뜨신방

공 통	충북 / 경북
찬색(*식은색)	더운색/따신색
찬기(냉기,*식은기)	더운기/따신기
찬감각(*식은감각)	더운감각/따신감감

물리적 온도는 기체이거나 고체 또는 액체에 상관없이 '찬-' 또는 '식은-'과 결합하여 합성어가 생성되는 점은 동일하지만, 충북 이북지역에서는 '더운밥, 더운물, 더운술'등이 실현되며, 이를 사전에 등제하고 있다. 곧 중부방언에서는 생리적 온도 어휘인 '더운'이 물리적 온도 어휘와 합성하여 합성어가 생성되어 '뜨신밥, 뜨신물, 뜨신술, 뜨신죽'으로 실현되는 경북방언과 방언 차이를 보여주고 있다.[20]

4) 신체계열어의 방언 분화

신체계열어 가운데 특히 손가락의 명칭은 다음과 같은 순열적 대립 체계를 보이고 있다. 이 손가락계 어휘는 네 번째손가락 이름을 제외하고는 '엄지손가락 ― 검지손가락 ― 가운데 손가락 ― 약손가락 ― 새끼손가락'에서처럼 고유어로 되어 있으며, 이를 한자어로는 拇指 ― 人指(食指) ― 中指(長指) ― 無名指(藥指) ― 小指로 되어 있다.

이러한 손가락계의 계열어가 방언에 따라서는 어휘체계의 빈자리가 생기기도 한다. 〈그림-9〉에서처럼 표준어에서 네 번째 손가락을 '藥손가락'이라고 하는 것은 한자어에서 차용한 합성어이다.[21]

<그림-9>

엄지손가락	집게손가락	가운데손가락	공 백	새끼손가락

'엄지손가락'은 음운론적 요인에 의한 방언차이를 보일 뿐이다. 그러나 '검지손가락'은 어휘적인 공백을 보이는 지역이 매우 많은데, 어휘 대응형이 있는 지역은

---

20) 이상규(1991), 「경북・충북 접경지역어의 어휘분화」, 『들메서재극박사화갑기념논문집』. p. 617.
21) 임지룡(1992:127), 『국어의미론』, 탑출판사 참조.

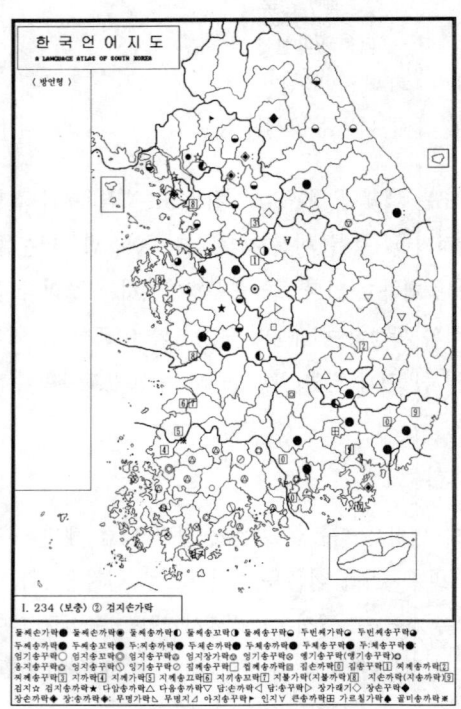

I. 234 (보충) ② 검지손가락

동께손가락● 동께손꺼락● 동께송꼬락● 동께송꼬락● 두번께가락● 두번께송꼬락●
두께송가락● 두께송꼬락● 두:송가락● 두째손꺼락● 두째송꼬락● 두께송무락● 두:체송무락●
엄지송무락● 엄지손꼬락● 엄지송꼬락● 엄지장가락● 엉기송무락● 엉기송무락（엉기송무락）
옹지송무락● 엉지송꼬락● 잉기송무락● 집께송무락□ 집께송무락 집손꺼락□ 집송무락□ 찌께송무락□
찌께송무락□ 지손꺼락 지께가락 지께송꼬락 지복송꼬락 지복송무락 지손꺼락（지손꺼락）
집지송 검지송꺼락△ 다암송까락△ 다음송꺼락▽ 장:손꺼락▷ 담:송가락▷ 장손가락◇
장손꺼락● 무명가락● 무명가락○ 사지송꺼락▽ 인지V 큰손까락☒ 가르칼가락◈ 곱비송까락●

〈지도-6〉 I. 234. 〈보충〉② 검지손가락'에
대한 분포지역

'둘째-'형과 '집게-'형, 그리고 '다음' 형이 방언적 분포차이를 보여주고 있다. 그런데 〈지도-6〉에서처럼 경남지역에서 '검지손가락'의 방언형인 '두찌송까락', '두체송가락' 형은 인접한 경북지역의 '다암송가락'형과 전남지역의 '엄지송까락'형과 중간에서 매우 독특한 분포를 보이고 있다.

경북지역의 '다암송가락'형의 개신이나 전남방언의 '엄지송가락'형의 개신자를 받아들이지 않고 중부방언의 '둘째송가락'형의 개신형을 받아들이는 동서분리형22)의 분화양상을 보이고 있다.

'가운데손가락'형은 '가운데-'형과 '세째-'형, '장-'형, '복판-'형 등의 분화를 보이고 있다. 특히 경북지역에서는 '복판송까락'형이나 '장:송까락'형이 분포되어 있으며, '장송가락'형은 충북방언과 강원 영동지역까지 분포되어 있다. 그러나 경남방언(동부지역은 제외)은 경북방언의 개신자를 받아 들이지 않고 전남방언과 함께 중부방언형인 '가운데송까락'형이 분포되어 있는 점은 '검지손가락'형의 분포와 일치하고 있다.

'약손가락'형의 방언분화는 '무명지'형, '네째-'형, '약-'형이 있다. 특히 전남지역에 독특하게 '논다이송꾸락'형이 실현되고 있다.

'새끼손가락'형은 〈지도-7〉에서 처럼 '깨끼-', '새끼-', '생기-', '애끼-'와 같은 어형차이에 의한 분화와 '송까락'형과 '송꾸락'형에 의해 방언분화가 이루어지고 있다.

---

22) 곽충구(1997), 「중부방언의 특징과 그 성격」, 『한국어문』 4, 한국정신문화연구원.

특히 전남지역에서는 '새끼송꾸락'형과 '깽:끼송꾸락'형이 분포되어 있는데 전남 함평, 영광, 광산, 구례, 나주지역에서는 '깽끼송꾸락'형이 분포되어 있으며, 전북 방언은 이 두 가지 어형이 서로 혼합방언의 양상을 보여주고 있다.23)

경상남북도 지역에서는 '새기송까락'형과 '앵기손까락'형이 공존하고 있다.

지역별 손가락 명칭에 대한 계열어휘의 대립체계는 다음의 〈그림-10〉과 같다. 경기도 지역에서는 '엄지손가락'형이 역구개음화한 '엄기송구락'형도 실현되며, 특히 '약손가락'형이 체계적 공백을 보이는 지역이 많은 것이 특징이다.

<그림-10> 경기도

엄지송꾸락	둘째송꾸락	장가락·장송꾸락	공백·혼란	새끼송꾸락

<그림-11> 강원도

엄지송까락	공 백	시째송까락·장송꾸락	공백·무명지	새끼송꾸락

강원도 지역에서는 검지손가락형이 대응 방언형이 없는 지역이 많으며, 가운데 손가락형도 '장:송까락', '장:지'형으로 실현된다. 특히 '약손가락'형은 남부지역에는 대응형이 없는 지역이 많으며, 북부지역에서는 '네째송까락', '무명지', '약송까락' 등 다양한 방언형이 실현되어 계열어의 대립체계에서 공백을 보이고 있다.

<그림-12> 충청남·북도

엄지송꾸락	공 백	시째송까락·장송꾸락	공백·무명지	새끼송꾸락

---

23) 전남 화순지역에서는 '귀를 후비는 데 이용되는 손가락'이라는 뜻의 '귀오브제기송꾸락'이라는 어
   형실현되고 있다.

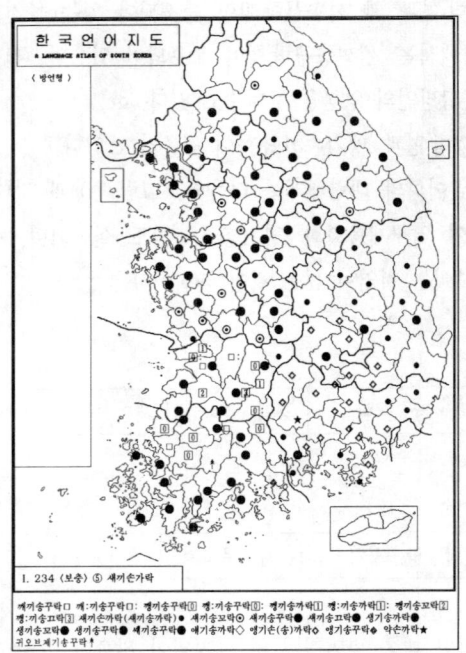

〈지도-7〉'I. 234 〈보충〉 새끼손가락'에 한
분포지역

충남북지역 역시 검지손가락형
의 방언형은 매우 다양하게 실현
되며, 방언대응형이 없는 지역이
매우 많다. 가운데손가락형은 충
남지역에서는 대부분 '가운데송
꾸락'형이 실현되며, 충북지역에
서는 〈지도-8〉에서처럼 방언분화
를 보이고 있다.

약손가락형은 '양송구락'형과 '무명
지'형이 분포되어 있다. 〈지도-7〉
에서 처럼 새끼손가락형은 충남
북지역 공히 '새기송구락'형이 널
리 분포되어 있으며, 충남 남부
지역에서는 '새끼송고락'형이 분
포되어 있다.

엄지손가락형의 방언형은 '엄지
송꾸락'형의 음성교체형이 실현되
며, 검지손가락형은 체계의 공백

이 많은데, 특히 전남지역에서는 '엄지송꾸락'형이 실현되어 어휘분화가 이루어지
지 않은 특징을 보이고 있다.

약손가락형에 대응되는 방언형은 '무명지'형인데, 전남·북지역 공히 '무명지'형
의 음성적 교체형에 의해 방언형이 매우 혼란한 모습을 보여주고 있다. 특히 전남
지역에서는 '새끼송꾸락'형과 '깽:끼송꾸락'형이 분포되어 있는데, 전남 함평, 영광,
광산, 구례, 나주지역에서는 '깽끼송꾸락'형이 분포되어 있으며, 전북방언은 이 두
가지 어형이 서로 혼합방언의 양상을 보여주고 있다.

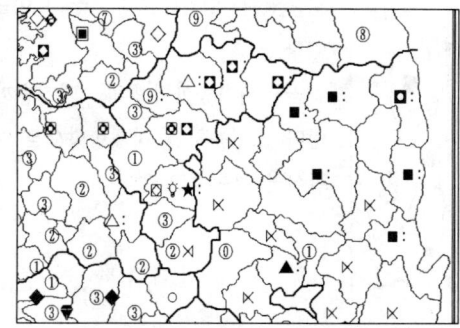

〈지도-8〉 충청북도에서 '가운데손가락'형의 분포

<그림-13> 전라남 · 북도

엄지송꾸락	공 백	가운데송꾸락	공백 · 무명지	갱끼 · 새끼송꾸락

<그림-14> 경상북도

엄지송까락	공 백	복판송까락 · 장송까락	무명지	새끼 · 앵기송까락

<그림-15> 경상남도

엄지송까락	공 백	가운데송까락	네째송까락	앵기 · 새끼송꾸락

경상남북도간의 방언형 분화는 체계적으로 다른지역 방언과 달리 '검지손가락'에 대응되는 방언형이 체계적인 공백으로 방언분화가 계열적인 체계 대립을 보여 주지못한다. 가운데손가락에 대응되는 방언형도 경북지역에서는 주로 '복판송까락'형과 '장:송까락'형이 〈지도-8〉에서 처럼 지역분포가 다르며, 경남지역에서는 '가운데송가락'형이 주로 분포되어 있다. 그러나 창령, 울산, 양산 지역에서는 '진송까락'형이 밀양, 남해, 거제에서는 한자어형인 '장송까락'형이 실현된다. 다른지역 방언에서 체계적인 공백을 보이는 약손가락형에 대해서는 경북지역에서는 주로 한자어 '무명지'가 경남지역에서는 '니째송가락'형이 실현되어 체계적인 차이를 보여준다. 새끼손가락형의 방언분포는 경상남북도간에는 〈지도-9〉에서 처럼 일종의 스

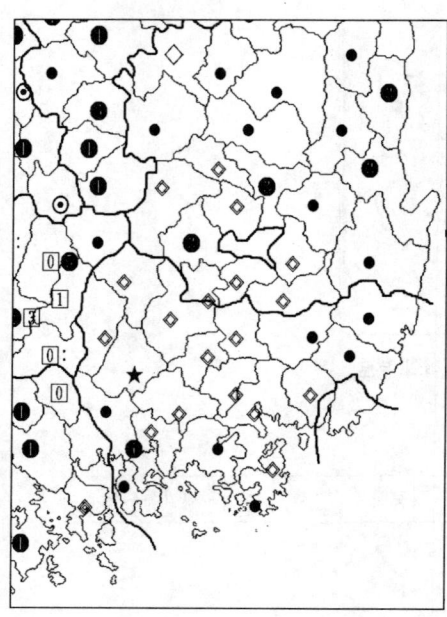

〈지도-9〉

쿠루형의 방언분포양상을 보여주고
있다.

곧 '새기송까락'형과 '앵기송까락'
형이 스쿠루처첨 시계방향으로 어휘
확산을 보여주고 있다.

참 고 문 헌

곽충구(1997), 「중부방언의 특징과 그 성격」, 『한국어문』4, 한국정신문화연구원

이상규(1985), 「친족명칭의 혼란상」, 『새마을연구』 5집, 경북대.

──(1991), 「경북·충북 접경지역어의 어휘분화」, 들메서재극박사화갑기념논집.

──(1993), 『방언학개설』(역서), 경북대출판부.

이익섭(1981), 『영동·영서 방언분화』, 서울대출판부

이승명(1989), 「색상어의 연구」, 『홍익어문』 11·12집, 홍익대학교.

──(1997), 「한국어 가열 표시군의 의미론적 양상」, 『어문론총』 31호, 경북어
      문학회.

임지룡(1992), 『국어의미론』, 탑출판사.

정시호(1994), 『어휘장이론연구』, 경북대출판부.

천시권(1980), 「온도어휘의 상관 체계」, 『국어교육연구』 12, 경북대사대.

제4장 영남방언의 특징

1. 영남방언의 특징

본 장은 편의상 행정구획을 기준으로 한 영남지역 방언 곧 경상남·북도 방언 가운데 경상북도 방언(이하 '이 방언'이라 칭함.)의 특징에 한정하여 개괄적으로 기술한다. 『韓國方言資料集』 발간을 위한 현지 조사 결과를 토대로 하여 이 방언의 음운·어법·어휘 및 의미에 나타나는 체계적인 방언 특징과 또한 하위방언간의 차이점에 대하여 기술하고자 한다.

개별 방언의 특징을 독자적으로 개별 방언이 가지고 있는 체계 전반을 밝혀내는 방안과 인접한 타 방언과의 차이점, 또는 타 방언과의 관계에 있어서 유사성을 제외한 점만을 기술하는 방안이 있을 수 있다. 본장에서는 잠정적으로 하위 구분한 개별지역의 방언적 특성을 부곽시키는 것이 중요한 목표이기 때문에 이 방언의 체계적인 특성 뿐만 아니라 인접한 다른 방언과의 차이점 및 이 방언의 하위방언간의 차이점을 기술하고자 한다.

본 장에서 이 방언의 하위방언간의 차이를 언어 지도화하는 작업은 김덕호(1995: 1995)의 언어지도 작성방법론에 근거하여 기술되었음을 밝혀둔다.

1) 음운적 특징

이 방언의 음운 특징은 음운체계의 개별적 특징을 중심으로 하여 논의하고자 한다. 먼저 모음체계는 6모음체계(/i/ : /e~ɛ/ : /ɨ~ə/ : /o/ : /u/ : /a/)로 알려져 있다. 그러나 충청방언과의 접경지역인 경북 서북부 지역 방언에서는 7모음체계로 /으/:/어/가 상당수 어휘에서 대립짝을 보이는 변별력적 기능을 가지기도 한다. 그러나 연구개자음에 연속하는 /으/, /어/는 대부분 〔으〕로 실현되는 경향이 있지만 /으/:/어/가 변별적인 대립 음소라는 입장에 대해서는 동의하기가 어렵다.

음소실현의 빈도(incedence)가 지역에 따라 차이를 보여줄 수 있기 때문에 음소설정 기준에 대한 명확한 근거를 제시할 수 없기 때문에 이 방언의 모음 체계는 6개 모음체계이다. 이중모음으로는 /위/, /외/ /워/, /와/와 /애/, /여/, /야/, /유/, /요/ 9개로 구성되어 있다.

자음체계는 /ㅅ/:/ㅆ/의 대립은 지역·계층간의 차이를 보여주고 있다. 지역적으로는 서북부방언에서는 이들이 변별적이지만 나머지 지역에서는 비변별적이다. 아울러 교육을 받은 20대 이하의 계층에서는 변별이 확산되고 있다.

이 방언의 운소체계의 특징은 음장과 성조가 변별적인 기능을 보이고 있다. 이 방언 내에서 성조형은 차이를 보이지만 성조소는 H(고조), L(저조) L:(저장)의 대립을 보이고 있다.

2) 어법적인 특징

어법적인 면에서 문법형태소의 성분배열의 체계적인 차이나 통사규칙의 차이에 따른 이 방언의 특성을 규명하기 위해서는 먼저 문법형태소 변이의 지역적 차이에 대해서 먼저 살펴보아야 할 것이다.

(1) 곡용어미 실현상 특징

곡용어미 실현의 특징에 대해 살펴보자. 주격조사로는 '-이가'의 발생이 매우 생산적이다.

⑴ 야튼 올개는 야지리 다들 농새가 잘 되서 천만 다행인기라.(고령)
  올라서면 반반한 기 참 터이 좋고(성주),
  우린 여덟 식구가 다 죽고 내 하나이 남았이니\(상주),)

(1)에서처럼 선행 체언의 자질이 〔±유정〕 체언에 관계없이 주격조사 '-이가'가 실현된다는 점에서 전라방언과의 차이를 보여준다. 또한 주격조사의 생략은 서술어가 동작동사일 경우 생략이 자유롭다.

처격조사에는 '-에', '-이', '-아'가 변이형으로 실현되며, 처격이 타동사와 공기하는 경우에 후치사 '-다가', '-다'와 통합이 이루어 진다.

대격조사로는 '르, 을/를'과 '-(으)를', '-(으)로'이 실현되며, 특히 '-(으)로'가 대격조사로 실현되는 점은 이 방언의 특징 가운데 하나이다.

조격조사는 (2)에서처럼 '-(으)로' 하나뿐인데 조격의 자리에 '체언-+-을/를-+-가주고'와 같은 형식으로도 실현된다. 또한 조격의 자리에 '-을/를'이 실현되기도 한다.

(2) 니 방에 자로 가라(선산),
　　그래서 군위를 오싰는데(군위),
　　김진히가 말이지 평양감사를 갔이이(군위),
　　지팽이로 맹거라 짓고 성주땅으로 찾아 나섰는데.(김천)

또한 공동격조사는 (3)에서처럼 '-하고, -캉' 등의 후치사에 의해 실현된다.

(3) 너 나캉 대결해가(경주)
　　우리집에 나캉 같이 있자.(성주)
　　나하고 같이 가가주고선(예천),
　　이제 새댁이하고 처녀하고 시어마이하고 한상에 밥을 체리가지고(선산)

서술격조사로 예문 (4)에서처럼 '-이다'가 있는데 특히 '-있다'가 실현되는 점이 방언의 특징 가운데 하나이다.

(4) 거 짝에 사람들이 있다 말따.(영덕)
　　그 참 못땐 사람이따.(안동)

여격조사로는 후치사 '-한테, -인데, -더러, -대고, -자테, -보고, -손에, -께로' 등이 실현된다.

(5) 누구자테 물어 보노?(성주)
　　사람떠러(성주)
　　상주께로(예천)

시애미뚜로(군위)

영감떠러(선산)

영감인데 가가아(경주)

관상보는 사람한테 갔어요.(상주)

비교를 나타내는 후치사로는 '-하고, -거치, -맨치로, -보다, -만쿰' 등이 실현된다.

(6) 두루막겉이 해서 입어요.(상주)

친아들겉이(군위)

니마끔(경주)

니 힘대로 가이 갈만창 가이 가거라.(상주)

오늘마끔(경주)

이마이(경주)

저만창 활을 이래 시아 났는데(상주)

아주 큰 고불산보담 더 높아요.(영덕)

죽기카매 안 낫겠나.(경주)

큰집카마(경주)

니매로 그리 못난놈이 어디있겠노?(달성)

요시 육군 대장매로(성주)

돌맨치러(영덕)

참, 누나 말따나 새 이얘기 들어봤으면(영덕)

그래 그때도 시방맨기나 대번에 죽이지는 안했어.(선산)

이렁거맨트로(달성)

전매로(예천)

출발과 도착을 표시하는 후치사로는 (7)에서처럼 '-부터, -부텀'과 '-꺼지, -까지, -까정, -꺼정'이 있다.

(7) 그 때서러(경주)

여서부텀(예천)

그때부텅 호래이를 개랑 같이 마루 밑에서 키왔다 캅니다.(김천)

옛부텀(군위)

봉이 김선달이라 카는 애기가 이전부텀 있는 기라.(성주)

고개꺼징(경주)

그꺼정(영덕)

김영감도 이 강까정 우짠일이고?(고령)

대구 달성을 지내야 요까정 오능거 아이가?(고령)

낼꺼짐(예천)

거 우리꺼정만 알고(성주)

이제끈 헤매다가 여게 불만 보고 들어왔으이께(예천)

이 방언에서는 강조를 나타내는 첨사로는 '-사'가 (8)에서처럼 잔류하고 있다.

(8) 그때사 하는 말이(선산)

내사(경주)

내사 몰시더.(영주)

하기사 영감은 무신 걱정이고.(고령)

선택을 표시하는 후치라로는 '-도, -(이)나, -만, -마는, -마, -백깨/끼'가 있다.

(2) 활용어미 실현상의 특징

이 방언에서 활용어미의 특징은 종결어미, 선어말어미, 접속어미, 내포어미 등 전반적인 형태실현상의 특징을 중심으로 살펴보면 다음과 같다.

먼저 종결어미의 특징을 요약하면 다음과 같다. 〈지도-7〉, 〈지도-8〉, 〈지도-9〉, 〈지도-10〉 참조.

이 방언에서 선어말어미의 특징은 다음과 같다.

이 방언에서 존대어미는 주체존대는 선어말어미 '-시-'에 의해 실현되고, 상대존 대어미는 어말어미에 의해 실현된다. 또 시상어미는 '-앗-', '-더-', '-읇-/-을라-, -겟-'과 같은 어미에 의해 실현된다. 이들의 통합은 '-시앗-', '-시더-', '-시을라-', '-시엇더-', '-시엇읇(겟)-'과 같다.

이 방언에서 접속어미의 특징은 다음과 같다.

이 방언에서 화용론적으로 대화 상황이 중시되는 측면 때문에 발화성분의 생략이 자유롭게 이루어지고 있다. 또한 대화를 엮어가는데 있어서 상황소로서 간투사가 많이 나타나는 점 또한 이 방언의 특징이라고 할 수 있다.

(9) ㄱ. 가마이 있그라

　　　가마이 있거라 자들이 오늘 먼 공부하로 왔는 모양이쎄.(영주)

　　ㄴ. 거석도

　　　아무 거석도 없고(상주)

　　　이제야 와서 이래 그식하이(예천)

　　　거어 머 눈에 보이는기 있나?(경주)

　　ㄷ. 디리

　　　달라드는데 디리 한찰 패좃다.(영덕)

　　ㄹ. 떠억, 떡

　　　서울 떡 갔는데(상주)

　　　이래 해가 떡 있었다.(경주)

　　　말을 몰고 떡 가이(경주)

　　ㅁ. 마

　　　대걸로 마 들어서이꺼내 문지기가 걸뱅이 한키 왔소 카가둥(경산)

　　ㅂ. 말이라

　　　김진히가 말이지 평양감사를 갔이이(군위)

　　ㅅ. 아나

　　　아나 여 있다.(예천)

　　ㅇ. 이기라

　　　탁탁 넘어서이께 엉뚱한 사람이다 이기다.(상주)

　　ㅈ. 인년들거(경주), 인들꺼(경주), 인뜨거라(영덕), 연들어(영덕)

　　ㅊ. 하머

　　　하머 니말이 맞다.(경주)

3) 어휘·의미의 특징

방언 어휘의 방언차이는 매우 심하다. 그러나 어휘는 독자적으로 변화를 겪기
때문에 어휘를 대상으로 하여 방언간의 체계적인 차이를 규명하기란 어렵다. 낱개
의 어형 또는 의미분화의 차이를 기준으로하여 방언적 차이로 인식해서는 안된다.
통상적으로 이 방언은 고대 신라시대의 언어개신의 중심지였던 관계로 어휘·의미
분화가 매우 보수적인 성향을 띄고 있는 것으로 인식하고 있다.

(1) 어휘분포에 의한 방언 특징
다음의 별첨 자료 〈지도1-10〉에 의한 어휘 분포

(2) 어휘·의미의 체계적인 차이와 특징
단순히 어형의 지리적 분포 차이에 의한 방언 특징이 아니라 방언 어휘의 체계
적인 특징에 대해 살펴보자. '백부'와 '숙부'의 호칭에 대한 다음의 자료를 검토해
보면 어휘분화와 의미의 체계가 지역적 분화를 보이고 있음을 알 수 있다.

> 큰아배<영풍,상주>, 맏아배<봉화,영양,의성> 큰아배, 맏아배<안동>, 큰아버지, 큰아
> 부지 <충남, 북 전역>, 큰아부지<익산, 완주, 진안>, 큰아버님<옥구>, 백부<고창, 남
> 원>, 백부님 <순창, 정읍>

위의 자료에서 '백부'에 대한 호칭이 '큰아배', '큰아버지', '백부' 등의 계열로 분
류된다. '맏아배'라는 어휘의 분포지역은 주로 경북 북부 지역인 안동·봉화·영양
·의성 지역의 반촌 지역에 분포되어 있다.
이 지역에서 '백부'에 대한 호칭체계는 3가지 유형으로 구분된다.

	유형1	유형2	유형3
백부	큰아배	큰아배, 큰아부지	맏아배,맏아부지
중부	큰아부지		작은아부지
중부		작은아부지	
숙부	작은아부지		아재

〈유형1〉 지역은 울진·문경·예천·상주·의성·청송·금릉·선산·군위 등지이고, 〈유형2〉지역은 영일·성주·칠곡·영천·고령·청도·경주이다. 〈유형3〉지역은 강원도와 접경하는 경북 북부지역인 봉화·영풍·울진 등지이다. 〈유형3〉 지역은 민·반촌 도는 가문에의 전통에 따라 호칭체계가 다른 경우도 있다.

지역적인 어휘·의미의 체계적 차이를 보여주는 또 다른 예를 살펴 보자.

온도 어휘(천시권,1980:9)는 '물리적 온도'와 '생리적 온도'에 따라 다음과 같은 대립체계를 보여준다.

- <----------기준온도----------> +

물리: 차다 > 미지근하다 > 뜻뜻하다 > 뜨겁다

생리   춥다 > 서늘하다   > 따뜻하다 > 덥다

이러한 온도 어휘의 대립 체계가 달라 다음과 같이 방언차이를 보여주기도 한다.

중부방언	충청방언	경북방언
더운밥	더운밥	뜨신밥
더운물	더운물	뜨신물
더운방	더운방	뜨신방

중부 및 충청방언에서는 생리온도 어휘인 '더운'이 물리적 대상인 '밥, 물, 방' 따위와 합성되는 체계를 보여 그 대립구조가 '*추운밥, *추운물, *추운방'로 대응을 보여 체계적 대립을 벗어난 것이다.

(3) 방언어휘 형성의 특징

다음으로는 지역적인 방언 조어체계의 특징과 차이에 대한 연구가 이루어져야 할 것이다. '허리띠'는 전국적으로 분포되어 있는 어휘인데 충정도 지역에 분포되어 있는 '괴리띠'라는 어형은 'ㄱ외(裳)〉괴+허리'의 혼태(blending)된 합성어이다. 그러나 이 방언에서는 '허리끈'로 실현되어 조어 양식적인 차이를 보여준다.

'뜸북이'이가 이 방언에서는 '물(水)+닭(鷄)'의 합성어인 '무닭'로 실현되는데 충북 방언과의 접경지역에서는 '뜸-북이'와 '무닭'이 혼태되어 '뜸닭'이라는 방언형이 실현되기도 한다(李相揆:1991).

방언 어휘의 어원 연구를 위해 방언어휘 형성에 대한 면밀한 분석이 필요하다. 방언어휘에서 통시적으로 화석화한 어기를 파악하기 위해 방언간의 내적 비교나 역사적인 문헌 자료의 비교를 통해 지역 방언어휘의 어원규명을 통한 특징이 밝혀져야 할 것이다.

방언자료에 대한 어휘형성 연구는 지금까지 거의 미개척 분야라해도 과언이 아니다. 방언어휘의 발생적 견지에서 신생어 형성에 있어서 지역적인 특징이 무엇인지 앞으로 규명되어야 할 과제거리이다.

'주걱'에 대한 이 방언의 방언형인 '빡죽'은 '밥죽'〈訓蒙字會〉에서 확인되며, '두더러기'의 방언형 '두다락지'도 '豆等郞只〈鄕約救急方〉에서 확인된다. '냉이'의 경상도 방언형인 '나생이'도 '나싀'〈飜譯朴通事, 8-18〉에 접사 '-앙이'가 결합한 파생형이며 '달무리가 서다'라는 방언형으로 '달물 이우다'의 '이우다'도 '에울 위圍〈類合, 하-26〉에서 각각 확인된다.

'어레미'에 대한 방언형 '얼게미'는 '얽-+-이(접사)-+-ㅁ(접사)-+-이(접사)-'의 구성으로 어중 '-ㄱ-'이 파생어에서뿐만 아니라 모래의 방언형 '몰개'에서처럼 어휘 내부 뿐만 아니라 형태소 경계의 환경에서까지 잔존하고 있다.

〈지도-1〉 0.1 單母音

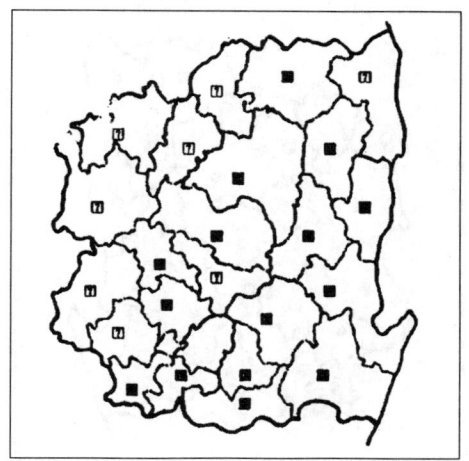

〈지도-2〉 쌀밥이 : 살밥이

〈지도-3〉 I.018 보충 B "자루(袋)-에"

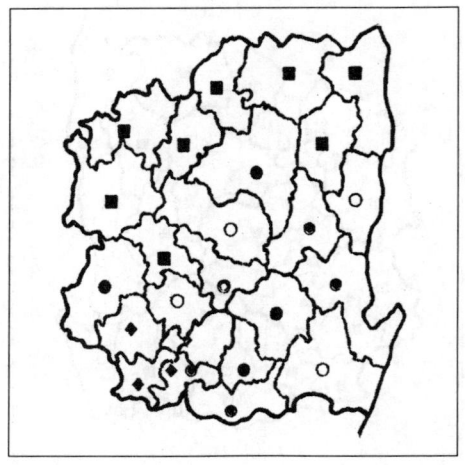

〈지도-4〉 I.047 "어레미"

〈지도-5〉 주격어미 '-가 : -이가' 분포지도

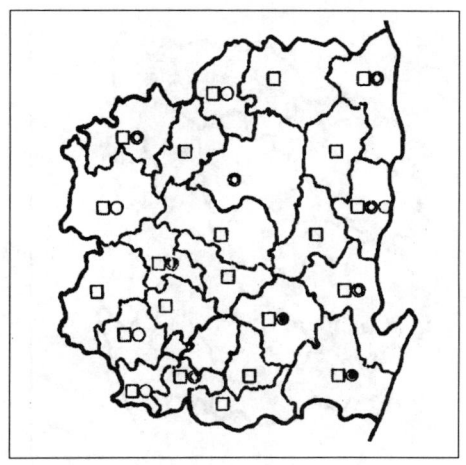

〈지도-6〉 II. 07 ① -을/를 : 물-을

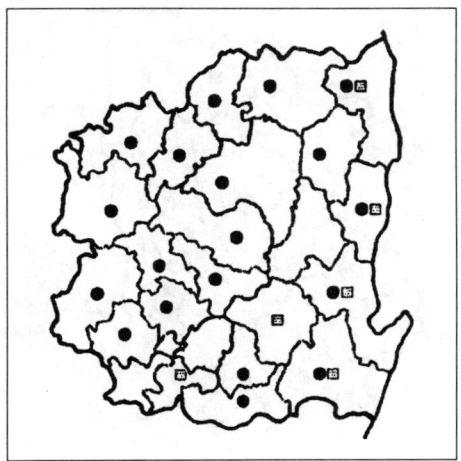

〈지도-7〉 II. 19. 보충 ③ -ㅂ니다 : 큽니다

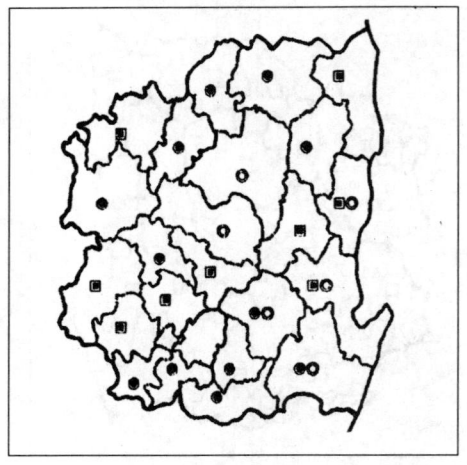

〈지도-8〉 II. 22. 보충 ③ -ㅂ니까 : 옵니까?

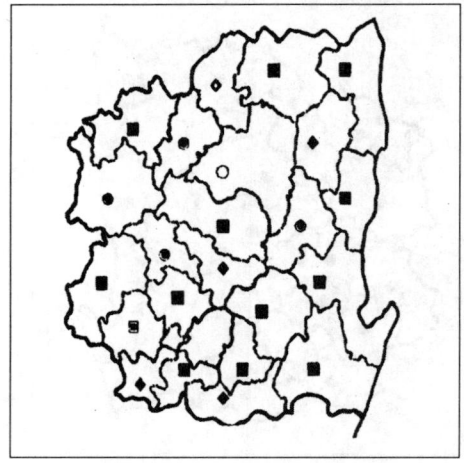

〈지도-9〉 Ⅱ. 13. 보충 ③ -아요 : 앉아요

〈지도-10〉 종결어미 '-요'

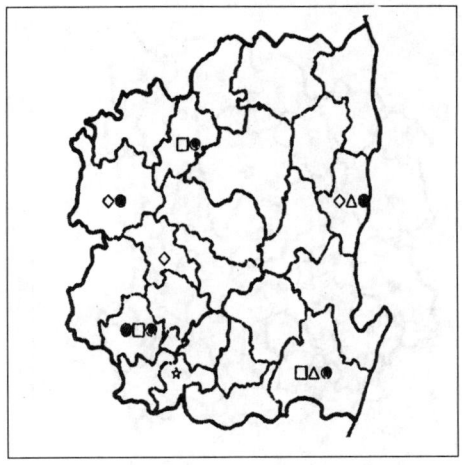

〈지도-11〉 접속어미 '-아서'

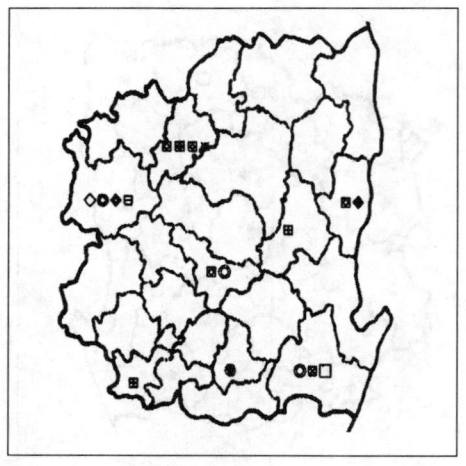

〈지도-12〉 I. 036. "멱둥구미"

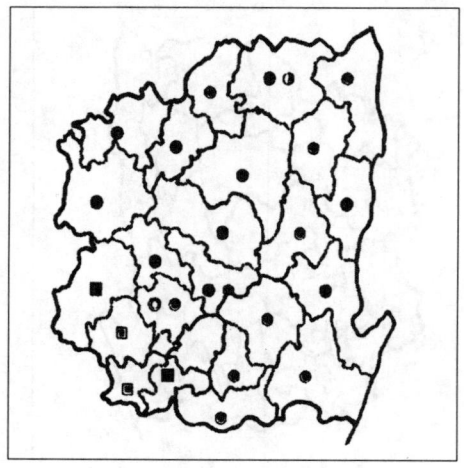

〈지도-13〉 I. 084. "백설기"

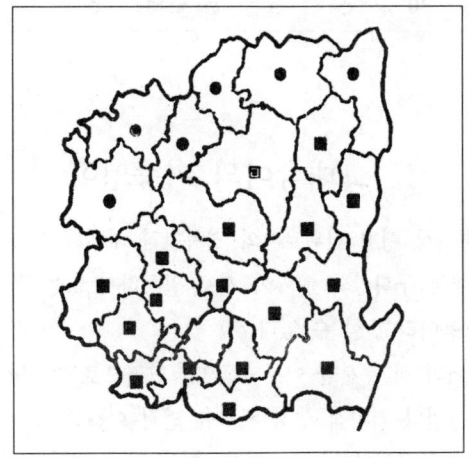

〈지도-14〉 I. 070. "상추"

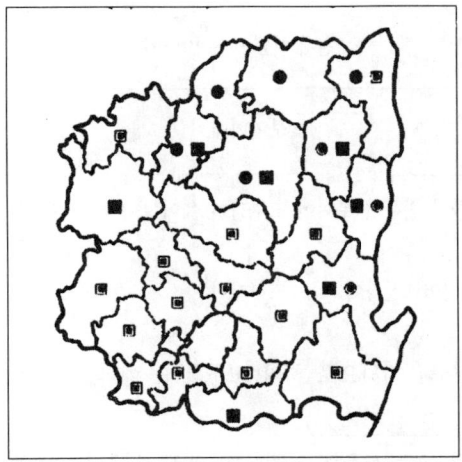

1. 고대국어의 기층언어

'경북방언'이란 편의상 행정 단위로서의 경북지역 내에서 사용되는 방언을 의미하는데, 방언권과 행정 구획상의 道界가 서로 일치하지 않는 경우가 있으므로 이 용어는 적절한 학술용어라고 할 수 없다.24)

경북방언은 한국어의 한 부분을 이루고 있다. 그러므로 경북방언의 성격을 규명하는데 있어서 이 방언의 역사적 형성 과정을 먼저 이해해 둘 필요가 있다. 알타이어 공통조어로부터 분리되어 나온 원시한국어는 삼국시대에 이르기까지 고대 한반도와 만주 일대에는 다음과 같은 언어(혹은 방언)으로 구성되어 있었음을 알 수 있다.

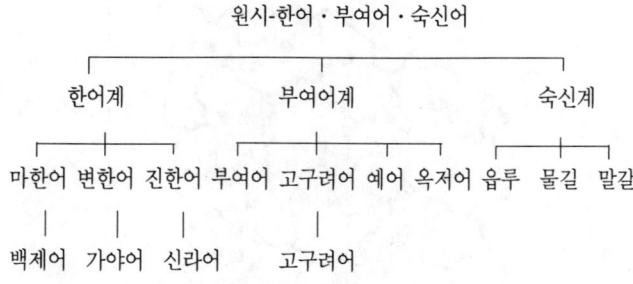

부여어계는 부여어를 기원으로 하여 고구려어, 예어, 옥저어으로 분화되었으나

---

24) 본 논문집의 편집위원으로부터 '경북 방언의 성격'이라는 논제가 주어졌기 때문이기도 하지만 행정구역을 이용한 하위방언권의 이름을 능가할 수 있는 적절한 명칭이 없기 때문에 그대로 '경북 방언'이라는 용어를 사용하고자 한다. 그런데 엄격히 말하자면 본고에서 사용하는 '경북방언'이라는 용어는 道界에 기준을 둔 '경상도방언', '전라도방언' 등과 같은 개념이 아닌 '경상북도의 방언적 성격을 지닌 방언'이라는 의미로 사용된다.

서로 매우 가까운 관계였으며, 숙신계는 그 언어의 흔적을 찾을 수 없고 다만 부여어와 더불어 북방계의 언어였던 것으로 추정된다. 한어계는 마한, 변한, 진한계가 있었는데 이들은 신라어, 가야어, 백제어로 발전되었으며, 언어적 성격이 상호 매우 가까웠던 것으로 추정된다.

신라어와 백제어 그리고 가야어의 기층 언어의 변화에 대해 오늘날의 방언분포를 가지고 재해석을 시도해 보고자 한다. 곧 경상북도 방언과 경상남도 방언이 매우 유사한 것만은 사실이다. 그러나 경상북도 방언과 경상남도 방언간에는 성조의 차이가 엄존하고 있다. 그리고 경상남도 방언을 기준으로 하여 경상북도 방언이 서남 방언인 전라남도 방언보다 훨씬 가까운 방언이라고 인식하고 있다. 그러나 〈지도-1〉에서 처럼 '시루' 등의 방언형의 분포를 고려하면 진한어가 기층언어로 성립된 신라어와 변한어가 기능어였던 가야어 그리고 마한어가 기층어였던 백제어가 서로 다른 언어가 아니라 상당한 친근성을 가진 방언이라는 사실을 확인 할 수 있다.

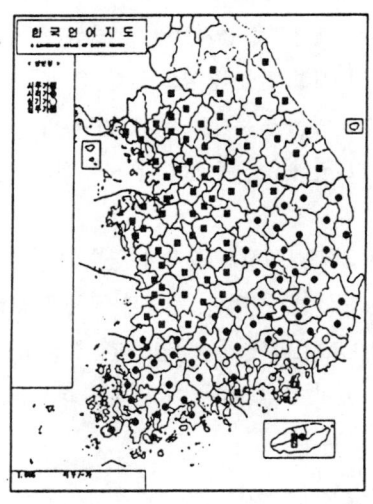

<지도-1> '시루'의 방언분포

이 방언의 뿌리인 신라어는 그 이전단계에는 진한어가 기층어였으며, 가야어의 기층어였던 변한어는 가장 일찍 진한어에 흡수되었으나 그 영역은 마한지역까지 확대되어 있었다고 추정할 수 있다.

진한계 12 소국 가운데 육부로 구성된 斯盧國이 성장 발전되어 신라에 의해 통합됨으로써 그 언어가 점차 신라어로 확대되는 과정으로 파악될 수 있다. 사로어에 바탕을 둔 신라어는 6세기에 가야를 통합함으로써 진한어에 변한어를 유입하여 그 언어 영역을 확대하였다. 특히 백제가 475년경 한강 유역의 땅을 잃게 되자 그 보상으로 가야 지역의 땅을 침략함으로써 512년경에는 낙동강 유역으로 침탈을 계속하였다.25) 이후 신라 진흥왕(540-576)에 가야국을 통합하였으며, 마침내 7세기(676년)에 삼국을 통일함으로써 마한어까지 유입하여 새로운 한반도의 언어는 진한어를 기층어로 하는 신라어를 중심으로 통합하였다. 오늘날의 경주지역에 근거한 신라어가 한국어의 바탕이 되었기 때문에 우리는 신라어가 고대국어를 대표하는 것으로 보고 있다.

10세기초(918년)에 고려가 건국되고 936년에 후삼국이 고려에 의해 통일됨으로써 首都가 경주에서 개경으로 옮겨졌다. 이로서 중심 언어권이 경주에서 개경으로 옮아가게 됨으로써 개경 말을 중심으로 한 한반도의 중부 지역의 언어가 언어적 통합의 중심축이 되었음을 뜻한다.26) 그러나 이 사건은 경북방언이 기층어의 기능을 담당하다가 그 권위를 중부 방언인 개경 또는 한양의 방언으로 넘겨준 것으로 평가된다.

우리는 이러한 한국어의 형성 과정에서 경주 지역을 중심으로 한 신라어가 한국어의 모태가 되었음을 알 수 있다. 경남과 경북이 분할된지 겨우 100년밖에 되지 않았지만 언어적으로 보아도 경남방언(특히 경남의 동부방언)은 경북방언과 상당한 구조적 차이를 보이고 있다.27) 이 단계는 경상방언의 내적 변화라는 관점에

---

25) 『慶尙北道史(상)』, pp. 184-187, 경상북도사편찬위원회. 참조.
26) 白斗鉉(1997), 「경북방언의 역사」, "영남지역 문화의 원류와 정체성"의 학술발표대회(1997. 11. 21, 경북대 인문과학연구소)에서 고려 건국에 따른 언어 중심권의 이동에 대해서 "고려 통일 당시의 개경 말은 언어학적 관점에서 앞선 시기의 중심 언어였던 경주 말의 한 방언이라고 말할 수 있다. 달리 말해 10세기초의 개경 말은 경주를 중심으로 한 신라의 한 방언이었기 때문에 중세한국어를 형성한 언어적 바탕은 경주를 중심으로 한 신라어라고 할 수 있다"고 하면서 언어 중심의 이동이라는 관점에서 큰 의미를 갖지 않는다고 주장하고 있다.

서 중요한 의의를 가진다고 할 수 있다.

2. 경북방언의 음운의 성격

1) 음운의 특성

(1) 모음체계

경북방언의 단모음체계는 6개 모음체계(i, E, ɜ, u, o, a)이며, 상관 대립체계
는 조음위치에 따라 〔전〕 : 〔후〕 대립체계로, 구개도에 따라 〔고〕 : 〔저〕 대립체
계, 원순성 유무에 따라 〔원순성〕 : 〔비원순성〕의 대립체계를 보이고 있다.

〔E〕와 〔ɜ〕의 중화 시기와 환경에 대한 金周源(1984)과 白斗鉉(1989)의 논
의를 참고해 보자. 현대의 경북방언에는 '애'와 '에'와 '으'와 '어'가 비변별적인 지
역이 많다. 18세기 후기에 이미 /에/ : /애/의 중화가 발생하기 시작했다. 문헌
상의 공백으로 인해 19세기의 양상은 잘 드러나 있지 않으나 20세기초의 영남
문헌에는 /에/ : /애/간의 혼기가 극심하게 나타난다. 이로 보아 경상방언은 대
체로 19세기의 어느 시점에서 중화가 완성되었다고 생각된다.28) /으/ : /어/의
중화도 18세기 후기의 동화사판 및 해인사판의 〈念佛普勸文〉에 '으'와 '어'의 혼기
가 많이 나타난다. 이러한 중화 과정은 /에/ : /애/의 혼기가 보여주는 중화 과정
과 매우 비슷한 모습을 보여준다.

/에/ : /애/ 그리고 /으/ : /어/간의 변별이 상실됨으로써 경상방언의 모음체계
는 다른 방언권과 구별되는, 곧 한국의 여러 방언 가운데 가장 적은 수의 모음을
가진 6모음체계로 정착된 것이다. 그러나 정철(1995, 1997), 신승원(1997)에 의
해 경북 의성지역에서는 /으/ : /어/가 변별적이라는 주장도 있으나 음소실현의 빈
도라는 차원에서 보면 경북방언의 모음체계는 6모음체계라고 할 수 있다.29)

---

27) 김영황(1982:173)에 따르면 10세기 고려에 의해 국토통일이 이루어진 후 북부방언과, 서부방
   언, 그리고 동부방언으로 분할되었으며, 동부방언은 다시 15세기 이후 북부방언에서 동북방언이
   갈라짐에 따라서 동부방언은 동남방언으로 구분되었다고 한다. 그러나 이를 뒷받침할 논증이 없
   어서 확인할 길이 없다.

28) 金周源(1984)은 〈念佛普勸文〉의 문헌자료의 비교를 통하여 /으/ : /어/의 중화 시기를 18세기
   중엽으로 /에/ : /애/의 중화시기는 18세기 초에 시작되어 중엽에 완성된 것으로 보고 있다.

'ᄋ'의 비음운화에 관해서는 崔明玉(1982)과 金周源(1984)은 음절환경에 따라 변화된 것으로 설명하였으며, 白斗鉉(1989)은 영남판본 문헌자료를 통하여 그 비음화 시기 확정과 아울러 변화 환경을 보다 정밀하게 기술하였다. 15세기의 'ᄋ'에 대응되는 방언형의 대비하여 보면 중부방언에 비하여 경북 및 경남방언에서 '하늘〉하날, 오늘〉오날, 다솟〉다아, 사롬〉사람, ᄇ롬〉바람'과 같이 비어두음절에서 /ᄋ/〉/아/ 변화를 경험한 예들이 매우 많다.30) 金永泰(1981)는 이러한 예들을 설명하기 위해 제 1단계변화 곧 비어두음절에서 /ᄋ/의 비음운화 과정에서 /ᄋ/〉/으/규칙과 /ᄋ/〉/아/규칙을 경쟁규칙(compatitional rule)으로 설정하여 설명하고 있다.

이중모음은 /yE, yɜ, yu, yo, ya/와 /wi, wE, wɜ, wa/와 같이 9개가 있는데 자음 아래에서는 이들이 모두 단모음으로 실현된다. 그러나 반촌 지역어에서는 몇몇 단어에서 자음 뒤에 이중모음이 실현되기도 한다. 자음 아래에서 이중모음이 실현되지 않는 것이 이 방언의 특징이다. 또 음절경계에서는 선행음절의 말음이 'l, m, n, ŋ'인 경우 그 다음에 오는 이중모음과 연음되지 않는다. 또한 이 방언에서는 'l, n, k, p, t, h' 등 자음 뒤에 이중모음 'ye, yɛ, wa, wə' 등이 결합할 때 이 모음들을 단모음 'E, ɜ, a, ə'로 각각 발음된다. 이 방언에서는 자음 아래에서 이중모음의 단모음화 시기는 선행자음의 종류에 따라 차이가 있었다. 白斗鉉(1977)은 이들의 단모음화 시기에 대해 'l, n, t' 뒤에서는 17세기에, 'k, p, h' 뒤에서는 18세기에 발생하였다고 밝히고 있다.

(2) 자음체계

/ㅅ/ : /ㅆ/의 대립 유무에 관해서는 지역에 따라 변별성 유무의 차이를 보여주고 있다. 경북방언에서 /ㅆ/이 음소로 존재하지 않는 지역은 대구를 중심으로 하여 청도, 경산, 달성, 칠곡, 고령, 성주, 군위, 영천, 경주, 청송, 월성, 포항, 영덕 지역, 곧 낙동강의 강동쪽 지역으로 /ㅅ/ : /ㅆ/이 비변별적이다.31) 이와

---

29) 이상규(1997), 「영남방언의 특징」, 『한국어문』 4, 한국정신문화연구원.
30) 김영태(1981), 「/ᄋ/와 경남방언」, 김용태선생 회갑기념논문집.
31) 서재극(19620), 「경북방언연구」, 『어문학』 8호. p. 73, 에서 /ㅅ/ : /ㅆ/ 변별방언권을 의성, 안동, 영양, 청송을 연결하는 지역과 대구, 경산, 영천, 경주 연결하는 구획선으로 끊고 있다.

같은 맥락에서 경남방언도 동북지방에서도 /ㅅ/ : /ㅆ/이 변별되지 않고, 서남지방에서는 변별되는 대립 음소(金永泰, 1975:8)로 밝혀졌다. 오늘날 이 방언에서는 /ㅅ/ : /ㅆ/의 변별력은 학교교육의 영향으로 세대간 차이를 보이고 있다.

문제는 金周源(1984)은 경북북부 지역 방언을 반영하고 있는 용문사판본 〈念佛普勸文〉에서 18세기경(술고/쑬고(燒)), 白斗鉉(1989)은 경북 서북지역 간본인 〈御錄解〉와 〈閨壹是議方〉에서 'ㅆ'의 표기 빈도가 높음을 이유로들어 17세기에 이미 'ㅅ'의 경음화가 확립된 것으로 보고 있다. 그렇다면 어떤 과정을 거쳐 그짧은 기간 내에 다시 /ㅅ/ : /ㅆ/ 중화과정을 밟게 되었는지는 분명하지 않다. 뿐만 아니라 20세기경의 문헌에서도 'ㅅ'과 'ㅆ'의 표기의 혼기가 많이 나타나므로 이방언에서는 'ㅅ'의 경음화는 민·반촌의 차이나 교육의 요인에 의한 사회적 요인에의한 차이를 보여주는 것으로 볼 수 있다.

고대국어 단계에 이 방언에서 'ㅸ'이 존재했는가의 여부에 따라는 자음체계상 유성마찰음을 인정하느냐라는 문제와 관련이 있다. 梁柱東(1942), 李基文(1972)은고대국어 단계에 'ㅸ'의 존재를 인정하고 있으며 李崇寧(1971), 朴秉采(1971)는이를 부정하고 있다. 특히 崔明玉(1978)은 중부방언형과 남부방언형 간에 'ㅂ〉ㅸ'의 변화의 이탈형을 대비하면서 경북방언에서도 'ㅂ〉ㅸ〉오/우〉∅'의 변화를 보이는 '드뵈-〉되-'의 예를 들어 고대 단계에 이 방언에서 'ㅸ'이 존재했던 것으로 파악하고 있다. 'ㅸ'의 존재 여부와 관련하여 고대 단계에 유성마찰음 계열이 체계적으로 존재했던 것으로 보는 이유로는 'ㅂ/ㅸ', 'ㅅ〉ㅿ', 어중 '-g-'의 잔존형들이 중부방언 반사형과 대비를 통해 추정이 가능하지만 변화과정과 이들을 재구할 수 있는실증적 근거 등에 관한 보다 세밀한 연구가 있어야 할 것으로 보인다.

역사적으로 'ㅸ'에 대응하는 어형이 오늘날의 경상방언에서 'ㅂ'으로 나타나는 예들은 명사(누부, 골뱅이, 말밤)와 동사(더럽-, 곱-, 눕-, 덥-)에서 흔히 관찰되며, 'ㅸ'이 탈락한 예도 함께 존재한다. 즉 오늘날 경상방언에는 'ㅸ〉ㅂ' 변화와 'ㅸ〉zero' 변화가 함께 존재하는데, 과거의 문헌 자료에 나타난 양상도 이와 같다.

역사적으로 'ㅿ'에 대응하는 어형이 오늘날의 경상방언에서 'ㅅ'으로 실현되는 예들은 명사 '가실(秋), 지심(雜草), 부석(廚)' 등이 있고, 동사로는 '지서(作), 쪼사(琢), 주서(拾)' 등이 있다. 이 방언에서는 'ㅿ〉ㅅ' 변화와 'ㅿ〉zero' 변화가 함께 존재하는데, 과거의 문헌 자료에 나타난 양상도 이와 같다. 중부방언과 마찬가지로 'ㅿ'이 탈락하는 변화 즉 'ㅿ〉ø'가 적용된 예도 이 지역의 문헌에 상당히 나타난다. 'ㅿ'이 보여 주는 두 가지 변화는 이 방언의 지역적·사회적 방언 분화에 따라 공존했던 것으로 판단된다. 이러한 판단은 앞에서 다룬 'ㅸ'의 변화에도 동일하게 적용될 수 있다.

어중 '-g-'의 실현 양상은 어휘부 내부에서의 환경과 형태소 경계의 환경에서 차이를 보인다. 곧 어휘부내부에서는 '모래/몰개, 시다/시구럽다', '놀개(노루), 몰개(모래)'에서 처럼 어휘부 내부에서의 어중 '-g-'이 탈락하지 않고 잔존하는 현상은 경북 방언의 독특한 특징이라고 할 수 있다. 그러나 '얼개미(어레미), 형태소경계 특히 파생구조에서 어중 '-g-'의 탈락현상은 중부방언에서도 어휘에 따라 적용되지 않는 경우가 매우 많다. '얽-'에서 접사 '-개/게-'와 결합하여 파생한 '얽개'와 '빗(櫛)'이 복합한 '얼레빗'과 '얽게빗'이 전이지대에서 실현된다. 전자는 충북방언에서 후자는 경북방언에서 실현되는데 접사 '-개/게-'가 'ㄹ' 아래에서 '-애/에-'로 교체되거나 r⎯v, z⎯v, y⎯v 환경에서 g 〉ɣ〉 h〉ø로 교체되는 중부 방언지역과 남부 방언 지역간에 차이를 보여준다. '어레미'와 '얼기미'에서도 어중 '-g-'의 잔류 유무에 따라 방언 차이를 보여준다

(3) 모음조화

경북방언에서 모음조화는 형태음소론적 구조와 관련되어 모음조화의 흔적을 찾아 볼 수 있을 뿐이다. 곧 부동사형어미 '-아/어'나 명령형어미 '-아라/어라'와 같은 형태소경계의 환경에서만 확인된다. 어미 '-아'와의 형태소 경계에서의 모음조화를 보면, 지역에 따라 차이를 보인다. 경북 경주, 영덕, 포항지역에서는 모음으로 끝나는 1음절 어간 뒤의 부동사형어미는 '입-아도, 덮-아도, 막-아도'처럼 '-아'로 실현된다. 이와는 반대로 경산, 영천, 청송, 안동 등의 지역에서는 어간 모음이 '-아'가 아니라면 '막-어도'에서처럼 언제나 '-어'로 실현된다. 그밖의 지역에서는 부동사형어미의 어간이 1음절일 때는 모음조화를 보이고 어간이 2음절 또는 그보다 더 많은 음절로 되었을 때에는 '-아'로만 나타나는 경향이 있다. '입-어도, 덮-어도, 놓-아도, 막-아도, 어둡-아도, 부끄럽-아도'를 그 보기로 들 수 있다.

이 방언에서 모음조화에 관한 연구는 주로 부동사형어미 '-아/-어'가 용언의 어간과 결합되는 양상과 어간말 모음 'i, u, o'가 '-아'모음이나 '-어'모음으로 시작하는 어미와 연결될 때 실현되는 활음화의 방언 차이를 확인 하는데 집중되어 있다. 곧 1음절 어간의 모음이 '-이, -어, -우'인 경우는 '-어'가 '-애, -아, -오'인 경우는 '-아'가 선택되며, 2음절 이상의 어간에서는 '-아'로만 실현되는 것이 일반적이다. 그러나 경북동해안 지역에서의 모음조화 현상은 형태음소론적 층위에 따라 상이한 양상을 보여주기도 한다. 곧 1음절 어간의 모음이 '-어, -우'이더라도 (죽-+-아라, 집-+-아라, 적-+-아라) '-아'로 실현된다.

그런데 2음절 이상의 어간이 '-아'와 결합하면 활음화 하여 동북지역에서는 '에'(기다리-+-아도=기다레도, 먹이-+-어도=미게도)로 실현되지만 나머지 지역에서는 '이'(기다리-+-아도=기다리도, 먹이-+-어도=미기도)로 실현된다.

(4) 움라우트

만일 움라우트 현상이 이중모음의 단모음화를 전제로 해야 한다면 金完鎭(1975)이 정의한 '南濃北稀'라는 말이 남부방언에서 출발하여 확산된 음운현상으로 해석된다면 이중모음의 단모음화 시기도 중부방언에 비해 남부방언이 선행되어야 한다는 가정이 필요하다. 통시적으로 이 현상의 확산 과정을 반드시 이중모음의 단모음화를 전제 해야 한다는 입장에 대한 회의론이 제기되는 것은 당연할 것이다. 따라서 전부모음 ㅣ-모음에 의해 하향적 이중모음을 형성하던 단계까지를 움라우트 현상으로 파악하려는 입장에서 白斗鉉(1989)은 'ㅣ-모음역행동화'라는 용어를 사용하면서 '귀시리(役)〈정속, 초 23〉의 예를 들어 이미 16, 7세기에 이러한 현상이 나타나고 있음을 들어 '외', '위'가 단모음화 되기 이전에 '쑤미-/쒸미-〈1700년 류합〉의 예를 들어 움라우트 현상을 2단계에 걸친 확산 과정으로 파악하고 있는 점은 崔全承(1989)의 논의와 방향을 같이 하고 있다.

(5) 구개음화

16세기 후기의 전라도 지역에 간행된 문헌에서 가장 먼저 ㄷ-구개음화가 나타났다.[32] 구개음화 현상은 남부방언이 중부방언보다 먼저 실현되었다. ㄱ-구개음화는 음절구주 제약을 받는 현상으로 1음절에서만 실현되며 ㄷ-구개음화는 형태소 경계에서 실현되며 형태음소론적인 제약을 받는 현상으로 파악하고 있다(崔明玉, 1982). 이와 아울러 동화주의 음운론적인 자격을 추상적 기저형을 설정하여 음운 현상의 적용 순위와 통시적 음운 현상적용과정이 일치됨으로서 '어디'와 같은 예외 형들을 용이하게 설명할 수 있게 되었다.

〈重刊 杜詩諺解〉에서는 ㄷ-구개음화형과 그 과도교정형이 대폭 증가하였다(안 병희, 19 57, 白斗鉉, 1989). 두 문헌에 나타난 양상으로 보아 17세기 전기의 경상방언에서 ㄷ-구개음화는 완성된 단계라고 말할 수 있다. 이러한 논의를 근거로 하여 ㄷ-구개음화를 기준으로 볼 때 경상방언은 16세기 후기부터 중앙어(혹은 중부방언권)과 차별화되었다고 볼 수 있다. 그러나 중앙어의 ㄷ-구개음화도 점차 확대되어 중앙어를 반영한 18세기 자료에는 ㄷ-구개음화가 활발하게 적용되게 된다. 따라서 18세기에 이르러서는 ㄷ-구개음화는 경상방언과 중부방언을 구별해 주는 특징이 되지 못하게 된다.

〈重刊杜詩諺解〉에 일반화 된 ㄷ-계 구개음화의 확인을 통해 17세기 중에 이 현상은 경북방언에 정착되었던 것으로 확정된 것으로 보이며 t-계 구개음화의 실현은 적어도 'ㅈ'이 치경음 〔ts〕에서 구개음 〔tʃ〕로 변동된 이후에 가능한 것이다(李基文, 1972). 아울러 ㄷ-계 구개음화가 통시적으로는 음절위치에 제약을 받지 않고 실현된다는 사실의 확인 (崔明玉, 1982, 金周源, 1984)은 중요한 연구성과라 할 수 있다.

ㄱ-구개음화 현상은 17세기에 h-계 구개음화 현상은 17세기말에 각각 이 방언에서 활발하게 실현된 것으로 보인다. 白斗鉉(1989)은 '喜坊寺'의 이칭인 '池叱方寺'를 '깃브-'의 역구개음화형으로 파악하고 이미 16세기말에 k-구개음화가 실현된 것으로 추정하고 있으나 이를 확인할 동시대의 자료가 없다. ㄱ-구개음화 현상은 통시적으로도 매우 제약된 환경에서만 실현된다. 곧 어두음절이라는 환경 제약

32) 지금까지 알려진 ㄷ구개음화가 실현 시기에 대한 견해는 다음과 같다. 전라도 순창 無量崛에서 간행한 〈月印釋譜〉 21권(1562년)에 ㄷ구개음화가 실현된 '쟝쟈'(長者)(18a)와 과도교정형 '명듕'(命終 명즁)(219a)이다(김주필, 1994:60). 송광사판 〈부모은중경〉(1563년)에 '혼침'(〈혼팀, 昏沈)(7a)이 나타나고(이명규, 1992:83), 전라도 순창 鷲岩寺에서 간행된 〈몽산화상육도보설〉(1567년)에 '부쳐'(30b), '졔ᄌ'(〈뎨ᄌ, 弟子)(40a) 등이 나온다(白斗鉉, 1991:88).

(崔明玉, 1982)을 갖고 있으며, 한자어의 경우에는 비어두음절에 이르기까지 확산되어 있음(金周源, 1984)이 확인되었다. 그런데 왜 이 현상이 ㄷ-구개음화와 더불어 형태소 구조에서의 확대가 이루어지지 않았는가 그리고 ㄷ-구개음화 보다 형태구조상의 제약은 크지만 지역적으로는 훨씬 더 넓게 확산(金亨奎, 1974)되었는가에 대한 문제는 풀리지 않은 샘이다.

白斗鉉(1989)은 ㅎ-구개음화의 실현 시기를 17세기 전기로 잡고 있다.(金周源, 1984, 李明奎, 1974) 그 이유로는 17세기 후기『첩해신어』와『중간 두시언해』의 '혀-)셔-(引)'의 예를 들고 있다. h-구개음화 어두음절에서 실현되는 환경제약의 확인(崔明玉, 1982)과 더불어 19-20세기에 들어 서면서 이 현상이 퇴조되는 시기에 중부방언에서는 19세기 중엽에 이 현상이 나타나게 된 점으로 보아 ㅎ-구개음화의 전파속도는 ㄷ, ㄱ-구개음화 확산속도 보다 다소 느렸다고 할 수 있다. 이유는 아직 밝혀지지 않은 과제로 남아 있다.

'-i(y)' 환경에서 n-의 탈락은 n 〉 ɲ 〉 ∅의 과정을 통해 성립되었다. 따라서 n의 탈락을 n-구개음화로 이해되는데 n-의 탈락 시기는 16-17세기에는 국한된 어휘에 실현되다가 18세기에 들어서면서 활발하게 나타난다. n-탈락 현상은 어두에서 뿐만 아니라 일부 비어두음절에서 실현된다.

(6) 원순모음화

이 방언에서의 원순모음화 현상의 특징은 중부방언과 달리 형태론적 구조상의 제약이 덜하다는 점이다. 곧 중부방언에서는 형태소경계에서의 '으)우'변화가 체언의 어간과 격조사 사이에는 제약을 받지만 이 방언에서는 체언에서도 그러한 제약이 덜하다는 사실(李相㻛, 1989)을 들 수 있으며, 아울러 순자음에 의한 순행동화로 파악되어 온 원순모음화의 범주가 이 방언에서는 순음에 의한 완전동화로 인식(李相㻛, 1989, 白斗鉉, 1990)되기 시작하면서 원순모음화를 원순성동화까지 포괄하였다. 한편 경북방언에서는 동화주가 순자음 이외 기저형이 'ㄷ'인 불규칙용언의 어간말음이 'ㄹ'인 경우도 동화주가 된다는 점을 확인(崔明玉, 1982)하면서 원순모음화 현상에 대한 정밀화가 꽤해져 온 것이다.

(7) 전설모음화

전설고모음화에 대해서는 지금까지 전부모음화(李秉根, 1970), 전설모음화(유창돈, 1964, 金英培, 1984,), 전설고모음화(崔明玉, 1982), 구개음화(崔鈴承, 1986) 등으로 지칭하고 있는데 이는 소박하게 치찰음하에서 '으'모음이 전설고모음 '이'로 변화한다는 관점에서 이해되었기 때문이다. '저리->제리->지리-'의 변화 결과와 구분하기 위해 전설모음화라는 술어를 잠정 사용하고자 한다.

형태소 내부에서의 전설고모음화 현상은 통시적 결과이지만 형태소 경계에서 체언의 경우 어간과 격조사 간에는 전설고모음화가 제약을 받지만(빛을/*비칠) 용언에서 어간과 어미 사이에서는 전설고모음화가 적용된다(빗으니/삐시이)는 사실이 확인 되었다. 방언 분화형에서 반영되는 이러한 형태음소론적인 제약의 원인에 대한 규명이 아직 이루어지지 않았다.

전설모음화 현상은 18세기 말엽에 'ㅅ' 아래의 환경에서 한두예가 발견되다가 19세기 '즈)지'의 변화와 더불어 20세기 10년대에 형태소 경계를 넘어 실현된다(白斗鉉, 1989). 통시적으로 전설모음화 현상의 피동화음은 '으'이지만 경북 방언에서는 '으'와 '어'가 중화되었지만 기저음 '으'만이 전설모음화에 적용되며, 19-20세기 문헌자료에서도 활용과 곡용의 형태소 경계 환경에서도 이 현상이 실현되고 있다.

(8) 변칙활용

방언에서 변칙활용에 관한 연구는 변칙활용의 환경을 정밀화 하는 단계에서 추상적인 기저음소를 설정하여 기저표시를 달리한 규칙적용에 의해 생성되는 것으로 파악하고 있다. 경북방언에서 특히 ㅂ-변칙과 ㅅ-변칙 및 ㄹ-변칙은 경북방언권 내에서도 하위방언권에 따라 활용이 달리 실현되고 있다.

'덥-(暑)'가 서북경북방언권(상주, 금릉, 선산)에서는 '더워라, 더버라'가 공존하고 있으며 '씻-(洗)'가 '씨이라, 씪어라'가 공존하고 있다. 한편 ㄹ-변칙도 제한된 환경에서 'ㄹ'이 탈락된다. 곧 '울-(泣)'가 '울-다, 울-게, 우-지'와 같이 파찰음이 후행하는 경우에만 'ㄹ'이 탈락하는 방언형이 실현된다.

방언에서 변칙활용형은 일정한 음성환경에서 변칙을 보이는 경우가 있고 또 어간이 재구조화가 이루어지고 있는 중간 단계를 반영하는 방언 분화형이 존재하기 때문에 변칙활용의 음성실현 환경에 대한 면밀한 관찰이 필요하다.

(9) 기타 음운현상

이 방언에서 어두 경음화 현상(뿔떼기(불), 똘배(돌배), 까시(가시))은 매우 강하게 실현된다. 어중경음화 현상(밥+도=밥또, 밥+과=밥꽈)은 경북지역이 경남지역에 비해 더 활발하게 실현된다. 또한 명사의 어간말음 'p, t, k'와 어미의 어두음 'h'이 결합하는 환경에서(밥+하고=밥파고, 끝+하고= 끝타고, 죽+하고= 죽카고) 경북방언에서는 유기음화가 일어나지만 경남지역에서는 유기음화가 실현되지 않는다.

복합어의 환경에서 선행음절이 'l'로 끝나며, 'n, s, t, č'으로 시작하는 단일어가 결합하는 형태음소론적 환경에서(버들나무, 불삽, 찰조) 'l'이 탈락하는 것이 일반적인데 이 방언에서는 'l'이 타락하지 않는다.

'e > i'로 되는 현상은 전국에 두루 실현되지만 이 지역에서는 다른 어느 방언에서 보다도 더 강하게 일어난다고 할 수 있다. 그래서 단순히 'e'만이 'i'로 바뀐 것이 아니라 이중모음이 단모음이 되어 나타난 'ye > e'도 'i'로(비(布), 시금(稅金), 태비, 티비(堆肥), 메느리, 미느리(며느리)) 바뀐다. 특히 경북서북지역에서 그렇다. 그러나 경남방언에서는 'ye > e'변화에 의한 'e'는 'i'로 교체되지 않는다.

어간말자음군 'ps'과 'ks'은 'p'과 'k'로 'lk'은 대체로 동남지역 및 동북지역의 말에서는 'l'로, 서북지역 말에서는 'k' 또는 'kh'로 실현된다.((갑시(값이), 넉이(넋이), 달을, 닥을, 닥클(닭을), 흘을, 흑을, 흑을(흙을))로 실현된다.

어말자음 'h'가 'k'로 대응되는 예가 경북방언에서는 활발하게 실현된다. 예를 들면 '앍아도(앓아도), 닳아도(닭아도), 올기(오리), 문골기(문고리)' 등이 있다. 그리고 어말자음 's'가 'k'로 대응되는 '그륵(그릇)(器)', '짓다'의 옛말인 '찍다'의 '찍+아도'가 '찌:도'로 실현된다. 경북방언에서는 중부방언과 다른 어간재구조형이 매우 많다. 어형의 재구조화에 의해 방언차이를 보이는 '떫-(뚫-), 흟-(싸-), 넣다(옇다), 짊-(기르-), 야프-(얕-)'와 같은 예가 있다.

2) 성조의 특성

경상북도 방언은 소리의 높낮이를 가지며, 저조(L, L:)는 다시 길고 짧음의 대립을 가진다. 성조 곧 음절고저 대립을 보이는 이 방언에서는 고조(H), 저조(L) 및 저장조(L:)가 변별되지만 경남방언에서는 고조(H), 중조(M), 저조(L)가 구별되는 것과 차이를 보여준다. 서북부지역 말과 동남부지역의 남부 말에서는 성조에 따라 피동사와 사역동사를 구별하나, 동북부지역 특히 강원도 지역과 인접해 있는 울진, 봉화지역에서는 대체로 그렇지 않다. 동남부지역 일부에서는 '재핀다'는 사역동사로, '자피인다'는 피동사로 쓴다. 그러나 동북부지역 가운데 특히 울진지역에서는 두 경우 다같이 '재피인다', '재핀는다'를 써서 피동사와 사역동사를 구별하지 않는다.

경북방언의 장음은 중세국어의 상성의 반사형으로 중부방언권의 경우와 동일한 모습을 보여 준다. 중세국어의 상성은 서울을 포함한 중부방언권에서 장음으로 변화하였는데 이 변화가 경북방언으로 침투하여 그 영역을 확장한 결과 경북과 경남의 성조체계가 달라졌을 가능성이 높다. 즉 상성의 장음화가 경북방언 내적 변화가 아니라 중부방언권의 영향을 받은 결과로 볼 가능성이 높은 것이다. 경북방언과 경남방언의 성조체계가 서로 달라지게 된 시기를 밝히는 문제는 현재로서는 어려워 보인다.

3. 경북 방언의 어법 특징

이 방언의 문법 형식도 경상남도 방언에서와 마찬가지로 복잡하고 다양하다. 격조사, 종결어미, 접속어미, 선어말어미에 대해 특징적인 것에 대해 살펴보면 다음과 같다.

1) 격조사

격조사에서 몇 가지 특징있는 것을 들면 다음과 같다. 울진 봉화 안동지역에서는 주격조사인 '-이가'는 '가심(가슴)이가 아푸다', '용이가 머리를 들고'처럼 자음으로 끝나는 명사에 두루 쓰인다. 격조사 가운데 주격조사에 관한 개별적인 연구로는 李相揆(1984)가 있는데 주격조사 '-이가'가 실현되는 이유를 주격조사 '-이/-ㅣ'가 어간말음절로 재구조화 되면서 격조사의 공백 때문에 새로운 주격조사 '-가'가 생성된 것으로 설명하고 있다. '코(鼻)-+-이(주격조사)〉쾨-'의 방언 분화형을 분석하여 주격조사가 어간의 내부로 재편성되었다는 이유를 이 방언에서는 체언어간의 음절 환경과 무관하게 '모(苗)-+-이', '벌(蜂)-+-이가'처럼 실현되며 '벌(蜂)'이 이 방언에서는 '벌이+-가/-를/-로'와 같은 곡용 페러다임을 보인다는 점을 들고 있다.

속격조사는 선행음절이 자음인 경우 '-으'로 모음인 경우 '-이'로 실현되며, '-ㅣ' 모음으로 끝난 경우에는 생략된다.

이 지역의 독특한 대격조사로 '-로'와 '-으르(ㄹ)'가 있다. '-로'는 모음이나 '-ㄹ'로 끝나는 명사와 합치는데 영천, 경산을 포함한 남동지역에서 쓰이고 '-으르(ㄹ)'는 해안과 가까운 지역에서 쓰인다. '바다로 보고', '물로 묵고', '사람으르(ㄹ)보고'가 그 예이다.

여격조사로는 경북방언에서는 '-한테, -인데, -더러, -대고, -짙에, -보고, -손에'와 같은 표지들이 실현되는데 이들은 여격조사 특수조사로서 실사에서 허사화 과정에 있는 것으로 보고 이들의 통사적 제약을 다루고 있다.

공동격조사는 '-하고'와 '-캉'이 있다. '니하고 내하고', '니캉 내캉'처럼 쓰인다. 표준말의 '-은' 또는 '-는'에 해당하는 이곳 말은 '-으느(ㄴ)', '-을랑'이다. '양으는 낮이고 음으는 밤이지', '그 사람을랑 두고 가자'처럼 쓰인다.

이 방언에서 호격조사는 매우 특징이 있다. 존칭호격인 경우 경북방언에서는 '-예'가 주로 실현되며, 경남방언에서는 '-요'가 실현된다.

경북방언에서 또 하나의 특징인 문말에 실현되는 '-이'를(아베요 오늘 장아 가니 대이)에 대해 權在一(1982)은 문종결격조사로 처리하고 있으나 다른 곡용의 페러다임에 적용되지 않으므로 격조사로 처리하기에는 어려움이 있다고 본다.

이 방언에서는 주제격조사의 변이형으로 '-으는', 대격조사가 '-으를'로나 '-으로' 실현되는 특징을 가지고 있는데 이는 격범주에 따른 격조사의 미분화 상태의 고형으로 처리될 가능성이 있는 것이다. 그리고 '-부터'는 '-버텀', '-가지'는 '-꺼정', '-보다'는 '-보담', '-이야'는 '-이사', '-조차'은 '-조창', '-커녕'은 '켕이는'로 실현된다.

특히 경북방언은 한국어 방언에서 저층을 형성하고 있기 때문에 면밀한 형태소의 분할 작업과 이를 토대로 통시적인 격조사 형태구성의 과정에 대한 연구가 진행되길 기대한다.

2) 종결어미

설명형어미를 보자. 해라체 어미로는 '간다, 가니더, 잡는다, 좋다, 거짓말이라, 거짓말이래'의 '-(는)다, -더, -라, -래'가 있다. 특히 '-ㅁ니더'와 '-심더'는 이 방언의 설명형어미 가운데 가장 독특한 형식이다.

1)의 예에서 '-니더'는 '-나이다' '-앗-', '-갯-'이나 '-시-'가 통합된다.

> 1) 오올 놉니더(=오늘 놉니다.)
>   가는 어지 왔심더.(=그 애는 어제 왔습니다.)

하게체 어미로는 '내가 아는 사람이네'의 '-네'가 있다. 하소체 어미로, 남동 내륙지역에서는 '-읍니다'와 '-심더'를, 서북지역에서는 '-여'를 쓴다. 그런데 대구지역의 말에서는 '집에 가는 구마', '집에 가느마'라고 하여 '-는구마' 또는 '-느마'를 하소체 어미로 특별히 쓴다. 하이소체 어미로 서북지역 말에서는 '머리가 아파요', '날이 따시네요'라고 하여 '-(아, 지, 네)요'를 쓰며, 그 밖의 지역에서는 하소체 어미를 그대로 쓴다.

의문형어미를 보자. 해라체 어미로는 동북지역에서 쓰는 '-가' 또는 '-고', '-나' 또는 '-노', '-라' 또는 '-로'와 남동 내륙지역에서 쓰는 '-제', '-을까'와 동북지역과 남동 해안지역에서 쓰는 '-을라', '-으레'와 서북지역의 젊은층에서 쓰는 '-을래'를 들 수 있다.

'-가' 또는 '-고'는 체언 서술어에 따라오고 '-나' 또는 '-노'는 용언 서술어와 결합된다. 그리고 '-가'와 '-나'는 의문사가 없는 판정의문에 '-고'와 '-노'는 의문사 의문문 곧 설명의문문에 쓰인다. '-라' 또는 '-로'를 구별하여 쓰는 것은 '-가' 또는 '-고'를 가려 쓰는 것과 완전히 같다. '-제'라는 어미는 '그속에 있는 게 책이제?'처럼 화자가 그러리라고 믿고 그것을 확인할 때에 쓴다. '-을까', '-을라', '-으레'는 '(내가 그 일) 할레(할까)?'에서처럼 서술어의 동작을 화자가 해도 되는지를 청자가 할 것인지 하지 않을 것인지를 물을 때에 쓴다. 그런데 '-을까, -을라, -으레'는 서술어의 주어가 반드시 1인칭인 경우에 쓰이고, '-을래'는 서술어의 주어가 반드시 2인칭인 경우에 쓰인다.

하계체 어미로는 '-는가' 또는 '-는고', '-는강' 또는 '-는공', '-은가' 또는 '-은고', '-은강' 또는 '-은공' 따위가 있다. '-가' 또는 '-강'은 의문사가 없는 문에 쓰고 '-고' 또는 '-공'은 의문사가 있는 문에 쓴다. 그리고 '-는가' 또는 '-는고', '-는강' 또는 '-는공'은 동사 어간과 결합되고, '-은가' 또는 '-은고', '-은강' 또는 '-은공'은 계사나 형용사의 어간과 결합된다. 특히 '-는강' 또는 '-는공', '-은강' 또는 '-은공'은 해안지역에서 쓰는데 '짐작'을 나타낸다.

하소체 어미로는 해안지역에서 쓰는 '-은교' 또는 '-는교', 동북지역에서 쓰는 '-니(:)껴'와 '-이껴', 서북지역에서 쓰는 '-소' 또는 '-요'가 있다.

하이소체 어미로는 남동 내륙지역에서 쓰는 '-읍니껴'와 '-심니껴', 서북지역에서 쓰는 '-(는, 가, 아, 지, 이라)요'가 있다. 그러나 동북지역 말에서는 하소체의 어미를 그대로 쓴다.

명령형어미를 보자. 해라체 어미로 '잡아라' 또는 '잡어라'와 '가거라'의 '-아라', '-거라'가 있다. 하계체 어미로 '자네 일 좀 하게'의 '-게'가 있다. 하소체 어미로 '이리 오소', '날 믿으소'의 '-으소'가 있다. 하이소체 어미로 '이리오이소', '이리 오시이소'의 '-으이소', '-으시이소'가 있다.

청유형어미를 보자. 해라체 어미로 '집에 가자'의 '-자'가 있다. 하계체 어미로 '집에 가세'의 '-으세'가 있다. 하소체 어미로 동남 내륙지역에서 쓰는 '-읍시더', 동북지역에서 쓰는 '-으시더', 서북지역에서 쓰는 '-으소'가 있다. 하이소체 어미로 남동 내륙지역의 '-으입시더', 서북지역의 '-아요'가 있다. 동북 지역과 남동 해안지역에서는 이 하이소체 어미로 하소체의 '-으시더'를 그대로 쓴다.

접속어미에서 몇 가지 특이한 것을 들면 다음과 같다. '-(아)서'에 대응되는 '-(아)가주고, 가이고 가아'가 '-(으)니'에 대응하여 '-(으)이까네, -으이끼네, -응께'등으로 실현되어 많은 차이를 보여주고 있다. 남동 내륙지역의 '-아갖고', 동북지역과 남동 해안지역의 '-아가주고', 서북지역의 '-아가이고', 남동지역과 동북지역의 '-으이까네'와 '-으이꺼네'와 '-으이끼네', 서북지역의 '-웅께', 경상북도 전 지역에서 쓰는 '-으마(ㄴ)', '-으머(ㄴ)', '-은따나', '-으로' 따위가 있다.

경북 방언의 어말어미의 형태소 배합 구조상의 특징으로 꼽을 수 있는 후접 폐쇄적인 중부 방언과 차이를 보여 준다는 점이다.

> (1) 우짤까예?(=어찌 할까요?)
>   머 할래예?(=무엇을 하겠습니까?)
>   가지요(예)(=기시지요)
> (2) 가지러, 했지를(=가지, 했지)
>   할거로, 하기로, 하지를
> (3) 갔다와(=갔다 왜)
>   글찬나(=그렇지 아니하나)
>   우짜겐노(=어찌 하겠나)

(1)과 같이 첨사가 붙는 경우와 (2)와 같이 명사문으로 끝나는 경우 (3)과 같이 의문사나 부사어가 어말어미 뒤에 후치되어 강의적인 의미를 띄는 예들이 많이 발견된다. 이들에 대한 형태구조의 면밀한 분석과 아울러 통사·의미적인 기능에 대한 정밀한 연구가 요청된다.

3) 선어말어미 체계

경북 방언의 선어말어미 체계는 중부방언과 형태소 배합 구조상 많은 방언차이를 보여 준다. 선어말어미 체계는 구조주의 관점에서 배합 구조상의 특징 규명도 중요한 연구 과제이지만 이들은 대계 시상법과 존대법, 사피동법이라는 통사적 역할과 관련이 있기 때문에 문법 연구의 가장 주요한 부분을 차지한다고 볼 수 있다.

(1) 시상법

19세기 경에 중부 방언에서 실현된 '-겠-'이 이 방언에서는 중부방언과 다른 형태 배합 구조를 가진다는 것은 당연한 것이다. 중부방언에서의 청자존대법소인

'-(으)ㅂ-'이 이 방언에서는 15세기 국어와 동일한 '-이-'가 실현되고 있기 때문에 중부 방언과는 달리 미확정을 나타내는 '-겠-' 대신 '-(으)ㄹㅎ-'의 훨씬 자유로운 형태소 배합 구조를 가진다.

4)의 예에서 처럼 이 방언에서는 선어말어미나 어말어미에 의존하지 않고도 현재시간이나 미래를 나타낸다.

> 4) 오올 미칠이고?(= 오늘 몇일인가?)
>   그래가아 뒤가?(= 그래서 될까?)
>   나아 좀 있다가 가까?(나는 조금 있다가 갈까?)

2인칭청자가 주어인 경우 시상선어말어미 '앗+더'는(니는 어데 갔더노?) 과거회상이나 과거사실에 대한 보고를 나타내는 것이 아니라 '단순한과거'를 나타내기도 한다.

존대를 나타내는 선어말어미로 '-(으)시-'와 '-(으)이-'가 과거시상를 나타내는 '-앗-'이 실현되며 특히 미래시상을 나타내는 '-읋-'이 아래의 예에서처럼 '-겠-'에 대응된다. 또한 6)에서처럼 '-읋-'이 가능의 의미로 '-읋다'가 의문형으로 실현되는 점 또한 이 방언의 특징이다. 또한 행동의 예정을 나타내거나 청자의 의도를 묻는 '-을래'형은 억양에 따라 의문이냐 설명이냐가 결정된다. 7)의 예와 같이 관형절에서도 '-앗- + -는-'이 결합한 형태가 실현된다.

> 5) 내사 분해 몬 견딜따.(=나는야 분하여서 못 견디겠다.)
>   머슥하이 디리고 가야 댈따 싶어서.(=무엇해서 데리고 가야 되겠다 싶어서.)
>   경북 함창이라 카는 데서 왔는 아무거심니더.(=경북 함참이라는 데에서 온 아무 것입니다.)
> 6) 가가 막이라도 묵읋따?(= 그 애는 밥이라도 먹겠더냐?)
>   니 죽읋레"(=너 죽겠는냐?)
>   올 니는 그양 갈래?(=오늘 너는 그냥 갈겠느냐?)
>   나아 앙갈래.(=나는 가지 않겠다.)
> 7) 어지 밥을 묵었는 사람은 오올 묵지마래이.(=어제 밥을 먹은 사람은 오늘 먹지 말라.)

이 방언에서 시상 선어말어미로는 과거 시제어미인 '-앗-', 의도나 추측, 가능의 기능을 나타내는 어미인 남동 내륙지역과 서북지역의 '-겟-'과 동북 지역의 '-읈-'이 실현된다. 회상 어미인 '-더-', 의도를 나타내는 어미인 '-을라'가 있다. 그런데 특이하게도 안동을 중심으로 한 해안지역에서는 회상어미인 '-더나'를 '-다' 또는 '-도'로 나타내어 '영수 집에 잇다(있더냐)?', '영수 어데 가도(가더냐)?'라고 말한다.

(2) 사동법

또한 사피동 형식도 단형 사피동형식을 많이 취하며 사피동 접사도 다른 방언에 비해 매우 특징적인 예들이 많다.

7) 살(生) 살-리- 살-루-   싣(載)실-리- 실-기-
    알(知) 알-리- 알-구-   바르(直)바르-우- 발-쿠-
    넘(噴) 넘-기- 넘-구-   남(餘) 남-기- 남-구-

사피동접사가 어기의 음운 환경에 음운론적으로 조건지워진 것이 아님은 방언 간에 접사의 선택이 상당히 다르다는 사실을 통해 알 수 있다. 그러나 사피동접사가 통시적으로는 음운론적으로 조건지워진 단계가 있었을 가능성이 있다. 중부방언과 사피동접사의 차이를 보여주는 예들을 면밀하게 검토해 보면 동일한 어기에 파생접사가 왜 이렇게 달리 실현되는가? 접사 '-루-'나 '-구-', '-쿠-'는 접사의 중과형이라고 할 수 있다.

'실기-'와 '알기-'가 16세기 방언을 반영하는 〈七大萬法〉에 나타나는데(오종갑, 1982) 공시적으로 '알구-'는 '알기-+-우'와 같이 사동접사의 중과형이라고 할 수 있다. '넘-', '남-'도 '-구-'가 '-기-'에 대응된다. 이러한 예들도 접사 '-기-'에 '-우-'가 중과된 것이라 할 수 있다. '녹-', '삭-', '익-', '식-'은 '-이-', '-히-'에 '-쿠-'로 대응되는데 '익-', '식-'은 접사 '-히-'에 '-우-'가 중과된 것이다(백두현, 1990:10). 그러나 '줄-', '숨-'의 경우 통시적으로 어떤 과정을 거친 것인지는 명백하지 않다. '줄다'의 경우도 '줄-+-기-+-우'의 접사 중복에 의해 생겨난 것이다. 이처럼 사동접사의 중복과정은 통시적으로 확인될 수 있다. 곧 '자-'와 '서-'가 '재우다'와 '세우다'로 실현되는데 '자-', '서-'가 접사 '-이-'와 결합하고 또 '-우-'가 결합한 것이다.

8)   中興主를 셰시니<용가 11>
     平等王올 셰ᅀᆞᄫᅵ니<월석 1-15>
     훤히 새 ᄠᅳᆮ들 셰도다<두초 6-2>

'셰-'는 '셔-'의 사동형으로 중세어에서는 사동형으로 접사 '-이-'가 결합되던 것
이 일반적인 규칙이었는데 다시 접사 '-우-'가 첨가되어 '세우-', '재우-'가 생겨난
것이다.이 방언에서 접사 '-이-'나 '-히-'에 '-우-'가 중과된 시기와 이유는 명확하지
않다.

측도를 나타내는 파생형용사 '높다, 깊다'는 통시적으로 '놉ㅎ-', '깁ㅎ-'에서 어
간재구조화가 이루어진 어휘들이다. 경북방언에서는 이들의 기본형이 '노푸-', '지
푸-'로 활용되지만 파생명사형은 '높이, 짚이'로 실현되므로 쌍형어간을 가진 어휘
이다.

주지하다 시피 경북 방언의 사동법은 단형사동과 장형사동으로 구분할 수 있는
데 단형사동은 주로 형태론적인 구성에 의한 사동법이고 장형사동은 '-게＋하다'
구성이나 '-이＋하다' 구성에 의해 실현된다.

(3) 존대법

경북방언에서 청자 경어를 나타내는 비어말어미 '-이-'가 실현되고 있다는 점에
서 중부방언과 많은 차이를 보여주고 있다. 17세기를 깃점으로 하여 청자존대를
나타내는 형태소 '-습-'이 중부방언에서는 '-(으, 오)ㅂ-'으로 변화되었으며, 동시에
'-이-'는 쇠퇴하였지만 경북방언에서는 '-습-'계열의 형태소가 나타나지 않고 '-이-'
가 중부방언의 '-(으)ㅂ-'의 기능과 대응을 보인다. 따라서 통시적으로는 비어말어
미의 형태소 배합 구성도 중부방언과 상당한 차이를 보여주었을 것으로 짐작된다.
이러한 측면에서 경북방언에 잔존하고 있는 '-이-'의 기능 분석과 비어말어미 체계
내에서의 형태소 배합상의 특질이 규명되어야 할 과제라고 생각한다.

다음으로는 경북방언 가운데 경북북부 민촌 방언에서는 '하이소체'와 '하소체'가
친밀도에 따라 등급 차이를 보여주지 않는다. 특히 '하게체'는 민반촌에 따라 경어

등급상 여러가지 사회적 요인이 개재되어야 설명될 수 있으며 엄격한 어휘선택 등 사회방언학적 접근이 불가피한 점 등을 들 수 있다.

(4) 부정법

한국어의 부정법에 대한 연구는 최근 생성문법 이론의 도입과 함께 부정법의 범주와 또 단형부정과 장형부정의 동의성 유무에 대한 논란으로 많은 관심의 대상 거리가 되었다. 그런 이유로 방언에 대한 부정법에 대한 연구는 거의 찾아 볼 수 없다고 할 수 있다.

방언 문법에서도 한국어의 일반적 문법 체계와 마찬가지로 부정법 전반에 대한 방언적 차이에 대한 규명이 이루어져야 하겠으나 현실적으로 부정법에 대한 관심은 이 방언에서는 단형부정형이 장형부정보다 훨씬 많이 사용되며, '그렇지+않다' 류의 경우만 축약되어 '글찮타'가 실현되고 있다는 사실을 상기시킬 필요가 있다.

경북방언의 부정법 또한 다른 지역과 차이를 보여준다.

> 9) 내사 큰집에 두분다시는 앙갈란다.
>   (=내야 큰집에 두 번 다시 안 가겠다.)
>   (=내야 큰집에 두 번 다시 가지 않겠다.)
>   가는 얼굴도 빌로 안이뿌면서 잘난치 하노?
>   (=그 애는 얼굴도 별로 예쁘지 않으면서 잘난체 하느냐?)

곧 동작동사인 '가다'의 부정문은 중부 지역에서는 '안 가겠다'와 '가지 않겠다'와 같이 두 가지 형식이 사용되며 '예쁘다'와 같은 상태동사인 경우는 '예쁘지 않다'와 같은 형식을 취한다. 그러나 경북방언에서는 동사의 특성과 관계없이 '안 갈란다', '안 이뿌다'와 같이 짧은 형식의 부정문으로 실현된다.

4. 경북 방언의 어휘의 성격

일반적으로 정치·경제·문화적인 중심지역에서 멀리 벗어날수록 언어개신이 더디게 나타난다. 따라서 지방으로 갈수록 보다 오래된 고어(古語) 형식의 방언이 잔존해 있기 마련이다. 우리 경북 지역은 일찍 신라(新羅) 이후 언어의 중심지역이 중부지역으로 옮겨간 후 정치·경제·문화적으로 변방의 위치에 머무르게 되었다. 따라서 언어개신이 비교적 더딘 지역으로서 방언이 대단히 보수적인 성격을 띠지 않을 수 없었다.

이 방언의 어휘 특징을 어휘체계의 규칙으로 설명하기 어렵다. 그러나 다른 방언과 다른 독특한 고어형을 유지하고 있는 어휘는 다음과 같다. '호박(확), 더부(더위), 부직(부엌), 끄지름(끄으름), 뿌지레기(부스러기), 구직(구석), 잊다(잇다), 젖다(젓다), 잦다(잣다)'가 있다 이는 고대의 이 방언에서 'ㅸ'과 'ㅿ'을 음소로 가졌음을 뒷받침해 준다.

그리고 '동개다(포개다), 후비다, 도딕키다(훔치다), 까리비다(꼬집다), 맥지, 백지(공연히), 맹(역시), 하마(벌써), 그릉지(그림자), 수껑, 수꿍(숯), 다황(성냥), 짠지(김치), 능까, 능가(벼랑), 심장구, 멍장구, 싱거무(멍), 깝치다(재촉하다)' 따위에서 이 방언이 지닌 어휘의 독특한 모습을 엿볼 수 있다.

1) 조어상의 특징

조어법상 합성동사는 중세국어 형식과 마찬가지로 10)의 예에서처럼 '동사어간(V_1)-+-아/어-+동사어간(V_2)' 형식을 취하지 않고 '동사어간(V_1) + 동사어간(V_2)'형식으로 실현된다.

　　10) 드가다(=들어 가다), 떳부리고(=떼어버리고), 인나다(=일어나다), 주옇고(=주어넣고)

이 방언에서 접두사 가운데 체계적인 차이를 보여주는 것으로 11)의 예에서 처럼 고유어 '날-'에 대해서 한자어 접두사 '생(生)-'이 매우 생산적이다.

　　11) 날가루 : 생가리, 날김치 : 생김치, 날 것 : 생 거, 날반죽 : 생반죽, 날장작 : 생
　　　　장작

이 방언에서의 접미사 가운데 다른 방언보다 생산성이 높은 것으로는 12)의 예

에서 처럼 '-앙이/엉이/앵이'와 '-랭이, -악지, -애기'가 있다.

12) 토깽이, 호맹이, 호랭이, 파랭이, 나생이, 방맹이
　　깨구락지(개구리), 까악찌(=갈퀴)
　　고내기(고양이)

2) 어휘체계상 특징

이 방언과 다른 방언간의 어휘체계적인 측면에서 차이를 보여주기도 한다. 지역적인 어휘·의미의 체계적 차이를 보여주는 한 예가 있다. 온도를 나타내는 어휘는 물리적 온도와 생리적 온도가 상호 대립적인 체계에 따라 차이를 보인다.

- <-------기준온도-------> +

　물리적 온도체계 : '차다>미지근하다>뜻뜻하다>뜨겁다'
　생리적 온도체계 : '춥다>서늘하다　>따뜻하다>덥다'

표준어와 중부방언에서는에서는 '더운밥, 더운물, 더운방'인데 경북방언에서는 '뜨신밥, 떠신물, 떠신방'이다.

표준어	중부방언	경북방언
더운밥/*추운밥	더운밥/*추운밥	뜨신밥/찬밥
더운물/*추운물	더운물/*추운물	뜨신물/찬물
더운방/*추운방	더운방/*추운방	뜨신방/찬방

물리적 온도는 기체이거나 고체 또는 액체와 상관없이 '찬-' 또는 '식은-'과 결합한다. 그런데 중부방언에서는 '더운-'과 결합되어 '더운밥'과 '*추운밥'이라는 비체계적인 대응을 보여준다. 경북방언에서 '찬밥'과 '뜨신밥'의 대응은 체계적이라고 할 수 있으나 중부방언의 '찬밥'과 '더운밥'의 대응은 온도어휘의 체계적 대립을 벗어난 것이며, 차라리 경북 방언이 체계적이기 때문에 표준어로 등재해야 할 것이다.33)

한편 시간 계열어가 중부방언에서는 아래와 (13)과 같은 연쇄배열을 보이는데 비해 (14)와 같은 경북지역의 경우와 (15)와 같은 경남지역의 경우는 매우 상이한 어휘 대립체계를 보여주고 있다.

(13)

굿그제	그제	어제	〈오늘〉	내일	모래	글피	그글피	그그글피

(14)

저아래	아래	어제	〈오늘〉	내일	모래	저모래	공백	공백

(15)

그제	아래	어제	〈오늘〉	내일	모래	저모래	공백	공백

경북지역이나 경남지역에서는 시간 계열어가 오늘을 기준으로하여 전·후 3일까지만의 개념이 분화되어 있을 뿐이다. 곧 '굿그제'나 '그글피', '그그글피' 등은 (16)에서처럼 계열관계의 체계적인 빈자리(lexical gap)를 보인다.[34] 특히 지난날에 대한 시간 계열은 분화의 차이가 없으나 미래에 대한 어휘분화는 지역적인 차이를 보여주며, 또한 어휘체계의 공백을 보이는 점이 특이하다. 아울러 그 대립 명칭도 아래의 예처럼 '모래', '아래'형에서 '저-' 또는 '그-'와의 복합어로 실현되는 특징을 보이고 있어 다른 지역 방언보다 훨씬 간단하고 단순한 체계를 보여주고 있다.

(16)

앳날, 잇날	〈오늘〉	후제, 후지

경상방언에서는 그리고 막연한 부정칭으로 오늘을 기준으로 하여 지난 과거를 '앳날', '잇날'로 그리고 막연한 미래를 '후제, 후지'라는 방언형이 있다.[35]

---

33) 이상규(1991), 「경북·충북 접경지역의 어휘분화」, 들메서재극박사환갑기념논문집.
34) 어휘체계의 빈자리(lexical gap)에 대해서는 임지룡(1992:125)를 참조.

3) 어휘형성상의 특징

경북 방언어휘에서 어휘 형성 과정을 분석해 보면 참으로 재미 있는 고어들을 많이 발견할 수 있다. '주걱'의 방언형이 '빡죽'은 '밥죽'〈訓蒙字會〉에서 확인되며 '혼수감'의 경북 방언형인 '우티'도 단순히 옷을 지칭하는 뜻으로 근대국어에서 확인된다. '두드러기'의 방언형 '두다락지'도 13세기 어형인 '豆等良只'〈鄉約救急方〉에서 확인된다. '냉이'의 경북 방언형 '나생기'도 '나싀'〈饙朴通事〉에 접사 '-앙이'가 결합된 어형이다. 경북 방언에서 '달물 이우다.'의 '이우다'도 '에울 위 圍'〈類合下〉에서 확인 되는 고어형이다.

'숯(炭)'에 대응되는 이 지역 방언형은 '수껑'이다. '수껑'이라는 말은 15세기에는 '숬'로서 '숬-이', '숬-을', '숬-으로'로 곡용되었는데 이 '숬'에다가 '-엉'이라는 접사가 첨가되어 '숬엉'형이 이 방언에서는 고스란히 남아있는 셈이다. 충청방언에서는 어말 'ㅉ'가 'ㄱ'이 탈락한 '숫'의 형태로 남아 있으며, 경기방언에서는 어말파찰음화를 거쳐 '숯'으로 되었다. 그렇다면 우리 방언에 15세기 경 우리 조상들이 사용하던 말씨가 아직 남아 있는 결과이다. 어찌 '수껑'이 경북 사투리이기 때문에 표준말 '숯'보다 열등하고 못하단 말인가?

경북 방언의 '그렁지(그림자)'는 중세국어의 '그르메'에서 그 어원이 확인되며, '지랑(간장)'도 16세기 〈閨壹是義方〉에서 어형을 확인할 수 있다. 또 '가위(剪)'의 방언형인 '가시개'나 '그을음'에 대응되는 '끄시럼', '정수리'에 대응되는 '쩡바기'와 같은 경북 방언형은 모두 역사성을 지닌 고유한 우리말임을 알 수 있다. 곧 'ㄱ새견'〈訓蒙字會 중 14〉, '그스름'〈訓蒙字會 하 35〉, '뎡바기'〈月印釋譜 18:16〉에서 각각 그 말의 뿌리를 확인할 수 있다. 또 '빡죽(주걱)'이라는 어형도 〈訓蒙字會〉에 '밥죽'이라는 어형이 그대로 유지되어 온 결과이다. 또한 부정을 나타내는 '어은지/언은제'와 같은 어형도 鄉歌나 吏讀에 '不冬(안둘)', '不喩(안디)'와 연관을 맺고 있다.

표준어에서 '떨어뜨리다'에 대응되는 경북 방언형은 '널쭈다'이다 '널쭈다'라는 방언의 조어를 분석해 보면 중세국어 단계의 조어형이 전해져 오는 매우 보수적인

---

35) 이상규(1998), 「계열어의 방언분화양상」, 이승명교수화갑기념논문집.

경북 방언의 특징을 대변해 준다. 곧 '느리(降)-+-디(落)-+-우(접사)-'의 파생구
조로서 중세국어의 고유어형을 그대로 간직하고 있는 샘이다. 따라서 방언이더라
도 이처럼 어원이 분명한 고유어로 구성된 어휘는 '떨어뜨리다'와 더불어 표준어로
선정해도 조금도 손색이 없을 것이다.

중부방언에서는 '마렵다'가 경북방언에서는 '누럽다'가 실현된다. 곧 중부방언에
서는 중세어형인 명사 '몰'에서 파생어가 생성된 것이나 경북방언에서는 용언 '누-'
에서 파생된 형용사이다.

16) 차반놀 머거도 자연히 스러 몰보기롤 아니ᄒ며(월석 1-26)
    몰보기롤 ᄒ니 남진 겨지비 나니라(월석 1-43)

16)의 예에서 처럼 중세어에서 '몰' 똥이나 오줌을 의미하는 명사였다. '마렵다'
는 '몰-+-업-(접사)'이 결합한 파생어이다. '-업-'이 용언에만 실현되어 '주관적
감정 상태'를 나타낸다(安秉禧, 1978:66)고 하였으나 명사에 실현되기도 하므로
'-업-'은 어기가 용언이거나 명사에서도 실현됨을 알 수 있다. 곧 중세어 단계에서
'-업-'은 오늘날보다 어기의 분포제약이 적었던 것으로 보인다. 경북방언에서는 '누-'
에서 '-롭-'(접사)이 결합한 파생어이다. '-롭-'은 명사나 추상성이나 상태성의 의미
를 지닌 서술어의 어기와 결합하여 "어기의 속성이 풍부히 있음"(金倉燮, 1984:
150)을 나타낸다. 이처럼 어기나 접사가 모두 달라 어휘 차이가 생겨난다. 중세
어형 '몰'이 소멸되므로 '마렵다'의 조어구성을 확인하기 힘드는 경우도 있다.

제6장 언어지도의 상징부호에 대하여

1. 언지지도 제작과 상징부호

언어는 시간의 흐름에 따른 지역적·사회적 요인에 의해 분화된다. 그 가운데 지역적 변인에 따른 분화 결과인 방언분포 차이가 어떤지 효과적으로 관찰하려면 방언 분화형을 기입해 넣은 언어지도를 살펴보아야 한다.

언어지리학의 목표가 언어현상의 지리적 분포를 기술하는데 있다. 따라서 현지에서 조사된 언어자료를 지도 도면 위에 기입하여 분석함으로써 보다 효과적으로 그 분포를 해석할 수 있을 것이다. 언어지도(linguistics map)는 지도 도면 위에 언어적 특질을 기입해 놓은 것을 의미하며, 이러한 언어지도를 여러장 묶은 것을 언어지도첩(linguistics atlas)이라고 한다.

지역적인 차이를 보이는 언어적 특질을 상호 비교하여 그 분화 과정을 해석하는 것을 매우 주요한 과제로 삼고 있는 언어지리학에서는 현지조사를 통해 얻어진 방언자료를 일목요연하게 지도 도면 위에 기입하여 판독이 용이하도록 언어지도를 작성하는 일을 매우 중시하고 있다.

언어지리학의 출발기에는 단순히 방언자료를 언어지도 위에 방언형이나 또는 그 방언형을 상징하는 부호 또는 그림과 같은 지도언어(mapping language)로 대치하여 그려넣은 진열지도(display map)로 작성하였다.

이러한 진열지도를 작성한 연원은 G. Leibniz가 언어와 인종 분포도를 그렸던 중세기로 소급되지만 19세기 독일의 G. Wenker에 의해 처음으로 현대 언어지리학적인 입장에서 언어지도를 작성하였다. G. Wenker의 「독일언어지도」(Deutscher Sprachatlas)는 언어지도 작성에 있어서 기념비적 연구물이라 할 수 있다. 이를 통해 핵방언(core dialect), 등어선(isogloos)과 같은 새로운 술어가 방언학에 도입되었다. 이후 F. Werde는 1908년에서 1912년에 걸쳐 78권의 방대한 『독일방언지도』(Deutsch Dialect-geographie)를 출간 하였으며, J. Giliéron은 1902
년에서 1910년에 걸쳐 14권의 『프랑스언어지도』(ALF)를 출판함으로써 언어지도
를 제작하는 전통이 세워졌다.

　진열지도가 가지고 있는 문제점이 하나둘씩 인지되면서 언어지도상에 우세한
방언변이형의 분포를 지도상에 나타낼 수 있도록 해주거나 언어분화의 통시성을
반영할 수 있는 자료에 대한 설명이 가해진 해석지도(interpretive map)가 H.
Orton & Wright의 『영국단어지도』(1974)나 H. Orton, S. Sanderson & J.
Widdwson이 편집하여 1978년 리즈대학에서 간행한 「영국언어지도」(LAE) 등이
있었다.

　언어지도는 (1) 생생한 자료지도(raw data map)는 지도를 그리는 사람이 자
료에 대해 어떠한 주관인인 해석을 부과하지 않고 조사된 자료를 생생하게 지도상
에 나타내어 보이는 지도형식이다. (2) 지도와 자료 목록의 조화(map and list
combination) 형식은 (1)의 지도와 함께 방언자료집을 함께 열람할 수 있도록
배려한 방식이다. (3) 편집지도나 (4) 해석지도(interpretative map)는 정도의
차이는 있지만 지도를 그리는 사람이 자료에 일정한 주관적인 해석을 가하여 도면
상에 표시한 지도형식이다.

　지금까지 소개된 언어지도 형식은 여러 가지가 있는데 생생한 자료지도(raw
data maps) 형식과 같이 방언형을 그대로 지도상에 표시하는 경우 지도가 너무
나 복잡하고 혼란스러울 뿐만 아니라 인쇄를 하는 경우 크기가 작은 지도로 나타
낼 경우 기록된 방언형이 도면상에 들어가지 않는 경우도 있을 수 있기 때문에 이
를 효과적으로 지도상에 나타내기 위해 다음과 같은 다양한 방법에 의해 방언 분
화형을 지도 도면위에 나타낼 수 있다.

　㈎ **천역색지도** : 해당 방언형에 색상으로 채색한 지도로 방언형의 차이 뿐만　아니
　　　라 어원적인 차이도 채색의 명암에 따라 구분하여 표시한 지도.
　㈏ **빗금(음영)도형** : 해당 방언 분화형을 구분하여 빗금 또는 흑백음영의 차이로 채
　　　색한지도.
　㈐ **상징부호(기호·그림문자)지도** : <한글3.0>에서 코드표를 활용하거나 Point를 이
　　　용하여 제작한 기호 또는 그림문자를 방언형과 대치하여 그린 지도.

(라) **천연색상징부호지도** : 상징부호지도를 천연색으로 표시한 지도.

(마) **천연색지도 및 상징부호지도** : 채색지도 상에 미세한 방언형의 차이를 표시할 경우 채색지도 위에 덧그림으로 상징부호를 채워그린 지도.

(바) **숫자 또는 문자표시지도** : 해당 방언형을 아라비아 숫자나 문자자형으로 대치하여 그린 지도.

(사) **등어선지도** : 방언형의 차이를 나타내는 경계선을 선으로 표시한 언어지도로서 최근에 주로 이용하는 등어선의 굵기에 따라 방언간의 차이의 등급을 표시한 지도.

이상의 다양한 언어지도 형식 가운데 가장 일반적인 언어지도 형식인 상징부호지도, 천연색상지도와 등어선지도를 중심으로 언어지도 제작방법에 대해 간략하게 살펴보자.

1) 상징부호지도 만들기

여러 가지 유형의 지도 가운데 한글문서편집기 〈훈글 3.0〉을 활용하여 상징부호지도를 제작하는 경우해당 방언 분화형을 지도 도면에 효과적으로 나타내기 위해 방언형분화을 어떻게 상징부호로 대치하는가에 대해 먼저 살펴보자.

먼저 다양한 방언 분화형 가운데 대표형을 파악하기 위해 방언형을 가나다순으로 소팅을 하면 예를 들어 "두루막"의 방언분화는 〈자료-1〉에서 처럼 '두루막'계열, '두루마기'계열, '두루매기'계열과 '후루매'계열, '후루매기'계열로 구분된다는 사실을 알 수 있다.

〈자료-1〉

〈두루막〉계열

104 711 영덕 두루막

102 709 의성 두루막

100 707 영양 두루막

<두루마기>계열
126 809 하동 두루마기
125 808 의령 두루마기

<두루매기>계열
127 810 진양 두루매기
103 710 청송 두루매기
41 308 보은 두루매기
102 709 의성 두루매기
7   107 양주 두루매기
55 412 서천 두루매기

<후루매>계열
7   107 양주 후루매

<후루매기>계열
40 307 괴산 후루매기
54 411 부여 후루매기

이들 '두루막'의 방언 분화형인 '두루막'계열, '두루마기'계열, '두루매기'계열은 동일한 어원에서 음운·형태론적인 요인에 의한 방언 분화형이며, '후루매'계열, '후루매기'계열은 어원이 다른 분화형임을 알 수 있다.

<도표-1>

'두루막'계열 ■
   ---]-파생형 → 두루마기 ◈
        ----움라우트형 → 두루매기 ⊞
'후루매'계열 ●
   --- 막이-파생형/움라우트형 → 후루매기 ●

'두루막'계열의 '두루마기'나 '두루매기'나 '후루매'의 분화형 '후루매기'계의 분화형은 음운·형태론적 요인에 의한 분화형이며, '두루막'계나 '후루매'계는 어원이 다른 분화형이다. 따라서 '두루막' 계열은 네모계통의 ■와 같은 상징부호를 '후루매'계는 동그라미계통의 ●와 같은 상징부호를 할당하고 파생어형 곧 형태론적인 요인에 의한 방언형은 내적표시(iner-marker)로 겹친 기호로 음운론적인 분화형은 내선으로 각각 나타낸다.

위와 같이 정해진 상징부호를 '편집-바꾸기(또는 쉬운 바꾸기)'에서 '찾는 문자열'과 '바꿀 문자열'에 각각 '찾는 문자열'에는 '두루막'을 '바꿀 문자열'에는 문자조견표를 참조하여 상징부호 '■'로 '두루매기'는 '⊞'로 각각 방언형을 상징부호로 전부 대치를 하면 〈자료-2〉와 같은 모습이 된다. 이를 다시 소팅을 하여 메일머지순서대로 배열하면 〈자료-3〉과 같다. 메일머지 번호와 상징부호만을 남기고 지역번호와 해당지역 명칭은 지워버리면 〈자료-4〉와 같은 모습이 된다.

<자료-2>				<자료-3>				<자료-4>	
141. I. 047				141. I. 047					
142 두루막				142 두루막				140	
7	107	양주	●	7	107	양주	●	7	●
7	107	양주	⊞	7	107	양주	⊞	7	⊞
8	108	가평	⊞	8	108	가평	⊞	8	⊞
39	306	청원	●	39	306	청원	●	39	●
40	307	괴산	●	40	307	괴산	●	40	●
41	308	보은	⊞	41	308	보은	⊞	41	⊞
54	411	부여	●	54	411	부여	●	54	●
55	412	서천	⊞	55	412	서천	⊞	55	⊞
55	412	서천	●	55	412	서천	●	55	●
100	707	영양	■	100	707	영양	■	100	■
101	708	상주	■	101	708	상주	■	101	■
102	709	의성	⊞	102	709	의성	⊞	102	⊞
124	807	산청	◈	124	807	산청	◈	124	◈
125	808	의령	◈	125	808	의령	◈	125	◈

방언목록 맨 위의 한 행은 비워 여기에 적용될 필드 수(140)를 입력한 뒤 행

의 넓이를 메일머지의 점유칸 만큼 띄워야 한다. 이 상태에서 '메일머지-만들기'를 실행하면 건너편 창에 띄워놓은 모형지도 파일(FRM)36) 위에 메일머지에 맞추어 상징부호가 제자리를 찾아 들어가 언어지도가 완성된다.37) 다음으로는 '메일머지-화면인쇄' 상태에서 지도가 제도로 그려졌는지 확인한 뒤에 파일명을 부여한 뒤 저장하면 한 장의 언어지도가 완성된다.

2) 천연색상지도 만들기

방언 분화형에 대응되는 천연색상을 해당 지역에 그려넣은 천연색지도 제작은 두 가지 방법이 있다. 전자는 방언 분화형에 대응되는 지역에 천역색 채색을 하는 경우이고 또 하나는 상징부호지도에다가 천연색을 덧칠하여 지도를 그리는 방법이다.

우리나라에서 1993년 대한민국학술원에서 국제학술원협의회에서 제안한 연구계획의 일환으로『한국언어지도집』(The Linguistics Atlas of Korea)이 천연색지도로 출판되었다. 초분절음소의 분포를 확인하기 위해 전국 304개 지점에서 460개 조사항목을 천연색지도 8면으로 제작하였다. 또한 후자와 같이 천연색 상징부호지도는 김덕호(1995)에서 시도된 바 있다.

천연색지도를 그리기 위해서는 별도의 모형지도가 필요 없고 바로 바탕지도인 PCX파일을〈흔글3.0〉의 Paint Bruch를 활용하여 채색을 한다. 이처럼 채색작업을 하기 이전에 상징부호지도 제작때와 동일하게 방언형의 분화도를 그려야 한다. 예를 들어 '두루막'에 대한 방언 분화형을 나타내면〈도표-1〉과 같다.

---

36) PCX 파일로 제작된 바탕지도를 모형지도(FRM)를 만들기 위해서〈흔글〉메뉴에서 '도구-메일머지'의기능을 이용한다. PCX파일을 띄어놓고 조사지점 위에 메일머지 표시를 넣는다.「韓國方言資料集」에서 군단위로 기준으로 한 군별 지정된 고유번호를 지도상의 도면위에 '표시달기-만들기' 메뉴를 이용하여 {{1}, {{2}, {{3}, {{4}......{{n}과 같이 PCX 그림 파일 위에 메일머지를 만든다. 이때 메일머지 번호가 달린 자리에 나중에 상징부호가 들어가게 되는데 방언분화형이 하나 이상인 예가 많기 때문에 메일머지 뒤쪽 여백을 많이 남겨두고 메일머지 번호를 매겨야 한다.「韓國方言資料集」에서 군단위를 기준으로 한 군별 지정된 고유번호가 138개 지점이 메일머지로 만들면 다음의 그림과 같다. 이렇게 메일머지를 다 단 후에 '저장하기'를 선택하여 모형지도의 확장명을 PCX에서 FRM으로 저장하면 모형지도가 완성된다. 이 모형지도 한 장으로 수백 수천장의 지도위에 겹쳐 지도를 출력해 낼 수 있다.

37) 김덕호(1995), "방언 자료의 전산처리에 의한 언어지도 작성방법론", 국어학 26. 참조.

이들 방언형에 어떤 채색을 할 것인지는 상징부호지도를 제작할 때와 마찬가지로 미리 일관성 있는 원칙을 세워두어야 할 것이다. 방언분화는 음운·형태·문법적 요인에 의해 분화가 되는데 특히 어형분화는 음운론적인 요인과 어원적인 요인, 등 변화사적인 해석이 반영될 수 있어야 한다.

예를 들면 어원의 기원적인 방언형에 대해서 채도가 낮은 순서로하여 음운론적인 교체는 다음 단계의 채도로 음운규칙이 적용되는 분화형은 다음 단계의 높은 색의 채색을 함으로써 채색언어지도를 판독하기 용의하도록 해야 할 것이다. 위의 '두루막'의 어형 분화를 채색지도로 나타낼 경우 '두루막'과 '후루매'계열을 각각 '적', '청'색 가운데 연한색에서 시작하여 '두루마기'와 '두루매기'와 '후루매기'에 점차적으로 진한 채색을 한 뒤에 파일명을 정한 뒤 저장해야 하면 완성된 천연색상지도가 만들어진다.

김덕호(1995)가 시도한 천연색 상징부호지도는 메일머지를 활용하여 해당 상징부호지도에서 상징부호에 대응되는 색깔을 덧칠하는 방법으로 그리는데 단순한 상징부호지도와 큰 차이가 없기 때문에 효용성이 매우 떨어진다.

3) 등어선지도 만들기

PC를 활용하여 등어선지도를 그리기 위해서 문서편집기(word process)외에 그래픽프로그램이 필요하다. 등어선지도도 천연색상지도 제작 방법과 동일하게 별도의 모형지도가 필요없고 바로 바탕지도38)인 PCX파일을 거듭 복사하여 〈훈

---

38) 먼저 언어지도를 작성하기 위해서는 바탕지도를 제작해야 한다. 바탕지도를 그리는 방법으로는 타블렛(tablet) 즉 디지타이저를 이용하여 퍽(puck)이네 펜으로 그리거나 그래픽프로그램*을 이용하여 그릴 수 있다. 본고에서는 스캐너를 이용하여 韓國精神文化硏究院에서 제작한 남한언어지도를 바탕지도로 스캐너로 입력하여 제작한 비트맵(BTM) 그림을 '하늘소' 그래픽프로그램인 '하늬바람'으로 정교하게 수정하여 바탕지도를 작성하여 PCX파일로 저장한다. 이렇게 제작된 바탕지도를 PC에 띄워 작업을 하기 위해서는 일차적으로 〈훈글〉의 메뉴에 '틀-그림(Ctrl-N-I)에서 PCX지도 파일을 가운데 스캐너로 작업한 PCX파일을 불러와야 한다. 불러온 지도 파일에 작업을 수행하기 우해 '그림-위치'에서 '쪽'과 '틀피함-투명'을 선택해야지 모형지도위에 그림을 겹쳐 읽을 수 있게 된다. 이러한 과정을 거쳐 바탕지도를 완성한다.

* 널리 활용되는 그래픽프로그램으로는 '하늘소 그래픽 하늬바람', 한메소프트의 '한메그림그리기', 삼보의 '한글젬그래픽', 한글과 컴퓨터사의 '흔그림 1.0', 윈도우즈95 'Paint Brush' 등이 있으며, 외국에서 개발한 Media Cybemetics사의 Dr. Hallo 시리즈, 미국 Z-soft사의 'PC Paint

글3.0〉이나 〈윈도우즈95〉의 Paint Bruch를 활용하여 방언경계선을 따라 선을
그려나간다.

J. Séguy 식의 방언구획 방법처럼 방언구획선의 굵기에 따라 언어지도에 반영
한다. 崔明玉(1994:881)은 등어선의 가치를 다음과 같이 나타내어 등어선의 굵
기를 판정하였다.[39]

위와 같이 다양한 형식의 언어지도 가운데 가장 일반적인 언어지도 형식인 상
징지도가 언어지도를 제작하는 학자들간에도 차이가 드러나며 동일한 사람이 만든
언어지도가 개별항목마다 차이를 보여 통일성을 잃어버려 독자들에게 많은 혼란을
야기 시킬 수 있다. 상징부호를 적절하게 결정하여 배정하기 위해서는 조사된 자
료에 대한 해석의 과정과 동질적으로 기호화하는데 일종의 통일된 원리가 요구된
다. 본장은 언어지도 작성을 위해 이용되는 상징부호를 선하는데 필요한 원리가
무엇인지 그리고 실제적인 운용방안이 어떠한지 모색하고자 한다.

2. 상징부호지도 제작 원리

1) 상징부호에 대한 검토

상징부호의 통일성을 기해야 할 이유가 어디에 있는지 알아보기 위해 그동안
국내외에서 발간된 상징부호를 이용한 진열지도 형식에 대해 살펴보도록 하자.

(1) Dr. H. Braun(1962)은 『Wortatlas des Sechsämater-, Stift-und

---

Brush'가 있으며, 스캐너로 입력한 자료를 용이하게 수정을 할 수 'Photostyler 2.0'과 Aldus사
의 'Splash', 'Image 256' 등이 있다.
39) 崔明玉(1994), 「경상도의 방언구획 시론」, 『우리말의 연구』, p.881.에서 등어선 등급을 메기는
기준을 다음과 같이 설정하고 있다.

어휘등어선	순수어휘적인 것 통시적인 규칙이나	1
	통시적인 음운목록과 관련된 것	2
음운등어선	음소적인 것(목록과 규칙)	3
	운소적인 것(목록과 유형)	4
어법등어선	문법형태와 재구조화된 어간	5
	통사 및 의미적인 것	6

Egerlands₃에서 60장의 어휘 언어지도를 작성하였다. 〈지도1〉은 'Margrite'(데이지꽃)의 방언 분화형 'Margerite'(|), 'Margrctenblume'(○), 'großesgänseblüm el'(⊗), 'Kairerblu me'(⊙), 'Edelmann'(+), 'Bettelmann'(−), 'Hundsblume'(⊘), 'Kareblume'(◐), 'Rettel'(↑), 'Strohwirch'(↓)로 상징기호를 할당하고 있다. 〈지도2〉는 'Löwenz ahn'(민들레꽃)에 대한 방언 분화형 'Papel'(○), 'Papele'(⊙), 'Papelſtöcke'(◐), 'Milchſtöcke'(|), 'Maiſtöcke'(⊢), 'Maeinſtöcke'(⊣), 'Maienſchöcke'(△), 'Milchſchöcke'(△), 'Mainſchöpfe'(−), 'Milchſchöpfe'(+)로 상징기호를 할당하고 있다.

〈지도-1〉

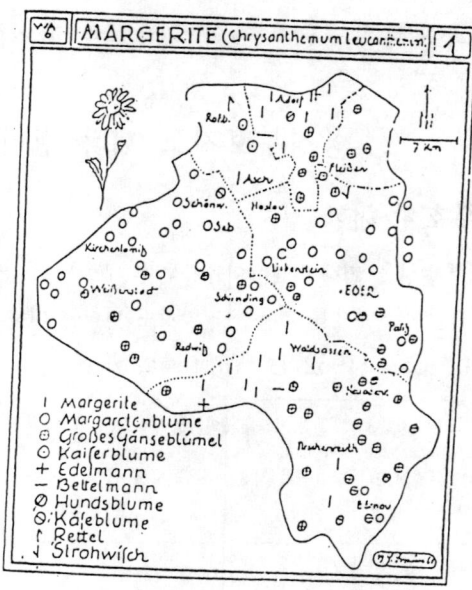

〈지도-2〉

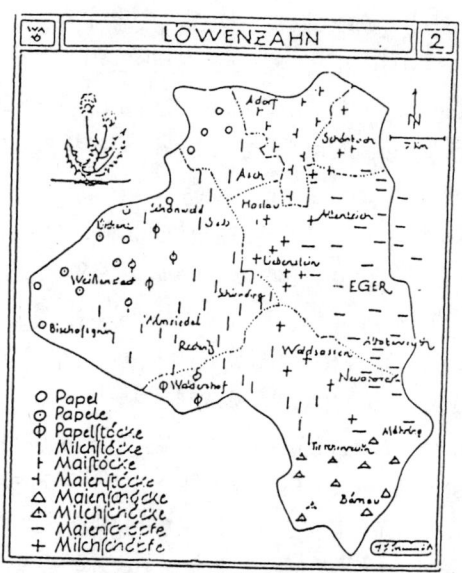

Dr. H. Braun(1962)의 언어지도의 특징은 언어지도를 낱장별로 하단에 방언형에 대한 설명을 달아놓고 있다. 그러나 상징부호의 배당은 유사한 방언분화 어원적인 형태와 파생 조어형을 기준으로한 것이었다. 곧 'Papel'(○)에서 모음첨가된 어형인 'Papele'에는 (◎)를 다시 '-töcke'접사가 첨가된 형을 (ㅣ)를 명시하여 'Papeltöcke'는 (○)에다가 (ㅣ)를 덧붙여 (Φ)을 할당하며, 'Milchtöcke'(ㅣ)을 기준으로하여 모음교체를 보이는 'Maitöcke'는 (ㅏ)를 'Maeintöcke'는 (ㅓ)를 'Main chöpfe'는 (-)를 'Milchchöpfe'는 (+)를 할당하였으며, ○형과 ㅣ형이 합성형태인 'Maienchöcke'와 'Milchchöcke'는 △형의 부호를 할당하였다. 이러한 측면에서 Dr. H. Braun(1962)의 언어지도는 상징부호를 부과하는데 방언 분화형의 요인에 대한 정보를 세심하게 고려한 것이다.

(2) K. Fokkema와 J.J. Spahr Van Der Hoek(1967)의 『Taelatlas Fan De Wâladen - Linguistic Atlas of the Eastern Part of Friesland-』에서는 상징부호를 외곽선과 또 상징부호의 내면이나 중심부에 다양한 변형을 이용하여 방언 분화형을 표시하였다. 예를 들면 'TSJIL'의 분화형 '(t)sjil'은 굵은선 ○를 '(t)sjel'은 단순한 ○을 이용하고 'rod'는 ◎를 'fjild'는 굵은 원형에 가운데 종선을

넣은 ⑩로 나타내고 있다. 이러한 상징부호는 단순히 방언 분화형을 구분하는 기능만을 하는 것이 아니라 보다 유용한 분화형과 그렇지 않는 분화형을 구분하거나 또는 분화요인을 파악할 수 있는 방법으로 고안된 것이다.

(3) J. Goossens(1969)는 스위스의 언어지도인 『구조언어지도』(Strukturelle Spra ch geographie)에서는 30장의 구조적 언어지도를 제작하였다. "Gedehntes ā in gar(Arm)", "Altlanges â in Haar", "Gedehntes ō in verloren, Alter-langes ô in Ohr의 항목에서 모음 추이를 1. ā â / ō ô로 각기 발음되는 경우 (I)로 2. ā / â ō ô로 발음되는 경우 (Ⅲ)로 3. ā / â / ō ô로 발음되는 경우 (▫)로 4. ā / â ō / ô로 발음되는 경우 (⊞)로 상징부호를 할당하고 있다. 이 지도의 특징은 개별항목에 대한 지도가 아니라 여러 항목을 대비하여 구조적 지도로 나타내려는 점에서 특이하다.

(4) H. Orton, S. Sanderson and J. Widdowson이 편집한 『영국언어지도』(The Linguistic Atlas of England)가 1978년 영국 리즈대학에서 출판되었다. 이 언어지도는 음운론적 지도·어휘 지도·형태론적 지도·통사 지도로 구성된 일종의 등어선지도이다. 지금까지 출판된 언어지도 가운데 상징부호를 할당하는데 가장 세심한 주의를 기울이며 상징부호를 체계적으로 부여하였다.

(5) Jo Daan & M. J. Francken(1972)가 제작한 『네덜란드언어지도』(Atlas Van De Nederlandse Klankontwikkeling(Anko))는 개별 낱장마다 조사년도를 명기해 두고 있는 점이 특징이다. 'Ladder'라는 어형의 방언 분화형 'ladder'는 (●)를 'ljedder ljerre'는 (○)를 'ledder' 또는 'lödder'는 (|)를 'leer(e)'의 변이형은 (|) 'leider'는 (‖)로 'leier'는 (▮)로 각각 상징부호를 할당하고 있다.

어두음절의 변이와 어말자음의 교체에 따른 분화형에 대해 3개군으로 구분하여 상징부호를 할당하고있는데 어원형태에 의한 분화가 아니라 동일한 기원형에서 이처럼 교체에 의해서 방언분화가 이루어지기 때문에 어원에 의한 분화, 형태론적인 요인에 의한 분화형, 음성적 용인에 의한 분화형을 성층을 구분하여 상징부호를 할당해야 할 것이다.

(6) H. Kurath(1974)의 『Studies in Area Linguistics』에서 47장의 언어지도를 작성하였는데 주로 등어선지도가 대부분이지만 /e/, /o/, /au/의 변이음 실현을 상징부호 ○ ● △로 /e/의 변이음의 지역적 분포에서 [eI]는 ●로 [ɛI]는 △로 [æI]는 ○로 할당하 /au/에 대한 변이음 [æu]는 ●로 [ɛu]는 ○로 기호를 할

당하고 있다. 이처럼 이중모음의 교체에 의해 방언차이를 상징부호로 나타내고 있으나 상징기호의 할당 방법에 대한 관찰은 없었던 것으로 보인다.

(7) 李翊燮(1981)의 『嶺東嶺西의 言語分化』에서 48장의 정교한 언어지도를 제작하였다. 이 지도 가운데 〈지도10〉 '우물'은 도안지도(drapt map) 형식이며, 〈지도14〉 '턱'의 분화형과, 〈지도15〉 '글피'의 분화형 지도, 〈지도20〉 '회오리바람'의 분화형지도, 〈지도28〉 '목말'의 분화형지도, 〈지도39〉 '-니'의 분포지도, 〈지도45〉 '확'의 분포지도, 〈지도46〉 '졸음'의 분포지도는 등어선지도(isogloss map)형식이다. 그외의 지도는 상징부호를 활용한 언어지도이다. 李翊燮(1981)의 언어지도에는 매우 다양한 상징부호들을 사용하고 있다.[40] 예를 들어 〈지도8〉 '질경이' 항목의 방언 분화형에 배당한 부호는 '질겡이'(/), '질경이'(ㄱ), '질쩽이'(ㅋ), '질짱구' (∠), '뺌장우'(○), '뺍짱우'(◎), '빼장우'(⊖), '빼장구'(⊙)와 같이 분화형에 대한 상징부호를 할당하고 있다. 또한 〈지도18〉의 '상추'의 방언 분화형인 '상추'(/), '생추'(ㄱ), '불기'(○), '부루'(●)에 각각 도형부호를 배당하고 있다.

먼저 '질경이'에 대한 방언 분화형이 어원을 달리하는 '질겡이'계열과 '뺍장우'로 구분될 수 있다.[41] '질겡이'(/) 계열에서 모음교체에 의한 '질경이'에 할당한 상징부호(ㄱ)와 구개음화에 의한 '질쩽이'에 배당한 상징부호 (ㅋ), 어중 유성음 '-g-'의 존재 유무에 따라 '질짱구'에 상징부호 (∠)를 할당하고 있다. 이러한 부호 할당 원칙이 '뺍짱우'에 대한 부호할당 원칙과 평형을 이루어야 할 것이다. 곧 자음교체에 의한 '뺌장우'에 할당된 상징부호 (○)와 '질겡이'의 자음교체에 의한 '질쩽이'에

---

40) 李翊燮(1981:26)은 언어지도에 사용한 부호에 대해 "지도의 기호 선택은 임의적이었으나, 같은 계열의 형태는 기호상으로도 △▽▲등이 한묶음되고, ○◎●등은 또 그것끼리 한묶음이 되도록 하였다."라고하여 상징부호를 할당하는데 일관성을 가는 원칙을 인식하고 있었다.

또한 "嶺西 쪽에 —⊥ 도는 / ∠ 등의 기호를 즐겨 쓴 것은 이들 형태가 경기도 등 강원도의 서쪽 지방의 형태들과 이지리라는 것을 암시하려 한 것이며, 嶺東 쪽에 △▽ 또는 |⊦ 등의 기호가 자주 쓰인 것은 그 형태들이 함경도나 경상도의 형태와 이어짐을 보이려 함이었다. '박'을 ○, '고지'를 |로 표시했을 때 '박고지'를 ●로 표시하여 '박고지'가 두 형태의 복합임을 보이려고도 하였다."라고하여 합성어의 처리를 상징부호를 겹쳐서 표시한다든지 개신파형을 고려한 상징부호를 할당한 점은 상징부호를 이용한 진열지도를 해석지도로 꾸미려는 의도가 있었음을 알 수 있다.

또한 李翊燮(1981:26)은 기호의 선택에 있어서 시각상의 선명성과 분포를 중시하여 기호를 할당한 점은 종래의 언어지도의 상징기호 사용 방법에서 한걸음 진전을 보인 예이다.

41) 李翊燮(1981:29)은 "질경이"의 방언분화형을 "질겡이"계열과 "뺍장우"형을 어원적인 대표형으로 잡고 있지만 "뺍뿌쟁이"(경북) 방언형이 존재하기 때문에 "뺍장우"를 "질겡이"계열과 어원적으로 대비되는 대표형으로 잡기 어렵다.

배당한 상징부호(ㅋ)가 평형을 이루지 못하고 있다. 또한 어중 유성음 '-g-'의 존재 유무에 따라 '질짱구'에 할당된 상징부호 (∠)와 '뻽짱우'의 '뻬장구'(⊙)에 각각 할당된 상징부호가 역시 평형을 이루지 못하고 있다.

이와 같은 문제점은 '상추'의 방언 분화형에 대한 언어지도에서 역시 찾아볼 수 있다. 곧 '상추'에 대한 방언 분화형이 어원적으로 '상추'계와 '불기'계로 구분될 수 있는데 '상추'계의 방언 분화형 '상추'(/)와 '생추'(ㄱ)는 모음 교체에 의한 것으로 여기에 각각 할당된 상징부호는 앞에서 본 '질쩽이(ㅋ)'와 부호할당의 평/형을 이루고 있으나 어중 유성음 '-g-'의 존재 유무에 따라 '질짱구'에 할당된 상징부호 (∠)와 '뻽짱우'의 '뻬장구'(⊙)에 각각 할당된 상징부호가 '불기'(○)와 '부루'(●)에서는 차이를 보여준다.

(8) 이기갑(1986)의 『전라남도의 언어지리』에서 74장의 정교한 전라남도언어지도를 제작하였다. 이 지도에 사용된 상징부호의 특징은 기본형을 □, ○, ☆과 같은 기본상징부호(basic symbol)를 설정하고 변이형에 대해서는 내적상징부호(inside-symbol) ▣, ◉, ■, ●나 또는 중심상징부호(line-like inside/edge symbol)인 ⊙, ⊞, ⊟ 등과 같은 상징부호와 변화의 방향을 표시하는 ⇒, ➡, ▷, ▶와 같은 상징부호를 사용하고 있는 점은 「유럽언어지도」(ALE) 제작 기준과 흡사하며, 무작위로 방언 분화형에 대한 상징부호를 배정하는 방법에서 발전된 모습을 보여주고 있다.

이기갑(1986)의 『전라남도의 언어지리』에서 사용한 상징부호의 할당 방법에 대해 살펴보기 위해 다음의 예를 살펴보자. 〈지도7〉 '얼레빗'에 대한 분화형에 대해 'ərkepis'(○), 'ərkipis'(⊙), 'ərkemipis'(●), 'əripis'(⇒), 'əripis'(➡)과 같이 상징부호를 할당하고 있다. '얼레빗'의 어원적인 형태가 '얽이빗'이기 때문에 대표형을 '얼게빗'로 잡고 어중 유성음 '-g-'의 존재 유무에 따라 '얼게빗'(○)계통과 '어리빗'(⇒)으로 구분하고 '어리빗' 계통이 개신형임을 명시한 점에서는 상징부호 선정 과정에 매우 세심한 노력을 보였음에 틀림이 없다.42)

그러나 〈지도9〉의 '살강'항목의 방언 분화형의 상징부호와 대비해 보면 문제 또

---

42) 이기갑(1986:17)은 언어지도의 기호를 배정하는데 다음과 같은 기준을 밝혀두고 있다. "형태적으로 유사한 어형은 기호도 비슷하게 나타내려고 하였다. ○○●이나 □▨⊟ 등은 모두 이러한 생각을 반영한 것들이다. 한편 언어변화의 전파 방향을 암시하기 위해 ⇒▷▶ 등의 표기를 쓰기도 하였다."

한 없지 않다. '살강'(○)과 어중 유성음 '-g-'의 존재 유무에 따라 '사랑'(➡)형과
어원이 다른 '정지선반'(★)형을 각각 대표형으로 설정하여 'sarkaŋ'(○), 'sərkəŋ'
(●), 'sirkaŋ'(◎), 'cəŋcisirkəŋ'(⊙), 'saraŋ'(➡), 'cəŋcisənpan'(★)으로 상징
부호를 할당하고 있다. 이 두항목에서 ●를 상징부호로 배당한 기준이 차이를
보여준다. 곧 '얼레빗'에서 자음이 첨가된 'ərkemipis'(●)과 '살강'에서 모음교체
된 'sərkəŋ'(●)에 배정된 상징부호가 평형을 이루지 못하고 있다.

  (9) 金忠會(1992)의 『忠淸北道의 言語地理學』에서 충북지역의 어휘 방언분
화를 70여장의 진열지도 형식인 상징지도로 제작하였다. 金忠會(1992:44)는 언
어지도의 기호에 대해 '각 지역에 나타나는 方言形을 표시할 때 記號의 선택은 임
의적일 수 있으나, 形態的으로 유사한 用語의 記號는 △▽◁▷▲▼◀▶ 등이 한 묶
음이 되고, ○●◉◎□■ 등이 한 묶음이 되는 등의 고려가 이루어졌다.' 동일 계통
의 상징부호를 할당하는 기준으로 形態를 중시하였다. 金忠會(1992)도 매우 다
양한 상징부호를 이용하여 유사한 방언분화 형태에 대해서는 공통의 상징부호를
변형하여 이용하는 방법을 체택하고 있으나 언어지도의 낱장별 상징부호의 통일화
를 기하는데는 거리가 있었다.

  (10) 崔明玉(1994 : 874)은 경상도의 방언구획을 위해 등어선지도를 〈지도-5〉
와 같이 작성하였는데, 등어선을 등급에 따라 굵기를 달리하였다. 곧 (= =) 10점
이하, (▸▸▸) 11이상 20이하, (─) 21이상 30이하, (▬) 31이상 40이하로 구분
하였는데, 이는 방언체계를 기준으로 하여 전체에서 부분으로 단계적으로 방언권을
구분한 것이다.

  국내 학자들의 언어지도 작성시에 기호의 할당 기준을 어원, 형태, 변화방향 등
의 기준을 고려하기는 했지만 언어지도의 낱장(sheet)별로 상징부호의 통일성을
기하는 동시에 방언분화의 여러 가지 정보, 곧 자음 · 모음 교체, 음운현상, 문화
적 정보, 심지어는 제보자에 대한 정보까지 수록한 상징부호를 통일화하려는 논의
는 없었던 것 같다.

  개인별 목적으로 소수의 항목을 가지고 언어지도를 작성하거나 또는 국가적 사
업으로 보다 규모가 큰 항목을 대상으로 여러장의 언어지도를 작성하거나 간에 언
어지도에 필요한 상징부호를 통일화해야 할 필요가 있다. 그렇게 함으로써 다양한
목적에서 또 다양한 사람들이 제작한 언어지도를 해석하고 판독하는데 시간적인
유용성이 보장될 수 있으며, 또한 모국어 화자가 아닌 연구자들에게도 언어지도

상에 나타나는 상징부호를 통해 언어의 분화 이유를 일차적으로 언어지도를 통해
판독이 가능할 것이다.

2) 「유럽언어지도」(ALE)의 검토

본장에서는 처음으로 상징부호의 규범화를 꾀한 「유럽언어지도」(ALE)의 검토
를 통해 적어도 국내에서만이라도 언어지도 작성에 필요한 상징부호의 통일화와
규범화를 꾀하고자 하는 목표에서 어떠한 원칙에서 상징부호가 작성되어야 하는지
그 원리에 대해 살펴보고자 한다.

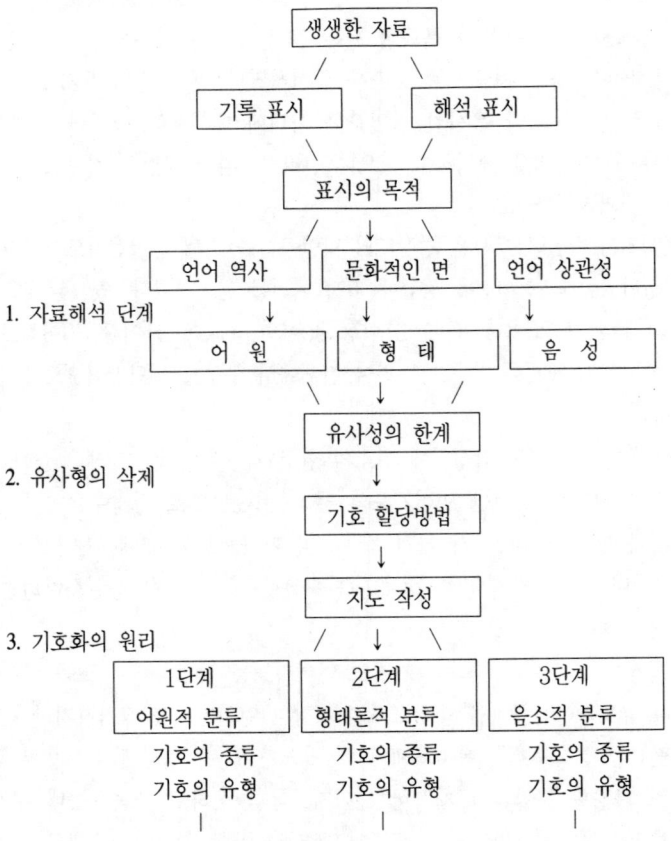

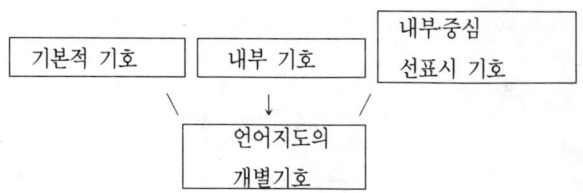

3. 상징부호 제작과정

방언 분화형에 대응되는 상징부호를 할당하는데 있어서 위와 같은 절차와 과정을 거치게 된다.

(1) 자료 해석 단계에서는 방언의 어휘자료가 지리적 차이를 보이는 가장 커다란 요인이 어원·형태·음성적 차이에 의해 방사형으로 분화된다. 이렇게 자료를 해석하기 위해서는 언어의 역사, 문화적인 면, 방언형의 상호 관련성에 대한 검토와 더불어 생생한 자료를 그대로 기록한 것인지 해석 단계를 거친 것인지 검토되어야 할 것이다. 또한 제보자 언어형식 방언자료와 이를 그룹으로 구분하는 해석의 단계가 전체적 언어 특성과 일관해야 한다.

(2) 자료해석 단계를 거쳐 어원적으로 또는 형태 음성적으로 유사한 방언형을 어디까지 언어지도에 반영할 것인가? 검토되어야 한다. 예를 들어『韓國方言資料集』 VII. 'I.038 절구' 항목의 방언 분화형은 다음〈자료-5〉와 같다. '도:구, 도구통, 도:구텅, 도:구통, 도구방아, 도구방애, 토:구, 토:구통, 토구통, 토구방아, 절구, 절고, 절구방아, 절구방애, 절구텅, 호박' 이들 분화형을 먼저 어원적으로 크게 '도:구/토:구'형과 '절구/절고'형, '호박'형으로 구분된다.

〈자료-5〉

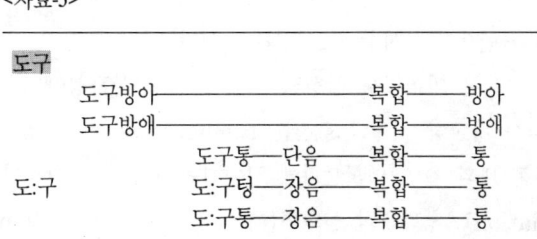

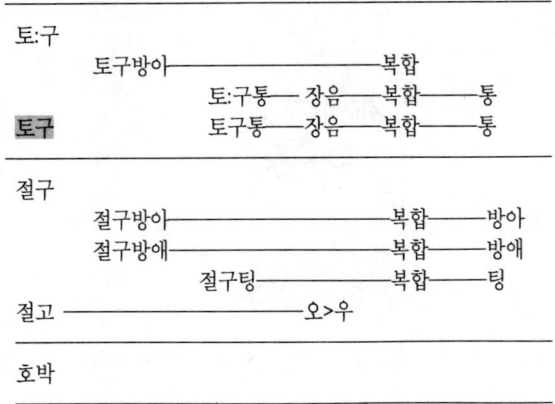

이들 분화 요인 가운데 가장 큰 요인은 어원적인 요인을 제외하면 형태론적 요인이 방언분화의 요인으로 가장 크게 작용하고 있음을 알 수 있다. 곧 어원적으로 상이한 '도:구'형이나 '절구'형 모두 '방아'형 또는 '통'형과 통합하느냐에 따라 방언형이 분화된다. 여기서 '도:구'형에서 단음으로 실현되는 '*도구'는 존재하지 않으며, '토:구'에 대응되는 단음형 '*토구'가 존재하지 않지만 형태론적 통합과정에서 음장 유무가 방언 분화의 요인이 되기 때문에 복합구성 유무에 따른 방언분화요인으로서의 중요도가 떨어진다고 할 수 있다. 또한 '절구'와 '절고'에서 '오>우'현상 또한 방언분화의 중요도면에서는 형태론적 조건에 비해 떨어진다는 사실을 알 수 있다.

그러니까 이 언어지도를 어떤 목적에서 작성하느냐에 따라 방언분화의 영향력이 적은 자음교체나 모음교체의 차이는 방언분화의 요인으로 무시될 수도 있다. 곧 '절구'와 '절고'의 차이는 국어음운에서 '오>우'교체에 의한 방언차이를 확인하기 위한 지도가 아니라 '도:구'형이냐 '절구'형이냐 '호박형'이냐를 확인하는 어원적 지도라면 무시되어도 될 것이다. 또한 음장 유무에 따른 방언차이 곧 '도:구통:'형과 '도구통'형을 방언분화의 요인으로 무시할 수도 있는 것이다.

이와 같이 유사형의 삭제는 언어지도 작성의 목적과 매우 상관성이 있다. 방언지도는 한 언어의 역사-비교적 기술(historic comparative description)이기 때문에 앞에서 살펴본 바와 같이 어휘분화에 관여하는 요인을 어원적인 분화형(Etymological variation), 형태론적 분화형(Morphological variation), 음성적 유사분화형(Phonetic resemblance variation)으로 구분하여 어디까지 방언지도에 반영할 것인가 충분히 검토가 되어야 할 것이다.

(3) 상징부호화 단계에서는 조사된 생생한 방언 자료를 부호 또는 숫자, 문양, 그림 등의 상징부호로 대치하는 과정이다. 곧 생생한 언어자료의 형태를 규약화한 상징 표시로 대치한 것을 상징부호라고 할 수 있다.

1) 지도 작성의 목적과 유형

먼저 지도 작성을 위한 목적과 형식에 따라 조사된 자료를 기록자료와 해석자료로 구분할 수 있다. 예를 들면 '韓國精神文化研究院'에서 간행한 2,780여 항목의 도별자료 전체를 기록 자료라고 할 수 있는데 이 전체자료의 모든 항목을 지도화할 필요는 없을 것이다. 이들 자료 가운데에는 잘못 조사된 결과도 있을 것이고 방언차이를 전혀 반영하지 않는 자료도 있을 것이다.

언어지도의 작성 목적이 음운·형태·문법·어형·어원·의미 등의 영역 가운데 어떤 특정 영역에 한정할 것인지 그렇지 않으면 전반적으로 방언의 지역적 분화양상을 지도화 할 것인지 그 목표가 우선 선정되어야 한다. 언어지도 작성의 목표를 더욱 좁혀 어중 '-g-'의 약화과정을 지도화 할 것인지 등에 따라 기록 자료를 일차 검증하여 해석자료로서의 항목이 선정되어야 할 것이다.

한 예를 들어 어중 '-g-'의 약화과정을 지도화하는 것이 목표라면『韓國方言資料集』에서 '엿기름, 얼레빗, 시렁, 살강, 도라지, 가위, 빻다, 바위, 고무래, 찧다'와 같은 항목을 선정해야 한다. 이처럼 언어지도화를 위한 해석자료로서의 선정 작업에는 몇 가지 기준과 원칙을 필요로 한다. 먼저 문헌자료에서 어중 '-g-'이 잔존해 있는 자료를 선정하기 위해 기원적인 형태가 파악되어야 한다.

2) 언어지도화할 항목의 결정

만일 어중 '-g-'의 약화과정을 '훈글' 문서편집기를 이용하여 지도화하는 것이 목표라면 위에서 살펴본 바와 같이 '엿기름, 얼레빗, 시렁, 살강, 도라지, 가위, 빻다, 바위, 고무래, 찧다'와 같은 항목이 선정될 수 있다. 그 가운데 '얼레빗' 항목에 대한 방언형을 DB로 항목번호, 지역번호, 방언형의 순서로 〈자료1〉과 같이 작성할 수 있다.

생생한 자료지도 가운데 방언 분화형을 음성형식으로 표기하는 경우의 복잡성을 덜어주는 동시에 분포상황을 파악하는데 유리하도록 상징부호를 방언 분화형으로 대치하는 경우 몇 가지 세심한 주의가 요한다.

특히 여러장으로 된 언어지도를 제작하는 경우, 항목마다 다양한 대치부호를 사용하는 경우 지도 전체를 일관하는 방언 분화형의 흐름을 읽을 수 있도록 상징기호를 통일해 줄 필요가 있다. 예를 들어 『韓國方言資料集』의 I. 047 '어레미' 항목의 방언 분화형을 상징부호로 대체하기 이전에 먼저 동일한 어형에 따라 어형을 배열함으로써 어형별 출현빈도와 지역별 분포를 일차 해석이 가능하다. 소트를 이용하여 〈자료6〉와 같이 배열할 수 있을 것이다.

〈자료-6〉

46 403 아산 어레미
4   104 강화 어:레미
6   106 고양 어레미
20 202 화천 얼거미
23 205 고성 얼게미
....
47 404 천원 얼게미
18 118 안성 얼게미
17 117 평택 얼게미
24 206 춘성 얼게미
42 309 옥천 얼게미
19 201 철원 얼게미
21 203 양구 얼게미
22 204 인제 얼게미

방언자료에 대한 총체적인 항목을 〈자료-7〉와 같이 재배열한 경우 이들의 중심항목이 하위항목의 윤곽이 드러나게 된다. 방언 분화형에 대해 어형별 상징부호를 정하기 위해 먼저 어형별 분화형을 찾아내어야 할 것이다. 이들 방언 분화형의 대표적인 어형은 '어래미', '어러기미', '어레미', '어:레미', '어렝이', '어리미', '얼기미', '얼개미', '얼검채', '얼게미', '얼굴미', '얼그미', '얼:기미', '얼레미', '얼맹이', '얼메이', '얼멩이', '얼금채'로 〈자료-7〉과 같이 구분된다.

〈자료-7〉

기본형(Basic Form)	하위형(Sub-form)	
A형- 얼게미		
	얼금채———————————————복합	
	얼기미————————————모음교채	
	얼:기미————음장	
	어르기미————설전음화	
	얼개미————————모음교채	
	얼그미————————모음교채	
	얼거미————————모음교채	
	얼구미————————모음교채	
B형- 어레미		
	어리미————————————모음교채	
	어래미————————————모음교채	
	얼레미————————설측음화	
	어:레미————음장	
C형-얼맹이		
	얼멩이————————모음교체	
	얼메이————비음탈락	
	어렝이————자음교체	

이들 대표적인 분화형의 범주표시(cartographical representation)는 수지형 태도(tree-step procedure)로 나타낼 수 있다. 곧 동사 '얽다'에서 '얽-+-이-+-ㅁ-+-이'와 같은 파생구조로 된 '얽이미'가 지리적으로 분화된 결과인데 일차적으로 어중 '-g-'의 약화 유무에 따라 '얼게미'형과 '어레미'형으로 구분이 되고 다음으로는 '얽-+-맹이'의 파생구조 형태인 '얼맹이'형으로 구분이 된다. 이와같은 '얼게

미'와 '어레미' 및 '얼멩이'이 형태는 기본적인 상징기호(basic-symbol)를 부여하게 된다. 이들의 방사형태인 '얼기미', '얼레미', '얼메이'와 같은 형태는 하위 상징기호(sub-symbol(inside symbol))를 부여한다.

그러면 〈자료-8〉에서 지리적인 개신 중심형인 기본적인 상징부호가 할당될 항목은 어떠한 원리에서 분류할 것이가? 최초로 상징부호의 규범화를 꾀한 「유럽언어지도」(ALE)에서는 방언 분화형의 자료를 상징적인 부호로 나타내기 위해 다음의 3단계의 절차에 의해 기본적인 상징부호를 할당할 항목과 하위 상징부호를 할당할 방사형을 결정하게 된다.

〈자료-8〉

기본형(Basic Form)	하위형(Sub-form)			상징기호
A형-얼게미 ○				○
	얼금채——————————복합			◎
		얼기미————모음교체		△
			얼:기미——음장	▽
			어르기미——설전음화	⊗
		얼개미————모음교체		⊙
		얼그미————모음교체		◇
		얼거미————모음교체		◑
		얼구미————모음교체		⊖
B형-어레미□				□
		어리미————모음교체		⊞
		어래미————모음교체		⊟
			얼레미————설측음화	⊡
			어:레미——음장	▣
C형-얼맹이◆				◆
		얼멩이——————모음교체		◈
			얼메이————비음탈락	◇
			어렝이————자음교체	✥

이 기준에 의하면 '어레미'형의 방언 분화형은 1단계 분류 원칙인 어원 분류에

있어서는 '얼기미', '얼레미', '얼메이' 모두가 동사 '얽-'에서 동일한 어원의 뿌리에
서 형성된 것이기 때문에 어원분류에 의한 상징부호의 유형(type)과 종류(kind)
를 결정할 필요가 없게 된다. 2단계로 형태론적 분류에 의하면 '얼기미'와 '얼레미'
는 동일한 형태론적 구성에서 음성변화의 결과이지만 '얼메이'는 이와 다른 형태론
적 구성의 결과이기 때문에 '얼기미'와 '얼레미'의 상징부호는 '얼메이'의 상징부호
보다 유사성을 가지고 있어야 할 것이다.

3) 상징부호화의 원리

특정 항목에 대한 방언 분화형은 어원적으로 다른 대표적인 어형을 중심으로
형태음소론적 또는 음성적인 변화에 의한 방사적 분화형에 의해 방언차이를 보이
거나 차용형이나 문화적 요인에 의한 방언차이를 보이게 된다. 그러면 이들 방언
분화형을 위에 살펴본 바와 같이 어원적인 분화형, 형태음소론적 분화형, 음성적
분화형에 대하여 어떠한 기준에서 또는 원리에서 상징부호를 할당할 것인가?

상징부호는 방언 분화형의 차이에 대한 변별도 해야 하지만 동시에 유사성에
대한 것도 가시적으로 나타내어야 한다. 그러기 위해서는 다음과 같은 원리에 따
른다.

〈원리1〉 기호화 자료의 대표적인 기원형을 설정
〈원리2〉 분화형의 유사성의 성층을 고려해야 한다.
〈원리3〉 상징기호를 통해 항목의 어휘구조를 가시적으로 유추할 수 있도록

예를 들어 '냉이'에 대한 조사된 자료는 전산처리에 의해 지역별 방언 분화형을
정리한 다음 이들 자료를 글자순으로 소트를 하여 동일한 어형을 제외한 분화형을
작성해야 한다. '냉이'의 방언 분화형은 30개로 분류될 수 있다. 그러면 30개의
방언 분화형의 대표형을 어떻게 선정해야 할 것인가? 어원적으로 중세국어에서
'나싀'에서 '나이'계열과 '나시'계열 곧 'ㅅ'유지형과 'ㅅ'탈락형으로 크게 구분할 수
있으며, 차용형이나 잘못 조사된 자료 등으로 구분된다. 아래의 'ㅅ'유지형 자료
가운데 어떤 것을 기본형으로 삼느냐가 문제가 될 것이다. 金忠會(1992:71)는

(1) 냉이, (2) 나생이, (3) 나싱개, (4) 나시 계열로 4가지 구분을 하고 있는데 'ㅅ'유지형에서 '나생이', '나싱개', '나시' 3가지는 모두 어원적인 차이가 아니라 파생접사의 차이이기 때문에 이들 가운데 '나시'를 'ㅅ'유지형의 기본형으로 삼고 '-앙이'계와 '-앙개', '-앙구'계의 파생형에 따라 방언분화를 보이고 있다.

'ㅅ'탈락형에서는 '나이'를 기본형으로 삼으면 큰 문제가 없을 것이다. '나시'계열의 분화형은 'ㅿ'의 반사형인 'ㅅ'이 어형내부에 공존하고 있다는 유사성을 가진 어휘군이며, '나이'계열의 분화형은 그 역으로 'ㅿ'이 약화 탈락한 어휘군이다. 이처럼 방언 분화형의 성층을 고려해야 한다.

4) 상징부호의 구성

위에서 살펴본 바와 같이 총체적인 방언 분화형을 어원에 따라 1단계 구분을 하고 다음으로는 형태론적인 측면에서 2단계 구분을 그리고 3단계에서는 음성변화에 따라 수지형의 단계(Tree-step)로 자료를 분류할 수 있을 것이다. 이렇게 분류된 자료에 대해 방언분화의 용인을 최대한 반영해주는 동시에 방언적 차이나 유사성을 가시적인 부호로 효과적으로 대치하기 위해 다음과 같은 규약이 필요하다.

> 1차 단계 원형 · 사각 · 삼각 · 마름모 · 별
> 2차 단계 인사이드심볼(inside symbol), 중심심볼(edge-symbol)
> 3차 단계 인사이드심볼(inside symbol), 중심심볼(edge-symbol) 위에 내접선, 외접선

1차 단계에서 방언 분화형에 대응되는 기본상징 부호영역을 원형, 사각, 삼각, 마름모, 별표로 구성한다. 이 단계에서는 어원적으로 상이한 방언형을 몇 개의 군으로 설정하고 각 개별 군마다 기본적인 상징부호 영역 곧 ○, □, ◇, ☆ 등의 부호를 설정한다. 예를 들면 '냉이'의 방언형 가운데 〈'ㅅ'유지형〉을 ○로, 〈'ㅅ'탈락형〉을 □로 기본 상징부호를 할당하고 〈기타〉에 속하는 방언형은 잘못 조사된 결과인가 또는 차용형인지 검토하여 잘못 조사된 방언형을 제외하고는 기본적인 상징부호를 할당한다.

2차 및 3차 단계에서 어떠한 기준을 가지고 기호를 부과할 것인가는 매우 자의

적인 일 같지만 결코 그렇지 않다. 개별 언어마다 방언분화의 요인이 다양한 모습으로 특징지워질 수 있다. 국어에서는 어원적인 요인에 의해 지역적으로 분화된 방언형이 다시 형태론적 차이 곧 파생이나 합성에 의해 방언차이가 가중되며 여기서 다시 음성교체에 의해 매우 다양한 방언 차이를 보이는 것이 일반적인 경향이다.

따라서 '냉이'의 방언 분화형을 토대로 하여 단계별 상징기호할당 원칙에 대해 살펴보자. 방언 분화형의 자료를 정리하는 방법으로는 1) 지역별 방언 분화형을 배열하거나 2) 방언형을 자모순으로 배열하거나, 3) 방언형의 출현 빈도순으로 배열하거나, 4) 어원적 유사한 어형을 배열하는 방법이 있다.

1. 지역별 방언 분화형			2. 방언형의 자모순 배열		
1	101	연천 내이	117	724	울릉
2	102	파주 내이	45	402	당진 나상개, 나숭개
3	103	포천 냉이	92	621	여천 나상구
4	104	강화 냉이	135	818	통영 나상구
5	105	김포 냉이	127	810	진양 나상이
6	106	고양 냉이	124	807	산청 나상이
7	107	양주 냉:이	132	815	사천 나상이
....			....		
19	201	철원 내이	36	303	중원 나생이
20	202	화천 내이	31	213	영월 나생이
21	203	양구 나새이	35	302	음성 나생이
22	204	인제 나생이, 나새이	40	307	괴산 나생이
23	205	고성 나새이	28	210	평창 나생이
....			....		
43	310	영동 나싱개	14	114	용인 나생이
44	401	서산 나숭겡이	136	819	거제 나생이
45	402	당진 나상개, 나숭개	16	116	여주 나:생이
46	403	아산 나싱겡이	22	204	인제 나생이, 나새이
....			....		
60	502	익산 나숭개	49	406	홍성 나숭개
61	503	완주 나싱개	65	507	부안 나숭개

62 504 진안 나싱개
63 505 무주 나싱개
64 506 김제 나숭개
65 507 부안 나숭개
66 508 정읍 나숭개

79 608 신안 나시
80 609 무안 나숭개
81 610 나주 나숭개
82 611 화순 나숭개
83 612 승주 나숭개
84 613 광양 좁쌀갱이
85 614 영암 나생이라
86 615 진도 나새
87 616 해남 나시
88 617 강진 나생이는

103 710 청송 나생이
104 711 영덕 낭이, 나시, 나생이
105 712 금릉 나생이
106 713 선산 나생이
107 714 군위 나생이
108 715 영일 낭이, 나생이
109 716 성주 나생이
110 717 칠곡 나생이, 낭이

127 810 진양 나상이
128 811 함안 나시
129 812 의창 나시, 나시갱이
130 813 김해 나시
131 814 양산 나시랭이

66 508 정읍 나숭개
75 604 곡성 나숭개
76 605 구례 나숭개
77 606 함평 나숭개
78 607 광산 나숭개

47 404 천원 나숭겡이
93 622 완도 나시
134 817 남해 나시
87 616 해남 나시
39 306 청원 나시
79 608 신안 나시
120 803 창녕 나시
121 804 밀양 나시
128 811 함안 나시
130 813 김해 나시

63 505 무주 나싱개
58 415 금산 나싱게
56 413 논산 나싱게
54 411 부여 나싱게
46 403 아산 나싱겡이
52 409 연기 나씽개
42 309 옥천 나씽개
51 408 공주 나씽개

7 107 양주 냉:이
11 111 광주 냉:이
10 110 부천 냉:이
13 113 화성 냉:이
115 722 청도 신냉이

132	815	사천 나상이	112	719	영천 신냉이, 냉이, 나생이
133	816	고성 썬넹이	125	808	의령 썬넹이
134	817	남해 나시	133	816	고성 썬넹이
135	818	통영 나상구	70	512	순창 아숭개
136	819	거제 나생이	24	206	춘성 쟁이
137	901	남제주 난시, 나생이	84	613	광양 좁쌀갱이
138	902	북제주 난시	126	809	하동 항가꾸

먼저 자모순으로 배열된 자료에서 동일한 방언 분화형을 제외하고 나면 다음과 같은 세 가지 군으로 자료를 재배열할 수 있다. 곧 'ㅅ'유지형과 'ㅅ'탈락형과 기타로 1단계 구분이 가능하다.

<'ㅅ'유지형>의 어형을 자모순에 의해 재배열하면 다음과 같다. 여기서 어원적인 기본형을 '나시'로 잡는 충분한 이유를 알 수 있을 것이다. 곧 '나시' 계열의 모든 방언 분화형은 파생형으로 접사의 배합 차이에 의해 방언분화가 이루어짐을 알 수 있다.

<자료-9>

나상개	나시+앙개	나생구	나시+앙구
나상구	나시+앙구	나상구	나시+앙구
나상이	나시+앙이	나상이	나시+앙이
나새	나시+앙이	나새이	나시+앙이
나새이	나시+앙이	나생이	나시+앙이
나생구	나시+앙구	나:생이	나시+앙이
나:생이	나시+앙이	나새	나시+앙이
나생이	나시+앙이	나싱	나시+앙이
나숭개	나시+엉게	나시	나시+앙이
나숭개	나시+엉게	나상개	나시+앙개
나숭개	나시+엉게	나싱개	나시+엉게
나숭게	나시+엉게	나숭개	나시+엉게
나숭겡이	나시+엉게+앙이	나숭개	나시+엉게
나시갱이	나시+엉게+앙이	나숭개	나시+엉게

나시랭이	나시+엉계+앙이	나승게	나시+엉계
나싱	나시+앙이	나승겡이	나시+엉계+앙이
나싱개	나시+엉계	나시갱이	나시+엉개+앙이
난시	나시+앙이	나시랭이	나시+엉개+앙이

〈자료-9〉처럼 '나시' 계열의 방언 분화형은 접사에 의해 2단계 구분이 가능하다. 곧 '-앙구', '-앙이', '-앙개', '-앙개+앙이'계 접사의 차이에 의해 방언형이 분화됨을 알 수 있다. '나시'계의 기본형을 ○에 접사의 유형을 인사이드 심볼이나 중심심볼을 할당하여 표시하면 파생형이 도형에 나타날 수 있는 이중의 효과를 보일 수 있다. 접사 '-앙구', '-앙이', '-앙개', '-앙개+앙이'를 나타내면 다음과 같다.

'-앙이'(⊙) '-앙개'(●) '-앙구'(◎) '-앙개+앙이'(●)

<1단계>	<2단계>	<3단계>
나시○	나시+앙구 ◎	나생구
	나시+앙구 ◎	나상구
	나시+앙이 ⊙	나상이
	나시+앙이 ⊙	나새이
	나시+앙이 ⊙	나생이
	나시+앙이 ⊙	나:생이
	나시+앙이 ⊙	나새
	나시+앙이 ⊙	나싱
	나시+앙이 ⊙	나시
	나시+앙개 ●	나상개
	나시+엉개 ●	나싱개
	나시+엉개 ●	나승개
	나시+엉계 ●	나승게
	나시+엉계+앙이 ●	나승겡이
	나시+엉개+앙이 ●	나시갱이
	나시+엉개+앙이 ●	나시랭이

  기본형 '나시'에 할당한 기본상징부호(basic symbol) ○에 접사 차이를 고려한
부차적인 상징기호(sub-symbol)로 '-앙이'(◉) '-앙개'(●) '-앙구'(◎) '-앙개＋앙
이'(●)를 할당하였다. 그러나 '-앙구'계의 방언형은 '나생구'와 '나상구'가 있으며,
'-앙개'계 방언형은 '나상개', '나싱개', '나승개', '나승게' 등의 하위 분화형태가 있
는데 이들은 대게 모음·자음교체나 음운변화의 결과이다.

  '-앙이'(◉) '-앙개'(●) '-앙구'(◎) '-앙개＋앙이'(●)

<2단계>		<3단계>	
나시+앙구	◎	나상구	◎
나시+앙구	◎	나생구	◍
나시+앙이	◉	나상이	◉
나시+앙이	◉	나새이	◑
나시+앙이	◉	나생이	◍
나시+앙이	◉	나ː생이	◍ː
나시+앙개	●	나상개	●
나시+엉개	●	나싱개	◐
나시+엉개	●	나승개	◖
나시+엉게	●	나승게	◗
나시+엉게+앙이	●	나승겡이	
나시+엉개+앙이	●	나시갱이	
나시+엉개+앙이	●	나시랭이	

  3단계에서 방언 분화형의 차이를 보이는 가장 큰 요인은 모음·자음 교체나 음
운변화의 결과이다. 내적상징기호(inside symbol), 중심상징기호(edge-symbol)
위에 내접선, 외접선을 활용하여 최종 방언 분화형을 표시해야 한다.

참 고 문 헌

金忠會(1990), 「忠淸北道의 言語地理學」, 단국대 박사학위논문.

대한민국학술원(1993), 『한국언어지도첩』, 성지문화사.

蘇江春(1989), 『전북방언의 공시적 언어 분화에 관한연구』, 전북대박사학위논문.

이기갑(1986), 『전라남도의 언어지리』, 탑출판사.

李翊燮(1981), 『嶺東嶺西의 言語分化』, 서울대출판부.

이상규(1986), 『방언연구방법론』, 형설출판사.

_____(1994), 『방언학』, 학연사.

加藤和夫(1984), 『言語地圖の作成と`` 言語地理學的 解釋』, 國文學解釋 鑑賞 5月 號, 至文堂.

Dr. Hermann Braun(1962), 『Wortatlas』, des Sechsämter-, Stift-und EGERLANDES.

H. Kurath(1972), 『Studies in Area Linguistics』, Indiana University Press.

H. Orton Stewart Sanderson and J. Widdowson(1978), 『The Linguistics Atlas of England』, University of Leeds.

Jo Daan en M. J. Francken(1972), 『Atlas Van De Nederlandse Klank ontwikkeling [ANKO]』, Kaartenen Tekst, Amster- dam.

K. Fokkema & J. J. Spahr Van Der Hoke(1967), 『Linguistic Atlas of the Eastrn Part of Friesland』, van Gorcum & Comp. N.V.

Paul Geiger Richard Wieiss(1900), 『Atlas der schweizerischen Volkskun -de Atlas de Folklore suisse』.

S. Beneson(1965), 『Südschwedischer Sprachatlas 1』.

Stewartf. Sanderson(1977), "Language on the Map", The University of Leeds Review, Vol. 20

제 7 장 조선어연구부 편 『방언집』 검토

1. 「방언집」의 간행 배경

1992년 4월 모산학술재단 이사장이신 慕山 沈載完 박사님으로부터 조선어연구부 편 「방언집」 제2집(이하, 「방언집」이라 칭함)에 대한 소개를 받고 이번에 학계에 보고할 수 있게 되었다.[43]

이번에 소개할 「방언집」은 1937년(昭和 25년 2월) 경성사범학교 심상과 학생들의 우리 나랏말 사랑 동아리인 조선어연구부원들에 의해 전국 68개 군 단위에서 조사된 약 913항목의 방언 자료를 신국판 326쪽으로 등사한 방언자료집이다.[44] 필자가 알고 있는 한 이 자료집은 전국 방언자료집으로서는 최초로 만들어졌다는 국어학사상의 가치뿐만 아니라, 그 내용의 자료적인 가치에 대한 검토도 또한 당연히 이루어져야 할 것으로 판단된다. 아울러 당시 현지 조사자로서 그리고 자료집을 제작하는 데 직접 참여했던 모산 선생의 진술을 통해 이 자료집의 제작 과정을 검토를 할 수 있게 된 것을 무척 다행스럽게 생각하고 있다.

본고에서는 이 자료집의 서지적인 특징과 아울러 자료에 대한 내용적인 검토를 하고자 한다. 먼저 『방언집』의 보존 경위에 대해 살펴보면 다음과 같다. 곧 표지 배면에

---

43) 이러한 기회를 만들어 주시고 늘 격려를 아끼지 않으신 慕山 沈載完선생께 이 자리를 빌어 감사의 말씀을 드린다.

44) 박병채 외(1970), 『일제하의 문화운동사』, p. 489, 민중서관
일제하에서 제1기(1910-1919) 기간동안 방언과 은어류 연구결과를 담은 단행본 두 편이 있었던 것으로 보고하면서 "단행본은 방언채집 안내로 된 것과 방언집 등 각 1 책이다. … 〈중략〉… 이는 조선어학회가 귀성하는 학생 또는 지방의 뜻있는 사람들 또는 학회원들이 지방 순회 강습회나 강연회를 이용하여 방언 수집운동을 벌인 결과로 얻어진 것이며, 방언의 학문적 연구는 몇몇 소론을 제외하고는 두드러진 것이 없다"라고 하고 있다. 그런 1910-1919년 당시 조선어학회에서 간행한 방언집은 필자로서는 본 일이 없으며, 조선어연구부에서 자료조사를 시작하여 1937년에 완성 간행한 이 「방언집」을 의미한 것으로 보인다.

"一九四〇年頃
　　　某古書店에서 구함
　　　　　又村 姜馥樹"

"一九八十.一〇.一三 受贈
　　　　慕山 沈載完"

이라는 기록에서처럼 又村 姜馥樹 선생이 1940년경 고서점에서 구득한 이 자료집을 보관하고 있다가, 당시 이 자료집의 실제 현지 조사원이었으며, 또 제작한 사람들 가운데 한 분인 모산 선생께서 이 자료집을 소장하고 있지 않는다는 사실을 알고 소장자였던 又村 선생이 1980년 慕山 선생께 이 자료집을 기증한 것이었다.

아울러 이 자료집이 출간되기까지의 배경에 대해서는 당시 자료 조사원이었던 沈載完(경북 선선군 조사자)님의 『校本歷代時調全書』 서문에 다음과 같이 밝히고 있다.

"그 후 경성사범학교에 입학한 지 얼마 안 되는 어느 일본어 시간의 일이었다. 나는 <국어 애호>라는 글을 배웠다. "국어(일어) 속에는 우리의 혼이 깃들이고 애환이 생동하며 전통이 흐르고 있다." 라는 대목에 이르자 교사는 자못 열을 띄었고 급우(일인)는 감명에 젖은 분위기에 쌓였다. …<중략>… 일본어가 나의 국어란 말인가? 국어와 조국, 국어와 민족'하고 나는 말없는 외침을 되풀이하였다. …<중략>… 국어와 민족에 대한 의식이 처음으로 싹튼 것이다. 주당 한 시간뿐인 조선어시간이 불만스럽던 나는 서클활동으로 조선어연구부에 들었다. 도남선생을 모시고 좌담회를 열고 발표회도 가졌다. 춘향전이 겨레의 문학이요 시조가 우리의 시가임을 깨달은 것은 이때부터였을 것이다. 방학중에 분담한 방언수집은 기숙사의 내 방에서 상급생과 같이 등사하고 책자도 만들어 내었다. 우리의 무거운 고민을 이 미미한 활동으로나마 달래 갈 수밖에 없었다."[45]

당시 국어운동은 민족 독립운동의 일환으로 생각하지 않을 수 없다. 慕山 선생

---

45) 沈載完(1972), 『校本歷代時調全書』, 세종출판사, p. 9 참조

은 경성 사범학부 학생들의 국어운동 모임인 조선어연구부46)의 일원으로 선배들
과 더불어 본 자료집을 등사하여 소책자로 묶어내었다. 그 이후 慕山 선생은 고전
시가문학을 연구하면서 이 『방언집』자료에 대해서는 까마득하게 잊고 있었다. 그
동안 6·25한국전쟁과 함께 慕山 선생께서 소장하고 있던 이 자료집은 소실되었
으나 다행히 又村 선생으로부터 이 자료집을 최근에 전해 받은 것이다.

  위의 내용을 통해 당시 어떤 경위로 이 자료집이 전해졌는지 짐작이 갈 것이다.
자료집의 체재나 형식면에서는 비록 소졸하지만 당시의 형편으로 봐서 한글 순화
를 주도한 동아리인 조선어연구부원들에 의해 이런 자료집이 꾸며졌다는 사실은
어쨌든 높이 평가되어야 할 것이다.

2. 「방언집」의 체재

1) 『방언집』의 체재

  『방언집』은 총 326쪽으로 되어 있으며, 그 차례는 1) 표지, 2) 내표지, 3) 방
언조사지점 지도, 4) 도남학인(陶南學人)의 서문, 5) 도남학인의 격려사인 '방언
채집에 대하여', 6) 목차, 7) 자료, 8) 채집한 동무들과 채집한 곳, 9) 후문(後文)
으로 구성되어 있다. 『방언집』의 크기는 가로 15Cm, 세로 22.3Cm이며, 내용은
청색 프린트판으로 되어 있다. 내곽은 단선(單線)으로 되어 있고, 그 크기는 가로
12.5Cm, 세로 18. 9Cm이다.

  표지에는 '昭和 十二年 二月', '方言集 第二輯', '醇和朝鮮語研究部'라고 세로로
기록되어 있다. 昭和 十二年 二月은 1937년 2월에 해당되며, "조선어연구부(朝
鮮語研究部)"는 경성사범학교 심상과 재학생 沈載完 및 鄭熙哲, 洪雄善 외 65명
으로 구성된 학생동아리이다. '第二輯'이라고 한 것은 이미 1936년에 방언자료집
을 소졸하게 엮어냈기 때문이다. 서문에서 "작년도에 우리 部는 처음으로 우리 부
원이 손수 캐인 방언을 엮어 방언집을 내어 놓았읍니다."라고 밝혀 놓았듯이 1936

---

46) "朝鮮語文硏究部"는 陶南 趙潤載 박사를 지도 교수로 모시고 京城師範 심상과 학생들이 중심이
   된 모임으로 조선어 순화와 민요 수집과 보존을 목적으로 모인 학생 동아리였다. 1910년부터 방
   학이나 농촌활동 기간을 이용하여 전국방언 및 민요를 수집 조사했다.

년에 만든 자료집을 제1집이라고 하고 1937년도에 만든 방언 자료집을 『방언집』
제2집이라고 한 것이다.

"작년에 첫 試驗으로 諸君의 힘을 빌어 方言集을 編成하였다. 一學園의 非公的
編物이였으나, 조그만한 이것이 …… 벌써 增補하기를 約束하였던 바이어니와 ……
다시금 새 材料를 많이 獲得하게 되어 再編錄을 단행하기로 하였다." <서문>

그러나 1936년에 만든 방언집 1집은 매우 보잘 것 없었던 것으로 추정이 되
며, 여기에 들어 있었던 자료를 모아 『방언집』 2집에 합본하여 민요 자료집과 함
께 간행했던 것으로 보인다.

"十一年度에 접어들어, 우리부의 柱石이였든 先輩를 보내인 우리는, 허젓허젓함을
느끼면서도 작으나마 새로운 힘을 이르켜서 다시 그 方言集을 補充하리라는 마음을
먹고 採集하기로부터 製本하기까지의 經路를 昨年度의 그것과 똑같치 하여서 다시
既成方言集과 合體하여 마침내 이러한 방언집의 成果를 보게되였읍니다."<後文>

"朝鮮語研究部員이 昨年에는 民謠를 蒐集 編纂하고 今年에는 다시 姉妹編인 方
言集을 編纂하야 나에게 그 序文을 命하얏다."<방언채집에 대하야>

위의 기록을 근거로 하면 1936년에 이미 방언자료를 수집하여 프린트물로 간
행하였으나 이와 합본((後文)의 밑줄은 필자가 넣은 것임)하여 민요집에 이어
『방언집』제2집을 간행한 것으로 판단된다.

표지 배면에는 이 자료의 수장 경위에 다한 又村 姜馥樹님의 후일 기록이 있으
나 이에 대해서는 앞에서 논의를 했으므로 생략한다.

내표지도 표지와 꼭 같은 기록이 있으나 등사 프린트 글씨로 되어 있으며, 조잡
한 그림 컷이 그려져 있다.

본문 자료에 이어 '채집한 곳'과 학생 대표의 〈후문〉이 있다.

이 자료집을 간행하기 위해 현지자료 조사가 행해진 시기는 慕山 선생이 전하
는 바로는 1934년부터였다. 34년도에 조사된 자료는 1936년도에 방언집 1집으
로 간행하였으나 현재 그 자료집이 전하지 않는다. 34년도에 조사된 자료와 더불

어 35년도에 조사된 자료는 1937년도에 『방언집』2집으로 간행되었다.

　"農村實習을 갔었든 우리 先輩諸兄들과 다시 그해 夏季休暇를 利用하야 各其의 故鄕마을, 혹은 他洞에서 採集한 部員들의 정성의 열매였습니다."<후문>

후문에 밝혀놓았듯이 자료 조사는 농촌 실습을 통하여 그리고 하계 휴가를 이용하여 각기 자기의 고향이나 이웃 동리에서 수집한 것이었다.

〈그림-1〉『방언집』 표지

〈그림 2-1〉 朝鮮語文硏究部篇 「方言集」 표지

이 자료집을 간행한 일차적인 목적은 '방언채집에 대하야'라는 도남(陶南) 趙潤濟 선생의 글에 의하면 역사적인 관점에서 고형 언어의 보존을 통해 순수한 학구적인 데 이용될 수 있다는 점을 강조하고 있다.

"그러나 또 한편 實在方面을 떠나서 이를 純粹한 學究上으로 본다면 방언 중에는 각금 言語의 古形을 存續하야 그 言語의 本質的 價値를 究明함에 많은 寄與를 하고 있는 일이 있으니, 時代의 趨勢를 떠나 점차 磨滅하는 것은 어쩔 수 없다하드라도, 이를 紙面上으로나마 保存하는 것은 言語 研究上 극히 必要한 일이다"<방언채집에 대하여>

그러나 이러한 목적의 이면에는 일본이 조선어 말살정책을 강화하는 무렵 민족 애의 정신과 국어보존의 정신이 숨겨져 있었을 것이다. 慕山 선생의 『校本歷代時調全書』의 서문에 밝혀져 있는 나라 사랑의 정신이 보다 더 큰 목적이었음에는 의심할 바가 없다.

2) 조사방법

여기서는 방언조사 방법과 관련되는 조사지점, 조사항목, 조사자와 제보자 및 전사에 대해 살펴보고자 한다.

먼저 조사지점에 대해 살펴보자. 본문 1면에 '방언채집지'라는 제목 하단에 방언 채집지도가 조잡하게 그려져 있으며, 조사지점(군단위 별)을 ○형으로 표기해 두고 있다. 각 도별 조사지점은 총 57개 지점으로 다음과 같다. 그러나 자료 뒷부분에 있는 '채집한 동무들과 채집한 곳'에는 68개 지점으로 되어 있다. 아마 이 지도는 프린트물로 그려져 조잡하기 때문에 조사 지점이 57개 지점이 아니라, 총 68개 지점이라고 하는 것이 보다 타당하다.

함경북도(1개지점) : 成津
함경남도(5개지점) : 利原, 北靑, 咸州, 德原, 安邊
평안북도(5개지점) : 雺邊, 博川, 泰州, 定州, 宣川
평안남도(9개지점) : 平壤, 順川, 大同, 江西, 龍岡, 中和, 江東, 成川, 陽江
황 해 도(4개지점) : 平山, 廷白, 黃州, 安岳
경 기 도(5개지점) : 京城府, 開豊, 陽平, 水原, 富川
강 원 도(5개지점) : 江陵, 鐵原, 洪川, 三陟, 寧越
충청남도(8개지점) : 牙山, 唐津, 瑞山, 洪城, 淸陽, 公州, 大田, 論山

충청북도(3개지점) : 忠州, 槐山, 沃川
경상북도(4개지점) : 安東, 善山, 金泉, 迎日
경상남도(2개지점) : 密陽, 泗川
전라북도(3개지점) : 沃溝, 金堤, 南原
전라남도(3개지점) : 光州, 靈岩, 翰林面(제주)
　　　　간도(1개지점) : 간도

조사지점에 대한 정확한 마을 이름은 명시되어 있지 않다. 그러나 이 자료집에
서는 함경도와 평안도 지역의 조사는 타도에 비해 비교적 충실한 조사가 행해져
있어, 북한 방언자료를 이용하기에 매우 유용하다. 그리고 간도 지방의 방언 조사
가 된 사실도 매우 주목할만하다.
　목차에는 조사 항목을 부류로 구분하고 있으며, 목차 순위에 따른 조사항목은
다음과 같다.

　<목차>
　1. 천문지리(55항목), 2. 동식물(74항목), 3. 인체(59항목), 4. 인륜(108항목),
5. 의식주(74항목), 6. 인사, 년중행사(43항목), 7. 농촌어휘(52항목), 8. 어촌어휘
(19항목), 9. 산촌어휘(15항목), 10. 잡(20항목), 11. 움즉씨(41항목), 12. 어떻
씨와 그 나머지(23항목), 16. 그 지방 특유의 사투리(?항목), 17. 바람의 시골말
(6항목)

　〈보충의 部 목차〉
　1. 천문지리(18항목), 2. 동물(32항목), 3. 식물(24항목), 4. 우리의 의복(13
항목), 5. 우리의 음식물(8항목), 6. 우리의 주택(22항목), 7. 기구(37항목), 8. 농
촌어휘(27항목), 9. 잡(43항목)

항목 배열 방법은 어휘의 상관성을 고려하여 다음과 같이 배열하고 있다.〈1. 천
문지리〉부에서는 1. 星, 2. 雷, 3. 落雷, 4. 水, 5. 水柱, 6. 靈… 등과 같이 어
휘 항목을 한자로 배열하였고, 어법편에서는 표제어를 표준어로 (-) "당신이 이
끊어진 실을 이어 보렵니까"와 같이 제시하고, 각기 방언형을 밝히는 방법을 이용

하고 있다. 『방언집』의 항목배열 방법은 이후 小倉進平(1944)의 『朝鮮方言の硏究』 가운데 대부분의 방언자료집 항목 분류에 영향을 미쳤던 것으로 보인다.

이 자료집에 조사항목 가운데 "그 지방 특유의 사투리"는 항목으로 처리하기에 애매하여 이를 제외하면 총 913항목이다. 예를 들어 〈인류〉항 40. 妻之兄弟 다음에 40-1. 妻之兄. 40-2. 妻之弟는 각기 보충 항목으로 처리하였기 때문에 총 조사 항목 수는 약간의 차이가 있을 수 있다. 당시의 여건에서 비록 아마추어인 학생들에 의해 전국을 대상으로 약 1천여 항목의 방언자료를 수집할 수 있었다는 사실은 높이 평가받아야 할 것이다.

자료 배열 방법은 어휘 항목을 한자로 나타내고 서울말, 경기도, 함경도, 평안도, 황해도, 강원도, 충청도, 경상도, 전라도(제주도 포함) 순으로 나열하고 각 방언형을 한글로 전사하여 표시했으며, 해당 군지역 명칭을 방언형 하단에 기록하고 있다. 다음 〈자료〉를 참조. 자료조사 지역 및 조사자에 대한 것은 자료 뒷부분에 '채집한 동물들과 채집한 곳'이라 열거해 두고 있다. 조사지점에 대한 정확한 면, 리 단위의 지명과 제보자에 대한 기록은 전혀 없다. 현지 조사자로는 현재 생존해 계시는 沈載完, 洪雄善, 鄭熙哲님 외 경성사범 심상과 학생 65명이다. 1934년도에 조사한 자사자(32명)에게는 하단에 삼각표로 표시를 해두고 있다. 그외의 자료는 1935년도 방학기간을 이용하에 조사자들이 현재에서 직접조사를 했다. 조사지역의 조사자는 다음과 같다.

〈자료〉「방언집」 1쪽

落雷	雷	星	한자	
벼락	우뢰	별	서울말	
베락부천 배락수원	천동부천 천둥수원 천둥용인	빌부천 별부천	경기도	
버러기 북청	소낙 이원 성진 성천 북청	벨 북청	함경도	천
베락 강서 평양 대동 정주	노상 강서 뇌성 강동 뇌성 대동 우뢰 무천 박전 영변 정주	별 벨 평양 영변 대동 정주	평안도	
벼락 평산 베락 황주	천둥 평산 뇌성 정일 천둥 안악	별 황주	황해도	문
	천동 삼척		강원도	지
베락 논산 배락 당진	청둥 괴산 대전 아산 충주 태안 홍성 천둥 논산 당진	비울 당진 빌 논산 괴산 공주	충청도	리
배락 강산 사천 정일 베락 산청	로성 사천 천동 정일 산청	빌(하) 별(상) 선산 사천 벨 산천 산청	경상도	
베락 제주	천동 옥구 김제 천둥 제천 네성 영암	벨 제주	전라도	

경기도　수원군 매송면 유형석　　　　황해도　황주군 황주면 황정열
　　　부천군 서곶면 유택규△　　　　　　　평산군 세곡면 신동훈(2회)
　　　양평군 용문면 김길상△　　　　강원도　철원군 마장면 지형식
　　　양평군 갈산면 민영현△　　　　　　　삼척군　　　　조창기
　　　개풍군 북　면 홍종훈△　　　　　　　영월군 영월면 지형식△
함경북도 성진군 학중면 정형모△　　　　　강릉군 강릉면 정태시△
　　　이원군　　　　송재희△　　　　　　　홍천군 북방면 김복래△
함경남도 덕원군 현　면 이선오△　　충청북도 옥천군 이원면 이영윤
　　　함주군 덕산면 신종진　　　　　　　　괴산군 불청면 순한류△
　　　북청군 속후면 한표준　　　　　　　　충주군 엄개면 김지철
　　　북청군 하차서면 안준제△　　　충청남도 논산군 노성면 민형래
　　　안면군 위익면 한학모△　　　　　　　논산군 은율면 천성환
평안북도 영변군 오리면 홍석태　　　　　　서산군 태안면 유택규
　　　신천군　　　　이희복　　　　　　　　홍성군 홍동면 김응태
　　　박천군 남　면 홍순명　　　　　　　　당진군 순성면 이정하
　　　박천군 가산면 송익호, 이홍진△　　　당진군 오천면 박형재
　　　정주군 고산면 김기초△　　　　　　　아산군 배방면 이민경△
　　　정주군 덕방면 송익호△　　　　　　　아산군 신　창 심창진△
　　　태천군 태천멸 김기진△　　　　　　　대전군 태전면 박영수△
평안남도 성천군 통선면 홍재익　　　　　　공주군 신하면 임복규△
　　　강동군 만달면 고회곤　　　　　　　　청양군 화성면 임의선△
　　　강서면 성암면 정광섭　　　　　경상북도 선산군 옥성면 심재완
　　　평양부　　　　홍문윤　　　　　　　　김천군 김천읍 정희철
　　　양덕군 양덕면 이봉상　　　　　　　　연일군 연일면 이린섭△
　　　대동군 남곶면 노응석　　　　　　　　안동군 안동면 김두홍△
　　　대동군 부산면 나형섭　　　　　경상남도 밀양군 삼량진 조형도
　　　중화군 간동면 방상안　　　　　　　　사천군 남양면 홍응선
　　　중화군 상원면 박태준△　　　　　전라북도 옥구군 미　면 홍석태
　　　순천군 사인면 오기수△　　　　　　　김제군 금산면 주운화
황해도　안악군 서하면 장창수　　　　전라남도 암원군 이몌면 박승백△
　　　안악군 안악면 이(　)용△　　　　　　광주군 대촌면 신민철△
　　　연백군 화성면 이종근　　　　　　　　영암군 서호면 정태시△
　　　연백군 용동면 조양섭　　　　　제주도　한림면　　　　김두홍△
간　도　　　　　　최　선△

* 이름 다음에 △표는 1934년도에 조사된 자료임.
( )표는 판독이 불가능한 부분임.

3) 자료 조사상의 문제점

조사자의 숫자가 68명에 이르렀기 때문에 조사상의 통일을 기하기 어려웠을 것이다. 동일한 항목에 대해 상이한 질문을 함으로써 응답형이 달라졌거나 또는 전사방법의 통일을 기하지 못한 흔적들이 곳곳에서 발견된다. 뿐만 아니라 이 조사를 위한 질문지(questionare)를 별도로 만들지 않고, 약 1천 항목에 걸친 항목을 68명의 조사자들이 일관성 있게 조사한다는 일은 무척 어려운 일이었을 것이다.

다음으로 제보자에 대한 기록은 일체 남아 있지 않다. 자료의 균질성이라는 측면에서 제보자에 관한 정보는 매우 중요하다. 제보자를 잘못 선정했을 경우에는 자료에 대한 신뢰성에 대한 의심을 받게 되는데, 불행하게도 이에 대한 정보가 없어 아쉽다. 구체적으로 제보자의 출신이나 직업, 년령, 성별과 같은 정보는 매우 중요한 것이다. 이러한 것은 그 이후에 간행된 小倉의 자료집에서도 마찬가지로 일체의 제보자에 대한 정보가 없다.

자료의 기록 전사 방법은 한글로 전사하고 있다. 특히 이 자료집에서는 한글로 전사함으로써 전사 방법의 통일을 꾀하지 못한 문제점을 안고 있다. 아마 그 이유는 조사자의 숫자가 너무 많았기 때문에 전사 방법이 통일되지 않아 그 혼란이 그대로 자료에 반영되었기 때문일 것이다.

예를 들면 기저형이 확인되지 않은 경우가 발견된다. '정오'에 대한 방언형에서 주격형인지 단독형인지 확인할 수 없는 '모시(함경도, 이원)/(경상도, 김천)'와 '沙濱'에 대한 방언형 '모래바티(함경도, 이원, 성진, 함주)'의 예들이 보인다. 이러한 잘못된 전통은 이후 小倉을 거쳐서 최근의 자료에서도 발견된다.

한편 국어로 전사하더라도 표기방법이 통일되지 않음으로 인해서 '林'에 대한 방언형이 '숨풀(경기도 부천)'과 '수풀(황해도 안악)', '숲을(충청도 서산)'로 표기하고 있다. 이와 같이 음소론적 표기와 형태음소론적 표기가 뒤섞여 음운론적 해석의 어려움을 주는 예들이 많다. '綿'의 방언형이 '소캐', '솟캐', '속해', '속캐'로 '牧馬'가 '숙말', 숫말'로 전사되어 있다. 이처럼 전사방법이 통일되지 않았을 뿐만 아니라, 기저형에 대한 미확인으로 인해 '眉毛'의 방언형 '눈섭(경기도 경성, 부천)', '눈숩(평안도 대동)'이 과연 당시 방언형의 어말자음의 기저형이 /ㅂ/인지 /ㅍ/인지 확인되지 않는다. 자음동화의 전사 방법도 통일되어 있지 않다. '指'의 방언형

'송꾸락(경기, 부천)'과 '송그락(충청, 공주, 논산)'에서 자음동화를 반영시키고 있으나, 나머지 방언형은 '손가락(경기, 부천)'처럼 자음동화를 반영하지 않고 있다.

3. 「방언집」의 자료가치

다음으로는 이 자료집의 내용에 대해 살펴 보고자 한다. 그런데 내용 평가는 자칫 당시의 조사자들의 큰 뜻과는 상반되는 논의가 될 수 있다. 왜냐하면 당시의 사정으로 미루어 조사상 여러 가지 어려움이 있을 수밖에 없었을 것이고, 따라서 조사원들이 조사 방법상의 통일을 이루기에는 결코 용이한 일이 아니었을 것이다.

예를 들면, 서울말과 경기도말을 한글로 전사한 전사 기준이 조사원 간에 차이가 있었던 것으로 보인다. '곧어름/고드럼, 뻑국새/뻐꾸기, 맏아들/마다들, 할아버지/하라버지'와 같은 예처럼, 단어 경계간에 폐음화를 음절경계에 반영하고 있는 것과 그렇지 못한 예로서는 당시의 현실음을 파악하기가 상당히 곤란하다.

그리고 '畫'에 대한 방언형을 '낳(서울)/낮(경기도)'로 '정오'에 대한 방언 기저형은 '한낫, 정낮'으로 전사한 것이나 '眉毛'에 대한 방언형을 '눈섭(서울, 경기)/눈섶(함경, 황해, 충청, 경상)/눈숩(평안)'으로 전사하였는데, 이러한 실례로는 방언형 어간말음의 기저형을 확인하기가 아주 어렵다.

그러나 이들의 각고가 없었던들 우리의 손으로 이루어진 최초의 방언 자료집이 어떻게 나올 수 있었겠는가? 본고에서는 당시 조사자들의 노고를 인정하면서, 이 자료집이 안고 있는 몇 가지 문제점을 제기하고자 한다.

1) 어휘 · 의미

대부분의 방언자료집이 갖고 있는 한계처럼, 이 자료집도 어휘 · 음운항목에 초점이 주어지기 때문에 어법에 대한 자료는 빈약하다. 이 자료집도 같은 성격을 지니지만, 어휘 · 음운에 관련되는 자료가 오늘날 정신문화연구원에서 간행된 『韓國方言資料集』과는 간행 시기상 약 50여 년의 차이를 보인다. 따라서 1-2세대의 세대 차이 뿐만 아니라, 급격한 사회변동과 물질문명이 발달한 오늘날의 방언과의 대비를 통해 국어의 어휘, 음운 및 의미 변화의 추이를 캐보는 데 매우 중요한 자료라 아니할 수 없다.

비록 자료의 정확도와 신뢰성에 대한 약간의 문제점이 뒤따르지만 먼저 자료집이 가지고 있는 어휘, 의미자료의 가치에 대해 살펴보자.

'蛙'에 대한 방언형은 다음과 같다.

> 서 울   개고리
> 경 기   개고리(부천)
> **함경도** 맥자귀(북청)/개락지(안변,함주)/때구리기(성진)/개고리(덕원)
> **평안도** 멕장구(박천)/께고리(순천)/멕:자구(정주, 강서)/멕짱구(평양)/맥짱우
> (중화, 영변, 박천)/먹자구, 머구리(대동). 먹자구(정주, 강서, 성천)/
> 멧장구(강동)/멕자귀(선천)
> **황해도** 먹적이(연백, 평산)/먹자구(안악, 황주)/먹짜구(안악)
> **강원도** 깨고리(영월)
> **충청도** 깨구리(충주, 홍성, 태안, 옥천)/깨고리(아산)/개고래기(대전)/개고리
> (당진)/깩고랙이, 깨꼬리지(논산)
> **경상도** 개고리(진주, 산청, 함양, 거창, 밀양, 사천)/깨구리(선산)
> **전라도** 머구리(영암)/깨고락지(김제)/가게비(제주)

'蛙'에 대한 방언형은 크게 '먹자구'형과 '개고리'형과 혼효형인 '머구리'형으로 구분된다.

> 먹자구------ 맥자귀/멕자구/멕자귀/먹짜구
> 멕장구/맥장우/멧장구
> 개고리------ 개고리/개구리/깨고리/깨구리/께고리
> 깨고랙이/깨고락지
> 머구리------ 머구리

'개구리'에 대한 방언 개신은 '먹자구'형과 '개고리'형으로 구분되는데, 대개 북부방언과 중남부방언 간의 차이를 보이며, 양 방언형의 혼효형들이 분포되어 있음을 알 수 있다. 이들 분화형의 대비를 통해 보면, 북부방언에서는 'ㅕ'의 단모음화, 비

음화와 같은 음운현상의 적용차이에 따라 방언차이를 보이며, 남부방언에서는 o〉u,
어두경음화, 접미사의 차이 등에 따라 방언차이를 보인다.

한편, 당시 방언형과 오늘날 방언형의 극심한 변화를 보여주는 '甘藷'(고구마)의
방언분포를 보면 다음과 같다.

> 서 울 고구마
>
> 경 기 고구마, 구구마(부천)
>
> 함경도 고구마(북청, 덕원)/고구매(함주)
>
> 평안도 왜감재(박천)/디과(정주, 박천)/단감자, 감지(강서)/단감지(대동)/단감
>
>   제(평양)/호감지(강동)/듸과(선천)/고구마(영변)
>
> 황해도 감자(안악, 황주)/고구마(평산)
>
> 충청도 무감지(청양)/무감자(당진, 홍성)/무수감자(태안, 논산)/감자(논산)/고
>
>   구마(옥천)
>
> 경상도 고구매(밀양, 사천)/고구마(선산)
>
> 전라도 감자(김제)/감제(제주)

'감자'계통 및 '고구마', '디과' 계통의 방언형으로 크게 구분할 수 있다. '감자'형
은 '馬鈴薯', '甘藷'의 두 가지 의미를 지닌 것이며, '고구마'형은 대마도 방언의 '孝
行藷'에서 유래되었다. 오늘날 '감자'와 '고구마'형의 방언형이 분화되기 이전에 '고
구마'가 1932년에 처음으로 조선에 전래되어[47] 재배지역이 확산되면서 그 어형
의 분화과정을 보여주고 있다. '디과'는 중국 산동지방의 방언형인 '地瓜'에서 유래
됐다. '甘藷'의 방언형은 '馬鈴薯'와 의미가 분화되는 과정을 반영해주는 자료라 할
수 있다.

현대어에서 어형이 교체된 예들이 있다. '肺'는 현대어에서 거의 한자어인 '폐'로
어형이 교체되었으며, 일부 방언에서 화가 난다는 뜻으로 '부하난다(경북)'로 사용
되고 있어 화석형이 관용구에 남아 있다. '肺〉허파'로의 어형 교체가 방언에서는
매우 보수적으로 변했음을 알 수 있다. '胃'가 사람의 위와 동물의 위를 구분하여
사람의 위는 '위'로, 동물의 위는 '양'으로 어형이 교체되는 과정을 이 자료집에서

---

47) "The Korea Review"(1905), Vol. V, No.4, 참조.

확인할 수 있다.

그러나 어휘 조사가 잘못된 자료도 있다. '蒲公英(민들레)'에 대응되는 방언형 가운데 '강아지꽃(충남, 당진), 심바구꽃(충남, 논산), 씀바위(충남, 홍성), 씸버구(충남, 옥천), 씬냉이(경남, 밀양), 씹은나물(경남, 통영)'과 같은 자료는 조사 대상에 대한 어휘 확인이 이루어지지 않는 예들이다.

대상물의 소멸로 인해 현재 사용되지 않는 '蓑(도롱이)', '竹笠(삿갓)', '蘆笠(갈몽데기)'와 같은 방언형이 있다.

2) 표기·음운

다음으로 이 자료집에서 한글로 전사를 하였기 때문에, 자료전사의 표기법이 조사자간에 상당한 차이를 보여, 정확한 음운론적 해석을 유보할 수밖에 없는 예들이 많이 나타난다. 표기법에 대한 검토와 더불어 음운자료로서의 가치가 어떤 것인지 알아보자.

이 자료집이 안고 있는 가장 큰 문제는 전국조사 규모로서 면밀한 방언조사 방법이 통일되지 않았다는 점이다. 특히 자료 전사의 통일이 이루어지지 않았기 때문에 제기되는 문제점들이 여기저기에서 발견된다.

먼저 이 자료집뿐만 아니라, 이후에 나타나는 小倉을 비롯한 전국규모의 방언 자료집에서 발견되는 가장 큰 폐단이 기저형을 확인하지 않고 방언형을 제시한 점이다. 예를 들면 '솥'에 대한 분화형을 '솟(함경도 북청, 황해도 황주, 평산, 충청도 논산, 경상도 선산, 사천, 통영)'으로, '옻'에 대한 방언형을 '늣(함경도 성천)', '놋(평안도 강동, 중화, 박천)', '옷(충청도 옥천, 홍성, 경상도 통영)'에서처럼 기저형을 확인하지 않은 예들이 여기저기에서 발견된다.

둘째, 곡용형이나 활용형에서 어간과 어미에 대한 경계 표시가 없어 단독형으로 봐야 할지 의문이 가는 예들도 보인다. '池'에 대한 분화형인 '못'과 '모시'에서 '모시(함경도 이원, 북청, 경상도 김천)'가 단독형인지 또는 주격형인지 분간하기 힘이 든다. 물론 '쾨(鼻)'와 같은 방언형이 나타나는 경상도 지역에서는 어간 재구성이 된 자료라는 것을 파악할 수는 있지만, 혼란을 야기시킬 수도 있다.

셋째, 이처럼 기저형에 대한 정밀한 확인이 이루어지지 않아 음운론적 해석을 유보하지 않으면 안될 경우도 있다. 예를 들면 '眉毛'에 대한 분화형 '눈섭(경기도 경성, 부천)', '눈숩(평안도 대동)'이 기저형을 미확인한 예인지 아닌지 분간이 가지 않기 때문에 음운론적 해석이 어려운 경우도 있다. '牧馬'에 대한 분화형 '숙말'과 '숫말'도 마찬가지이다. 동남방언에서는 기저형이 '*숧-+-말'로 재구되는 어형의 기저형은 '숙말'로 실현되지만 중부방언에서는 '숫말'로 실현되는 방언 차이를 반영한 것인지 해석을 미루지 않을 수 없는 예도 있다.

넷째, 이 자료집의 기본적인 표기 기준이 불분명하다. 따라서 움라우트나 경음화 현상은 자료에 반영하는 음성적 레벨에서 전사를 하였지만 자음동화 현상을 보면 음운론적인 레벨에서 전사를 하고 있다. 특히 자음동화는 거의 자료에 반영하고 있지 않지만, n+k나 k+m의 환경만 자음동화를 반영하고 있다. 이러한 뚜렷한 이유가 어디에 있는지는 분명하지 않다.

다음으로는 음운현상과 관련된 자료에 대해 살펴보도록 한다.

먼저 전설음화 현상은 19세기에 들어서 생겨난 음운현상(李基文, 1972a:203)으로 어두나 비어두, 고유어와 한자어에서 매우 생산적으로 실현되었다. 그런데 이 자료에서는 전설음화에 적용된 분화형(아침, 아직, 이실비, 실개, 부시름)과 그렇지 않은 분화형(아츰, 이슬비, 쓸개, 부스름)들이 공존하고 있다. 20세기 초반까지 개별 지역방언에서는 어휘 내부에서의 '스〉시'와 같은 전설음화 현상이 방언에서는 완전히 확산되지 않았음을 확인할 수 있다.

〈十九史略〉에서 'ㅈ' 뒤의 '으〉이'현상이 발견되지 않는데, 이것은 'ㅅ'뒤에서 먼저 전설음화가 적용되었다는 것을 나타낸다. 그런데 이 자료에서는 '거스름'이 '거시름'과 같은 분화형이 충청도 방언에서 공존하고 있는데, 이것은 단어경계에 이르기까지 이 현상이 확산되었음을 보여주고 있다. 그러나 이 자료에서 곡용이나 활용의 환경에서의 변화를 확인할 자료가 없으나, 19세기 초에 이미 활용의 환경에서 전설음화가 적용되는 예들이 나타난다. 따라서 19세기말의 언어와 연결되는 이 자료집을 토대로 하여 전설음화 현상의 단계적 확산과정을 정밀하게 연구할 수 있을 것이다.

둘째, 어두경음화 현상은 16-20세기에 걸쳐 어휘에 따라 확산되는 추이를 보인다. 그러나 이 자료집에 따르면 '깨구리/개구리, 뚜껍이/두게비, 두껍이, 짬자리

/잠자리, 깨미/개미, 까지/가지, 꽁기/공기'와 같은 어두경음화 현상이 서남방언에서 활발하게 일어나고 있다.48) 따라서 어두경음화 현상은 서남방언에서 확산되어 동남방언과 중부방언으로 확산되는 것으로 추정된다.

어중이나 단어경계에서의 경음화 현상은 음운론적으로 조건지울 수 있는 선행음절 자음이 저해음(obstruent)인 경우나, 형태론적으로 조건지워지는 선행음절 자음이 낭음(sonorant)인 경우, 모두 중부방언이 남부방언에 비해 경음화가 적용된 예들이 많이 나타난다.

셋째, 이 자료에서 움라우트 현상은 상당히 넓은 지역에 확산되어 있음을 알 수 있으며, 어휘부 내부에서뿐만 아니라, 형태소 경계를 뛰어 넘어 합성어 환경에 이르기까지 확산되어 있음을 알 수 있다. 이들 지역간에 개재자음의 제약 정도에 대한 정밀한 확인은 뒤로 미루고 우선 몇 가지 특징적인 자료가 발견된다.

곧 '석유'에 대한 방언형이 '쇡쇡이, 쇡유'(경기도 부천)가 나타나며, 전조에 대한 방언형 '회미'(평안도, 안변, 덕원)가 나타난다. 움라우트 현상에서 동화주가 i가 아닌데도 불구하고, '호미>호미>회미'와 같은 동화를 경험한 예들이 나타나는 것은 특이한 자료라 할 수 있다.

이 자료집에서 확인되는 재구조화된 분화형이 있다. '뿌'에 대한 방언형이 '쾨'(경상도, 사천)가 나타나는데, 이는 '허패, 치매, 도매'형과 마찬가지로 '코+이(주격조사)'가 'kho+i)khoy+khö'의 변화를 경험한, 어간이 재구조화된 자료이다.49)

넷째, 이 자료집에서 어간말자음의 기저형을 확인하기 힘든 예들이 나타난다. '숩풀, 눈썹, 무릅'과 같은 예들이 역사적으로 어간말자음의 기저형이 /ㅂ/이던 것이 /ㅍ/으로 변화를 보여주는 것인가 확인하기 어렵다. 그 이유는 전술하였듯이 전사 방법상 개인에 따라, 음소론적 표기와 형태음소론적 표기법의 혼돈을 보여주기 때문이다. 그러나 '무릅/무릎'의 양형이 실현되면서 '물팍'이라는 분화형이 실현되는 것과 '무릎-+-악(접사)'의 파생어 형성을 고려한다면 기저형은 /ㅍ/이었을 것으로 판단된다.

---

48) 小倉進平(1944), 「朝鮮方言の研究」, 자료집에 의하면 어두경음화를 경험한 예가 서남 해안지역에 많이 분포되어 있는 사실과 부합된다.

49) 이상규(1983), "경북 지역어의 주격 「-이가」", 어문론총 17., 경북대. 참조.

다섯째, '방치돌/방치독, 서답돌/서답독, 돌다리/독다리'와 같은 예들에서는 복합어에서의 어중 '-g-' 탈락과 어휘부 내부에서의 탈락되는 지역 차이를 비교함으로써 음운 층위에 따른 개신차이를 비교할 수 있는 좋은 예들이다.

여섯째, 복합어 환경에서 음운탈락형과 비탈락형이 공존하고 있다. '솔+나무'형과 '소+나무'형이 공존하듯이 '불삽/부삽'이 공존하고 있다. 형태 음소론적인 음운탈락에 의한 방언차이에 대한 확인이 가능한 자료도 보인다.

3) 문법

이 자료집에서 문법조사 항목은 총 30항목이다. 불규칙활용과 종지형에 대한 항목이 10항목이며, 활용형에 대한 항목이 6항목, 사동법에 대한 항목이 5항목, 피동법에 대한 항목이 4항목, 기타 5항목으로 되어 있다. 그러나 방언의 문법체계에 대한 이해를 위해서는 이러한 수준의 자료는 그렇게 큰 도움을 주지는 못할 것이다 . 물론 이러한 경향은 비단 이 자료집에서뿐만 아니고, 후속되는 대부분의 전국 규모를 대상으로 한 방언 자료집의 공통적인 폐단이라 할 수 있다.

문법 항목은 다음의 예처럼 표준어로 표제문장을 주고 각 방언형을 기입한 형식을 취하고 있다.

  (-) 당신이 이 끊어진 실을 이어(續) 보렵니까
   ‥‥끄너진 ‥ 이서‥ 줄터입니까(함경 성진)
   ‥‥‥‥‥‥ 니서‥‥‥‥ (평안 박천)
   ‥‥‥‥‥ 니여‥ 볼램니까 (평안 정주)

불규칙활용항에서는 'ㅅ-불규칙', 'ㄷ-불규칙', 'ㅂ-불규칙', '하-불규칙', '가-불규칙', '오-불규칙', 'ㅎ-불규칙' 등에 대한 자료를 제시하고 있다.

사동법과 피동법 조사에서 사·피동법의 형태소 구성의 차이와 형태소 중가형의 방언 차이를 파악할 수 있다.

이와 동시에 중부방언에서 부정법은 서술어가 동사인 경우 장형부정이 되고, 형용사인 경우에 장·단형 부정이 실현되나, 이 자료로는 이러한 차이가 지역적으로 어떻게 분화되었는가를 알 수 없다.

(23) 뒷문은 좀처럼 닫히지 아니하네
　·······대끼지······ (함, 북청)
　·····요해······ (함, 성진)
　·····좀처럼 다티지····· (평, 영변)
　·····쉽게는 다티지····· (평, 평양)
　········닫기지····· (평, 박천)
　·····잘···닫기지····· (평, 중화)
　·····쉽사리 닫아지지····· (황, 안악)
　········닷지 (충, 충주)
　·····좀최로·닷지····· (충, 논산)
　뒤문은···조매·안닫긴다····· (경, 정일)
　·········아니함등(간도)

　문법조사 항목도 엉성하지만 조사 방법상에서도 많은 문제를 안고 있다. 사실 방언문법의 연구 성과는 공통어의 문법연구 성과에 비해보면 미흡한 점이 한 둘이 아니다. 이 자료집에서도 역시 이러한 한계를 안고 있을 수밖에 없었을 것으로 보인다.

　이상에서 이 자료집에 대한 서지적 특징에 대한 검토와 아울러 자료집이 갖고 있는 문제점을 어휘, 음운, 문법, 의미로 나누어 검토하여 자료집이 지니고 있는 특색에 대해 살펴보았다. 이상의 내용을 요약하면 다음과 같다.

　첫째, 이 『방언집』은 현대언어학적인 의미를 지닌 우리나라 최초의 방언사전이다. 방언에 대한 어휘자료는 이덕무의 〈한죽당섭필〉이나 유희의 〈言文誌〉의 기록이 있으나 현대과학적인 자료집은 지금까지 小倉의 『朝鮮方言の硏究』이 최초의 방언자료집으로 알려져 있다. 小倉의 『朝鮮方言の硏究』을 위한 자료 조사는 그가 조선에 입경한 1911년부터 1933년까지 1차 자료조사를 하였으며, 1940년 2차 자료 조사를 행하였다. 小倉이 조사한 자료에 대한 중간 보고서는『朝鮮月報』4월호(1915), 『朝鮮彙報』5월호(1916), 『朝鮮』7월호(1923), 『文敎の朝鮮』3월호(1928), 『靑丘學叢』5호(1931) 등을 통해 발표되었으나 자료집으로 묶은 것은

1944년 6월 15일 일본의 『波書店』에서 유고작으로 그의 제자인 河野六郎에 의해 간행되었다.

따라서 이 『方言集』이 제작된 1937년(소화20) 2월은 小倉과 河野가 2차 조사를 하기 직전이다. 그리고 『朝鮮方言の研究』-資料篇-이 간행된 것보다 7년이나 앞선다.

둘째, 이 자료집의 자료 전사를 비록 한국어로 하여 정밀한 음성적인 차이를 파악하기에는 힘들지만 동일한 지역에서 많이 쓰이는 방언형 major form과 적게 쓰이는 방언형 minor form을 +, - 표를 이용하여 나타내고 있다. '細雨'에 대해 경상도 사주 지역에서 이와 같은 방법을 한국정신문화구원에서 시행한 전국방언조사에서도 major form(A)과 minor form(B)을 'A〉B'로 나타내고 있다.

셋째, 동일한 군내에서도 방언차이를 나타내주고 있다. 경상도 선산군은 한 가운데로 낙동강이 흐르기 때문에 강북과 강남 지역간의 방언차이가 예상되는데(河野六郎:1945) 이 자료집에서도 상, 하로 구분하여 강북(상)과 강남(하)의 방언차이를 보이는 경우 각각의 방언형을 제시하고 있다. '星'에 대한 방언형을 '새벽(상), 새북(하)'로 각각 제시하고 있다.

넷째, 이 자료집은 사회방언학적인 배려를 한 점에 있어서도 그 가치를 과소 평가할 수 없다. 잘 알다시피 小倉도 그의 방언자료집에 인삼 채취자들의 특수한 은어를 많이 수집했는데 이 자료집에서는 화자의 연령별 방언차이나 평칭과 비칭을 구분했다는 점을 특징으로 꼽을 수 있다. '飯'의 방언형 '맘미(幼兒)/진지(長者)/메(祭)'와 같이 사용환경에 따른 방언형을 조사하였다.

다섯째, 이 자료집은 19세기말 방언이 반영된 자료라고 할 수 있다. 따라서 오늘날 방언과의 비교를 통하여 개별 방언사를 연구하는 데 매우 유용한 자료집이라고 할 수 있다.

이 자료집은 당시에 비록 학생들의 손에 의해 이루어진 것이긴 하지만, 책자로 엮어진 최초의 한국방언사전이라는 측면에서 국어사적 가치는 높게 평가될 수 있다.

제8장 尙火 詩에 나타난 방언과 텍스트

1. 문제의 제기

시인은 언어를 새롭게 창조하는 사람이라고 말한다. 시를 구성하는 하나의 시어를 선택하는데 있어서도 매우 세심할 뿐만 아니라 보다 적확한 의미로 표현하기위해 새로운 시어를 창조하기도 하고 또 다른 언어 형식인 회화적인 기호나 그림까지 활용하기도 한다.

이러한 노력 가운데 특히 향토색이 짙은 분위기를 연출하려고 지역 방언(regional dialect)을 활용하기도 한다. 그런데 이전 시대의 작가가 방언을 반영하여 쓴 작품의 원본을 오늘날 사람들이 읽기 편하도록 방언적 표현이나 표기법, 띄어쓰기 등을 교정하여 현대어로 옮기는 과정에 방언에 대한 인식 부족으로 인하여 原本을 그르치게 하는 경우가 종종 있다.

1920년대에 각종 문예지나 잡지에 발표된 상화의 시작품들을 모아 白基萬 (1951)이 처음으로 시전집으로 엮은 이후 시전집으로 여러 차례 간행된 바 있으나 原本에 방언이 많이 나타나는 이유로 인해 1차 발표 당시의 원본 텍스트의 모습에서 상당히 벗어난 형태인 왜곡된 모습으로 독자에게 전달되고 있는 대표적인 작가가 바로 상화이다.

예를 들면 상화가 1925년 〈개벽〉에 발표한 〈緋音〉이라는 시에서 '물고너흐는'이라는 구절을 대구방언50)의 정확한 의미를 파악하지 못하여 〈文學思想〉〈정음사〉 〈대구문협〉에서 간행한 시집에서 "몰고 넣는"으로 텍스트를 전혀 엉뚱하게 변형시켜 놓았다.

---

50) 大邱地域의 慶北方言을 편의상 "大邱方言"이라고 부르기로 한다.

이世紀를물고너흐는, 어둔밤에서<緋音, 개벽>
이 世紀를 <u>몰고 넣는</u>, 어두운 밤에서<緋音, 문학사상, 정음사, 대구문협>

따라서 지방색이 짙은 작가들의 작품을 보다 정확하게 분석하기 위해서는 반드시 원본51)과의 대교 및 언어에 대한 분석이 선행되어야 한다. 원본에 대한 비판 없이 잘못된 교합본을 전제로한 문학적 비평은 엄청난 오류를 범할 수밖에 없을 것이다.

상화는 대구방언을 시에서 많이 사용하고 있음을 지적한 이는 많으나 이를 전면적으로 조사하여 체계화한 연구는 아직 없다. 특히 시중에 나와 있는 많은 "이 상화 시전집"류를 보면 작품 중에 방언으로 된 詩語를 잘못 해석하여 본래의 시가 가지고 있는 맛깔과 전혀 다르게 현대어로 변형시켜 놓은 오류들이 너무도 많다. 어쩌면 대구방언을 모르고는 상화의 시를 제대로 감상할 수 없다고 할 수 있다. 따라서 지방색이 짙고 또 지방 방언을 많이 활용한 문학작품에 대해서는 그 지역 방언학자들에 의한 텍스트분석이 절실히 필요하다. 상화 시의 校合本에서 나타난 이러한 문제점의 일단을 鄭孝九(1985) 교수는 1926년 『개벽 70호』에 연제된 〈빼앗긴 들에도 봄은 오는가〉라는 작품이 시집마다 왜곡된 실상의 예를 9가지 유형52)으로 구분하여 제시하고 있을 뿐 상화 시에 나타나는 방언에 대한 전반적인 연구는 본고가 아마도 첫 번째 시도일 것이다.

우리나라에서 문학작품에 나타난 언어학적인 분석은 素月 詩에 대한 李基文(1983) 교수53)와 未堂 詩에 대한 沈在箕(1976) 교수54)의 연구 성과가 있을

---

51) "校合本"에 대한 개념은 李基文(1983), 「素月詩의 言語에 대하여」, p. 11, 『국어학연구』, 신구문화사. 참조. 각종 잡지에 처음 발표된 작품을 〈原本〉이라고 한다면 세월이 지남에 따라 새로운 인쇄과정을 거쳐 출판된 자료들이 있을 수 있다. 1차 자료를 그대로 영인하여 한획의 차이도 보여주지 않는 다면 이를 〈複寫本〉이라고 할 수 있다. 〈原本〉에다가 읽기 힘든 부분에 주석을 달아서 독자들이 읽기 편하도록한 것을 〈註釋本〉이라고 할 수 있다. 그러나 1차 자료인 원전에서 정도의 차이는 있지만 일단 철자법이나 띄어쓰기 등과 같이 수정하여 출판된 경우 〈校合本〉이라고 할 수 있다. 〈交合本〉과 〈註釋本〉의 절충적인 것도 있지만 어느 것이 주가되느냐에 쉽게 판단할 수 있다.

52) 鄭孝九(1985), 「「빼앗긴 들에도 봄은 오는가」의 構造詩學的 分析」, p. 238. 『冠嶽語文研究』 10. 참조.

53) 李基文(1983), 「素月詩의 言語에 대하여」, 『국어학연구』, 신구문화사. 참조.

54) 沈在箕(1976), 「映山紅의 詩文法的 構成 分析」, 『언어』 1-2, 한국언어학회.

뿐 별다른 관심을 보이지 않는 듯하다. 외국의 경우 문학작품에 나타난 방언을 "가시방언(Eye Dialect)"이라고 하여 詩, 小說, 戱曲 작품속에 나타나는 방언과 문학작품의 상관관계에 대한 분석이 시도되고 있다.[55]

지금까지 상화의 작품집이 여러 차례 발간되었으나 작품 속에 나타난 대구방언을 잘못 이해하여 텍스트마다 상당한 오류가 발견되기 때문에 이에 대한 교정을 위해 먼저 원본을 확정지울 필요가 있다고 판단된다. 그래야만이 보다 정확한 작품 분석과 이에 대한 감상이 이루어질 수 있기 때문이다.

먼저 상화의 작품의 원본은 1차 발표된 발표지[56]를 근간으로 하여 표기법에 맞추어 교정한 교합본[57]을 대조하며, 발표 당시의 작가가 가지고 있었던 표기법의 기준이나 원리를 충분히 고려하여 원본에서 최대한 근접할 수 있는 교합본이 복원될 수 있도록 방언분석을 통한 텍스트 분석을 시도하고자 한다.

상화가 작품활동을 한 시기가 1933년 〈한글맞춤법통일안〉이 제정되기 이전이기 때문에 상화의 육필 원고나 〈개벽〉〈조광〉 등의 잡지에 연재된 작품을 기본 원본으로 삼고, 그 이후 표기법에 의거하여 새로 교정된 것을 교합본이라 규정해 둘 필요가 있다.

이와같이 고전은 그 시대 사람들이 읽을 수 있도록 하기 위해서 다양한 교합본

---

55) Sumner Ives(1971), 「A Theory of Literary Dialect」, 『A Various Language, *Perspectives on American Dialects*』, Holt, Rinehart and Winston, INC.
   Paul Hull Browdre, 「Jr. Eye Dialect as a Literary Device」, 『A Various Language, *Perspectives on American Dialects*』, Holt, Rinehart and Winston, INC.
56) 대구문인협회 편저(1998), 李相和 작품 연보는 『이상화 전집, 빼앗긴 들에도 봄은 오는가』, pp. 300-303. 그루. 참조.
57) 본고에서 이용하는 교합본은 다음과 같다. 〈 〉표는 교합본을 지칭하는 약어이다.
   白基萬 편(1951), 「상화와 고월의 회상」, 『상화와 고월』, 청구출판사. 〈청구〉
   이설주 편(1959), 「상화전기」, 『씨뿌린사람들』, 사조사. 〈사조사〉
   李相和(1973), 『상화시집』, 정음사. 〈정음사〉
   李相和(1973), 「이상화 미정리작 29편」, 『문학사상』 제7호. 문학사상사. 〈문학사상〉
   李相和(1973), 「상화의미정리 '곡자사(哭子詞) 외 5편」, 『문학사상』 제10호. 문학사상사. 〈문학사상〉
   정한모·김용직편(1975), 『한국현대시요람』, 박영사. 〈한현〉
   金澤東 편(1977), 『이상화작품집』, 형설출판사. 〈형설사〉
   李起哲 편(1982), 『이상화전집』, 문장사. 〈문장사〉
   李相和(1991), 『빼앗긴 들에도 봄은 오는가』, 이상화전집, 미래사. 〈미래사〉
   大邱文協(1998), 『이상화 전집』, 빼앗긴 들에도 봄은 오는가, 그루. 〈대구문협〉

이나 주석본의 출현은 불가피한 현실이었다고 보인다. 그러나 교합본도 원본이 가지고 있는 본래의 의미에 최대한 접근할 수 있도록 표기법이라든지, 어휘 및 어법을 교정해야할 것이다. 그렇다면 어떠한 기준으로 그 표기법이라든지 어휘 및 어법을 교정해야 하는가라는 문제는 결코 단순한 문제가 아니다.

原 本 : 『마돈나』밤이주는꿈, 우리가얽는꿈<백조>
校合本 : 『마돈나』밤이주는꿈, 우리가얽는꿈<조선시>
　　　　『마돈나』 밤이 주는 꿈, 우리가 얽는 꿈<정음사>
　　　　『마돈나』밤이 주는 꿈, 우리가 엮는 꿈<청구>
　　　　『마돈나』 밤이 주는 꿈, 우리가 엮는 꿈<사조사>
　　　　『마돈나』 밤이 주는 꿈, 우리가 얽는 꿈<형설사>
　　　　『마돈나』 밤이 주는 꿈, 우리가 엮는 꿈<미래사>
　　　　'마돈나' 밤이 주는 꿈, 우리가 얽는 꿈<대구문협>

〈나의 寢室로〉라는 작품에서 〈백조〉에 실린 작품을 원본으로 보고 교합본의 여러 이본들은 몇 가지 특징을 가지고 있다. 곧 〈조선시〉는 원본과 다름없이 띄어쓰기나 '꿈'의 표기법도 동일하다. 그러니 이를 原本이라고 해도 무방하다라고 할 수 있을지 모르지만 다른 구절에서 이들 간의 표기법의 차이를 보이고 있기 때문에 동일한 원본이라고 할 수 없는 것이다.

〈정음사〉과 〈청구〉〈사조사〉본은 역시 '꿈'을 '꿈'으로 표기함으로써 현대 정서법에 맞추어 표기함으로써 작가의 의도성(intentionality)[58]을 전혀 깨뜨리지 않고 있다. 그러나 '얽는꿈'을 '엮는꿈'으로 해석하고 있다. 물론 '얽다'와 '엮다'는 유의어의 관계이지만 이 작품에서 원본의 '얽는꿈'은 대구방언에서 '얼게', '얼게빗', '얼게미'와 같은 방언형이 존재함으로 〈형설사, 대구문협〉에서처럼 '얽는 꿈'으로 교정하는 것이 옳을 것이다. 따라서 작가의 의도성이 개재되어 있는 향토색(local color)[59] 있는 시어을 지역방언 그대로 살릴 것인가 그렇지 않으면 지역방언을 두고 주석

---

58) 金泰玉·李玄浩 공역(1991),『談話·텍스트言語學 入門』, 양영각. 참조.
59) Paul Hull Browdre(1971),「Jr. Eye Dialect as a Literary Device」,『A Various Language, *Perspectives on American Dialects*』, p. 178. Holt, Rinehart and Winston, INC.에서 "향토색(local color)"에 대한 개념을 참조.

을 달아서 독자의 편의를 도모할 것인가, 또는 표준어형으로 바꿀 것인가 문제가
된다.

> 쓴눈물 긴한숨이 얼마나 쌧기에<大邱行進曲, 별건곤>
>
> 쓴 눈물 긴 한숨이 얼마나 쌧기에<大邱行進曲, 대구문협>
>
> 쓴 눈물 긴 한숨이 얼마나 쎄기에<大邱行進曲, 미래사>

　1930년 〈別乾坤〉에 게재된 〈大邱行進曲〉이라는 작품이다. 〈대구문협〉 간행
시집에서는 띄워쓰기만 하였으나 〈미래사〉에서 간행된 시집에서 가장 향토적인
'쌧기에'라는 어휘를 전혀 의미가 다른 '쎄기에'로 교정함으로써 작품을 작자의 정
보성(informativity)과 일치하지 않는 오류를 범한 것이다. '쌧:다'라는 어휘는
'매우 많다'라는 대구방언이다. 따라서 '쌧기에'를 그대로 두고 주석을 달 것인지,
그렇지 않으면 '많기에'로 교정할 것인지 판별하는 일이란 결코 쉬운 일이 아니다.
아마 '쌧기에'를 표준어형인 '많기에'로 바꾼다면 대구사람들이 느낄 수 있는 감칠
맛나는 방언의 효과는 없어지고 말 것이다.
　이러한 기준과 틀을 마련하기 위해 먼저 原本의 오류와 校合本의 오류에 대해
먼저 살펴본 뒤에 텍스트 해석을 위해 어떠한 접근이 필요한지 살펴보도록 하자.

2. 원본과 교합본의 오류

1) 원본 텍스트의 오류

　상화가 시작 활동을 주로 한 시기는 1920년대 국어 "맞춤법통일안" 규정이 마
련되지 않은 상황이었다. 그리고 당시의 육필원고도 전부 전하지 않기 때문에 처
음으로 활자화되어 발표된 작품이나 육필원고를 1차 텍스트라고 채택하지 않을
수 없다. 그러나 이것이 절대적인 것이 될 수 없다. 개고과정, 작가의 치밀성의
결여에 따른 오류, 조판상의 오자, 탈자 등의 요인에 의해 1차 발표된 텍스트에
대한 정밀한 분석이 필요하다.
　육필원고가 전부 전하지 않는 상황에서 1차로 활자화된 텍스트를 원본으로 기

대지 않을 수 없기도 하지만 그 자체를 원본 텍스트로 그대로 인정할 수 없다. 원본을 확정하기 위해 1차 텍스트에 대한 오류에 대해 살펴보면 다음과 같다.

1) 나무입 마다에셔 / 저즌 속살그림이 / 쓰니지 안홀 째 <u>글너라</u><單調, 백조>
2) 그들은 벼락마질제들을 <u>가엽게(?)겨</u><거러지, 개벽>

위의 1)의 예는 '글러라'는 탈자이다. 그러니 1차 발표 텍스트의 분명한 오류이다. 그뿐만 아니라 2)의 예는 탈자로 인한 오류이다. '가엽게(?)겨'에서 '여겨'의 '여'자가 조판상에서 탈락된 것이다. 곧 '가엾게 여겨'라는 뜻이다.

3) 아모래도 내하고저움은미친짓뿐이라 / 남의 <u>쓸듯는</u>집을 문훌지 나도모른다<先

驅者의 노래, 개벽>

위의 예 3)의 '쓸듯는'을 다양한 의미로 해석을 하고 있다. 곧 <문장사><형설사>에서 간행된 校合本에서는 '쓸듯는'으로 <문학사상사><정음사>에서 간행된 校合本에서는 '쓸 듣는'으로 그리고 <대구문협><미래사>에서 간행된 校合本에서는 '꿀 듣는'으로 표기하고 있어 잘못을 범하고 있다.

대구방언인 '끌뜯다'는 '마구 집어뜯다' 혹은 '상대방을 헐뜯다'라는 의미를 가지고 있다. 따라서 위의 시구절은 "아무래도 내하고 싶은 것은 미친짓뿐이라 / 남의 끌뜯는 집을 무너뜨릴지 나도 모른다"라는 의미임에도 불구하고 '쓸듯는'을 '꿀 듣는'으로 교정한 잘못을 저지를 수밖에 없었던 것은 바로 원본에서 '끌듯다'로 표기되어야 될 것이 '쓸듯다'로 곧 '끌'을 '쓸'로 잘못 표기한 예이다.

4) 나는, 무덤속에갓서도, 이가티거륵한째에, 살고<u>읇흐려노라</u>.<本能의 놀애, 시대일보>

4)의 예문에서 '읇으려노라'라는 어휘에 대해서 '살고자하려노라'<정음사><대구문협> '살고저하려노라'<형설사>, '살고자 하여노라'<미래사>과 같이 교정하고 있다. 이렇게 마음대로 원본의 시를 변형시킬 것 같으면 아마도 원본과 전혀 무관하게 새로 시를 쓰는 편이 낫지 않을까? '읇흐려노라'는 원본에서 나타난 표기 오

류라고 볼 수밖에 없다. '읊으려노라'를 자신의 표기법 대로 한다면 '읇흐려노라'
가 되어야 하는데 '읇흐려노라'로 잘못 표기한 것이다.[60] 이처럼 원본에 대한 정
밀한 검토가 없이 교합본을 출판함으로써 원본의 시 내용과 의미를 왜곡시킨 결
과가 된 것이다.

　　5) 언길을, 밟고가는 / 장돌림, 보짐장사, / 재넘어마을, / 저자보려<嘲笑, 개벽>

　5)에서 '넘어'는 '너머'의 오류이다. 대구방언에서 '넘어'와 '너머'의 의미분화가
명확하게 이루어지지 않았기도 하지만 상화의 시 여러곳에서 이러한 오류들이 발
견된다.

　　6) 그밤의어둠에서쑴여난, 뒤직이가튼신령은<緋音, 개벽, 문학사상, 정음, 형설사>

　6)의 예 '쓰며난'이라는 어휘의 표기를 음절 분절을 잘못한 오표기의 예이다.

　　7) 눈물 홀리는 笛소래만 / 갓업는 마음으로 / 고요히 방울지우다<單調, 백조,
　　　　　　　　　　　　　　　　　　　　　　　　　　　　　　　형설사>

　　　밤을지우다<조선시, 청구, 정음사, 대구문협, 미래사>

　　8) 나의記憶은 自然이준등불 海金剛의달을 새로히손친다.<도-교-에서, 文藝運動,
　　　　　　　　　　　　　　　　　　　　　　　　　　　　문학사상, 정음사>

　　　솟친다<형설사, 대구문협, 미래사>

　　9) 그럭게 팔월에 네가 간뒤<哭子詞, 朝鮮文藝>
　　　그러께<정음사, 형설사, 대구문협, 미래>

　　10) 아모리 불러도 멋대로못가고 생각조차못하게 지쳤을떠는 이설움<逆天, 詩苑,
　　　　　　　　　　　　　　　　　　　　　　　　　　　　형설사, 문장사>

　　　지천<청구, 정음사, 대구문협>

─────────────

60) 語末子音群의 有氣音表記를 '슯홈이든'(슬픔이든)〈마음의 꼿〉, '숩홀'(숲을)〈原始的 읍울〉, '압
　헤'(貧村의 밤), '녑허도'(嘲笑)에서처럼 二重으로 表記하고 있다.

7)의 '방울지우다'도 '밤을 지우다'의 오표기 내지는 조판상의 잘못으로 인한 오류이다. 8)의 예에서 '손친다'는 '솟친다'의 오류로 보인다. 9)의 '그럭게'도 '그렇게'의 오기인 것으로 보인다. 역시 10)에서도 '지쳤을'은 하늘과 땅(地天)이라는 의미를 가진 '지천을'의 오기로 보인다.

11) 한우님! 나는 당신께 <u>못조려합니다</u> /.......창자비-ㄴ 소리로 / 밉게드틀지
　　　　　　　　　　　　　　　　　　　　　　　　　　　　섧게드를
　　지모르는 당신께<u>못조려합니다</u>.<이해를 보내는 노래, 개벽, 형설사>
　　묻잡으려 합니다<문학사상, 정음사> / 묻조려 합니다<미래사> / 여쭈려 합니다
　　　　　　　　　　　　　　　　　　　　　　　　　　　　　　<대구문협>

11)의 '못조려합니다'는 '문잡오려합니다'라는 통사적인 존대법의 범주가 아니라 어휘적인 존대범주에 속하는 것이다. 곧 '묻다'에 대한 존대어휘가 '여쭙다'가 있다. 어휘적 존대범주에 속하는 것을 '묻-+줍(존대선어말어미)-+-으려'와 같은 통사적 존대 범주로 표현함으로써 원본 자체의 오류를 범한 예이다.

12) 비오는밤 / 까라안즌 하날이 / 꿈꾸듯<u>어두어라</u>.<單調, 백조, 조선시, 형설사>
　　어두워라<청구, 정음사, 대구문협>

12) '어두어라'는 경북방언에서는 '어둡-+어라'로 'ㅂ' 정칙활용이 되기 때문에 '어두버라'로 표기되든지 중부방언형처럼 'ㅂ'불규칙활용이 된 표기라도 '어두워라'로 표기되어야 할 것이다. '고요롭은'.<池畔靜景, 개벽, 형설사>, '슬기롭은가'<先驅者의 노래, 개벽, 형설사>의 표기처럼 原本에서도 혼란을 보여주고 있다.

13) 네가끌엇느냐 누가부르드냐 <u>답답워라</u> 말을해다오.<빼앗긴들에도, 봄은오는가,
　　개벽, 청구, 사조사, 정음사, 형설사, 대구문협, 미래사, 고등국어1>

尹東柱와 이육사와 더불어 일제에 항거하는 민족시의 대표작으로 손꼽히는 상화의 수작인 <빼앗긴 들에도 봄은 오는가>에서 원본의 오류가 그대 교합본까지 그리고 고등학교 교과서에서까지 답습되어온 대표적인 예이다.

대구방언에서는 '답답다', '답답하다'가 어간쌍형어간을 가진 방언형으로 'ㅂ'-정칙활용을 하기 때문에 중부방언과 차이를 보여준다. 곧 대구방언에서는 '답답-(형용사어간)＋-어라(설명형어미)'의 구성으로 '답답어라'가 올바른 표현이다.

그런데 중부방언에서 'ㅂ'-불규칙활용의 흔적인 '우'가 이중으로 표기되어 '답답워라'로 표기된 것이다. 곧 방언형으로 '답답어라'로 표기되어야 하며, 표준어형으로는 '답다워라'로 표기되어야 함에도 불구하고 12)의 에에서처럼 모든 교합본에서 원본의 잘못을 그대로 답습하고 있다. 심지어는 고등학교 국정 교과서에 이르기까지 오류를 답습하고 있다.

이처럼 원본의 텍스트에도 작가의 의도와는 달리 많은 오류들이 발견되기 때문에 원본을 확정하기 위해서는 원본의 텍스트에 대한 정밀한 분석이 필요하다.

2) 교합본 텍스트의 오류

상화의 시 가운데 창작 발표 당시의 작품을 원본 텍스트로 삼고 그 이후 제정된 표기법에 맞도록 고치거나 방언어휘를 중부방언 어휘로 교정하여 발표한 작품을 교합본 텍스트라고 규정하고 초기 원본 텍스트와 그 이후 발간된 여러종의 교합본 텍스트간에 대교를 통해 교합본 텍스트에 어떠한 오류가 있는지 살펴보고자 한다.61)

(1) 방언어휘 교정의 오류

14) 이世紀를물고너흐는, 어둔밤에서<緋音, 개벽>
　　'몰고 넣는'<정음사><문학사상><형설사사><대구문협>

14)에서 '물어뜯으며, 뒤흔들며 놓지 않는다'라는 의미를 가진 대구방언인 '물고너흘다'라는 어휘를 잘못 이해하여 '몰고 넣는'〈문학사상〉〈정음사〉〈형설사〉〈대구문협〉로 교정함으로서 오류를 범하고 있다.

---

61) 이러한 대교 작업의 텍스트는 문장사에서 간행된 李起哲(1982) 교수의 『李相和 全集』이 많은 도움이 되었으며, 그외 1982년 이후에 간행된 각종 詩集이나 詩選集을 보충자료로 활용하였다.

15) 光明의목거지란일홈도모르고<緋音, 개벽, 정음, 형설사, 대구문협>

　『마돈나』지금은밤도, 모든목거지에, 다니노라<나의 寢室로, 백조>

　보기좋게 잘도자란 果樹園의 목거지다.<나는 해를 먹다, 朝光>

　보기좋게 잘도자란 果樹園의 목거지다.(☆)<나는 해를 먹다, 문학사상사>

　　15)에서 〈緋音〉에 나타나는 '목거지'라는 어휘에 대해서는 〈문학사상사〉 교합본
에서는 미상의 어휘(☆로 표시)로 처리하고 있다. 중세어에서도 나타나는 '몯ㄱ지'
라는 어휘는 '잔치', '모임'이라는 뜻을 가지고 있는 고유어로서 대구방언에서도 '목
거지' 또는 '모꼬지'라는 어휘는 "연회, 잔치마당, 모임의 뜻을 가진 방언어휘이
다.62) 이러한 사실이 밝혀짐으로써 상화의 대표작인 〈나의 寢室로〉와 〈나는 해를
먹다〉등 에 나타난 '목거지'에 대한 해석이 가능하게 되었다.63)

16) 『마돈나』밤이주는쑴, 우리가얽는꿈<나의 寢室로, 백조, 조선시, 형설사>

　얽는 꿈<정음사, 대구문협> / 엮는 꿈<청구, 사조사, 정음사>

　　16)에서 '얽는쑴'을 '엮는 꿈'으로 교정한 〈청구〉〈사조사〉〈정음사〉은 잘못이다.
곧 '엮다'와 '얽다'가 유의어의 관계이지만 원본 텍스트의 어휘를 유의어인 이형태
로 바꾼 것은 작자의 의도성을 깨뜨린 오류이다.

17) 사람이안고궁구는목숨의쑴이다르지안흐니,<나의 寢室로, 백조, 조선시, 정음사,

　　　　　　　　　　　　　　　　　　　　　　　　　　　　　　형설사>

　둥구는<청구, 사조사, 정음사> / 뒹구는<대구문협>

　　17)에서 '궁굴다'의 대구방언형인 '궁구는'을 표준어형인 '뒹구는'으로 교정한 것
까지는　原本의 결속성(coherence)을 훼손하지 않기 때문에 문제가 없다. 그러나
'둥구는'〈청구〉〈사조사〉〈정음사〉에서는 '궁굴다'와 유의어인 대구방언형 '둥굴다'64)

---

62) 두어돌마너 쓰리 婚姻를 몯ㄱ지예 녀러와서(數月女自婚姻會)〈飜小學, 10:1〉

　　몯ㄱ지ᄂ ᄌ조더 례도ᄂ 브즈런ᄒ고(會數而禮勤)〈飜小學 10:32〉

63) 오늘날 대학생들이 학과학생연수회를 학과 MT 또는 학과 "모꼬지"라는 말을 사용하고 있다.

64) 한글학회(1992), 『우리말큰사전』, 어문각. 이 사전에서 '둥굴다'를 평북방언형으로 처리하고 있는
　　데 경상방언형으로도 '둥굴다', '궁굴다'는 유의어의 관계이다.

로 교정한 것은 17)의 예와 마찬가지로 잘못이다.

18) 나의침실로가자, 아름답고오랜<u>거긔로</u><나의 寢室로, 백조, 형설사>
　　거게로<조선시> / 거기로<청구, 사조사, 정음사, 미래사, 대구문협> / 세계로
　　　　　　　　　　　　　　　　　　　　　　　　　　　　　　　　　<정음사>

　18)의 '그곳으로'라는 뜻을 가진 방언형 '거긔로'를 '거게로', '거기로'로 교정한
것은 표기법 차이의 문제이지만 '세계로'로 교정한 것은 분명한 잘못이다.

19) 우리는 오늘을<u>지리며</u>, 먼길가는나그넬너라.<마음의 꽃, 백조, 정음사, 대구문협>
　　☆<문학사상사> / 지키며<형설사> / 기리며<문장>

　19)에서 '지리다'는 '기대하거나 흠모하면서 예찬(禮讚)하다'라는 뜻의 방언형
'기리다'가 k-구개음화에 적용되어 '지리다'로 실현된 것이다. 이 방언형의 의미가
파악되지 않아 <문학사상사>에서는 뜻을 알 수 없는 미상의 어휘로 처리하였으며,
<형설사>에서는 '지키며'로 교정하는 오류를 범하고 있다.

20) 마음이 막다른 / 낡근 <u>쒸집에선</u><單調, 백조, 조선시, 형설사>
　　뒤집에선<청구, 정음사> / 띳집에선<대구문협>

　20)에서 '쒸집에선'이라는 어휘에서 '쒸'는 '볏불휘(茅根)<方藥 8>라는 기록에서
처럼 풀이름이라는 의미를 가지고 있다. 그런데 대구방언에서 '띠', '떼'란 '풀', '잔
디'를 의미한다. 그러니까 '풀로 이은 집'을 '띠집'이라고 하는데 바로 이러한 의미
를 지닌 '쒸집에선'을 '뒤집에서'<청구><정음사>로 교정한 것은 잘못이다.

21) <u>벙어리</u>입설로 / 쩌도는 沈默은 / 追憶의 녹긴窓을 / 죽일숨쉬며 엿보아라.<單
　　　　　　　　　　　　　　　　　調, 백조, 조선시, 형설사, 대구문협>
　　병아리<청구, 정음사, 미래사>

　21)에서 '말을 듣지도 하지도 못하는 사람'의 뜻을 가진 대구방언의 '버버리',

'벙어리', '버부리', '벌보'를 '병아리'로 교정한 것은 엄청난 잘못이다. '벙어리 입술로 / 떠도는 침묵은'이라는 구절을 '병아리 입술로 / 떠도는 침묵'이라는 구절로 바꾸어 놓았으니 이 어찌 가능한 일이랴.

   22) 내생각의 / 거믜줄곳마다에서도 / 저근속살거림은 / 줄곳쉬지안허라<單調, 백조,
                                                      형설사>

    저즌<조선시> / 젖은<청구, 정음사, 미래시> / 작은<대구문협>

   22)에서 '작다'라는 뜻의 방언형 '저근'을 '저즌', '젖은'으로 교정한 것은 잘못이지만 최근에 〈대구문협〉에서 간행한 교합본에는 '작은'으로 바르게 고쳐졌다.

   23) 溫室갓혼마루끗에누은검은괴의등은, 부드럽게도, 기름저라<가을의 風景, 백조,
                                       조선시, 사조사, 정음사, 형설사, 미래사>
    고양이<대구문협>

   23) '괴의'에 대해서 〈대구문협〉 교합본을 제외한 모든 교합본에서는 원본과 동일하게 '괴'로 표기하고 있다. 아마 '괴'의 방언형에 대한 의미를 올바르게 파악하지 못한 결과라고 보여진다. 그러나 李起哲(1982:110) 교수는 각주에서 '괴'는 '개(狗)'를 잘못 표기한 결과로 이해하고 있으나 이것 역시 전혀 엉뚱한 해석이다.[65] 대구방언에서 '고양이'를 '괭이', '괴이', '살찡이', '살찡이' 등으로 실현되는데 이 '괴'는 '고양이'를 뜻한다. 따라서 10)은 '온실 같은 마루끝에 누은 검은 고양이의 등은'으로 해석될 수 있다.

   24) 아, 가도다, 가도다, 쏘처가도다 / 진흙을밥으로, 햇채를 마셔도<가장 悲痛한 祈
                                        慾, 개벽, 형설사>
    쫓아<청구, 정음사> / 쫓겨가도다<대구문협, 미래사>

---

65) 『韓國方言資料集』 7, 慶尙北道篇, p. 187. 韓國精神文化硏究院. 고양이의 방언형 '꽤' '꽹이'
   〈경북〉 달성, '꽤:' 〈경북〉 안동으로 분포지역을 밝히고 있는데 '괴'형은 구형(old form)으로 경
   북 전역에 분포되어 있는 방언형이다.

24)의 '쫓아가다'라는 의미의 '쪼처가도다'를 '좇겨가도다'로 교정한 것은 잘못이다. 그런데 방언형 '햇채'를 '海菜'로 자칫 잘못 해석하기가 쉽다. '햇채'는 대구방언에서 '햇추', '힛추'와 같은 분화형이 있는데 '더러운 물'의 의미로 '햇채구딩이'라면 '더러운 물구덩이' 또는 '시궁창'이라는 뜻이다.66) 따라서 대구방언에 대한 이해가 없다면 자칫 잘못 이해할 수도 있는 대목이다.

25) 방두쩨살자는榮譽여! 너거든 오지말어라<訪問拒絶, 개벽, 형설사>
　　　방두깨<문학사상, 정음사, 대구문협, 미래사>

25) 위의 '방두쩨'란 대구방언에서 '소꿉질', '소꿉놀이'라는 뜻이다. '방두깨미', '빵갱이' 등과 같은 방언분화형이 있는데 이를 국어사전에도 없는'방두깨'로 교정한 교합본은 잘못이다.67)

26) 오렴으나더갓가히 내가삼을안으라 두마음한가닥으로 얼어보고십다.<離別을 하
　　　　　　　　　　　　　　　　　　　　　　　　　　느니, 朝鮮文藝>
　　　얼어보고싶다<조선문, 형설사, 정음사> / 엮어보고싶다<청구, 미래사> / 어울러
　　　　　　　　　　　　　　　　　　　　　　　　　보고싶다<대구문협>

26) '얼어보고십다'에서 '얼다'란 '교합하다'의 의미를 가지고 있다. 경상방언이 반영되어 있는 〈七大萬法〉에서도 "이붓짓 머섬과 사괴야 남진도 어러 가문도 더러이며"〈七大萬法:21〉에서와 같이 '교합하다'의 의미로 사용되고 있다. 이것을 '엮어보다' 또는 '어울러보다'로 교정하는 것은 잘못이다.

27) 우리들이 난호여밋치고마느니 차라리바다에빠져 두머리人魚로나되여서살자!
　　　　　　　　　　　　　　　　　　<離別을 하느니, 朝鮮文藝, 형설사>

---

66) 金亨奎(1980), 『한국방언연구』, p. 23, 서울대학교출판부. '해채[hɛtʃhe]〈충남, 금산〉,〈경남, 양산, 합천〉, '해추[hɛtʃhu]'〈경북, 의성〉를 '수채(下水溝)' 항목의 방언형으로 제시하고 있다.

67) 『韓國方言資料集』7, 慶尙北道篇, p. 133. 韓國精神文化硏究院. '소꿉질'에 대한 경북지역의 방언형은 '동도깨비', '동더깨비', '동더까래', '동더깨미', '동디깨미', '동대깨비', '동지깨미', '방두깨미', '방두깨이', '방즈깽이', '방주깽이', '방더깽이', '방뜨깽이', '빵드깨미', '빵주깽이', '빵또깽이', '빵깽이', '새간살이'와 같은 방언형이 분포하고 있다.

두 마리〈조선문, 청구, 정음사, 대구문협, 미래사〉

27)에서 '두머리'란 '두 사람'과 같은 어순으로 이 방언에서 '두개의 머리를 지닌'
의 의미로 해석될 수 있다. 곧 '우리들이 나뉘어져서 미쳐버릴 바에는 차라리 머리
를 두 개 가진 인어로나 되어서 함께 살자'라는 이별의 아픔을 노래하고 있다. 그
런데 이것을 '두 마리'로 교정한 것은 시의 뜻을 전혀 다르게 바뀌도록한 오류이다.

28) 다른꿈은 <u>꾸지도</u>말고 단장에 들고십다.<달아, 新女性>
    섞지도<형설사>

29) 다른꿈은 꾸지도말고 <u>단장에</u> 들고십다.<달아, 新女性, 형설사>
    단잠에<대구문협, 미래사, 문장>

28)에서 '꾸지도'를 〈형설사〉 교합본에서는 '섞지도'로 된 것은 착오로 보여지
며, 29)의 '단장에'는 원본의 표기법의 오류로 보고 〈대구문협〉 등에서 교정한 '단
잠에'로 교정한 것도 문제이다. 왜냐하면 대구방언에서 '단장에'라는 어휘는 '곧 바
로', '급히'라는 뜻이 있어 '다른 꿈은 꾸지도 말고 곧 바로 (잠자리에) 들고 싶다'
로 해석이 가능하기 때문에 원본을 오류로 처리하는 것은 좀 더 신중하게 검토해
볼 과제이다.

30) 파란비가 『초-7 초-7 』 명주<u>쬣는</u> 소리를하고 오늘낮부터 아즉도온다.<파란비,
                                                           新女性>

    찢는<형설사> / 씻는<대구문협, 미래사>

30)의 '쬣는'을 표기의 잘못으로 보고 '씻는'으로 해석했을 때 파란비가 촉촉하
게 내리는 것과 명주베를 씻는 소리와 이미지가 전혀 연결이 되지 않는다. 명주
천을 쭉쭉 찢는 소리와 파란비가 촉촉하게 내리는 소리와는 매우 자연스럽게 연결
이 되는 결속성을 갖게 된다.

31) 아모래도 내하고저움은미친짓쑨이라. / 남의 <u>꿀듯는</u>집을 문훌지 나도모른다<先
                                   驅者의 노래, 개벽, 형설사, 문장>
    꿀듣는<문학사상, 정음사> / 꿀 듣는<대구문협, 미래사> / 끌뜯는<필자>

31)의 '끌듯는'이라는 어휘는 대구방언에서 '끌뜯다'라는 방언형인데 '쥐어뜯다'
또는 '남을 좋지 않게 평가하여 말을 하다'라는 의미를 가지고 있다. 이러한 방언
적 의미를 고려하지 않고 '끌듣는'이나 '꿀이 떨어지는'이라는 의미로 '꿀 듣는'으로
교정한 것은 전혀 옳지 않은 오류라고 할 수 있다.

32) 아모래도 내하고저움은미친짓쑨이라 / 남의 꿀듯는집을 <u>문홀지</u> 나도모른다
                                   <先驅者의 노래, 개벽, 형설사, 문장>
    무늘지<문학사상, 정음사> / 문흘지<형설사, 미래사> / 무너뜨릴지<대구문협>

32)에서 '문훌지'도 '무너뜨리다(倒)'라는 뜻으로 '문후다', '문우다', '뭉궁다'와
같은 대구방언 분화형이 있다. "우리 집 담도 여러 돌림이 <u>믄허져시니</u>"〈朴新解,
1:10〉에서 처럼 '믄허지다(倒)'라는 어형이 나타난다. 그러니 '남에 끌뜯는 집을
무너뜨릴지 나도 모른다'라는 의미로 해석이 가능하다. 따라서 '무늘지'나 '문훌지'
로 교정하는 것은 유의어인 방언분화형으로 다시 씀으로써 원래의 시의 의미를 왜
곡시킬 수도 있는 것이다.

33) 쉴사이업시<u>올머가는</u>自然의變化가 내눈에내눈에보이고<오늘의 노래, 개벽,
                                           형설사, 문장사>
    울며가는<문학사상, 정음사, 대구문협, 미래사>

33)에서 '올머가는'이라는 어휘는 '옮아가다'라는 의미를 가진 대구방언이다. '산
불이 뒷산으로 옮아 붙었다'처럼 사용된다. 그런데 이것을 '울며가는'으로 교정한
일부 교합본은 오류를 범한 예이다.

34) 아 서리마즌배암가튼이목숨이나마 씅허지기전에 / 입김을 부러너차 핏물을<u>드뤄
    보자</u><오늘의 노래, 개벽, 형설사, 문장>

들여보자<문학사상, 정음사, 미래사> / 드리워 보자<대구문협>

34)의 '듸뤄보자'라는 어휘는 대구방언에서 '드리우다'라는 의미로 '디루다'의 권유형이다. '디루다'라는 어휘는 경상방언의 영향을 받은 초간본 〈杜詩諺解〉에도 '드렷다(垂)'라는 어형이 실현되는데 사동형 '드리-+-우-+-다'와 같은 어휘구성에 뿌리를 두고 있는 어형이다. 따라서 '듸뤄보자'라는 어휘는 〈대구문협〉 교합본과 같이 '드리워 보자'로 교정하는 것이 옳다. 이를 '들여보자'로 교정한 것은 원본의 의미를 엄청나게 바꾸는 결과가 될 것이다.

35) 고사리가튼 주먹에 진쌈물이 구비치더라 / 저 한울에다 <u>봉창이나</u> 쑤르랴 숨결
　　　　　　　이 막힌다.<朝鮮病, 개벽, 문장사, 대구문협, 미래사>
　　동창이나<문학사상, 정음사, 형설사>

35)에서 '봉창'이란 '종이로 바르거나 유리로 된 조그맣한 창문'의 뜻을 가진 어형으로 대구방언에서 매우 자주 쓰인다. 상화의 〈貧村의 밤〉이라는 시구절에서도 "봉창구멍으로 나려-ㄴ하여조으노라" 사용되고 있다. 그런데 이것을 '동창(東窓)'으로 해석한다면 원본 시의 뜻이 어떻게 달라질 것인가? '봉창'을 '동창'으로 교정한 것은 분명한 잘못이다.

36) 그쌔는, <u>가려운옴자리를긁음보다도</u>, / 밤마다, 꿈만쑤던두입슐이<本能의 놀애,
　　　　　　　　　　　　　　　　　　시대일보, 문장>
　　가벼운<정음사, 대구문협, 미래시> / 가벼운 몸<형설사>

36)의 '가려운'은 대구방언이 아니라 중부방언이다. 대구방언에서는 '지그럽다', '건지럽다', '갤거럽다' 등과 같은 다양한 방언형을 가지고 있다. 그런데 어쩐 연유인지는 몰라도 '가벼운'으로 교정함으로써 시의 앞뒤가 연결이 되지 않는다. '가려운 옴'의 의미가 전혀 다른 것으로 바꿔진 꼴이 되었다. 또한 '가려운'을 '가벼운'으로 교정하니 전후 의미가 통하지 않으니까 피부병의 일종인 '옴'도 '몸'으로 바꾸어 버렸다.

37) 감음든<u>논쎄에는</u> 청개고리의울음이 잇서야하듯<詩人에게, 개벽, 문장사, 형설사>
　　　논에게는<문학사상, 정음사, 미래사, 대구문협> / 논물어귀에는<필자>

　　37)에서 '논쎄에는'이라는 어휘는 대구방언에서 흔히 사용되는 어휘이다. 곧 '논
에서 물을 데는 어귀'라는 의미로 '물끼', '논끼'라는 방언형이 사용된다. 곧 '논에서
물을 대는 어귀'를 '논쎄'라고 한다. 곧 '가뭄이 든 논물어귀에는'으로 교정되어야
할 것이다.

　　그런데 이것을 '논에게는'으로 교정한 것은 잘못이라고 할 수 있다.

38) 혼자라도 <u>갓부게나</u> 가자 / 마른논을 안고도는 착한도랑이 / 젓먹이 달래는 노래
　　　　　　를 하고<빼앗긴들에도, 봄은오는가, 개벽, 문장사>
　　　갓부게 나가자<정음사> / 갑부게나 가자<형설사, 미래사> / 가뿟이나 가자<대
　　　　　　　　　　　　　　　　　　　　　　　　　구문협, 고교교과서>

　　38)에서 '갓부게나'를 '갓부게#나가자'로 띄어쓰기의 교정으로나 기저형을 '갑부
다' 또는 '갓붓-' 등으로 잡고 있으나 대구방언에서 이러한 기저형을 가진 어휘들이
존재하지 않는다. 그렇다면 原本의 '갓부게나'가 무엇인가? 우선 어미 '-게나'[68]는
'無選擇'의 의미를 가지며 '-든동'과 바꾸어 쓸 수 있다.[69]

　　따라서 原本의 '갓부게나'는 '갓부든동'으로 바꾸어 보면 뜻이 명확해 진다. '혼
자라도 갓부든 동'으로 바꾸어보면 대구방언에서 '혼자라도 가버리든지'라는 의미로
해석이 된다. 따라서 고등학교 교과서에 〈빼앗긴 들에도 봄은 오는가〉라는 작품에
실린 '가뿟이나'도 잘못된 것임이 확실해 진다.

39) 살찐 젓가슴과가튼 부드러운 이흙을 / <u>발목이</u> 시도록 밟어도보고 조혼짬조차
　　　　　　홀리고십다.<빼앗긴들에도, 봄은오는가, 개벽, 형설사, 대구문협>
　　　팔목이<청구, 사조사, 정음사, 미래사>

─────────────

68) 경상방언에서는 '-게나'는 '-거나', '-기나'와 같은 변이형이 있다.
69) 崔明玉(1980), 『경북동해안 방언연구』, p. 115. 영남대 민족문화연구소. '-든동/지'와 '-게/거나'
　　의 차이점은 쉽사리 지적해 낼 수 없다."

39)에서 원본의 '발목이' '팔목이'로 바뀐 것은 白基萬(1951)에 의한 오류가 그대로 답습되어 〈사조사〉〈정음사〉〈미래사〉로 이어져 온 결과라고 할 수 있다. 예처럼 原本의 '발목이'이 어떻게 '팔목이'로 바뀌게 되었는지 그 연유는 알 수 없지만 白基萬(1951) 시인의 『상화와 고월 시집』 이후 〈사조사〉〈정음사〉〈미래사〉에서 아무런 비판없이 답습하고 있다.

40) 쌈도모르고 믓도업시 닷는 내혼아<빼앗긴들에도, 봄은오는가>
   셈<한국현대시요람>(정한모, 김용직)
   갓없는생각 쌈모를꿈이 그만 하나둘 자자지려는가<病的 季節, 朝鮮文壇>

40) '쌈'에 대한 대구방언의 의미를 제대로 파악하지 못한 결과로 '쌈'을 아무런 근거도 없이 『한국현대시요람』에서 '셈'으로 교정해 버렸다. '어떠어떠한 영문' 또는 '앞 뒤의 전후 사정'이라는 뜻을 가지고 있다. 그러니까 대구방언의 이러한 의미를 제대로 파악하지 않고 '셈'으로 바꾼 것은 잘못이다.

41) 울어도 쓸데업서-단하로라도 살 듯 살어볼 <u>쩌리업시</u><地球黑點의 노래, 別乾坤>
   거리<정음사, 형설사, 대구문협, 미래사>

41)에서 '어떤 이유나 그 근거'라는 의미의 대구방언형인 '쩌리'가 '거리'로 교정이 되었다. '살아볼 이유나 근거도 없이'라는 시구절의 의미가 '살아 볼 거리도 없이'로 바뀌게 된 것이다.

42) 사람만 <u>다라워진줄로</u> 알엇더니<비를다고, 朝鮮之光, 대구문협>
   다라와질줄로<문학사상, 정음사, 형설사, 미래사>

42)의 '다라워진줄로'에서 '다랍다'는 '사람이 인색함'을 뜻하는 대구방언이며, '다라워지다'라는 파생어에서 관형절이 원본에는 '-ㄴ'으로 되어 있는데 일부 교합본에서는 '-ㄹ'로 되어 있다. '사람이 다라워진'은 완료상이지만 '사람이 다라워질'은 추정상이라고 할 수 있다. 곧 의미가 전혀 달라질 수 있다. 그런데 이 시의 앞 뒤의 문맥을 고려해 보면 "사람만 다라워진 줄 알았는데 알고 보니 믿던 하늘까지

다라워졌다."라는 의미이다. 따라서 관형절의 어미가 원본과 동일한 '-ㄴ'이 옳다고
할 수 있다.

43) 지내간 오월에 너를 <u>엇고서</u> 네어미가 정신도 못차린 첫칠날<哭子詞, 문예, 대
구문협, 미래사, 문장사>

　　업고서<정음사, 형설사>

　43)의 '엇고서'는 상화의 시 여러 곳에서 어말 'ㄷ'을 'ㅅ'으로 표기하는 예를 발
견할 수 있다. 따라서 죽은 자식이 태어남. 곧 자식을 얻었다라는 의미로 해석되
는데도 불구하고 일부 교합본에서 '(등에) 업고서'로 교정한 것은 오류이다.

44) 째가오면 꽃송이는 <u>고라지며</u> 째가가면 써러졋다 석고마는가<이별을 하느니, 조
문, 형설사>

　　고와지며<조선문, 청구> / 곯아지며<정음사, 대구문협, 미래사>

45) 더구나 가슴에는 깨끗한 가을입김을 안은채 능금을 <u>바수노라</u> 해를 지우나니<나
는 해를 먹다, 조광, 형설사>

　　부수<정음사, 대구문협, 미래>

　44)의 '고라지며'란 '힘이 빠지고 시들다'라는 의미를 지니고 있다. 45)의 '바수
노라'의 '바수다'라는 어휘는 대구방언의 고유한 의미를 지닌 말이다. 곧 '사과나
복숭아와 같은 과일을 조금 소리가 나게 씹는 행위'를 '바수다'라고 한다. '바수다'
와 '의도적으로 물건을 깨뜨리는 행위'의 의미를 가진 '부수다'와는 전혀 다른 의미
를 지니고 있다. 그런데 '바수다'를 '부수다'로 교정한다면 시의 의미가 어떻게 될
것인가?

46) 쓴눈물 긴한숨이 얼마나 <u>쎗기에</u><大邱行進曲, 별건곤, 대구문협>
　　쎄기에<미래사>

　46) 남부지역 방언에서 '쎗:다'라는 어휘는 '매우 많다'라는 의미를 지니고 있

다.70) '쌘기에'라는 원본의 의미를 전혀 다르게 '쎄기에'로 왜곡시킨 재미있는 사례
라고 할 수 있다. 곧 '얼마나 많기에'라는 구절이 '얼마나 쎄기에'로 변했으니 시의
원의가 완전히 뒤바뀐 꼴이다.

3. 원본의 텍스트를 어디까지 교정할 수 있는가?

1) 시 형식적인 면에서의 텍스트 확정

상화 시인의 작품은 주로 1933년 〈한글맞춤법통일안〉이 발표되기 이전에 주로
발표되었기 때문에 그 이후에 새로운 표기법에 따라 수정된 교합본의 출판이 필
요했던 것이다. 다행스럽게도 백기만(1951)에 이어 여러 차례 시전집이나 또는
시선집에 수록되어 많은 독자들에게 읽히게 되었다. 그러나 문제는 1차 자료인
원본의 내용과 엄청나게 다른 모습으로 왜곡되어 왔다.

지금까지 엄격한 원본에 대한 비판을 선행하지 않은채, 이러한 잘못된 작품을
가지고 여러 편의 박사학위논문과 여러 편의 평론이 시도되었으니 과연 올바른 연
구성과였다고 기대할 수 있겠는지 의심이 간다.

이처럼 상화 시인의 교합본의 작품이 유독 이러한 이유는 첫째, 이상화 시인의
필명은 상화이며, 1901년 5월 9일(양력) 현, 대구광역시 중구 서문로 2가 12번
지에서 태어나서 유년기를 대구에서 보내다가 상경하여 20여세 때부터 문필 활동
을 시작하였으며, 27세 되던해 대구로 되돌아와 살다가 1943년 4월 25일 43세
의 짧은 나이로 세상을 떠났다. 더군다나 정서법이 확립되기 이전 시기에, 몸에
베인 대구지역 방언이 자신의 작품활동에 그대로 반영됨으로서, 교합본에서 특히
대구방언에 대한 해독의 오류가 많이 나타날 수밖에 없었다.

둘째, 시기적으로 국어의 표기법이 제정되기 이전에 작품이 발표되었다라는 점
을 들 수 있다. 주로 개인적인 철자법의 기준을 가지고 있었기 때문에 후대 사람
들이 올바르게 읽을 수 있도록 하기 위해서는 반드시 엄정한 검증과정을 거친 교

---

70) 이승재(1992), 「융합형의 형태분석과 형태의 화석」, 『주시경학보』 p. 64. 10. 참조. 전라방언에
   서 '샜-(多)'은 기원적으로 '쌓-+-이-(접사)+-어(부동사형어미)#이-(有)'가 융합(fusion)하여
   형성된 어형임을 밝히고 있다.

합본이 필요했다.

셋째, 당시의 출판 사정이 오늘날과 같지 않아 원본이라고 할 수 있는 발표 당시의 작품에 인쇄나 조판 상의 오류가 많이 발견된다.

따라서 교합본에서 오류를 줄이기 위해서 먼저 원본 텍스트를 확정할 필요가 있다. 원본 텍스트의 확정은 시 형식적인 면과 시 언어, 두 가지 측면에서 고려되어야 한다. 먼저 시 형식 면에서 원본 텍스트를 확정하기 위해 1926년 〈개벽 70〉에 실린 〈빼앗긴 들에도 봄은 오는가〉라는 작품의 1연의 예를 들어보자.

> 지금은 남의 땅-빼앗긴들에도 봄은오는가?
>
> 지금은 남의 땅   〈개벽〉
>
> 빼앗긴들에도 봄은오는가?
>
> 지금은 남의 땅   〈청구〉
>
> 빼앗긴들에도 봄은오는가?
>
> 지금은 남의 땅   〈사조사〉
>
> 지금은 남의 땅-빼앗긴들에도 봄은오는가?   〈정음사〉
>
> 지금은 남의 땅-빼앗긴 들에도 봄은 오는가? 〈미래사〉
>
> 지금은 남의 땅-빼앗긴 들에도 봄은 오는가? 〈대구문협〉

제 1연(stanza)이 1행(line)으로 된 原本이 〈청구〉〈사조사〉〈정음사〉에서는 2행으로 되어 있다. 그러나 띄워쓰기나 표기법은 바뀌지 않았다. 그러나 〈미래사〉〈대구문협〉에서는 시형식에 있어서는 원본과 동일하게 復原되어 있으나 철자법은 현대식 철자법으로 바뀌어져 있다.

만일 여기서 필사 원고가 발견되어 1차 인쇄 자료와 차이가 있다면 또 다른 문제가 생길 수 있다. 일단 시형식의 복원은 그렇게 난해한 일이 아니다. 앞에서 제기한 바와 같이 표기법의 통일을 위해 구 표기법 또는 개인적 표기법을 현대적인 표기법으로 바꾸는 일은 기계적이라고 할 수 있다. 문제는 방언으로 된 詩語를 어디까지 현대어로 옮길 것인가? 그렇지 않으면 그대로 방언을 살려 둘 것인가? 그리고 얼마나 정확하게 방언의 의미를 파악하고 있느냐에 따라서 보다 원본에 근접하는 校合本을 만들 수 있는 것이다.

2) 방언어휘 해석과 텍스트 확정

상화의 시에서 원본과 교합본 사이에 시어에 있어서 특히 왜곡된 이유는 원본과 엄격한 대조를 하지 않고 校合本을 처음 간행한 白基萬(1951)의 〈상화와 고월〉에 서부터 시작되었다. 이어서 原本과 대조와 방언형에 대한 엄격한 분석을 하지 않 고 白基萬(1951)에 준하여 편찬한 이설주(1959), 〈사조사〉, 정음사(1973), 〈상 화시집〉로 이어지는 악습이 다시 현대표기법으로 전집류를 간행한 미래사(1991), 〈빼앗긴 들에도 봄은 오는가〉로 이어져 오다가 약간의 보완이 되었으나 아직 불완 전한 대구문협(1998), 〈빼앗긴 들에도 봄은 오는가〉로 이어져 왔다.

방언으로 된 詩語를 어디까지 현대어로 옮길 것인가? 그렇지 않으면 그대로 방 언을 살려 둘 것인가? 그리고 얼마나 정확하게 방언의 의미를 파악하고 있느냐에 따라서 보다 原本에 근접하는 校合本을 만들 수 있는 것이다.

> 47) 켜젓다 꺼젓다 깜작이는 반듸불!<반딧불, 신가정, 형설사, 문장사, 미래사>
>   깜박이는<정음사, 대구문협>

47)의 '눈을 살짝 감았다 떴다 하다'의 의미를 지닌 原本의 '깜작이는'을 〈정음 사〉〈대구문협〉본에서는 '작은 등불, 별빛 따위가 매우 갑작스레 잠깐 비쳤다가 꺼 졌다가 하다'라는 의미를 지닌 '깜박이는'로 교정하였다.

그런데 작자가 눈을 깜작이며 깜박이는 반딧불을 묘사한 경우인지? 그렇지 않 으면 반딧불 자체가 깜빡이는지에 따라 原本의 '깜작이는'을 오류로 보고 '깜박이 는'으로 교정할 수 있다.

이와 같이 실제로 原本에 나타나는 시어 '깜작이다'는 대구방언에서는 '깜박이다' 와 의미차이를 보여주지 않는 유의어이다. 그러니까 原本을 그대로 살려서 '깜작 이는'으로 교정을 하는 것이 옳겠다.

> 48) 그밤의어둠에서쏨여난, 뒤직이가튼신령은<緋音, 개벽, 문학사상, 정음, 형설사>
>   두더지<대구문협>

48)에서는 '두더지'에 대한 방언형으로 '뒤직이'를 〈대구문협〉에서 '두더지'로 교정하였다. 이 '뒤직이'는 '파헤치다'라는 의미의 '뒤직다'에서 파생된 어형이다.

49) 비틀거리는<u>자욱</u>엔, 피물이흐른다!<緋音, 개벽, 형설사, 대구문협>
　　　자국엔<문학사상, 정음사>
　　　내귀가듯는<u>발자욱</u><나의 寢室로, 백조, 조선시, 정음사, 청구, 사조사, 형설사, 대
　　　　　　　　　　　　　　　　　　　　　　　　　　　　　　구문협>

　　　발자국<정음사>

50) 두발을 못뻣는 이짱이 <u>애닮어</u> 한울을 홀찌니 울음이 터진다.<慟哭, 개벽,
　　　　　　　　　　　　　　　　　　　　　　　　　　　　형설사>

　　　애닮아<미래사> / 애달파<정음사, 대구문협> / 애달퍼<문학사상>

49)에서 대구방언형이 '자욱'이다. 따라서 校合本에서 반드시 표준어형인 '자국'으로 교정할 필요성이 있는지? '발자욱'과 '발자국'도 마찬가지로 대구방언에서는 유의어이다.

이러한 방언형을 어디까지 표준어형으로 바꾸어야 할 것이냐라는 문제를 해결하기 위해 50)의 예문을 검토해 보자. 곧 '애닮다'와 '애달프다'는 대구방언이나 중부방언에서도 유의어이다. 그러니까 '애닮어'를 모음조화 규칙에 따라 '애닮아'로 표기법만 바꾸면 될 것인데 '애달파', '애달퍼'와 같은 교정을 할 필요가 없는 것이다. 따라서 50)의 예도 原本을 살려서 방언적 표현이 가지고 있는 맛을 살려주는 것이 좋을 듯하다.

51) 압산<u>그름매</u>가, 독갑이처럼<나의 寢室로, 백조, 조선시, 형설사>

52) 압산그름매가, <u>독갑이</u>처럼<나의 寢室로, 백조, 조선시, 정음사, 형설사>
　　　愛人아 검은<u>거름애</u>가 오르락나르락 <이별을 하느니, 조문, 조선문, 형설사>
　　　그림자<청구, 정음사, 대구문협, 미래>

51)의 예에서 '그름매'는 대구방언에서 '그림자'라는 의미를 가진 '그렁지', '그리매'

와 같은 방언형이다. 原本의 '그름매'를 '그르매'〈정음사〉, '그림자'〈청구〉〈사조사〉, '그리매'〈대구문협〉에서처럼 다양하게 교정함으로써 혼란을 야기하고 있다. 52)의 예와 같이 표준어형이 '그림자'로 교정할 것인지, 또는 어떤 방언분화형으로 바꾸어야 할 것인지 문제이다.

이와 같이 52)의 '독갑이'도 마찬가지이다. '도까비'〈청구, 사조사, 정음사〉, '도깨비'〈대구문협〉처럼 교정함으로써 51)과 같은 혼란을 야기하고 있다.

> 53) 호미와 가래에게 <u>등심살을빗기우고</u><暴風雨를 기다리는 마음, 개벽, 형설사>
>   등살을<대구문협> / 등심살을<미래사>

> 54) 호미와 가래에게 등심살을<u>빗기우고</u><暴風雨를 기다리는 마음, 개벽, 형설사>
>   벗기우고<문학사상, 정음사, 대구문협, 미래사>

> 55) 아 진흙과<u>집풀로</u> 얽멘움미테서<도-교-에서, 문운 형설사, 대구문협, 미래>
>   지푸라기<문학사상, 정음사>

> 56) 네거리우에서 소흥내를 낸다.<구루마꾼, 개벽, 형설사>
>   위<정음사, 문학사상, 미래, 대구문협>

위의 53)의 예에서 처럼 '등심살을'은 띄어쓰기가 안되었기 때문에 방언어휘의 의미를 파악하지 못한 것같다. 곧 '등 심살을'에서 '등어리의 힘살'이라는 뜻이 된다. 대구방언에서 '힘살'이 '심살'처럼 h-구개음화된 어휘이다. 따라서 이 어휘를 '등살을', 또는 '등심살을'로 교정함으로써 오류를 범하고 있다.

54)에서 '벗기다'형이 대구방언에서는 움라우트 현상으로 '빗기다'로 실현된다. 이러한 경우에도 정확하게 대구방언형에 대한 이해를 하는 경우는 문제가 없지만 대구방언화자가 아닌 경우 시어의 이해가 힘들게 될 것이다. 역으로 '빗기우고'를 '벗기우고'로 바꾼다고 하더라도 시어의 의미에 손상이 가지 않는다.

55)에서 '지푸라기'의 의미를 지닌 대구방언형인 '집풀'을 '지푸라기'로 바꾸거나 56)의 '우'를 '위'로 바꾸더라도 결정적인 시어의 의미에 손상이 가지 않는다. 따라서 비대구방언권 화자들에게 시어의 이해를 돕기 위해 표준어형으로 바꾸어도 될 것이다.

57) <u>큰가새</u>로 목탁치는네가 주는 것이 엇재 엿쓴이랴<엿장사, 개벽, 문학사상, 정음
사, 형설사, 대구문협, 미래사>

57)의 예에서 '가새'는 '가위'의 경상도 방언형이다. 일반적으로 독자들에게 '가
새'라고 하면 이해를 하지 못하는 경우가 훨씬 많을 것이다. 그리고 이 시에서 '가
새'를 '가위'로 바꾸더라도 시의 의미나 분위기가 달라지지 않기 때문에 표준어형으
로 바꾸어 주어도 될 것이다.

58) 달아! 한울갓득이 서러운안개속에 <u>꿈모닥</u>이가티 쩌도는달아<달아, 신여, 형설사>
꿈 모닥이같이<미래사> / 꿈 무더기같이<대구문협>

59) 착해도보이는 달아 <u>만저보고저운</u> 달아<달아, 新女性, 형설사, 미래사>
만져 보고 싶은<대구문협>

58)에서 '모닥이'는 '무더기'보다 어감이 훨씬 적은 말씨이다. 따라서 이것을 '무
더기'로 교정하는 것을 잘못이다. 그리고 59)에서 '보고저운'이라는 표현은 대구방
언의 다운 표현이다. 곧 '싶다'의 의미로 '접다'라는 방언형이 있다. '보고접어, 알
고접어'와 같이 이 방언의 특별한 뉘앙스를 갖는 말이기 때문에 어의 차이가 없더
라도 '만저 보고저운'으로 교정해도 무방할 것이다.

60) 알는이의 조으는 숨결에서나 모든 것을 <u>시들프게</u> 아는, 늙은 마음 우에서나<本
能의 놀애, 시대일보, 정음사, 형설사, 미래사>
시들하게<대구문협>

60)의 예는 대구방언의 예로 '시들프다'로 교정해도 무방할 것이다. '고닯-브-',
'애닯-+-브-'와 같이 형용사파생접사의 결합형이 '시들하다'라는 형용사에 보충법
(complemen t)으로 '시들프다'라는 방언형이 조어가 된 결과이다. 이를 '시들하
게'로 수정할 경우 시어의 맛을 잃게 될 지도 모른다.

61) 푸른한울 푸른들이 <u>맛부튼</u> 곳으로 가름아가튼 논갈을짜라 꿈속을가듯 거러만간
다. <쎼앗긴 들에도, 봄은오는가, 개벽, 형설사>

맞닿은<청구, 사조사> / 맞붙은<정음사, 대구문협, 미래사>

61)에서 '맞붙다'나 '맞닿다'는 유의어이다. 따라서 현대어로 그대로 옮겨 '맞붙다'로 교정해도 시의 의미에 아무런 영향을 미치지 않는다.

62) 홀아비같이 헤매는 바람떼가 한배갓들 구비치네.<病的 季節, 朝鮮文壇>

62)의 '갓들'은 "술을 한잔 '가뜰' 따라라"의 예에서처럼 '가득'이라는 의미를 가진 대구방언형이다. 그런데 李起哲(1982:187)은 '한배갓들'이란 말이 뜻을 <한배 가득>이라 보는 해석해서 안된다고 주장하고 있다. 곧 "앞 뒤 문맥으로 봐서 갑자기 '배(舟)'라는 말이 나오는 것도 이상하다. 외려 대구지방 방언에 '바깥'을 '배갓'이라 하는 것을 따라 '한 배갓들(한 바깥을)' 즉 '온 들판을 구비치네'로 보면 어떨지?"라고 밝히고 있으나 의역에 지나지 않는다. '한배갓들'은 '한 배 가득'으로 해석할 수 있다.

63) 다맛 하로 만치라도 머물러 있게스리 나는빈다.<저므는 놀 안에서, 朝鮮之光>

63)은 '만큼'에 대응되는 대구방언형인 '만치'라는 어휘가 사용되고 있다. 대구방언의 특유한 맛깔을 들어내는 시어이다.

64) 보리 가 팔을 버리 고 달라 다가 달라 다가<비를다고, 朝鮮之光, 문학사상, 정음사, 형설사>
     달라다가 달라다가<미래사, 대구문협>

64) '달라 다가 달라 다가'를 '달라고 하다가'라는 의미로 해석한 결과 지금까지 나온 모든 校合本에서 그대로 '달라다가 달라다가'로 교정해 두고 있다. 그런데 原本의 '달라 다가 달라 다가'는 '달아나다가'라는 대구방언형인 '다알나다가'로 해석이 가능하다.

사람만 다라워진 줄로 알았더니
필경에는 믿고 믿던 하늘까지 다라워졌다.
보리가 팔을 벌리고 달아나다가 달아나다가
이제는 곯아진 몸으로 목을 댓 자나 빼주고 섰구나!<비를 다고, 朝鮮之光>

〈비를 다고〉라는 작품에서 '달라다가 달라다가'를 비를 달라고 애원하는 모습으로 해석하여도 되지만 原本에 의거하여 '달아나다가 달아나다가'로 해석할 수도 있다. 마치 보리가 비를 달라고 푸른 들판을 마구 달리며 달아나다가 이제는 곯아진 몸으로 목을 빼고 있는 모습을 그리고 있다.

   65) 두볼이 <u>비자웁게</u> 해같은능금을 나는먹는다.<나는 해를 먹다, 朝鮮之光, 정음사,
                                                       형설사, 미래사>

       비좁게<대구문협>

   66) <u>가차운</u> 먼길을 밟고가는 너야 나를 데리고가라.<쓸어져가는 美術館, 청구,
                                    정음사, 형설사, 대구문협, 미래>

   67) 그리도 적게 <u>세</u>인 나인 듯하야.<叡智, 萬國婦人, 대구문협, 미래>

   68) 濃霧에 휩사여, 脈풀린내눈에서, <u>썰덕이다</u>.<二重의 死亡, 백조, 조선시, 형설사>
      껄덕이다<청구> / 껄떡이다<정음사, 대구문협>

   69) 우리의 가슴<u>복판에</u> 숨어사는<마음의 꼿, 백조>

   70) <u>마구나</u>, 가젓드면, 단잠은얽맬것을<가장 悲痛한 祈慾, 개벽>

   65)에서 70)의 예문은 전형적인 대구방언의 어휘를 시어로 사용하고 있는 예이다. '비자웁게', '가찹다', '세다', '껄떡이다', '마구나'와 같은 시어를 만일 다른 표준어형으로 바꾼다면 시의 참맛을 잃게 될지도 모른다. 미세한 뉘앙스 정도의 차이일지라도 원본 시의 의미를 정확하게 전달하기 위해서는 방언형을 그대로 살려두고

독자들의 이해를 돕기 위해서 脚註를 달아주는 방안도 고려될 수 있을 것이다.

이상규(李相揆)는 경북 영천에서 태어나
경북대학교 문리과대학 국어국문학과 졸업
동대학교 대학원에서 문학석사(1978), 문학박사(1988)
한국정신문화연구원 방언조사연구원,
울산공과대학교 전임-조교수를 거쳐
현재 경북대학교 인문대학 교수로 재직중임.
대구대·안동대·경산대·울산대 강사 역임.
저서로는 『방언학』(학연사, 1994)
역서로는 『방언학개설』(경북대출판부, 1986),
『방언학연구방법론』(형설출판사, 1988) 등이 있음.
e-mail : sglee@kyungpook.ac.kr

경북방언 문법연구

인쇄일 1999년 6월 10일
발행일 1999년 6월 20일

지은이 : 이 상 규
펴낸이 : 박 찬 익
펴낸곳 : 도서출판 **박이정**

출판등록 1991년 3월 12일 제 1-1182호
주소 130-070 서울시 동대문구 용두동 129-162호
온라인 주택 576037-01-001536 우편010447-0053403
전화 922-1192-3, 팩시밀리 928-4683

값 15,000원
ISBN 89-7878-280-9